Harold James

Der Rückfall

HAROLD JAMES

◆◆◆

Der Rückfall

Die neue Weltwirtschaftskrise

Aus dem amerikanischen Englisch
von Thorsten Schmidt

Piper
München Zürich

Die Originalausgabe erschien 2001 unter dem Titel »The End of Globalization.
Lessons from the Great Depression« bei Harvard University Press,
Cambridge, Mass.

ISBN 3-492-04488-3

Satz: Kösel, Kempten
Druck und Bindung: Pustet, Regensburg
Printed in Germany

www.piper.de

◆ ◆ ◆

Inhalt

◆◆◆

Vorwort zur deutschen Ausgabe: Die neuen Herausforderungen der Globalisierung

Dieses Buch erschien in den Vereinigten Staaten ein paar Monate vor den Terroranschlägen vom 11. September 2001. Die deutsche Ausgabe ist eine aktualisierte Übersetzung dieses Textes. Ich begrüße diese Übersetzung gerade in Deutschland: Historisch gesehen trugen der politische und wirtschaftliche Zusammenbruch der deutschen Demokratie und der Aufstieg Hitlers Anfang der dreißiger Jahre maßgeblich dazu bei, daß der damalige Globalisierungsprozeß ein Ende fand. In der Gegenwart sind Deutsche wiederum leicht verwundbar: Deutschland mit seiner starken Exportabhängigkeit und einem politischen System, das fest in ein Netz multilateraler Institutionen eingespannt ist, würde abermals schwer in Mitleidenschaft gezogen, wenn das Rad der Globalisierung zurückgedreht würde.

Seit dem Jahr 2001 ist eine dramatische Umkehr des Globalisierungsprozesses zu einer akuteren und erschreckenderen Möglichkeit (einige würden sogar sagen: Tatsache) geworden. Ich hatte diese Sorge bereits in dem Buch zum Ausdruck gebracht. Im Schlußkapitel diskutierte ich die aktuelle Bedrohung, die von dem Zusammenbruch der staatlichen Ordnung und dem Niedergang der Wirtschaft in einigen Ländern ausgeht: »Denn wenn diese Gesellschaften ihre Güter nicht exportieren können und nicht in die internationale Staatengemeinschaft aufgenommen werden, dann bleiben sie nicht einfach in einem Ghetto des Elends und der Inhumanität eingeschlossen. Vielmehr werden sie ihre Probleme exportieren: ihren Terrorismus, ihre Gewalt und auch ihre Krankheiten.« In dem Buch führte ich auch die allgemeine These aus, wonach die Globalisierung Ressentiments erzeugt und eine Politik, die diese Ressentiments aufgreift, das System weiter gefährlich destabilisiert.

Nach dem 11. September haben viele Kommentatoren den Nachweis zu erbringen versucht, daß die Anschläge sowohl eine Folge als auch eine Reaktion auf die globale Integration von Märkten und Politik darstellen. Weshalb griffen zornige Männer, die sich über die Innenpolitik des Königreichs Saudi-Arabien und die Misere der Palästinenser entrüsteten, ausgerechnet sehr symbolträchtige Ziele in den USA an? Die Globalisierung wird weithin mit Amerikanisierung gleichgesetzt. Viele glauben, daß die USA ihre militärische und ökonomische Macht dazu benutzen, eine neue Form des Imperialismus durchzusetzen. Die Angriffe galten symbolischen Zielen: dem World Trade Center als dem Lebensnerv des Weltkapitalismus, dem Pentagon als der militärischen Schaltzentrale der USA.

Diese Analyse wirft zwei Fragen auf: Welche Alternativen gibt es zur Globalisierung? Wie robust ist das internationale System? Was die erste Frage anlangt, so haben fast alle Kritiker die Globalisierung nicht grundsätzlich abgelehnt, sondern für eine »bessere« oder gerechtere Form der Globalisierung plädiert: eine Globalisierung, in der die Interessen der Menschen Vorrang haben vor den Interessen des Kapitals, die angeblich in der gegenwärtigen Epoche der Globalisierung (und den früheren Epochen) eindeutig das Übergewicht haben. Diese Auffassung wird auf sehr eloquente Weise von Joseph Stiglitz vertreten. Und sie wird auch von radikalen Gruppierungen geteilt. Tatsächlich betont der islamische Fundamentalismus die Universalität des Islam; es handelt sich also zweifellos um eine globale Weltanschauung, die sich jedoch grundlegend von dem Pluralismus der herrschenden Weltordnung unterscheidet. Kritiker behaupten demnach, die Globalisierung lasse sich so modifizieren, daß sie einen humaneren Charakter annehme.

In diesem Buch wird eine völlig andere These entwickelt; danach ist die Globalisierung sehr störungsanfällig, und sie kann sehr leicht wieder rückgängig gemacht werden, was verheerende Folgen hätte. Der Leser wird demnach fragen, ob die jüngsten Ereignisse eher die

Widerstandsfähigkeit der Globalisierung oder ihre Störungsanfälligkeit belegen.

Die Tatsache, daß es den Terroristen offenkundig nicht gelungen ist, die Objekte ihres rasenden Hasses zu zerstören, zeigt, daß die neue Weltordnung auf einer robusten Verflechtung basiert, die leicht erneuert beziehungsweise wiederhergestellt werden kann. Die Zerstörung der Zwillingstürme hat die internationalen Finanzmärkte nicht lahmgelegt; und selbst das eine Broker-Haus, das fast all seine Mitarbeiter in New York verlor, konnte seine Geschäftstätigkeit sehr schnell wiederaufnehmen. Und der Angriff auf das Pentagon legte auch das Militär nicht lahm. Weltgeschichtlich betrachtet, handelte es sich eher um einen kräftigen Nadelstich, vergleichbar einigen der Terroranschläge, die anarchistische Kritiker während der Globalisierungswelle im 19. Jahrhundert verübten: zum Beispiel die Mordanschläge auf Kaiserin Elisabeth von Österreich-Ungarn im Jahr 1898 in Genf und auf US-Präsident McKinley 1901 oder auch die Sprengung eines globalen Symbols der Synchronisierung, des Greenwich-Observatoriums, im Jahr 1894. Keines dieser Ereignisse veränderte den Gang der Weltgeschichte.

Aber die Attentäter vom 11. September 2001 zeigten, wie verwundbar die Menschen in einem Staat sind, der sich selbst für sehr sicher hielt, und es gelang ihnen, die Keime einer neuen Furcht und Unsicherheit zu säen, die sich als hochansteckend und zersetzend erwiesen. Die internationalen politischen Folgen der Anschläge wurden jedoch von den wenigsten vorhergesehen, und sie haben insbesondere jene überrascht, die beeindruckt waren von der spontanen weltweiten Solidarität mit den Opfern des Anschlags. Sie weckten düstere Erinnerungen an die Ermordung des österreichischen Erzherzogs am 28. Juni 1914. Dieser Nadelstich gegen die österreichische Vorherrschaft führte in der Tat dazu, daß das Rad der Globalisierung zurückgedreht wurde und ein neues Zeitalter der Barbarei begann.

Der 11. September konfrontiert uns also unmittelbar mit der Frage, ob die moderne Spielart der Globalisierung ihrem Wesen nach krisenanfällig ist. Dieses Buch führt zahlreiche Aspekte der Globalisierung an, die auf eine solche Krisenanfälligkeit hindeuten und die bereits vor den Terroranschlägen existierten. Ereignisse, die nichts mit den Terroranschlägen zu tun hatten, haben die politische Diskussion der internationalen wirtschaftlichen Verflechtung auf eine ganz neue Grundlage gestellt.

Das Zusammentreffen einer weltweiten Börsenflaute mit der Aufdeckung einiger schwerer Fälle von Bilanzfälschung in den USA hat den Kapitalismus in eine moralische Krise gestürzt. Besonders außerhalb der USA genießen Länder, Politiker und Wirtschaftsführer, die ehedem ehrfürchtig Amerikanern lauschten, welche die Überlegenheit der amerikanischen Lebensweise verkündeten, recht unverhohlen ihre *Schadenfreude*. Enron wurde zu der Bananenschale, auf der der amerikanische Kapitalismus ausrutschte, und seine Insolvenz läßt sich mit der Ermordung des österreichischen Erzherzogs vergleichen. Bekannte europäische Vorstandschefs wie Jean-Marie Messier, Ron Sommer und Thomas Middelhoff mußten ihren Hut nehmen, weil sie mit einem Mal als zu amerikanisch galten. In vielen Ländern entbrannte eine heftige Diskussion über die Vergütung von Führungskräften, wobei die amerikanischen Gepflogenheiten nicht mehr – wie seit den fünfziger Jahren üblich – als vorbildlich, sondern als abschreckendes Beispiel angeführt wurden.

Es gibt historische Präzedenzfälle für ein derartiges Verhaltensmuster, bei dem die moralischen Schwächen einer vermeintlich mustergültigen und hegemonialen Wirtschaftsmacht eine heftige Gegenreaktion auslösten. Auch in früheren Epochen wurden durch die stärkere Verflechtung der Märkte und die Ausweitung des Fernhandels neue Chancen und neue Reichtümer geschaffen. Aber in der Vergangenheit waren viele Menschen der Ansicht, daß die großen Profite und die daraus resultierende große Ungleichheit illegitim seien. Die Renaissance und das große Zeitalter der europäischen Entdeckungsfahrten waren auch eine Zeit großer Armut. Moralisten wie der fanatische florentinische Dominikanermönch Savonarola oder der kernig-derbe Deutsche Martin Luther wetterten gegen Üppigkeit und Fernhandel. Ihr Protest richtete sich gegen die vorherrschenden Mächte der Zeit – also politisch gegen Spanien und geistlich gegen Rom. Im 18. Jahrhundert begannen sich die Vereinigten Staaten der weltweiten Ausdehnung der politischen und Handelsmacht Großbritanniens entgegenzustemmen. Der symbolische Auslöser der *Amerikanischen Revolution* war, wie Emma Rothschild erst unlängst betonte, ein Protest gegen das Teehandelsmonopol der Ostindischen Kompanie, die der Inbegriff des Globalismus (McDonald's) ihres Zeitalters war.

Die Ausdehnung des Handels leistete oftmals in vielfältiger Weise Habgier, Korruption und Selbstbereicherung Vorschub; und viele Kommentatoren gelangten schnell zu dem Schluß, daß sich die neuen Entwicklungen darin erschöpften. Die meisten derjenigen, die damals protestierten, sahen sich vor eine einfache moralische Alternative gestellt, die theologisch oder quasi-theologisch fundiert war. In der Mitte des 20. Jahrhunderts gab es scheinbar einfache und verlockende Alternativmodelle –, die mit politischen Führungsfiguren verbunden waren, die es als ihre Berufung ansahen, eine neue Staatsphilosophie zu formulieren, nämlich Mussolini, Hitler und Stalin.

Die Globalisierung von heute, die scheinbar von den Kapitalströmen und den Finanzinstituten angetrieben wird, liefert zahlreiche Beispiele, die mit den Skandalen der Vergangenheit vergleichbar sind. Es sieht so aus, als wäre Enron der Ausgangspunkt einer neuen Debatte über die Frage, welches Wirtschaftsmodell das beste ist; aber es ist völlig offen, was bei dieser Debatte herauskommen wird. Eine spontane Reaktion ist der Ruf nach mehr Regulierung, aber Regulierung muß immer konkreten Zwecken dienen. Welchen Zwecken sollte eine neue Regulierung dienen?

Im 20. Jahrhundert waren die unterschiedlichen politischen Einstellungen zur staatlichen Wirtschaftslenkung Ausdruck zweier konträrer Gesellschaftskonzeptionen: einer konservativen, die neue Entwicklungen aufhalten wollte, weil man befürchtete, diese würden die alte Gleichgewichtsordnung zerstören; und einer sozialdemokratischen, die den Opfern von Wandel und Neuerung eine soziale Mindestabsicherung gewährleisten wollte. Aber heute sind diese alten politischen Bewegungen des 20. Jahrhunderts weitgehend erschöpft. Der klassische Konservatismus ist tot, weil sich die Welt so schnell verändert, daß der Konservatismus, verstanden als Streben nach Erhaltung des Status quo, kein kohärentes oder ansprechendes Modell mehr darstellt. Der klassische Sozialismus ist ebenfalls weitgehend von der politischen Bühne verschwunden, weil der schnelle Wandel und die grenzüberschreitende Mobilität der Produktionsfaktoren traditionelle Forderungen der Arbeiterschaft in genau der gleichen Weise untergraben. Der Niedergang dieser beiden sehr achtbaren, aber heute weitgehend überholten Positionen ebnet den Weg für einen neuen Populismus auf der Basis einer Antiglobalisierungsströmung, die die Nation als Bollwerk gegen ausländische Güter, Migranten und ausländisches Kapital wiederbeleben möchte. Die populistischen Revisionen stehen in Widerspruch zu den universellen Werten, die noch immer den Kern der politischen Traditionen des Westens bilden.

Die Alternativen, die gegenwärtig auf breitere Zustimmung in der Bevölkerung stoßen, sind Antikorruptionsbewegungen (die sich in der Praxis oft gegen die Selbstbereicherung von Politikern richten) und Verbraucherschutzbewegungen. Nach dem Ende des kalten Kriegs, in der neuen Globalisierungsepoche, dreht sich die Parteipolitik in den fortgeschrittenen Industriestaaten in zunehmendem Maße um diese zwei Problemfelder, die weder die klassischen Umverteilungsthemen aufwerfen noch den Prozeß und den Fortschritt der Globalisierung grundlegend in Frage stellen. All diese Entwicklungen waren schon vor der Flaute an den Börsen und den Firmenskandalen deutlich zum Vorschein gekommen.

Gelegentlich wird behauptet, dieser Übergang sei einfach durch das Ende des kalten Kriegs ausgelöst worden, der dadurch, daß er bequeme äußere Feinde bereitstellte, zu einem politischen Stillstand geführt habe. Diese These stimmt insoweit, als der kalte Krieg durch kein Thema von gleicher überragender Bedeutung ersetzt wurde. In mehreren Ländern kam es fast gleichzeitig zu tiefgreifenden politischen Krisen: Die italienischen Christdemokraten lösten sich auf, die britischen Konservativen wurden von einer ganzen Reihe anrüchiger Sexaffären heimgesucht, in Frankreich überboten sich die politischen Parteien mit Enthüllungen und Beschuldigungen über Korruption im Umfeld von François Mitterrand einerseits und die Affären der Gaullisten von Jacques Chirac andererseits, die Praktiken der Parteifinanzierung des

»Systems« von Helmut Kohl wurden aufgedeckt, und US-Präsident Clinton schlitterte von einem Spendengeld- und Wahlkampffinanzierungsskandal in den nächsten. Enron und Halliburton scheinen eine weitere Spielart der Verquickung von Wirtschaftsinteressen und politischer Korruption zu verdeutlichen.

Die Enthüllung, daß Korruption die hauptsächliche Form innenpolitischer Einflußnahme in allen Industrieländern ist, hat zu einer weitreichenden Politikverdrossenheit geführt. Eine positivere politische Richtung befaßt sich mit dem Schutz von Verbraucherinteressen: der Begrenzung der Tabakwerbung, der Sicherheit von Autos und der gesundheitlichen Unbedenklichkeit von Lebensmitteln, die nach einer Reihe von Skandalen und Tierseuchen in Europa ganz oben auf der Agenda stehen.

Diese neuen politischen Anliegen werden fast immer mit der Globalisierungsdebatte verbunden. Von Produkten aus fernen Ländern geht demnach eine Gefährdung aus. Schon lange vor dem Ausbruch von BSE und der Maul- und Klauenseuche konzentrierten sich die Europäer, die so großen Wert auf gesunde, unbelastete Lebensmittel legen, auf die vermeintlichen (nicht bewiesenen) Gesundheitsgefahren durch hormonbelastetes amerikanisches Rindfleisch und dann auf die möglichen Gefahren der Gentechnologie. BSE und Maul- und Klauenseuche wurden dann als weitere Belege für die Gefahren des grenzüberschreitenden Handels mit Nahrungsmitteln interpretiert. Die Kontinentaleuropäer machten die mangelhafte Hygiene und Fahrlässigkeit der Briten dafür verantwortlich, während die Briten die Ursache der Maul- und Klauenseuche in aus China importierten Abfallprodukten sahen.

Verdrossenheit mit der traditionellen Politik, Abscheu vor der Immoralität der Märkte und die Suche nach nationalen Antworten auf die moralische Krise: dies waren und sind die Merkmale der absteigenden Phase in dem Zyklus von Integration und Desintegration, den die Weltwirtschaft wiederholt durchlaufen hat. Doch gegenwärtig gibt es keine einfache und kohärente ideologische Lösung für die Herausforderung, die die Globalisierung darstellt, abgesehen von der sehr radikalen Antwort einiger Spielarten des islamischen Fundamentalismus.

Das Buch endet daher mit dem nüchternen Befund, daß die Globalisierung einerseits bei manchen tiefe Frustration und Wut erzeugt, daß es jedoch andererseits keinen in sich stimmigen, praktikablen Gegenentwurf gibt.

Nirgends ist dieser Befund heute offensichtlicher als im Bereich der Beziehungen zwischen Staaten und Kulturen. Zu den längerfristigen Folgen des 11. September gehörte die Entstehung eines neuen Klimas des Nationalismus. Dieses hat die Arbeit jener internationalen Institutionen, die eigentlich bei der Bewältigung globaler Krisensituationen helfen sollen, erheblich erschwert.

Die Attentäter selbst waren offenbar das Produkt der Verwerfungen, die durch das globale Wirtschaftswachstum und die weltumspannende Mobilität entstanden sind. Der Pate des Al-Kaida-Netzes stammt aus einer reichen saudischen Unternehmerfamilie, die so bekannten westlichen Institutionen wie der Harvard-Universität großzügige Spenden zukommen ließ. Der Anführer der Attentäter war ein Architekturstudent, der viele Jahre lang unauffällig in Hamburg lebte. Die Entführung und Ermordung eines amerikanischen Journalisten in Pakistan wurde von einem ehemaligen Spitzenstudenten der London School of Economics geplant. Die Terroristen entstammen nicht den ärmsten Bevölkerungsschichten, sondern einer unzufriedenen und entfremdeten halb verwestlichten islamischen Elite.

Alle Aspekte des »Rezepts«, das ehedem vielen Ländern beispielloses Wirtschaftswachstum bescherte – der ständig wachsende Zustrom von Menschen, Gütern und Kapital –, stellten nunmehr potentielle Sicherheitsgefahren dar. Studenten und Besucher aus armen und insbesondere aus islamischen Ländern könnten terroristische »Schläfer« sein; oder sie wurden vielleicht durch ihre Erfahrungen mit dem Liberalismus und der Freizügigkeit des Westens oder der Willkür der Marktwirtschaft radikalisiert. Es stellte sich schon bald heraus, daß die US-Zollbehörden eingehende Warensendungen kaum noch kontrollierten und daß Sprengstoffe oder sogar ABC-Waffen leicht ins Land hineingeschmuggelt werden könnten. Der freie Kapitalverkehr und verschachtelte Bankgeschäfte konnten für die Geldwäsche und für die Finanzierung des internationalen Terrorismus mißbraucht werden.

Es ist sinnvoll und legitim, alle diese Bereiche darauf abzuklopfen, ob intensivere Kontrollen nötig sind. Aber jede Form von Kontrolle eröffnet auch die Möglichkeit des Mißbrauchs durch Leute, die diese Steuerungsinstrumente aus anderen Gründen befürworten: Weil zugewanderte Facharbeiter eine »unlautere« Konkurrenz darstellen, weil zu viele Güter aus Billiglohnländern importiert werden, oder weil Kapitalbewegungen als destabilisierend angesehen werden und schwere Finanzkrisen übertragen können. Eine neue Debatte über die innere Sicherheit ermöglicht es, ältere Forderungen nach dem Schutz von Sonderinteressen mit viel mehr Nachdruck und Überzeugungskraft vorzubringen. Alle möglichen Protektionisten wittern plötzlich Morgenluft und versuchen uns weiszumachen, daß der Welthandel eigentlich sehr schädlich ist.

Die Forderung nach verschärften Kontrollen – die sich fast immer als Sorge um die nationale Sicherheit maskiert – kennzeichnete auch frühere Epochen, in denen die Globalisierung zusammenbrach. Das abschreckendste Beispiel für eine Verstärkung von Kontrollen im 20. Jahrhundert liefert uns die Weltwirtschaftskrise. Viele der politischen Maßnahmen, die in den 1920er und 1930er Jahren umgesetzt wurden (Zuwanderungsbeschränkung, Handelsbeschränkungen), waren nicht völlig neu, aber sie konnten als Antworten auf die Sicherheitsprobleme, die der Erste Weltkrieg aufgeworfen hatte, neu »verpackt« werden. Es handelte sich um radikalere Versionen der Konzepte, die im 19. Jahrhundert als Schutzschilde gegen den rauhen Wind des internationalen Wettbewerbs entwickelt worden waren. Als die Weltwirtschaft nach dem Zweiten Weltkrieg in immer schwerere Turbulenzen geriet, nahmen sich solche Lösungen immer verlockender aus. Die Sicherheitsnetze, die vor 1914 gegen eine überzogene Globalisierung gespannt worden waren, wurden nach dem Weltkrieg zu riesigen Fallstricken, die die Weltwirtschaft abwürgten. Kapitalverkehrskontrollen wurden eingeführt, um spekulative Devisentransaktionen zu unterbinden, und Einfuhrkontingente sollten ergänzend zu den Zöllen unerwünschte Importe einschränken.

Menschen, die Kapital ins Ausland schafften (weil sie Regime für instabil hielten), wurden jetzt als Volksverräter gebrandmarkt. In Mitteleuropa mit seinem virulenten Antisemitismus wurden Kapitalverkehrskontrollen vor allem dazu eingesetzt, Juden zu bestrafen. In einem ähnlichen Fall aus jüngerer Vergangenheit, während der Asienkrise von 1997–98, wurde in einigen Vielvölkerstaaten wie Indonesien oder Malaysia behauptet, die chinesischstämmige Bevölkerung empfinde sich als Teil eines »Groß-Chinas«, und sie schaffe besonders emsig Kapital ins Ausland und stelle daher ein Sicherheitsrisiko dar. Angesichts der wachsenden Unsicherheit im Nahen Osten und des Irak-Krieges kann man sich leicht vorstellen, daß Devisentransaktionen von Arabern oder Muslimen bald als Sicherheitsbedrohungen betrachtet werden.

Die Gegenreaktionen gegen frühere Wellen der weltweiten Integration beziehungsweise Globalisierung erfolgten oft in Form von Kriegen und militärischen Aktionen. Obgleich ich in dem Buch betone, daß die Wurzeln der Gegenreaktion gegen die Globalisierung des 19. Jahrhunderts in den 1920er und 1930er Jahren vor dem Ersten Weltkrieg liegen, waren die Schwierigkeiten bei den internationalen Absprachen in den 1920er Jahren die unmittelbare Folge des Ersten Weltkriegs. Der 11. September hatte unter anderem zur Folge, daß einige Länder, insbesondere die Vereinigten Staaten, eher militärische Gewalt als Mittel der Politik einsetzen und bereitwilliger Gewalt präventiv einsetzen. Tatsächlich wird dies in der neuen nationalen Sicherheitsdoktrin vom September 2002 unmißverständlich zum Ausdruck gebracht. Sie basiert auf einer wohlfundierten und logischen sozialwissenschaftlichen Überlegung, die hervorragend zur Bewahrung der Globalisierung paßt. Länder sollten keine Anreize haben, Geld für Rüstung auszugeben, die ihre Bürger ärmer macht und ihre wirtschaftliche Entwicklung hemmt. Wenn die USA eine massive militärische Überlegenheit besitzen und so stark gerüstet sind wie die nächsten vierzehn Länder zusammengenommen, dann sollte die bloße Tatsache dieser Überlegenheit und die Bereitschaft der USA, diese einzusetzen, um den Status quo zu erhalten, eigentlich zur Folge haben, daß Staaten ihre Verteidigungsausgaben reduzieren.

Die Praxis in der Welt nach dem Jahr 2001 hat diese idealistische und vielleicht etwas naive Vision jedoch Lügen gestraft. Länder, die sich bedroht fühlen, wie etwa Nordkorea, versuchen so schnell wie möglich Massenvernichtungswaffen zu entwickeln, um den US-amerikanischen Masterplan zu vereiteln. Und andere Länder ärgern sich über das unilaterale Vorgehen der USA. Militärische Macht erzeugt einen frostigeren Schauder als die Ausübung von wirtschaftlichem Einfluß, und es läßt sich auch leichter ersehen, wer diese Macht ausübt. Die früheren Proteste gegen die Globalisierung litten darunter, daß sie keine leichten Ziele finden konnten: Coca-Cola oder McDonald's waren vielleicht Symbole, aber ihr behaupteter schädlicher Einfluß war nicht unmittelbar offenkundig. GIs und Marineinfanteristen und neue Superbomben machen auf eine viel konkretere Weise Angst als alkoholfreie Getränke und ihre Lieferanten.

Die USA haben nach 2001 versucht, mit und durch internationale Institutionen zu handeln, aber sie machten auch klar, daß sie dies nur insoweit zu tun bereit waren, als diese Institutionen (vor allem die Vereinten Nationen) sich hinter sie stellten. Dies hat zu tiefen internationalen Verstimmungen, gegenseitigen Beschimpfungen und der Verbreitung negativer Stereotype geführt, wie es sie seit den 1930er und 1940er Jahren nicht mehr gab: antiislamisch, antiamerikanisch, antieuropäisch, antifranzösisch, antideutsch. Aufgrund dieser Einstellungen werden sich auch Konflikte, die nichts mit Sicherheitsfragen zu tun haben, viel schwerer lösen lassen: etwa Streitfragen bei der Handelsliberalisierung oder Instrumente zur Eindämmung schwerer Finanzkrisen.

Der Terror hat ein neues Klima des Mißtrauens, der Polarisierung und der Suche nach Feinden geschaffen – und eben dies war eines seiner Ziele. So hat er die Welt verwundbarer für neue Wirtschaftskrisen gemacht.

Princeton, im Mai 2003 Harold James

◆◆◆

Vorwort

Dieses Buch hat einen langen Reifungsprozeß hinter sich. Ich begann mich Mitte der achtziger Jahre mit dem Thema zu befassen, als ich ein Buch über die Wirtschaftskrise in Deutschland zwischen den beiden Weltkriegen schrieb. Die Recherchen dazu führte ich größtenteils Ende der achtziger Jahre durch. In den neunziger Jahren unterbrach ich das Projekt, um ein optimistischeres Buch über den Erfolg der währungspolitischen Zusammenarbeit nach 1945 zu schreiben, bei dem ich vor allem Dokumente aus den Archiven des Internationalen Währungsfonds auswertete. Mit diesem Buch kehre ich zu einem trostloseren Thema zurück – der Tatsache, daß frühere Globalisierungsbestrebungen Geister beschworen, die die Gegenwart noch immer verfolgen, ganz gleich wie gesichert uns unser Wohlstand erscheinen mag.

Meine Forschungsarbeit wurde durch mehrere Institutionen gefördert. Die Princeton University war nicht nur ein ausgezeichnetes Umfeld für meine schriftstellerische Arbeit, sondern finanzierte auch einen Großteil meiner Archivrecherchen. In der Endphase der Arbeit war ich Houblon-Norman-Fellow der Bank von England und dann Fellow des Historischen Kollegs in München. Der Aufenthalt bei der Bank von England im Gefolge der Asienkrise stellte eine einzigartige Gelegenheit dar, die politischen Lehren zu reflektieren, die sich aus einem scheinbar lange zurückliegenden historischen Ereignis ziehen lassen. Vielen Archivaren in zahlreichen Ländern möchte ich für ihre fachkundige Unterstützung danken, besonders Henry Gillette von der

Bank von England, Rosemary Lazenby von der Federal Reserve Bank von New York und Professor Dieter Lindenlaub von der Deutschen Bundesbank. Das Historische Kolleg war ein ideales Arbeitsumfeld für die Fertigstellung des Buches. Ich danke Eva Giloi-Bremner, Karsten Jedlitschka und Clara Oberle für ihre sorgfältige und kluge Unterstützung bei den Recherchen.

Ich habe frühere Versionen meiner Argumentation, die ich auf den folgenden Seiten entwickeln werde, in Seminaren an verschiedenen Universitäten (Mannheim, Frankfurt/M., Princeton, Wien), in Vorträgen, die ich bei der Deutschen Bundesbank und der Bank von England, bei *Politeia* in London und bei der Bayerischen Akademie der Wissenschaften hielt, sowie in Seminaren, die von Robert Fleming und von der Herbert-Quandt-Stiftung organisiert wurden, vorgestellt. Ich möchte den Teilnehmern dieser Diskussionen danken, ganz besonders Bill Allen, Axel Börsch-Supan, Christoph Buchheim, Gerhard Illing, Markus Ingenlath, Stanley Katz, Mervyn King, Sheila Lawlor, Dieter Lindenlaub, David Marsh, Kai Schellhorn und Alice Teichova, die diese Veranstaltungen organisierten. Das Sawyer-Programm der Mellon Foundation finanzierte 1997–98 ein einjähriges interdisziplinäres Seminar zu dem Thema »Ökonomische Werte des Westens und die Alternativen«, dessen regelmäßige Teilnehmer und Gastdozenten mir dabei halfen, die Lektionen, die uns die Geschichte lehrt, argumentativ besser zu fundieren. Im April 1998 organisierte die Princeton University zusammen mit dem Deutschen Historischen Institut in Washington, D. C., eine zweitägige Konferenz über das internationale Finanzsystem im 20. Jahrhundert. Im Juni 1999 lud das Historische Kolleg Experten auf diesem Gebiet zu einem Kolloquium ein, auf dem sie ihre Forschungen vorstellen und das Thema in seinen Grundzügen diskutieren sollten. Zu den Teilnehmern und Referenten gehörten Christoph Buchheim, Forrest Capie, Patricia Clavin, Barry Eichengreen, Gerald Feldman, Carl-Ludwig Holtfrerich, Albrecht Ritschl, Monika Rosengarten, Dietmar Rothermund, Robert Skidelsky und Solomos Solomou. Elisabeth Müller-Luckner leitete das Kolloquium mit großem Fingerspitzengefühl. Aufgrund einer glücklichen Fügung fiel das Kolloquium mit dem siebzigsten Geburtstag des bedeutenden deutschen Wirtschaftshistorikers Knut Borchardt zusammen, der ein langjähriger Freund und Mentor ist und dem ich dieses Buch widme.

Außerdem möchte ich Michael Bordo und Douglas Irwin dafür danken, daß sie eine fast endgültige Fassung des Manuskripts aufmerksam durchlasen und mir hilfreiche Anregungen gaben. Es war eine Freude, mit Ann Hawthorne und Jeff Kehoe von Harvard University Press zu arbeiten.

Meiner Frau, Marzenna James, danke ich für ihre vielen Anregungen. Ohne ihre Geduld und Liebe hätte ich dieses Projekt nie in Angriff genommen. Maximilian, Marie Louise und Montagu (der genau zu dem Zeitpunkt geboren wurde, als ich dieses Buch fertigstellte) haben mich ebenfalls beflügelt.

Princeton, New Jersey
November 2000

Kapitel

1

◆◆◆

Einleitung: Das Ende der Globalisierung und das Problem der Depression

Zur Jahrtausendwende ist »Globalisierung« zu einem weltweiten Schlagwort geworden. Die zunehmende wirtschaftliche Verflechtung hat zu tiefgreifenden politischen und gesellschaftlichen Umwälzungen geführt. Alte Gewißheiten werden in Zweifel gezogen. Der Nationalstaat, die entscheidende Triebkraft der letzten zweihundert Jahre, löst sich unter dem Druck einer länderübergreifenden Integration auf, die eine unwiderstehliche Eigendynamik gewonnen hat.

Viele halten diesen Prozeß für unumkehrbar, für eine Einbahnstraße in die Zukunft. Doch historische Erwägungen führen zu einer nüchterneren und pessimistischeren Beurteilung. Es hat bereits hochentwickelte und hochintegrierte internationale Gemeinschaften gegeben, die sich unter dem Druck unerwarteter Ereignisse auflösten. In allen Fällen kam der Schwung zum Erliegen, und das Pendel schlug in die entgegengesetzte Richtung aus. In Europa beispielsweise wurde der maßgeblich von Erasmus geprägte universelle Humanismus der Renaissance durch die Reformation und die katholische Gegenreformation zerstört, und er wurde von Separatismus, Provinzialismus und Kirchturmspolitik abgelöst. Ein historisch näherer (und vielleicht vertrauterer) Präzedenzfall ist der Zerfall der stark verflochtenen Weltwirtschaft des ausgehenden 19. Jahrhunderts.

Selbstverständlich gleicht kein Zusammenbruch völlig dem anderen. Auf den folgenden Seiten werde ich nicht die These vertreten, die *Great Depression* – die Weltwirtschaftskrise – des 20. Jahrhunderts werde sich im 21. Jahrhundert völlig identisch wiederholen. Aber jeder Zusammenbruch erwächst aus Denkmustern und institutionellen Mechanismen, die als Reaktion auf eine neue, unvertraute Welt der internationalen ökonomischen beziehungsweise politischen Verflechtung entstehen. Die Form solcher reaktionärer Ressentiments bleibt über lange Zeiträume erstaunlich konstant.

Das Scheitern des Ministertreffens der Welthandelsorganisation im November 1999 in Seattle ist symptomatisch für die Probleme, mit denen die wirtschaftlich verflochtene Welt heute konfrontiert ist. Die wichtigsten Industrienationen konnten sich nicht auf eine realistische Tagesordnung verständigen. Sie überfrachteten die Handelsgespräche mit unangemessenen Forderungen hinsichtlich Umwelt- und Arbeitsstandards, die viele Entwicklungsländer als einen alten Protektionismus im neuen Gewande interpretierten. Schließlich leisteten sie scheinbar den apokalyptischen Straßenszenen Vorschub, bei denen Bürger überwiegend reicher Staaten, von denen man hätte erwarten können, daß sie sich als Nutznießer der Globalisierung verstehen, gegen die neue Wirtschaftsordnung randalierten. In Seattle wurde die Chance vertan, ernsthafte Handelsgespräche zu führen. Statt dessen wurde die Stadt zum Sinnbild eines chaotischen Protests gegen die internationale Verbreitung der »McDonald's-Kultur«: der Beginn einer neuen Phase in den beiden chronischen Konflikten, die die Welt entzweien – Nord gegen Süd und der Rest der Welt gegen den Amerikanismus. Beides sind Schlachten in einem Konflikt um den Globalismus. Gab die Schlacht von Seattle den Ton für das neue Jahrhundert an?

Dieses Buch erkundet das Seattle-Szenario – die Umstände, unter denen der Globalismus scheitert – anhand eines historischen Präzedenzfalls, des Zusammenbruchs der internationalen Wirtschaftsbeziehungen in der Weltwirtschaftskrise der dreißiger Jahre. Dieser Zusammenbruch zerstörte die finanzielle Potenz jenes Landes – Großbritanniens –, das im 19. Jahrhundert die treibende Kraft hinter der weltwirtschaftlichen Verflechtung gewesen war. Er beförderte zumal in Nazi-Deutschland und dem kaiserlichen Japan das Aufkommen innovativer, aber zugleich aggressiver, ausbeuterischer Strategien einer nationalistischen Lenkung der Volkswirtschaft, die die Prinzipien des Globalismus weitgehend ablehnten.

In zeitgenössischen Diskussionen wurden zwei alternative Erklärungsansätze für die Selbstzerstörung der Weltwirtschaft herausgearbeitet. Der erste geht von einer systemimmanenten Schwachstelle aus: Das Volumen und die Volatilität der Kapitalbewegungen sind dabei jenes Problem, das heute am häufigsten genannt wird. Nach dieser Auffassung ist das System als solches instabil und erzeugt mit hoher Wahrscheinlichkeit von Grund auf destabilisierende Phasen von Aufschwung und Niedergang und keinen stetigen, glatten Entwicklungsverlauf. Der zweite Ansatz erklärt die Krise der Globalisierung mit den gesellschaftlichen und politischen Reaktionen, die sie auslöste. Demnach wird die Globalisierung durch Angst zerstört.

Als erstes stellt sich daher die Frage: Kann sich unser System selbst zerstören? Viele Kritiker befürchten, daß irrational aufgeblähte Aktienmärkte längst jeglichen Bezug zu den Transaktionen der ihr zugrundeliegenden »Realwirtschaft«, in der Güter und Dienstleistungen getauscht werden, verloren haben. Der »Kasino-Kapitalismus« schließt viel mehr Wetten auf künftige Ergebnisse ab, als durch realwirtschaftliche Vorgänge gedeckt sind, und er leitet somit Ressourcen, Zeit, Tatkraft und Emotionen an der realwirtschaftlichen Produktion und der tatsächlichen Bedürfnisbefriedigung vorbei. Die Ressourcen öffentlicher Institutionen wie der Zentralbanken nehmen sich im Vergleich zur enormen Größe der Devisenmärkte als äußerst bescheiden aus. Das internationale Währungssystem hängt von den Wetten ab, die auf den Devisenmärkten geschlossen werden und die zugleich eine hohe Krisenanfälligkeit erzeugen. Diese Wetten können ganze Länder zerstören, wenn Spekulanten sich einen Gewinn davon versprechen, ein sich selbst erfüllendes apokalyptisches Szenario in Gang zu setzen. Dies war der Hintergrund der Krise, die 1997 in Thailand begann und dann auf viele Länder Asiens übergriff. Doch nicht nur einzelne Länder sind gefährdet. Letzten Endes könnten solche Wetten das gesamte System kollabieren lassen, da sie auf einem sehr eng definierten Rationalitätsmodell basieren.

Ein Modell für einen solchen Zusammenbruch – in den Augen vieler Kritiker eine Vorwegnahme des endgültigen Zusammenbruchs der Weltfinanzmärkte – findet sich 1998 mit dem Scheitern der Strategie des in New York ansässigen Unternehmens Long Term Capital Management. Diese Strategie stützte sich auf die sogenannte Konvergenzwette, wonach sich die Zinssätze in den großen Volkswirtschaften zunehmend einander annähern sollten und damit Risikoprämien nicht länger gerechtfertigt wären. Als mit dem Überspringen der Krise von Asien auf Rußland und Brasilien eine weltweite Finanzkrise unmittelbar bevorzustehen schien, entwickelten sich die Zinssätze plötzlich auseinander, und die Positionen, die LTCM mit hohem Fremdkapitaleinsatz aufgebaut hatte, verwandelten sich plötzlich in gigantische Verbindlichkeiten.

Eine große Finanzkrise kann systemische Wirkungen entfalten und in katastrophaler Weise die Stabilität der Institutionen untergraben, die den weltweiten Austausch ermöglichen. Ein solches Szenario, in dem hochvolatile Finanzströme das System zerstören, das auf der Basis des freien Kapitalverkehrs errichtet wurde, bereitet vielen nachdenklichen Analytikern zunehmend Sorge. Selbst Denker, die dem modernen Konsens über die Wünschbarkeit einer Liberalisierung nahestehen, sind von ihrem Standpunkt abgerückt und fragen sich, ob es nicht doch gute Gründe für eine Kontrolle des Kapitalverkehrs geben könnte. Als der malaysische Premierminister Mahathir Mohamad mit derartigen Kontrollmaßnahmen auf die Asienkrise reagierte, wurde er zunächst dafür belächelt. Doch die malaysische Volkswirtschaft stabilisierte sich, und Vordenker der internationalen Volkswirtschaftslehre wie etwa Joseph Stiglitz – damals Chefökonom der Weltbank – und Paul Krugman, damals Professor am MIT und ein heißer Favorit für einen Nobelpreis in Wirtschaftswissenschaften, machten schon bald ihre Bekehrung zur Sache der Kapitalverkehrskontrollen öffentlich bekannt.[1] Dieses Plädoyer wurde von Wirtschaftspraktikern unterstützt, etwa George Soros, die zu den Hauptnutznießern des Kasino-Kapitalismus zu gehören schienen. Auf dem Höhepunkt der Ängste vor einer globalen Finanzkatastrophe sagte Soros die »bevorstehende Auflösung des kapitalistischen Weltsystems« voraus, das »seinen eigenen Defekten erliegen wird«.[2] Die Diagnose wurde von Männern geteilt, die an wichtigen Schaltstellen der Weltwirtschaft saßen, wie etwa dem früheren Präsidenten der US-Notenbank, Paul Volcker. Der britische Philosoph John Gray forderte eine »Neuausrichtung des Denkens«, denn der freie Markt sei »ein unbeständiges, launisches Gebilde, ein Spielball spekulativer Aufschwünge und Einbrüche«.[3] Nach dieser neuen, herben Kritik an der Globalisierung der Finanzmärkte sollen anhaltende unregulierte Kapitalbewegungen der Mechanismus sein, durch den die liberale Weltwirtschaftsordnung an ihren eigenen Widersprüchen (um einen Begriff der marxistischen Analyse zu benutzen) zerbricht.

Nach dem zweiten Erklärungsansatz liegt der Grund für die ökonomische »Entflechtung« nicht in dem Mechanismus der Weltwirtschaftsordnung selbst, sondern in den Ressentiments, die möglicherweise durch die Ungerechtigkeiten der Weltwirtschaft ausgelöst werden. Die Ungerechtigkeit der Welt stand im Zentrum der Straßenproteste in Seattle im Jahr 1999 und in Washington, D. C., im Jahr 2000. Thomas Friedman widmete einen Großteil seines Buches über Globalisierung der »Gegenreaktion«. Er schrieb: »Alle Gegenkräfte haben gemeinsam, daß sie überzeugt sind, ihre Länder seien beim Anschluß an das globalisierte System in eine Goldene Zwangsjacke gesteckt worden, die ihnen zu eng ist.«[4] Es gibt eindeutige historische Präzedenzfälle. Insbesondere die Wirtschaftshistoriker Kevin O'Rourke und Jeffrey Williamson haben unlängst die »Gegenreaktion gegen die Globalisierung« diskutiert, die durch die Integrationswelle im 19. Jahrhundert ausgelöst wurde – und die sich sowohl gegen die Gütermärkte als auch gegen die internationale Migration richtete. Nach ihrer Analyse erzeugten die Globalisierung und die mit ihr einhergehenden Einkommensverschiebungen relativ rasche Reaktionen – verstärkten Protektionismus und Steuerung der Zuwanderung –, die schließlich den Integrationsprozeß abwürgten. Der ungehinderte Fluß von Produktionsfaktoren führte dazu, daß die Grundeigentümer in Europa, wo einst Bodenknappheit geherrscht hatte, aber auch die Eigentümer des Faktors Arbeit in der Neuen Welt, in der zuvor ein Mangel an Arbeitskräften bestanden hatte, Einkommensverluste hinnehmen mußten. Die europäischen Grundeigentümer und die Hilfsarbeiter in der Neuen Welt besaßen beträchtliche politische Macht, die sie in zunehmendem Maße dazu verwendeten, das Ausmaß der Globalisierung und der beunruhigenden Faktorströme einzudämmen. O'Rourke und Williamson liefern eine rationale, an Gruppeninteressen orientierte Analyse der Entstehung von Ressentiments gegen Globalisierungstendenzen. In ihrer Studie über das 19. Jahrhundert, die erschreckend deutliche Parallelen zur aktuellen Situation aufdeckt, legen sie dar, wie sich Handel und Migration auf die Einkommensverteilung auswirkten und wie sie insbesondere zu einer Senkung der Einkommen ungelernter Arbeiter in dynamischen Einwanderungsländern (vor allem den Vereinigten Staaten) beitrugen.[5]

Der dritte Erklärungsansatz – der in diesem Buch verfolgt wird – betrachtet denselben Prozeß aus einer weniger rationalen Perspektive. Er geht davon aus, daß die Globalisierung scheitert, weil die Menschen und die von ihnen errichteten Institutionen die psychischen und institutionellen Folgen der wirtschaftlichen Verflechtung nicht angemessen bewältigen können. Institutionen, vor allem solche, die eigens zur Bewältigung der Probleme der Globalisierung gegründet wurden, geraten in bestimmten Momenten der Krise so stark unter Druck, daß sie nicht mehr effizient arbeiten können. Sie werden zu den Hauptkanälen, durch die die Ressentiments gegen die Globalisierung ihre zerstörerische Wirkung entfalten.

Dieses Buch konzentriert sich auf die Institutionen, die gegründet wurden, um die Globalisierung in geordnete Bahnen zu lenken: das waren im 19. Jahrhundert vor allem Zollsysteme, Zentralbanken und Zuwanderungsgesetze. Die internationalen Beziehungen wurden damals grundsätzlich von nationalen Institutionen im Rahmen eines Nationalstaats gestaltet, den viele für einen Schutzwall gegen die Probleme der Weltwirtschaftsordnung hielten. In den Jahren zwischen den beiden Weltkriegen, in denen die Bedrohung immer größer wurde, waren einige Regierungen der Meinung, daß Globalisierungsprobleme besser auf internationaler Ebene gelöst werden könnten: vom Völkerbund, dessen Wirtschafts- und Finanzorganisation, der Internationalen Arbeitsorganisation und der Bank für Internationalen Zahlungsausgleich. In der Zeit nach 1945 haben neue internationale

Institutionen die Probleme auf eine viel befriedigendere Weise bewältigt als ihre Vorläuferinnen; doch sind diese mittlerweile zur Zielscheibe massiver Kritik grundverschiedener politischer und geographischer Gruppen geworden: Der Internationale Währungsfonds (IWF)[6] und die Welthandelsorganisation (WTO) wurden zu den Prügelknaben der Globalisierung. Einige Kommentatoren haben einen anderen Vergleich gezogen: IWF beziehungsweise WTO gleichen ihres Erachtens einer Kirche, die Sünden nicht beseitigen, sondern psychisch erträglich machen will. Die Finanzminister begeben sich demnach in den Beichtstuhl der »Konsultationen nach Artikel IV« des IWF-Abkommens, beschreiben mit rituellen Formeln ihre Abweichungen vom rechten Weg und werden dann an die wahre Lehre gemahnt, von der sie abgeirrt sind.[7]

Dieses Buch befaßt sich hauptsächlich mit den Ereignissen während der »Großen Depression« Ende der zwanziger, Anfang der dreißiger Jahre. Dies war die Zeit, in der die erste bedeutende Etappe der ökonomischen Globalisierung auf die Probe gestellt wurde: Bei dem Belastungstest wurden so starke Kräfte freigesetzt, daß das System zerstört wurde, und die Welt kehrte zu einer autarken oder fast autarken nationalen Wirtschaftslenkung zurück. Erst in den sechziger Jahren und vor allem ab den siebziger Jahren entstand wieder eine Weltwirtschaft im echten Sinn des Wortes.

Optimisten behaupten, die Weltwirtschaftskrise sei ein einmaliges Ereignis gewesen, das hauptsächlich von den Folgen des Ersten Weltkriegs herrührte. Da ein weiterer langwieriger und großer internationaler Konflikt dieser Art äußerst unwahrscheinlich sei, so ihre beruhigende Schlußfolgerung, könne sich die Weltwirtschaftskrise nicht wiederholen und sei nur für Historiker von Interesse (und allenfalls noch für Wirtschaftswissenschaftler, die sich für eine Kuriositätensammlung extremer ökonomischer Ungleichgewichte interessieren).

Alle drei oben skizzierten Deutungsansätze (Selbstzerstörung, Gegenreaktion und Schwächen der institutionellen Rahmenordnung) lassen sich für die Analyse des Zusammenbruchs der Globalisierung mit dem Einsetzen der Weltwirtschaftskrise in der Zwischenkriegszeit fruchtbar machen. Die Vorstellung von einem System, das an seinen eigenen Widersprüchen zerbricht, liegt bekanntlich der marxistischen Interpretation des Kapitalismus zugrunde, die (besonders bei Intellektuellen) großen Anklang fand und dafür sorgte, daß die brutalen Lehren des Kommunismus und die kommunistische Theorie der Wirtschaftslenkung eine ganze Generation in ihren Bann zogen. Doch viele Nicht-Kommunisten sahen im internationalen Kapitalverkehr einen Hauptschuldigen, und tatsächlich bildete diese Interpretation, die auf brillante Weise von John Maynard Keynes und Ragnar Nurske formuliert wurde, die Grundlage für die Wirtschaftsordnung nach 1945, das sogenannte Bretton-Woods-System, das zwar eine Erneuerung der Handelsbeziehungen anstrebte, internationale Kapitalbewegungen jedoch als destabilisierend und unerwünscht ansah.

O'Rourke und Williamson sehen in der Weltwirtschaftskrise keinen Beweis für einen systemimmanenten Fehler, sondern vielmehr die logische Folge der »Gegenreaktion gegen die Globalisierung« vor 1914. Sie formulieren ihr Argument in sehr eindringlichen Worten: »Die Geschichte zeigt, daß die Globalisierung die Keime zu ihrer eigenen Zerstörung legen kann. Diese Keime wurden in den 1870er Jahren gesät, sie sprossen in den 1880er Jahren, wuchsen kräftig um die Jahrhundertwende und blühten dann in den düsteren Jahren zwischen den beiden Weltkriegen voll auf.«[8] Sie betonen mit Nachdruck, daß es keines Weltkriegs bedurfte, um eine Weltwirtschaftskrise auszulösen. Schon Joseph Schumpeter hatte dies ähnlich gesehen. In einem Aufsatz über »Die Instabilität des Kapitalismus«, der 1928, auf dem Höhepunkt des Jahrzehnts allgemeinen Wohlstands, erschien, beschrieb er die »Tendenz [des Kapitalismus] zur Selbstzerstörung beziehungsweise Selbstüberwindung aus inhärenten ökonomischen Ursachen«. Zu einem Zeitpunkt, als keine unmittelbare Gefahr von finanziellen Turbulenzen bestand, behauptete er: »Obgleich der Kapitalismus in ökonomischer Hinsicht stabil ist und sogar noch weiter an Stabilität gewinnt, erzeugt er, indem er die menschliche Psyche rational überformt, eine Bewußtseinshaltung und einen Lebensstil, die mit seinen eigenen Grundbedingungen, seinen Motiven und sozialen Institutionen nicht vereinbar sind.«[9]

Dieses Buch stützt diese Analyse; demnach wies die Weltwirtschaft, so prosperierend und integriert sie vor 1914 auch gewesen sein mochte, doch gravierende Mängel auf. Dazu gehören die von O'Rourke und Williamson aufgezeigten Schwächen, insbesondere der immer lauter werdende Ruf nach protektionistischen Maßnahmen und die wachsende Feindseligkeit gegen Einwanderer in den Aufnahmeländern. Doch die Probleme reichten weiter und betrafen eine Reihe von Erwartungen an den Staat und die Gesellschaft, die Folgen der Globalisierung aufzufangen. Diese Erwartungen belasteten den politischen Prozeß in einer immer unerträglicheren Weise.

Das Zeitalter des Universalismus

Bevor wir die Globalisierungswelle im 19. Jahrhundert betrachten, sollten wir über einige der Lektionen eines früheren Zeitalters des Internationalismus nachdenken: die Epoche der großen Entdeckungsreisen und der Entstehung neuer Staatsgebilde, die Denker dazu veranlaßte, zum ersten Mal den neuen Begriff der Souveränität theoretisch fruchtbar zu machen. Das 16. Jahrhundert liest sich wie eine Parabel über die Gefahren der Globalisierung.

Das 16. Jahrhundert liefert reichhaltiges Anschauungsmaterial für Interpretationen, die betonen, daß sich ein Mechanismus selbst zerstören (an seinen eigenen Widersprüchen zugrunde gehen) kann. Die Entdeckungsfahrten schufen neuen Wohlstand, doch das Wachstum des Handels förderte neue politische Zentren, die ältere politische Einheiten unterminierten. Spanien kolonisierte die Neue Welt, doch die Niederlande lehnten sich auf und errichteten einen mächtigen und wohlhabenden neuen Staat auf der Basis des Handels. Ob die Matrosen des Kolumbus die Syphilis nun tatsächlich aus Westindien mitbrachten oder nicht, fest steht jedenfalls, daß unbekannte Krankheiten aus der Neuen Welt zu einer Geißel für Europa wurden. Geldinflation, ausgelöst durch den massiven Zustrom zuerst von Gold und später von Silber, führte zu starken Preisschwankungen und sozialen Unruhen. Mit den neuen Geldern wurde größere Armeen finanziert, die sich dann an ihr brutales und zerstörerisches Werk machten.

Der konservative spanische Philosoph José Ortega y Gasset deutete 1933, also just zu dem Zeitpunkt, als die Große Depression die Zivilisation in ihren Grundfesten erschütterte, den Kosmopolitismus der frühen Renaissance als Anzeichen für eine schwere kulturelle Krise und einen Rückfall in die Barbarei. Die Bewunderung der Renaissance für Männer der Tat wie Cesare Borgia deute auf ein tiefes Unbehagen hin. »Wie der Albatros als Vorbote des Sturms, so taucht der Mensch der Tat selbst am Horizont auf, wenn eine neue Krise anbricht«, schrieb er.[10]

Aber die Art und Weise, wie das 16. Jahrhundert die Erfahrung einer großen Weltgesellschaft interpretierte, unterscheidet sich grundlegend von modernen Erklärungen darüber, wie ein Mechanismus Verwerfungen und Gegenreaktionen hervorruft. Zeitgenossen reagierten auf ihr neues Umfeld mit einem geschärften Bewußtsein für die Unvollkommenheit und Hinfälligkeit des Menschen. »Sünde« war die Kategorie, mit der sich globale Herausforderungen begreifen ließen.

Eine der Triebfedern der beiden großen religiösen Bewegungen des 16. Jahrhunderts in Europa, der protestantischen Reformation und der katholischen Gegenreformation, war das Streben nach einem sündenfreieren Lebenswandel. Solche Reformbewegungen sind eine spezifische Reaktion auf die Eigentümlichkeiten eines Zeitalters des Universalismus, dessen Merkmale in einer religiösen Begrifflichkeit formuliert werden. Martin Luther, der ein besonders feinfühliges Sündenbewußtsein hatte, fand die Worte, mit denen man die neue Welt begreifen konnte. Dies war das Geheimnis seines Erfolgs. Eine seiner bedeutendsten frühen sozialethischen Schriften befaßte sich mit dem Problem des Handels. Das Traktat *Von Kauffshandlung und Wucher*, das 1524 erschien, beginnt mit der unverblümten Erklärung, die meisten kaufmännischen Aktivitäten seien sündhaft. »[...] und zu besorgen ist/es gehe hie zu/wie der Ecclesiasticus sagt/Das Kauffleut schwerlich on sünde sein mügen: Ja ich acht es treffe sie der spruch St. Paulus I Timo ult: ›Der geytz is eyn wurtzel alles ubels.‹« Worin lag die Sünde? Nicht in dem Kaufen und Verkaufen von Waren, wie etwa Vieh, Wolle, Getreide, Butter oder Milch, »die zur not unnd ehren dienen«. Schädlich war vielmehr der Fernhandel, der mit dem Austausch beziehungsweise Verlust von Edelmetallen verbunden war. »Aber der außlendisch kauffshandel/der auß Kalikut und Indien und der geleychen wahr her bringt/als solch köstlich seyden und goldwerck und würz/die nur zupracht und keynem nutz dienet/und land und leuten das gelt außsauget/solt nit zugelassen werden/wo wir ein regiment und fürsten heten. [...] Got hat uns Teutschen dahyn geschlaudt/das wyr unser gold und silber müssen in frembde lend stossen/alle wellt reych machen/und selbst betler bleyben.«[11]

Der Universalismus, der während der Reformation bei vielen Menschen ein tiefes Unbehagen hervorrief, zeichnete sich durch wenigstens sechs Merkmale aus:

1. Das Bewußtsein eines fortwährenden Wandels. In der humanistischen Literatur wurde der Zeitgeist als Fortuna (und nicht als christliche Vorsehung) dargestellt, deren Rad in unabsehbarer Weise Glück brachte und wieder zerstörte. Der Kult der Fortuna erreichte in den Schriften Machiavellis einen Höhepunkt; auf Machiavelli geht auch die Vorstellung zurück, der tugendhafte Mensch habe die Aufgabe, Fortuna zu bändigen. Shakespeares Stücke, insbesondere die Tragödien, lassen sich als umfassende Betrachtungen über Fortuna lesen.
2. Völker standen über große Entfernungen hinweg in Kontakt miteinander (hauptsächlich durch Handelsbeziehungen). Im 16. Jahrhundert nahm dieser Kontakt die Form eines Warenaustauschs an, der die europäischen Staaten mit dem Mittelmeer, dem Atlantik und dem Baltikum verband. Aber die spektakulärsten Kontakte und Konflikte mit fernen Gesellschaften waren eine Folge überseeischer Erkundungsfahrten und des Vorstoßes europäischer Abenteurer in völlig unbekannte Welten. Cortés und Pizarro stießen auf nicht-europäische Zivilisationen.
3. Die Unbeständigkeit und die neue physische Geographie erzeugten das Gefühl, der Reichtum vieler anderer Menschen sei illegitim und könne nicht mit den traditionellen Kriterien des Moralkodex gerechtfertigt werden. Der bedeutende Augsburger Kaufmann Jakob

Fugger, der es dadurch zu Reichtum gebracht hatte, daß er den Habsburgern Geld lieh, pflegte zu sagen, er sei »reich durch die Gnade Gottes«. Doch tatsächlich wurde er von Klerikern als eine »schwärige Wunde des Gemeinwesens« angegriffen, als jemand, der »wie eine alte Sau allein im Trog steht und die anderen Schweine nicht hineinläßt«.[12]

4. Die Unbeständigkeit und die neue physische Geographie erzeugten bei vielen Begüterten das Gefühl, ihr Reichtum sei illegitim. Nicht alle waren innerlich so unangefochten wie Jakob Fugger, doch selbst er (und seine Nachfahren) gaben großzügige Spenden, um die Legitimität ihres Reichtums unter Beweis zu stellen. Die Wohltätigkeit nahm ganz allgemein zu: Neue Hospitäler, Schulen und Universitäten wurden gebaut.
5. Die Unbeständigkeit und die neue physische Geographie erzeugten das Gefühl, die Armut vieler anderer Menschen sei illegitim. Neue wohltätige Stiftungen, neue Armengesetze und neue Institutionen (Armenhäuser) versuchten die Folgen zu mildern.
6. Die Unbeständigkeit und die neue physische Geographie erzeugten bei vielen Armen das Gefühl, die eigene Armut sei illegitim. Räuber wie Marco Sciarra woben wirkmächtige Legenden um ihre räuberischen Umtriebe, die vorgeblich den Armen zugute kommen sollten. Sogenannte Bauernkriege fegten über das Europa der frühen Neuzeit hinweg – mit dramatischen Flächenbränden 1525 in Mitteleuropa, 1636, 1639 und 1675 in Frankreich und 1536 und 1649 (der Aufstand der Leveller) in England. Diese Bewegungen verbanden in der Regel politischen Radikalismus mit einem tiefen gesellschaftlichen Konservatismus: Sie wollten eine untergegangene, aber legitime Gesellschaftsordnung wiederherstellen.

Solche dramatischen Umbrüche lösten die weitverbreitete Angst aus, traditionelle Werte seien in Gefahr. Zwei Antworten wurden formuliert: die humanistische, wonach *virtù* Fortuna bändigte; und die Botschaft der »Sünde«, wonach die Welt – nach Luthers Formulierung – verdammt sei. Dennoch war es leichter, mit den psychischen Folgen der dramatischen Umbrüche zu leben, weil jeder durch die Hinfälligkeit des individuellen Daseins – der Wahrscheinlichkeit plötzlicher verheerender Epidemien oder anderer Katastrophen – mit der Wandelbarkeit der Welt vertraut war. Die praktischen Ergebnisse ähnelten einander: Der von *virtù* erfüllte Staatsmann sollte der Anarchie der Fortuna seine Vision aufzwingen, und Luther forderte einen starken Staat, der einer amoralischen Gesellschaft Zügel anlegen sollte. »Hab ichs doch gesagt/das Christen seltsame leut synd auff erden. Darüb ist in der welt not ein streng hart weltlich regiment/das die bösen zwing und dring/nitt zu nehmen noch zu rauben/und wider zu geben/was sye borgen obs gleych ein Christen nichtt soll wider fordern noch hoffen [...] .«[13] Das Sündenbewußtsein sah im Staat ein Mittel, um eine geeignete Antwort auf menschliches Versagen und menschliche Fehlbarkeit zu institutionalisieren.

Das universale Zeitalter im 19. Jahrhundert

In der Wirtschaftsgeschichte gilt das ausgehende 19. Jahrhundert als ein Zeitalter des Universalismus, in dem Verflechtung und Fortschritt Hand in Hand gingen.[14] Am Anfang seines großen Romans *Der Stechlin,* der um die Wende vom 19. zum 20. Jahrhundert spielt, beschreibt Theodor Fontane den entlegenen Stechlin-See: »Alles still hier. Und doch, von Zeit zu Zeit wird es an ebendieser Stelle lebendig. Das ist, wenn es weit draußen in der Welt, sei's auf Island, sei's auf Java, zu rollen und zu grollen beginnt oder gar der Aschenregen der hawaiischen Vulkane bis weit auf die Südesse hinaus getrieben wird. Dann regt sichs auch *hier*, und ein Wasserstrahl springt auf und sinkt wieder in die Tiefe.«[15] Fontane betrachtete die Veränderungen seines Zeitalters mit einem elegischen, bisweilen nostalgischen Pathos. Die meisten seiner Zeitgenossen waren sehr viel optimistischer. Aber diese dynamische und selbstbewußte Welt sollte alsbald zerbrechen. Der Zusammenbruch zerstörte den optimistischen Glauben an die Kooperation über nationale Grenzen hinweg und an den menschlichen Fortschritt schlechthin.

Ende des 19. Jahrhunderts war die Welt aufgrund der Mobilität von Kapital, Information, Gütern und Menschen wirtschaftlich stark verflochten. Kapital floß ungehindert zwischen Staaten und Kontinenten. Die freie Kapitalbewegung wäre ohne verbesserte Mechanismen für die Verbreitung von Nachrichten und Ideen nicht möglich gewesen. Die Integration der Kapitalmärkte setzte voraus, daß man zumindest mit einer gewissen Sicherheit wußte, was mit dem Kapital geschah. Die Verflechtung der Märkte war das Ergebnis verbesserter Kommunikationsmöglichkeiten. Das erste transatlantische Kabel wurde 1866 verlegt. Die Eisenbahn erschloß das Innere der Kontinente und schuf nationale Märkte, während das Dampfschiff die Küsten der Weltmeere miteinander verband. Bereits ab 1838 gab es eine regelmäßige Dampfschiffahrtsverbindung über den Atlantik, wenngleich Massengüter erst ab etwa 1860 per Dampfschiff befördert wurden. In den folgenden Jahrzehnten ermöglichte die Kühltechnik die Beförderung unterschiedlichster Nahrungsmittel.

Waren wurden weitgehend ungehindert ausgetauscht, selbst von vermeintlich protektionistischen Staaten wie dem Deutschen Reich. Vor allem aber bewegten sich die Menschen. Sie brauchten keine Pässe. Es gab praktisch keine Diskussion über die Frage der Staatsangehörigkeit. Auf der Suche nach Freiheit, Sicherheit und Wohlstand – drei Werten, die eng miteinander zusammenhängen – verließen die Menschen Europas und Asiens ihre Heimat und nahmen oftmals beschwerliche Reisen per Bahn und Schiff auf sich, die häufig den Charakter eines regelrechten Massenexodus annahmen. Zwischen 1871 und 1915 wanderten 36 Millionen Menschen aus Europa aus.[16] Den Zuwanderungsländern bescherte dieser Einwandererstrom erhebliches wirtschaftliches Wachstum. Zugleich verzeichneten die Auswanderungsländer große Produktivitätszuwächse, da Bevölkerungsüberschüsse (mit niedriger Produktivität) beseitigt wurden. Solche Abwanderungsströme verringerten die extreme Armut unter anderem in Irland und Norwegen. Die großen Kapital-, Handels- und Migrationsströme hingen miteinander zusammen. Ohne die Kapitalströme wäre es unmöglich gewesen, die Infrastruktur – die Eisenbahnen, die Städte – für die Zuwanderer zu bauen. Die neuen Entwicklungen schufen große Absatzmärkte für Maschinen aus Europa, aber auch für Konsumgüter, Stoffe, Textilien und Musikinstrumente.

Diese miteinander zusammenhängenden Ströme gewährleisteten ein gewisses Maß an weltwirtschaftlicher Stabilität. Vor fast fünfzig Jahren wies der Volkswirt Brinley Thomas in brillanter Weise eine umgekehrte Korrelation zwischen Konjunkturzyklen in Großbritannien und den Vereinigten Staaten nach: Geringeres Wirtschaftswachstum in Großbritannien trug dazu bei, die Überfahrt über den Atlantik attraktiver zu machen. Die Zuwanderer kurbelten die amerikanische Volkswirtschaft an und folglich auch die britischen Exporte, so daß sich die britische Volkswirtschaft erholte.[17] Ströme von Arbeitskräften, Kapital und Waren erzeugten einen allgemeinen Markt, in dem sich die Faktorpreise (die Erträge der Produktionsfaktoren Kapital, Boden und Arbeit) ausglichen. Laut O'Rourke und Williamson läßt sich die Konvergenz der Reallöhne in der Epoche überwiegend (zu 70 Prozent) mit der migrationsbedingten Verschränkung der Arbeitsmärkte erklären, und der Rest mit dem Welthandel.[18]

Diese Verflechtung der Weltmärkte weist große Ähnlichkeit mit der heutigen Weltwirtschaft auf. In reichen Industrieländern sind die Arbeitnehmer äußerst beunruhigt ob der Aussicht einer durch die Globalisierung ausgelösten Senkung der Reallöhne (besonders für ungelernte Arbeiter).

Volkswirte, die eine statistische Basis für einen Vergleich dieser ersten Ära der Globalisierung mit unserer Zeit finden möchten, staunen über das Ausmaß der Übereinstimmung. Wie können wir die internationale Verflechtung messen? Eine Möglichkeit besteht darin, das Volumen der Nettokapitalströme zu betrachten. Gemessen am Bruttosozialprodukt (BSP) führten die Länder damals wesentlich mehr Kapital sowohl ein als auch aus: Zwischen 1870 und 1890 importierte Argentinien ausländisches Kapital in Höhe von 18,7 Prozent des Volkseinkommens, Australien 8,2 Prozent. Man vergleiche dies mit den neunziger Jahren, als sich die jeweiligen Zahlen dieser bedeutenden Kapitaleinfuhrländer auf magere 2,2 beziehungsweise 4 Prozent beliefen.[19] Die Zahlen für die Kapitalexporte sind sogar noch deutlicher. Am Vorabend des Ersten Weltkriegs exportierte Großbritannien 7 Prozent seines Volkseinkommens. Nach 1945 hat kein Land dieses Niveau auch nur annähernd noch einmal erreicht, nicht einmal Japan oder die Bundesrepublik Deutschland vor der Wiedervereinigung 1989.

Der Vergleich der Außenhandelszahlen vermittelt ein ähnlich deutliches Bild. Ungeachtet aller zwischenzeitlichen Verbesserungen bei den Transportmitteln wurde das Handelsniveau der Vorkriegszeit erst in den achtziger Jahren wieder erreicht. Für Großbritannien betrug die Exportquote (Anteil der Exporte am Bruttosozialprodukt) 1913 etwa 30 Prozent. Die niedrigere deutsche Zahl von 20 Prozent für 1913 wurde erst Anfang der siebziger Jahre wieder erreicht.[20]

Aber die zunehmende Verflechtung läßt sich nicht nur an Zahlen ablesen. Denken wir auch an die weltweite Vereinheitlichung von Industrienormen, wonach etwa die Eisenbahnen in den zivilisierten Ländern auf Gleisen mit einer Spurweite von 4 Fuß 8,5 Zoll fuhren (die Entscheidung des russischen Kaiserreichs für eine größere Spurweite war ein frühes Indiz dafür, daß Rußland nicht dem westlichen Kurs folgen wollte). Aber es gab auch eine Normierung von Produkten, die den Aufstieg des Hamburgers von McDonald's zur Ikone der Globalisierung vorwegnahm. Eine ganze Welt trug die billigen (und hygienischen) Baumwolltextilien des Typs, der zuerst in Manchester entwickelt worden war. Frauen wollten zu Hause mit Nähmaschinen der Firma Singer nähen.

Eine andere Betrachtungsweise der Globalisierung ist impressionistischer und fußt auf einer Analyse der Einstellungen zur weltwirtschaftlichen Verflechtung. Der Optimismus des Zeitalters kann als ein Beleg für seinen Internationalismus beziehungsweise Kosmopolitismus gedeutet werden. Nach Einschätzung einiger Analytiker hatte die Integration eine so starke Eigendynamik, daß sie durch nichts aufgehalten werden konnte – ja daß sie einen Krieg zwischen hochentwickelten Industriestaaten unmöglich machte. Diese verlockende, aber letztlich trügerische Hypothese wurde mit großem Scharfsinn von dem britischen Schriftsteller Norman Angell in einem 1911 erschienenen Buch formuliert, das sofort in vierzehn anderen Ländern und achtzehn anderen Sprachen veröffentlicht wurde (so groß war Ausmaß der globalen intellektuellen Integration). Kapitalisten dachten, ihre Version des Internationalismus habe die Staaten in so große Abhängigkeit vom Rentenmarkt gebracht, daß sie es sich nicht leisten könnten, das Vertrauen der Wirtschaft zu erschüttern. Und die Sozialisten glaubten, die Existenz eines selbstbewußten internationalen Proletariats könne die Pläne der Militaristen durchkreuzen.

Hinter der großen Welle von Freihandelsabkommen in den 1860er Jahren, die durch das Englisch-Französische Abkommen (den sogenannten Cobden-Chevalier-Vertrag) angestoßen wurde, stand vor allem die Erwartung, durch den Außenhandel satte Profite einzustreichen. Aber Richard Cobden war ein großer liberaler Idealist, und nach seiner Überzeugung sollte eine Verbesserung der Handelsbeziehungen Frieden bringen. Diese Auffassung scheint damals weitverbreitet gewesen zu sein, denn beim Abschluß des Cobden-Chevalier-Vertrags am 23. Januar 1860 meldete der preußische Gesandte in London sogleich, das Abkommen mache einen Krieg zwischen den beiden Ländern »unmöglich«.[21]

Mit zunehmender wirtschaftlicher Verflechtung entstand allmählich eine Gegenkraft beziehungsweise -reaktion, die sich zunächst als Idee artikulierte und später auch institutionell in Erscheinung trat. Als man die Folgen einer Weltwirtschaft und einer Weltgesellschaft in ihrer ganzen Tragweite erkannte, löste dies einen starken Nationalismus aus. Unter »Nationalismus« verstehe ich dabei mindestens zwei verschiedene Prozesse. Zum einen die Formulierung von Identitäten und Gemeinsamkeiten als Reaktion auf eine – tatsächliche oder bloß vermutete – Bedrohung von außen. Eine solche Reaktion kann leicht in Fremdenfeindlichkeit umschlagen. Zum anderen findet ein Prozeß der Institutionalisierung statt, der in Begriffen der ersten Reaktion gerechtfertigt wird. Demnach entstand der Nationalstaat, das typische politische Konstrukt des 19. Jahrhunderts, als ein Schutzmechanismus gegen äußere Bedrohungen der Stabilität.

Widerstände und Gegenreaktionen

In praktisch allen Ländern löste die Globalisierung binnen kürzester Zeit Forderungen nach einem Schutz vor den Folgen der Veränderungen und Krisen aus, die von außen angestoßen wurden. Der

Nationalstaat, wie wir ihn kennen, ist eine Reaktion auf die Herausforderungen der ersten Globalisierungswelle. Der technische und ökonomische Wandel, der mit der Globalisierung, insbesondere mit verbesserten Verkehrs- und Kommunikationsmitteln, einherging, ermöglichte den Aufbau der Infrastruktur des modernen Nationalstaats.[22] Telegraphen, bessere Straßen, Eisenbahnen, billigere und leichter erhältliche Druckerzeugnisse gewährleisteten den Zusammenhalt des neuen Staatsgebildes. Die technischen Neuerungen schufen auch die Voraussetzung für eine Steigerung der militärischen Macht, und eine der Funktionen des Nationalstaats bestand darin, militärischen Schutz gegen den Machtzuwachs anderer politischer Einheiten zu bieten. Doch der Nationalstaat übernahm auch eine neue Aufgabe.

Die Jahrzehnte, in denen die Weltwirtschaft immer enger zusammenwuchs, war zugleich die Zeit eines grundlegenden Wandels der Erwartungen an die politischen und sozialen Funktionen des Staates. Hauptaufgabe des Staates war bis zum Beginn der Moderne die militärische Verteidigung des eigenen Territoriums. Der moderne Staat sollte darüber hinaus sozialen Schutz gewährleisten. Im Jahr 1863 formulierte Adolph Wagner sein »Gesetz« über die zunehmende Aktivität des öffentlichen Sektors und des Staates.[23] Die Erwartungen an den Staat stiegen in dem Maße, wie sich die Staaten dem internationalen Handel öffneten.[24] Die neue Absicherung kann sogar als Voraussetzung für den Prozeß der außenwirtschaftlichen Öffnung betrachtet werden, denn ohne sie wäre es zu einer härteren und destruktiveren Reaktion gegen die neuen ökonomischen Kräfte gekommen. Der Staat, so die allgemeine Erwartung, solle insbesondere diejenigen schützen, deren Existenz durch ausländische Produkte bedroht wurde.

Die im 19. Jahrhundert liegenden Wurzeln der späteren Widerstände gegen die weltwirtschaftliche Integration zwischen 1918 und 1939 lassen sich gerade in den drei Bereichen nachweisen, die für die weltweite Verflechtung von zentraler Bedeutung waren: Handel, Migration und Kapitalverkehr. Die neuen Zolltarife, die im späten 19. Jahrhundert eingeführt wurden, wurden oft in traditioneller Weise damit begründet, sie dienten der nationalen Verteidigung – nicht etwa dem sozialen Schutz. In der öffentlichen Diskussion konzentrierte sich die Aufmerksamkeit auf die Getreidezölle. Höhere Lebensmittelpreise für den Verbraucher wären gerechtfertigt, wenn die Schutzzölle für ausländische Nahrungsmittel zu einer Ausweitung der landwirtschaftlichen Nutzfläche im Innern führten und damit den Staat in die Lage versetzten, sich im Wettstreit der Nationen zu behaupten. Doch dieses Argument nahm dann allmählich eine soziale Färbung an. Nur eine Armee, die sich auf eine ländliche Bevölkerung stütze, so wurde behauptet, könne schlagkräftig sein; und so mußte der Bauer als eine Stütze des Militärs und der gesellschaftlichen Ordnung erhalten bleiben.

Die Einführung von Schutzzöllen in Kontinentaleuropa war eine direkte Reaktion auf die niedrigeren Transportpreise und die fallenden Getreidepreise ab etwa 1870. Die Preisveränderungen wirkten sich direkt auf die Grundstückspreise und damit die Basis politischer Macht in einer feudal-agrarisch strukturierten Welt aus. Wo Landwirte politisch einflußreich waren, nutzten sie alle erdenklichen Mittel, um Druck auszuüben und Koalitionen für den Schutz ihrer Interessen zu schmieden. Durch diese Koalitionen interpretierten sie die Funktion des Nationalstaats neu; dieser sollte fortan den Opfern globaler Ereignisse Schutz gewähren.

Die naheliegendste Reaktion waren protektionistische Maßnahmen, weil die nationale Herkunft der Güter eine immer größere Bedeutung erlangte. Um 1880 reagierte man in Großbritannien geradezu hysterisch auf den vermeintlich unlauteren Wettbewerb deutscher Erzeuger bei weitverbreiteten Konsumgütern, von Bildpostkarten und Weihnachtskarten bis zu Spielzeug und Musikinstrumenten. Der Gesetzgeber reagierte mit den Merchandise Marks Acts von 1887, die verlangten, daß Produkte mit dem Stempel ihres Herkunftslandes gekennzeichnet werden. Ähnliche Gesetze wurden bald in vielen Ländern verabschiedet. Doch die Proteste gingen weiter – sie wurden durch die Kennzeichnungspflicht sogar noch angefacht. Der Autor einer wütenden britischen Polemik aus dem Jahr 1896, E. E. Williams, der seiner Schmähschrift den Titel *Made in Germany* gab, führte aus, er habe, als er zu schreiben begann, seinen Bleistift betrachtet und zu seinem Schrecken gesehen, daß er »Made in Germany« war.[25] In Deutschland reagierte man ebenso nationalistisch und beklagte den britischen »Handelsneid«.[26]

Um den gestiegenen Erwartungen an soziale »Absicherung« gerecht zu werden, verteilte der Staat auch seine Haushaltsausgaben neu. In Frankreich machten die Sozialausgaben 1912 4,3 Prozent des Bundeshaushaltes aus, 1928 dagegen 21,7 Prozent; die entsprechenden Zahlen für Deutschland lauten 5,0 und 34,2 Prozent. Die Gesamthöhe der Staatsausgaben nahm entsprechend zu.[27]

Exporte wurden oft als eine Alternative zum Bevölkerungsrückgang betrachtet. Die Bevölkerungspolitik bildete einen politischen Schwerpunkt. Sie war die Grundlage militärischer Macht, und Staaten mit zu niedriger Geburtenrate, wie etwa das Frankreich der III. Republik, befürchteten, im militärischen Wettlauf abgehängt zu werden. Eine angemessene demographische Wachstumsrate war für Wirtschaftswachstum – als der materiellen Grundlage von Macht –, aber auch zur Deckung des Bedarfs an Rekruten unverzichtbar. Aber wie konnte dieses wachsende menschliche Potential produktiv genutzt werden? In den 1890er Jahren hatte der deutsche Kanzler Leo von Caprivi seine Bemühungen um eine Liberalisierung der Handelspolitik damit verteidigt, daß die Alternative Massenverelendung und verstärkte Auswanderung wäre. »Wir müssen exportiren. Entweder wir exportiren Waaren, oder wir exportiren Menschen.«[28]

In dieser Zeit reagierte man auf Handels- und Finanzkrisen sowohl in bedeutenden Einwanderungsländern als auch in einigen Industriestaaten unter anderem mit Einschränkungen der Freizügigkeit. Staatsbürgerschaft und Staatsangehörigkeit und die damit verbundenen Rechtsansprüche wurden zu zentralen Elementen politischer Diskussionen.

In Australien und den Vereinigten Staaten lösten niedrigeres Wachstum und die Finanzkrisen nach 1890 Massenproteste gegen die Zuwanderung aus. Australien begann seine rigorose Politik eines »Australiens für Weiße«. Amerikaner beklagten, die neuen Einwanderer verdrängten einheimische Fachkräfte.[29] Im Jahr 1897 debattierte der US-Kongreß über einen obligaten Lesetest für Einwanderer. Zehn

Jahre später wurde ein Ausschuß eingesetzt, der nach Wegen suchen sollte, den Zustrom »neuer Einwanderer«, die angeblich nur aus ökonomischen Gründen und nur für eine kurze Zeit kamen, zu drosseln. In Kanada protestierten Landwirte gegen »den Abschaum aus Kontinentaleuropa; wir brauchen keine Männer und Frauen, die tausend Jahre Unwissenheit, Aberglaube, Anarchie, Gemeinheit und Unsittlichkeit hinter sich haben«.[30]

Solche Ressentiments gegen Gastarbeiter regten sich auch in einigen europäischen Ländern. Gerade Deutschland war mit über einer Million ausländischen Arbeitnehmern – die vor allem im Bergbau und in der ostdeutschen Landwirtschaft eingesetzt wurden – zu einem Einwanderungsland geworden. Der Bedarf war unbestreitbar vorhanden: Der preußische Landwirtschaftsminister hatte 1890 eine Machbarkeitsstudie über den Einsatz chinesischer Landarbeiter in Deutschland in Auftrag gegeben.[31] Gleichzeitig wurden jedoch die Bemühungen verstärkt, diesen Zustrom zu unterbinden. Im Jahr 1885 hatte der preußische Innenminister Robert von Puttkamer ein Einreiseverbot für polnische Aushilfskräfte verfügt, und nach 1887 wurde die Zuwanderung streng kontrolliert. Der Provinzgouverneur von Westfalen verfügte »geeignete Maßnahmen« für eine »drastische« Verringerung der Zahl polnischer Staatsbürger im westfälischen Industriegebiet.[32] Der vielleicht berühmteste Kritiker der arbeitsmarktpolitischen Folgen der Globalisierung war Max Weber. Die Argumente, die er über die Verteilungswirkungen der Aufnahme gering qualifizierter Zuwanderer vorlegte, hören sich sehr modern an.

Die zunehmende Integration, so behauptete er, würde notwendigerweise zu einer allgemeinen Herabsetzung der wirtschaftlichen und kulturellen Standards führen. Er erklärte seine Einwände gegen die Zuwanderung mit verschiedenen Konsumgewohnheiten: Da polnische Arbeiter mit schlechterer Nahrung zufrieden wären, bedeute ihre Beschäftigung eine Gefahr für den Lebensstandard in reicheren Ländern. »Es gibt eine gewisse Situation kapitalistisch desorganisierter Volkswirtschaften, unter welchen die höhere Kultur nicht überlegen, sondern schwächer ist im Kampf um's Dasein gegenüber der niedriger stehenden Kultur.«[33] Diese Art von Analyse der Gefahren der Globalisierung wurde zu einem Kennzeichen der neuen linksliberalen Koalition, die am Anfang des Jahrhunderts entstand.

Wie steht es nun mit dem dritten Pfeiler der Globalisierung im 19. Jahrhundert, den Kapitalmärkten? Mit dem Beginn der Globalisierung in der zweiten Hälfte des Jahrhunderts begannen auch die Versuche, Kapitalbewegungen zu regulieren und zu steuern, besonders wenn ihre Volatilität regelmäßig massive Finanzkrisen auslöste. Kapital floß nicht in einem gleichmäßigen Strom; vielmehr lösten sich Phasen überschwenglicher Zuversicht und Phasen eines spekulationsbedingten Zusammenbruchs ab. Ab 1820 strömten große Mengen britischen Kapitals in die neuen südamerikanischen Republiken, doch im Jahr 1825 erklärten diese ihre Zahlungsunfähigkeit.[34] Daraufhin floß das britische Geld während der nächsten zehn Jahre nach Nordamerika. Auf eine neue Welle der Kreditvergabe an Südamerika zwischen 1850 und 1870 und später an die Vereinigten Staaten im Anschluß an den Bürgerkrieg folgte dann der Zusammenbruch im Jahr 1873. Danach wurden wieder neue Kredite ausgereicht, überwiegend für Infrastrukturinvestitionen in den achtziger Jahren, doch 1890 kam es zu einer neuen, schweren Krise. Die Finanzpaniken hatten dramatische Auswirkungen auf die Realwirtschaft, mit Produktionsrückgängen, die in ihrem Ausmaß vergleichbar waren mit den Rückgängen, die nach 1990 in Krisenländern (überwiegend Ostasiens) zu verzeichnen waren.[35]

Der langfristige Kapitalverkehr unterlag kaum Beschränkungen, sieht man einmal von gelegentlichen Bemühungen ab, bestimmte Anleiheemissionen aus politischen Gründen zu befördern oder zu unterbinden. Doch von Anfang an gab es Versuche, die Auswirkungen kurzfristiger Kapitalströme auf die monetäre Entwicklung und damit die Preisniveaus aufzufangen. Die moderne Auffassung, die nach 1990 mit Nachdruck vertreten wurde und derzufolge sich langfristige Kapitalströme positiv auswirken, während kurzfristige destabilisierend sind, hatte bereits am Anfang des Zeitalters der Globalisierung zahlreiche Anhänger.

Die neue Geld- und Währungspolitik beinhaltete zwei zentrale Elemente: die Anbindung an den Goldstandard und die Gründung von

Zentralbanken beziehungsweise die Erweiterung ihrer Zuständigkeiten. Vor 1870 hatten nur Großbritannien und Portugal ihre Währungen an den Goldstandard gebunden: Der Beitritt des neugegründeten Deutschen Reichs nach der Verabschiedung der Währungsgesetze von 1871 und 1873 erzeugte einen Schwung, der dem Goldstandard zum allgemeinen Durchbruch verhalf. Um Vertrauen in die Wirtschaftspolitik zu erzeugen und dadurch ausländische Gelder anzulocken, ging ein Land nach dem anderen auf den Goldstandard über. Es ist bemerkenswert, daß Währung und Geld vor der Einführung eines gemeinsamen internationalen Standards einen internationaleren Zuschnitt hatten. Silber- und Goldmünzen zirkulierten ungehindert über nationale Grenzen hinweg. So waren beispielsweise in Deutschland noch Anfang der 1870er Jahre, nach der nationalen Einigung, fast ein Zehntel der umlaufenden Münzen ausländischer Herkunft.[36] Die neue Währungsordnung eröffnete die Möglichkeit, innerhalb einer neuen Ordnung nationaler Währungen Beziehungen aufzubauen.

Nationale Zentralbanken schienen plötzlich für die geldpolitische Lenkung unverzichtbar zu sein. Später sollten Zentralbanken eine entscheidende Rolle bei der Bewältigung der monetären Folgen der Internationalisierung spielen. Die ersten Zentralbanken waren überwiegend private Gründungen, die auf einen Marktbedarf nach Abwicklung des Abrechnungsverkehrs reagierten.[37] Doch nach 1870 setzte eine neue Gründungswelle von Zentralbanken mit einem völlig anderen Zweck ein. Der Goldstandard wird im Schrifttum oft als Höhepunkt des politischen und ökonomischen Liberalismus interpretiert; tatsächlich drehten sich die Debatten um den Goldstandard und die Institutionen (vor allem Zentralbanken), die für seine Aufrechterhaltung als unverzichtbar angesehen wurden, um die Lenkung und Kanalisierung von Kapital zu Nutzungszwecken, die als politisch, militärisch, diplomatisch und in sonstiger Weise als wünschenswert angesehen wurden. Russische Anleihen beispielsweise erhielten bevorrechtigten Zugang zu französischen Märkten: Der Außenminister sprach sich für eine Sonderbegünstigung des strategischen Verbündeten Frankreichs aus, die Presse wurde bestochen (ein späterer Analytiker nannte dies »l'abominable vénalité de la presse française«), und Investoren gelangten zu dem

Schluß, die russischen Staatsfinanzen seien auf einer so soliden Grundlage saniert worden, daß eine Zahlungsunfähigkeit unwahrscheinlich sei. Der Goldstandard wurde in vielen Ländern übernommen, um internationales Vertrauen zu schaffen – gleichsam als »Prüfsiegel« für eine solide Budgetpolitik, denn er schränkte den Spielraum für eigenständige Geldschöpfung und eine unverantwortliche Fiskalpolitik ein.[38] Das neue Währungssystem sollte internationale Kapitalzuflüsse fördern. Gleichzeitig wurden Zentralbanken gegründet, die mit geldpolitischen Instrumenten die kurzfristigen Ströme steuern und Störungen verhindern sollten.

Zentralbanken spielten deshalb eine so wichtige Rolle, weil sie Kapitalströme lenken konnten, die andernfalls ungeordnet geflossen wären. Sie stellten eine Reaktion auf Paniken an den Finanzmärkten und auf Krisen dar. Die Krise verdeutlichte, daß der Weltmarkt ein gefährlicher Ort war und plötzliche und unerwartete Einkommens- und Vermögensverschiebungen auslösen konnte. Wohlhabende Privatpersonen oder -firmen konnten dazu beitragen, die Erwartungen zu stabilisieren und eine Panik zu verhüten. Den größten Teil des 19. Jahrhunderts hindurch übernahm die Familie Rothschild diese Funktion. In den Vereinigten Staaten agierte J. P. Morgan am Ende des Jahrhunderts in ähnlicher Weise; so brachte er etwa genügend Gold auf, um die Panik von 1896–97 zu beenden. Doch eine solche – grundsätzlich positiv zu wertende – Aktivität bei der Bereitstellung eines öffentlichen Guts (Stabilität) sah sich wachsender Kritik ausgesetzt, als sich die Demokratisierung der Politik immer mehr durchsetzte. Nur wenige Menschen wollten offen sagen, daß sie die Anhäufung eines riesigen Privatvermögens guthießen, auch wenn dieser Reichtum nötig war, wenn die Rothschilds oder Morgans ihre hilfreiche Rolle spielen sollten. Während des US-amerikanischen Bürgerkriegs wurden die Rothschilds und ihr amerikanischer Repräsentant von der Republikanischen Partei heftig angefeindet.[39] Nach der Krise von 1907 begann eine Kampagne gegen J. P. Morgan, weil man davon überzeugt war, Morgan habe die Krise in sittenwidriger Weise ausgenutzt, um sein persönliches Vermögen zu mehren, indem er Aktien der Tennessee Coal and Iron Company zu einem Bruchteil ihres realen Wertes aufkaufte. (Dennoch sahen viele in diesem Deal einen Schlüssel zur Beendung der Finanzpanik von 1907, darunter auch Präsident Theodore Roosevelt, der in bezug auf die Morgans erklärte, es sei »in ihrem Interesse wie im Interesse jedes verantwortungsvollen Geschäftsmanns, zum gegenwärtigen Zeitpunkt eine Panik und einen allgemeinen Zusammenbruch der Wirtschaft zu verhindern«.)[40]

In Deutschland begann nach dem großen Crash von 1873, als Bankzusammenbrüche die deutsche Volkswirtschaft destabilisierten, eine ernsthafte Debatte über die Notwendigkeit einer Reichsbank. Diese sollte auch den Zufluß und Abfluß von Edelmetallen steuern. Der unmittelbare Anstoß zur Gründung der Reichsbank war der dramatische Abfluß von Goldmünzen im Jahr 1874. Zu diesem Zeitpunkt wurde erstmals der Begriff »Hüterin der Währung« benutzt. Die durch das Gold erzeugten internationalen Verflechtungen erforderten eine neue Geldpolitik.

Die älteren Zentralbanken und insbesondere die altehrwürdige Bank of England widmeten ihren internationalen Aktivitäten bzw. dem Schutz der britischen Volkswirtschaft vor den Auswirkungen des Kapitalverkehrs mit dem Ausland fortan viel größeres Augenmerk.

Wie sein deutsches Gegenstück ging auch das Zentralbankensystem der Vereinigten Staaten (Federal Reserve System) aus einer Finanzpanik und internationalen Krise hervor. 1907 platzte eine spekulative Seifenblase. Als New Yorker Banken mit Forderungen nach der Auszahlung von Einlagen konfrontiert waren, schränkten sie die Zahlungen ein. Die meisten Kommentatoren gelangten rückblickend zu dem Schluß, die Zahlungseinstellungen durch die Banken, die schon bald die wirtschaftlichen Rahmenbedingungen im ganzen Land verschlechterten, seien weder notwendig noch sinnvoll gewesen. Dies führte dazu, daß die Funktion eines Refinanzierungsinstituts der letzten Instanz *(lender of last resort)* zu einer öffentlichen Aufgabe erklärt wurde, die nicht länger der vermeintlichen Wohltätigkeit der großen New Yorker Privatbanken überlassen werden dürfe. In der Vergangenheit waren die Vereinigten Staaten in völliger Übereinstimmung mit der Logik des Goldstandards auf einen ausländischen Liquiditätsgeber der letzten Instanz angewiesen gewesen. Im Jahr 1907 führten die Krise in New York und die daraus resultierende US-Nachfrage nach Gold zu Goldabflüssen und steigenden Diskontsätzen in Europa, vor allem in London. Das britische Finanzsystem fungierte in der Tat als ein Liquiditätsreservoir für die Vereinigten Staaten und erbrachte die Funktionen, die normalerweise von einer Zentralbank wahrgenommen werden. Als der in Reaktion auf die Krise von 1907 verabschiedete Federal Reserve Act 1914 in Kraft trat, hatten die Vereinigten Staaten endlich eine Institution, die für die nationale Geld- und Kreditpolitik zuständig war.

Andere Länder zogen aus der Krise von 1907 ähnliche Lehren: Die Krise habe die Grenzen der internationalen Zusammenarbeit und die Notwendigkeit effizienterer nationaler Interventions- und Steuerungsmechanismen verdeutlicht. In Deutschland waren die Gefahren eines überzogenen Selbstvertrauens bereits 1907 offensichtlich. Das Klima der Panik in der Londoner City ließ die Banken bei der Kreditvergabe sehr viel vorsichtiger werden, so daß es den deutschen Banken schwer fiel, sich in der gewohnten Weise zu finanzieren, weshalb sie sich statt dessen an die Reichsbank wandten.[41] Aber auch die Interventionsmöglichkeiten der deutschen Notenbank waren während der internationalen Panik beschränkt. An 77 von 156 Tagen im Jahr 1907, an denen an der Börse gehandelt wurde, lag die Notierung der Mark über dem oberen Goldpunkt, ab dem sich Goldexporte für Arbitrageure rentierten. Folglich sanken die Reserven der Reichsbank, und die Reichsbank setzte im Oktober und November mehrfach ihren Diskontsatz herauf.[42]

Die Panik von 1907 stieß in Deutschland eine neue Debatte darüber an, welche internationalen Maßnahmen ergriffen werden könnten, um solche weltweiten Vertrauenskrisen zu verhindern – die nunmehr aufgrund der Übermittlung von Nachrichten durch das transatlantische Telegraphenkabel fast gleichzeitig stattfanden. Einige Krisen der Vergangenheit waren durch enge Zusammenarbeit bewältigt worden. Im Jahr 1890, nachdem Argentinien seine Zahlungsunfähigkeit erklärt hatte und eine schwere Schieflage bei der Londoner Barings-Bank eingetreten war, hatte die Bank von England die Krise mit Unterstützung der Rothschilds und der Banque de France bewältigt.[43] Und 1901 hatte

Frankreich Großbritannien während der finanziellen Turbulenzen, die durch den Buren-Krieg ausgelöst wurden, zur Seite gestanden; 1907 hatte die Banque de France der Bank von England einen Kredit gewährt und sich bereiterklärt, erstklassige amerikanische Wechsel zu diskontieren, um den Markt in New York zu stützen.[44] Nach 1907 sahen die Deutschen keine Möglichkeit für ähnliche Maßnahmen, teils wegen des Ausmaßes und der Gleichzeitigkeit der Finanzkrisen, aber auch weil die sich verschlechternde internationale politische Situation ausländische Hilfe immer problematischer erscheinen ließ. Die Marokko-Krise von 1911 war ein aufschlußreiches Beispiel. Jedenfalls hatte Deutschland bei der Kooperation der Zentralbanken im Jahr 1907 nur eine geringe Rolle gespielt, während selbst die Österreichische Nationalbank in einem frühen Stadium der Krise interveniert hatte, um die Bank von England und die Banque de France mit Gold zu versorgen.[45]

Denn nicht nur die Güterproduktion wurde jetzt national interpretiert, und es wurden Forderungen nach Schutz der nationalen Volkswirtschaft laut. Diese Diskussion über nationales Kapital war ein wichtiger Teil der Debatte über die Arbeit einer nationalen Institution wie der Reichsbank gewesen. Die rechten Parteien befürchteten, daß eine internationale Deflation als Folge der allgemeinen Übernahme des Goldstandards die Grundlage ihrer wirtschaftlichen und politischen Macht zerstören würde. Sie verlangten jetzt eine »Mauer aus Silber um unseren Goldschatz«. Geld sollte national sein. Ein Reichstagsabgeordneter zitierte ein altes Lied: »Was nützet mir ein schönes Mädchen, wenn andere damit spazieren gehen.«[46] Als der Bauernführer Graf von Kanitz im Reichstag Zinssenkungen forderte, betonte er die Notwendigkeit, sich gegen eine internationale Bedrohung zu verteidigen: »Aber ich möchte die jetzige Krisis deshalb für bedrohlich halten, weil es gewissermaßen ein internationaler Charakter ist, welcher ihr anhaftet.«[47]

Mit der Ausbreitung von Ideen über den Schutz von Güter- und Arbeitsmärkten, aber auch von Kapitalmärkten waren die Voraussetzungen für das Drama einer Weltwirtschaftskrise gegeben. Die Perspektiven von 1907 glichen in vielerlei Hinsicht denen von 1929: das Streben nach mehr Sicherheit, mehr Wohlfahrtsstaat in Europa und den Vereinigten Staaten und mehr Schutz vor skrupellosem Spekulantentum. Aber es kam nicht zu einem drastischen Einbruch des Konsums – wie in späteren Krisen –, was vielleicht zu einer noch tiefgreifenderen institutionellen Neuordnung geführt hätte. Einstweilen schienen der Nationalstaat und die nationale Zentralbank (das U. S. Federal Reserve System war die jüngste davon) der einzige mögliche Schutz gegen die schädlichen beziehungsweise destabilisierenden Folgen globalen technischen Wandels zu sein.

Das 19. Jahrhundert und seine Sünden

Die großen kritischen Darstellungen der ökonomischen Umwälzungen des 19. Jahrhunderts betonen nicht nur die Tendenz zur Selbstzerstörung, die dem Transformationsprozeß der modernen ökonomischen Entwicklung innewohnt, sondern auch die problematischen Ursprünge dieses Prozesses. Karl Marx war überzeugt davon, daß er die Bewegungsgesetze der Ökonomie aufgedeckt hatte, und seine Anhänger glaubten dies ebenfalls. Die sinkende Profitrate und die wachsende Verelendung der arbeitenden Bevölkerung müßten schließlich eine finale Krise auslösen. Das Endstadium dieser Krise bildete die Internationalisierung. Insofern diese Entwicklung eine zentrale Rolle in Marx' Argumentation spielte, wurde Marx zum ersten systematischen Kritiker der Globalisierung.

In einem berühmten Abschnitt am Ende des ersten Buchs von *Das Kapital* erläuterte Marx seine Hypothese von der wachsenden Zentralisierung von Kontrolle und Produktion. »Die Expropriation vollzieht sich durch das Spiel der immanenten Gesetze der kapitalistischen Produktion selbst, durch die Zentralisation der Kapitale. Je ein Kapitalist schlägt viele tot.« Hand in Hand damit geht die »Verschlingung aller Völker in das Netz des Weltmarktes und damit der internationale Charakter des kapitalistischen Regimes. Mit der beständig abnehmenden Zahl der Kapitalmagnaten, welche alle Vorteile dieses Umwandlungsprozesses usurpieren und monopolisieren, wächst die Masse des Elends, des Drucks, der Knechtschaft, der Entartung, der Ausbeutung [...].«[48]

Die Endkrise entspricht auch einer moralischen Krise, insofern die spektakulären Erfolge des Kapitalismus auf Diebstahl und Gewalt beruhen. Marx widmete in seiner Beschreibung der Ursprünge der modernen Ökonomie der Aufteilung der offenen Felder in England, der Besiedlung Ulsters mit Engländern und Schotten und der Vertreibung der Bauern aus den schottischen Highlands große Aufmerksamkeit – viel mehr, als diese Episoden eigentlich verdienen. Dies sind die Ursünden des Kapitalismus, die das System immer verfolgen werden: der ökonomische Terminus für Ursünde, den Marx oft benutzte, lautete »ursprüngliche kapitalistische Akkumulation«. Ohne diese Akkumulation, die das Produkt von Gewaltanwendung ist, gäbe es keine Dynamik und kein Wachstum. (Beim Aufbau einer sozialistischen Gesellschaft nahm sich die Sowjetunion etwas davon zum Vorbild und stellte die mit brutaler Gewalt betriebene Enteignung der Kulaken als »ursprüngliche sozialistische Akkumulation« dar.) Die Produkte solch brutaler Gewalt wurden über nationale Grenzen hinweg transferiert. »Manches Kapital, das heute in den Vereinigten Staaten ohne Geburtsschein auftritt, ist erst gestern in England kapitalisiertes Kinderblut.«[49]

Im Endstadium des Kapitalismus sollten Finanzspekulationen immer mehr um sich greifen und einen beherrschenden Einfluß auf die Realwirtschaft gewinnen. Im dritten Buch von *Das Kapital* wetterte Marx gegen das Finanzkapital: »Man spreche noch von Zentralisation! Das Kreditsystem, das seinen Mittelpunkt hat in den angeblichen Nationalbanken und den großen Geldverleihern und Wucherern um sie herum, ist eine enorme Zentralisation und gibt dieser Parasitenklasse eine fabelhafte Macht, nicht nur die industriellen Kapitalisten periodisch zu dezimieren, sondern auf die gefährlichste Weise in die wirkliche Produktion einzugreifen – und diese Bande weiß nichts von der Produktion und hat nichts mit ihr zu tun. Die Akte von 1844 und 1845 sind Beweise der wachsenden Macht dieser Banditen, an die sich die Financiers und stock-jobbers anschließen.«[50]

Marx' Analyse scheint sich kaum von den zahllosen Abhandlungen zu unterscheiden, die nach 1990 über die Übel einer unkontrollierten weltweiten Verflechtung erschienen sind. In vielen dieser kritischen

Analysen wird die Macht der Finanzspekulanten aufs Korn genommen. Selbst Paul Krugman schreibt: »Insofern schien es einfach undenkbar, daß Einzelpersonen oder kleine Gruppen in der Lage sein könnten, den Währungskurs selbst einer nur mittelgroßen Volkswirtschaft nennenswert zu beeinflussen. Doch da irrte man sich möglicherweise. Einer der bizarrsten Aspekte der Wirtschaftskrise der letzten Jahre war die markante Rolle der sogenannten Hedge-Fonds [...]. Und in einigen Fällen zumindest hatte der böse Spekulant tatsächlich seine Finger im Spiel.«[51]

Der böse Spekulant ist eine Standardfigur aller Dramen über die Finanzwelt. Im 19. Jahrhundert wurde er, über nationale Grenzen hinweg, fast zu einer stereotypen literarischen Figur, angefangen von August Melmotte in Anthony Trollopes *The Way We Live Now* (1874–1875) über Philipp Schmidt in Friedrich Spielhagens Roman *Sturmflut* (1876) (beides Geschöpfe der Panik von 1873) bis hin zu Frank Algernon Cowperwood in Theodore Dreisers *The Financier* (1912). Politiker griffen diese Stereotype bereitwillig auf. Im Jahr 1907 beklagte sich Präsident Roosevelt, »gewisse Übeltäter von großem Reichtum« würden die Panik nutzen, um die Politik seiner Regierung zu hintertreiben, »so daß sie unbehelligt die Früchte ihrer ruchlosen Taten genießen können«.[52] In der Einleitung zu einer der zahllosen Biographien über den berühmtesten Spekulanten der Zwischenkriegszeit, den schwedischen »Streichholzkönig« Ivar Kreuger, schrieb John Kenneth Galbraith über die charakterlichen Schwächen, die einen für Wirtschaftskriminalität anfällig machten: »Niemand sollte glauben, daß sie zeitlich und örtlich auf das New York der zwanziger Jahre beschränkt waren.«[53] Viele der anfänglichen Kommentare über die Depression, selbst von ernstzunehmenden Wirtschaftswissenschaftlern wie Lionel Robbins, gaben vor allem dem »Umsichgreifen des als schick geltenden Betrugs« und der »Spekulation« die Schuld.[54] Als der britische Premierminister Harold Wilson in den sechziger Jahren das Gefühl hatte, die Politik seiner Regierung würde untergraben, machte er die »Gnome von Zürich« dafür verantwortlich.

Marx' Argumentation ist jedoch viel nuancierter. Er hat ausdrücklich die religiöse Analogie herausgearbeitet, die seiner Argumentation zugrunde liegt: »Diese ursprüngliche Akkumulation spielt in der politischen Ökonomie ungefähr dieselbe Rolle wie der Sündenfall in der Theologie. Adam biß in den Apfel und damit kam über das Menschengeschlecht die Sünde [...] Das Kapitalverhältnis setzt die Scheidung zwischen den Arbeitern und dem Eigentum an den Verwirklichungsbedingungen der Arbeit voraus. Sobald die kapitalistische Produktion einmal auf eigenen Füßen steht, erhält sie nicht nur jene Scheidung, sondern reproduziert sie auf stets wachsender Stufenleiter. Der Prozeß, der das Kapitalverhältnis schafft, kann also nichts anderes sein als der Scheidungsprozeß des Arbeiters vom Eigentum an seinen Arbeitsbedingungen, ein Prozeß, der einerseits die gesellschaftlichen Lebens- und Produktionsmittel in Kapital verwandelt, andererseits die unmittelbaren Produzenten in Lohnarbeiter.«[55]

George Bernard Shaw hat zu Recht darauf hingewiesen, daß sich in Richard Wagners Opern-Tetralogie *Der Ring des Nibelungen* verblüffende Übereinstimmungen mit der Marxschen Wirtschaftsphilosophie finden. Das System muß sich selbst zerstören, weil es von den Göttern – hauptsächlich von Wotan – auf der Basis von Gesetzen errichtet wurde, die die Götter nicht brechen können, ohne sich ihres eigenen Daseinsgrundes zu berauben. Daher können sich die Götter allenfalls mit der Unvermeidlichkeit eines Zusammenbruchs abfinden. Im entscheidenden zweiten Akt der *Walküre* schäumt Wotan vor Wut und Enttäuschung und verlangt nach dem endgültigen Weltuntergang, dem »Ende«. Gleichzeitig muß Wotan erkennen, daß die Welt, die er schuf, auf Diebstahl beruht, auch wenn es sich ursprünglich um den Diebstahl eines anderen handelte: Der Zwerg Alberich stiehlt das Rheingold von den Rheintöchtern (die den Naturzustand symbolisieren), dann heckt Wotan heimlich eine Intrige aus, um das Gold von Alberich zu entwenden. Diese Parabel gleicht der von Marx im *Kapital* beschriebenen: Schöpferkraft und Verbrechen beginnen in dem Moment, als ein Zwerg den Rheintöchtern Gold entwendet und mit einem Fluch belegte. Das Gold soll absolute Macht bringen; aber der Zwerg verliert das Gold an Wotan, der damit zwei Riesen bezahlt. Der eine Riese tötet den anderen, um das Gold an sich zu bringen. Der

Riese, der sich in einen gewaltigen Drachen verwandelt, wird von dem Helden getötet, der den Ring einer Frau schenkt, ihn jedoch wieder an sich nimmt, als er die Frau einem anderen geben will, und schließlich selbst wegen des Goldringes getötet wird. Erst jetzt steigt das Wasser des Rheins, füllt die Bühne aus und erlaubt den Rheintöchtern, den Ring von dem letzten Mörder zurückzufordern. Ingesamt kommen in den Opern sieben Diebstähle, ein zwielichtiger Kauf und eine Schenkung vor (um Liebe zu kaufen, die, wie uns der Fluch sagt, eine Gnade ist, die Gold nicht bewirken kann). Wagner entwirft ein Modell der Ökonomie als ein Strom aus Gütern und Dienstleistungen, den das Gold symbolisiert, das gestohlen und getauscht wird.

Der konservative britische Politiker und Denker Robert Cecil, der dritte Marquis von Salisbury, schrieb Ende des 19. Jahrhunderts vom Standpunkt eines Reaktionärs, daß die Ausweitung von Wirtschaft und Handel – das herausragende Merkmal der globalisierten Welt, in deren Zentrum damals Großbritannien stand – immer mehr Proteste gegen Ungleichheit hervorrufen müsse. Die neuen Ungleichheiten seien um so unerträglicher, als sie anders als die eines traditionsgebundenen, aristokratischen Zeitalters nie einfach nur als irrational, als ein Kind der Zeit und somit als weitgehend unabhängig von den persönlichen Leistungen und Anstrengungen des Individuums wahrgenommen werden könnten. In der Moderne, so glaubte Salisbury, »steigen die Fluten des Bösen unaufhörlich«. Nach 1880 wurde er zutiefst pessimistisch: »Breite Bevölkerungsgruppen hatten nie die Chance, Ersparnisse zu bilden, oder sie kümmerten sich nicht darum; und jedes Mal, wenn der Strom des Wohlstands eine Zeitlang abflaut, müssen die Massen, die keine Rücklagen haben, schwere Entbehrungen und Not erdulden. Zu solchen Zeiten wird der Anblick des so stark davon abstechenden Komforts und Wohllebens einer relativ geringen Zahl von Menschen zu einem schier unerträglichen Ärgernis, und sein Stachel wird durch die modernen Entdeckungen, die jede Klasse über das Tun ihrer Nachbarn aufklären, noch schmerzhafter. Unter diesen Bedingungen betritt alsbald der Organisator des Zerfalls, der radikale Agitator, die Bühne.« Neid auf der Basis der Klassenzugehörigkeit war nach dieser semi-marxistischen Analyse die unvermeidliche Folge ökonomischer Entwicklung und führte zu »politischer Schwäche« und »Zerfall« – kurz zum Ende der Welt, die überhaupt erst die Anhäufung von Reichtümern in Wirtschaft und Handel erlaubt hatte.[56]

Die Geschichten, die das 19. Jahrhundert über eine globalisierte Welt erzählte, basierten auf einem säkularen Begriff der Erbsünde. Viele Denker schlugen damals für die mangelnde Legitimierung des Systems ein Heilmittel vor, das sich weitgehend mit der (säkular gewendeten) Abhilfe deckte, die Luther empfohlen hatte. Das unheilvolle Fortwirken dieser Sünde konnte nur durch eine starke öffentliche Gewalt eingedämmt werden. Eine naturwüchsige Gemeinschaft war durch schöpferischen Neid entzweit worden, doch der Staat konnte seine eigene Ordnung und Gemeinschaft erschaffen und so die destruktiven Kräfte des entfesselten Kapitalismus bändigen. Einzig mit dieser Strategie ließen sich die apokalyptischen Krisen, die von Marx, Wagner und Lord Salisbury prophezeit wurden, verhüten. Allein ein mächtiges nationales und politisches Bollwerk könnte die Übel einer instabilen Welt eindämmen.

Haben die Schüsse im August 1914 den Glauben an die Wünschbarkeit einer Weltgesellschaft zerstört? Es wurde gewiß schwerer, optimistisch zu sein. Doch nach den Schrecken des Krieges war es auch schwer, keine nostalgische Sehnsucht nach dem Internationalismus und der Sicherheit der Welt vor dem Krieg zu haben. Die Hoffnung der Friedensstifter war eine »Rückkehr zur Normalität«: Die alten Gewißheiten sollten wiederhergestellt werden. Doch zugleich sollten sie durch internationale Institutionen wie den Völkerbundspakt und den Völkerbund sowie durch Abkommen wie den dauerhaften Friedensvertrag, der auf Initiative des US-Außenministers Frank Kellogg und seines französischen Amtskollegen geschlossen wurde, gesichert und institutionalisiert werden. Ein solcher Ordnungsrahmen sollte das Funktionieren der Märkte sicherstellen, und tatsächlich setzte der internationale Kapitalfluß wieder ein. George Grosz stellte in einer unvergeßlichen Karikatur den Dollar als die Sonne dar, die den europäischen Kontinent wärmte. Die Migrationsströme setzten ebenfalls wieder ein. Und die Märkte, so nahm man an, würden Frieden stiften:

Jeder Beobachter der 1920er Jahre war beeindruckt, in welcher Weise die Abhängigkeit von ausländischen Kapitalimporten exzentrische, aggressive und streitbare Figuren wie den italienischen Duce Benito Mussolini zu verantwortungsvollen und sogar friedliebenden Staatsmännern machte.

Selten war die Begeisterung für den Internationalismus und internationale Institutionen so groß gewesen wie in den zwanziger Jahren. Das britische Standardwerk zur europäischen Geschichte in der Zwischenkriegszeit zog nach einem langen Vergleich der Vorzüge des Völkerbunds mit den Mängeln des Kongreßsystems nach 1815 das Fazit: »Wenn wir die Hoffnungen gegen die Befürchtungen abwägen, schöpfen wir vielleicht einen gewissen Trost aus dem Studium der Geschichte, die uns zeigt, daß ein gewisser Ordnungsrahmen, wie ihn der Völkerbund bietet, zugleich notwendig, sinnvoll und möglich ist.«[57]

Der neue Völkerbund überwachte fiskalische Stabilisierungsprogramme, indem er eine von außen auferlegte rigorose Reform der Wirtschaftspolitik in einer Weise mit Wirtschaftshilfe verband, die die Strategie des Internationalen Währungsfonds nach 1945 vorwegnahm. Die Bank für Internationalen Zahlungsausgleich koordinierte die Maßnahmen der Zentralbanken. Verhandlungen über handelspolitische Fragen waren nicht länger bilateral, wie es bei so berühmten Marksteinen der Liberalisierung wie dem Cobden-Chevalier-Vertrag der Fall gewesen war, sondern sie wurden im Rahmen großer internationaler Konferenzen geführt, die für gewöhnlich vom Völkerbund organisiert wurden.

Keine dieser Bemühungen war wirklich erfolgreich. Angesichts der Katastrophen der späten zwanziger Jahre liegt die Vermutung nahe, daß überzogene idealistische Erwartungen an den Internationalismus möglicherweise bei dem Zusammenbruch eine Rolle spielten. Der – sich teils aus Hoffnungen, teils aus Illusionen nährende – Glaube an die Erneuerung einer Weltordnung auf der Grundlage des Marktes mit Hilfe von internationalen Institutionen wurde durch die Erfahrung der Großen Depression zerstört. In den dreißiger Jahren erlebte die Welt einen Rückfall in ökonomischen Nationalismus und Protektionismus.

Es kam zu Abwertungswettläufen. Autarkie und Kriegswirtschaft wurden zu nationalen politischen Prioritäten.

Die Verheerungen, die diese Depression anrichtete, üben noch immer eine gewaltige Faszination aus. In der zweiten Hälfte des Jahrhunderts fragten sich viele Menschen jedes Mal, wenn sich das Wachstum abschwächte oder der Wohlstand bedroht zu sein schien, ob wir nicht wieder in eine Weltwirtschaftskrise hineinschlitterten. Mitte der siebziger Jahre wurde die Rezession, die durch die plötzliche Vervierfachung des Ölpreises ausgelöst wurde, als eine neue Weltkrise erlebt, die nicht nur die Wirtschaft, sondern auch die Demokratie bedrohte. Zu den Lehren, die man damals aus der Weltwirtschaftskrise zog, gehört die Wünschbarkeit einer keynesianischen Nachfragestimulierung. Anfang der achtziger Jahre führten eine Rezession in den Industrieländern und die lateinamerikanische Schuldenkrise zu einer neuen Welle pessimistischer Vorhersagen und einem wiedererwachten Interesse an der Geschichte der Depression. Damals sah man den Ausweg in Zinssenkungen. Im Oktober 1987 druckten fast alle großen Zeitungen in ihren Artikeln über den Börsenkrach Schaubilder ab, auf denen die Entwicklungen von 1929 und 1987 gegenübergestellt wurden. Auch nach dem Ausbruch der Asienkrise von 1997 und den Ansteckungseffekten in Rußland und dann in Brasilien wurden Parallelen zu 1929 gezogen. Helmut Schmidt, der als Bundeskanzler in den siebziger Jahren panische Angst davor hatte, daß sich die Große Depression wiederholen könnte, schrieb zum Beispiel: »Die wichtigste Parallele liegt in der Hilflosigkeit vieler Regierungen, die nicht rechtzeitig bemerkt haben, daß sie in finanzwirtschaftliche Zwickmühlen geraten sind, und die jetzt nicht wissen, wie sie sich daraus befreien können.«[58] Auch wissenschaftliche Analytiker ziehen gern diese Parallelen. Ein Schaubild, das die Zahl der wissenschaftlichen Aufsätze über die Depression zeigt, enthüllt eine verblüffende Parallele zur konjunkturellen Entwicklung in den westlichen Volkswirtschaften. Wir sind ständig in Sorge darüber, daß sich der Zusammenbruch der Globalisierung wiederholen könnte.

Nach 1920 wurden Gegenmaßnahmen angewandt, die sich schon einmal bewährt hatten. Es kam zu einem gefährlichen Zusammenspiel von Geld- und Handelspolitik einerseits sowie gesetzlichen Zuwanderungsbeschränkungen andererseits. In jedem Bereich mußte der Staat auf die gestiegenen Forderungen und Erwartungen an seine aktive Gestaltungskraft reagieren; aber die Politik auf einem Gebiet hatte oft mit den Folgen politischer Maßnahmen auf anderen Gebieten zu kämpfen. Die internationale Währungspolitik wirkte destabilisierend. Da die Preise viel drastischer schwankten, hatten Zollschutz und andere außenhandelspolitische Maßnahmen viel schädlichere Folgen als in der relativ stabilen Epoche vor dem Krieg. In dem Maße, wie die Geld- und die Handelspolitik suboptimale Ergebnisse lieferten, wurde eine immer stärkere Begrenzung der Zuwanderung gefordert.

Wie und weshalb kehrte die Depression in der Zwischenkriegszeit den Globalisierungsschub um? Man setzte hohe Erwartungen in den Staat und die Volkswirtschaft: Man wünschte sich einen Wohlstand »auf Kommando«.[59] Die Suche nach neuen Mitteln zur Sicherung der Integration endete Ende der zwanziger Jahre mit einer Reihe von Schocks.

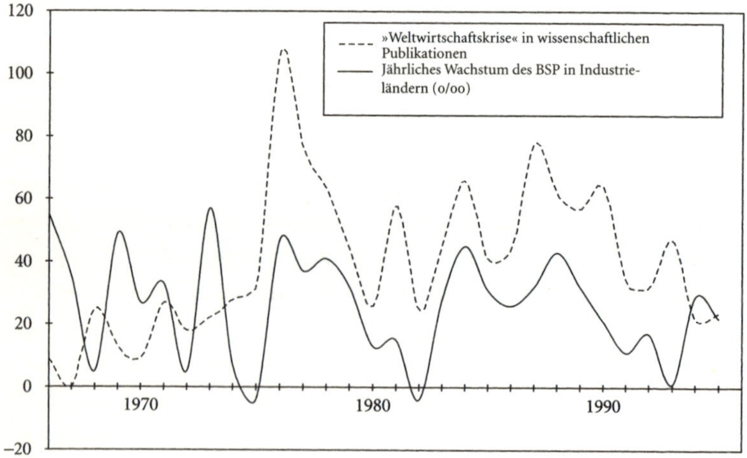

Schaubild 1.1 Korrelation von Fachaufsätzen über die Weltwirtschaftskrise und allgemeiner Konjunkturlage.
(Quellen: berechnet nach dem Social Science Citation Index und IWF, *International Financial Statistics,* Washington, D.C., verschiedene Hefte)

1. Die Rohstoffpreise waren ab Mitte der zwanziger Jahre gefallen, teils infolge der Ausweitung des Produktionsgebiets während des Weltkriegs, teils infolge untauglicher Pläne zur Preismanipulation, wie etwa den Stevenson-Plan, der einen überhöhten Kautschukpreis aufrechterhalten sollte. Dieser Preisrückgang machte die Lage für viele kapitalimportierende Länder schwieriger. Doch aus der Sicht der Industrieländer schienen die Ergebnisse vorteilhaft zu sein, da Rohstoffe und Nahrungsmittel – die damals einen viel höheren Prozentsatz der privaten Haushaltskassen verschlangen – billiger wurden. Mit dem zusätzlichen frei verfügbaren Einkommen könnten die Verbraucher neue Produkte kaufen. Solche Überlegungen lagen dem leichtlebigen Glamour des Jazz-Zeitalters zugrunde.
2. Die internationale politische Situation in Europa wurde durch einen unlösbaren Konflikt über Kriegsschulden und Reparationen belastet. Unlösbar deshalb, weil die Situation um so verwickelter wurde, je mehr Kredite flossen. Deutschland sollte einen erheblichen Teil der Kriegsfolgelasten durch die im Versailler Vertrag auferlegten Reparationen tragen. Frankreich brauchte die Reparationen nicht nur für den Wiederaufbau, sondern auch, um seine Kriegsschulden bei Großbritannien und den Vereinigten Staaten zurückzuzahlen. Deutschland – das heißt deutsche Großunternehmen und die deutsche öffentliche Hand – nahm viel Kapital auf dem amerikanischen Markt auf; diese Kreditaufnahme finanzierte zumindest indirekt die Reparationszahlungen. Doch als die Zahlungen in der zweiten Hälfte der zwanziger Jahre flossen, zeigte sich immer deutlicher, daß dies kein Spiel war, das man endlos spielen konnte. Irgendwann stünde man vor der Wahl: Entweder würden die Vereinigten Staaten weiterhin Reparationszahlungen erhalten, oder die Privatkredite von US-Gläubigern könnten bedient werden. Zumindest einige deutsche Politiker, vor allem Reichsbankpräsident Hjalmar Schacht, stellten dieses zynische Kalkül an, in dem Glauben, das resultierende Debakel würde die absurde Höhe der Reparationen vor Augen führen. Die Neufestsetzung der Reparationslasten im Jahr 1929, bei der auch ein Endtermin für die Reparationszahlungen vereinbart wurde (1988), verdeutlichte weiteren Investoren

das hohe Ausfallrisiko ihrer Kredite und verschlechterte in dramatischer Weise Deutschlands Chancen, Kredite im Ausland aufzunehmen.[60]

3. Man reagierte in den zwanziger Jahren auf Wirtschaftsprobleme vornehmlich mit handelspolitischen Maßnahmen. Vorbild dafür war das US-amerikanische Fordney-McCumber-Zollgesetz von 1922. Die protektionistischen Schranken waren zwar nicht besonders hoch (die meisten Analytiker sind sich heute einig, daß der Protektionsgrad sogar geringer war als vor dem Ersten Weltkrieg). Aber die Möglichkeit, daß solche Maßnahmen bei anderen – finanzpolitischen – Problemen zum Einsatz kamen, und die wachsende Beliebtheit nichttarifärer Handelshemmnisse (Kontingente) sorgten für eine größere Einschränkung des Handels. Die Regierungen reagierten aufgrund der Einführung des allgemeinen Wahlrechts und der verstärkten politischen Mobilisierung im Anschluß an den Ersten Weltkrieg empfindlicher auf öffentlichen Druck.

Schon vor dem dramatischen Kursverfall an der Wall Street im Oktober 1929 gab es in der Welt eine Fülle ökonomischer Probleme. Australien mit seiner Abhängigkeit von Wollexporten und Brasilien, das fast völlig von Kaffeeexporten abhängig war, befanden sich in einer tiefen Depression. In Deutschland waren die Konjunkturindikatoren bereits im Herbst 1927 eingebrochen (die Börsenschwäche trat sogar schon früher auf). Es ist noch immer ein Rätsel, zumindest für diejenigen, die an die Rationalität der Märkte glauben, was den Börsenkrach von 1929 in den Vereinigten Staaten verursachte. Was wußten die Aktienanleger am »Schwarzen Donnerstag«, dem 24. Oktober 1929, was sie nicht schon am Dienstag oder Mittwoch gewußt hatten? Seit Anfang September hatte es »schlechte Nachrichten« gegeben, und die Indizien hatten sich mittlerweile derart verdichtet, daß es angesichts der hohen Wahrscheinlichkeit eines Einbruchs der Aktienkurse zu einer Panik gekommen war. Die einzige plausible Antwort für diejenigen, die eine rationale Erklärung für den Börsenkrach suchen, liegt darin, daß amerikanische Anleger die Wahrscheinlichkeit der Durchführung eines neuen Gesetzes abwogen, das unter den Namen Hawley und Smoot firmierte. Dieser Gesetzentwurf über die Einführung von Schutzzöllen war ursprünglich ein Versprechen gewesen, das Herbert Hoover im Präsidentschaftswahlkampf von 1929 abgegeben hatte, um die Lage der amerikanischen Landwirte zu verbessern (aufgrund des Verfalls der Agrarpreise waren die Landwirte die Hauptverlierer der Prosperität des Jazz-Zeitalters). Doch im Verlauf der Debatte im Kongreß versuchte jeder Abgeordnete neue Artikel einzubringen (allein der Senat stellte 1253 Änderungsanträge). Das Ergebnis – ein Zolltarif mit 21 000 Tarifpositionen – war extremer Protektionismus; noch schlimmer aber war die Tatsache, daß bis zur knappen Schlußabstimmung im Juni 1930 eine fortwährende Ungewißheit über den künftigen Kurs in der Handelspolitik herrschte.

Doch wie die Geschichte der Depression nicht mit dem Börsenkrach und dem Hawley-Smoot-Gesetz beginnt, endet sie auch nicht hier. Es gab 1930 einige Zeichen der Erholung: Die Aktienkurse in den Vereinigten Staaten zogen wieder an, und das niedrigere Kursniveau ließ Auslandsemissionen wieder attraktiv erscheinen.

Die Depression wurde durch eine Verkettung von Umständen, die ihre Wirkung auf den Finanzmärkten entfalteten, zu einer *Großen Depression* und nicht bloß zu einem vorübergehenden Börsenproblem oder einer Depression für die Rohstoffproduzenten. Die verzweifelte Lage der Rohstoffproduzenten löste zusammen mit den durch die Reparationslasten verursachten Problemen Deutschlands einen Domino-Effekt aus. So gesehen, war die Depression eine unmittelbare Folge von Störungen auf den Finanzmärkten.

Reicht die Störungsanfälligkeit des finanziellen Mechanismus aus, um das Ausmaß der anschließenden Wirtschaftskrise zu erklären? Die Finanzkatastrophe beschwor sämtliche Ressentiments und Reaktionen des 19. Jahrhunderts herauf, aber in einer viel militanteren und heftigeren Form. Breite Bevölkerungsschichten, aber auch Politiker nahmen Abschied von einer am Gedanken der Völkerverständigung orientierten liberalen Vision einer geeinten und prosperierenden Welt und neigten immer mehr zu der Auffassung, daß Konflikte unvermeidlich seien und nationale Belange Priorität verdienten. Sie sprachen jetzt über Bereicherung auf Kosten von anderen – was Kritiker damals »beggar-thy-neighbor«-Politik (frei übersetzt: »Bring deinen Nachbarn an den Bettelstab«) nannten und heute als Nullsummenstrategie bezeichnen. Die daraus erwachsenden inländischen und internationalen Spannungen zerstörten die Mechanismen und Institutionen, die die Welt zusammengehalten hatten, und verhinderten jede wirksame institutionelle Reform. Die Reaktion gegen die Weltwirtschaft setzte der Globalisierung ein Ende.

Kapitel

2

◆◆◆

Geldpolitik und Instabilität des Bankensektors

Dieses Kapitel untersucht die finanziellen Verflechtungen zwischen dem Weltwirtschaftssystem und den einzelstaatlichen Volkswirtschaften. Die Weltwirtschaftskrise Ende der zwanziger, Anfang der dreißiger Jahre fiel in eine Epoche restriktiver Fiskalpolitik. In den meisten Ländern reagierten die Regierungen auf die sinkenden Preise und die rückläufige Konjunktur mit dem Versuch, den Staatshaushalt auszugleichen. Damit setzten sie jedoch eine Deflationsspirale in Gang: Der Rückgang der gesamtwirtschaftlichen Nachfrage verstärkte den Abschwung, und so spielte die Fiskalpolitik eine wichtige Rolle bei der Übertragung der Deflation (und damit der Depression) über nationale Grenzen hinweg.

Die Regierungen fühlten sich aufgrund von drei Umständen machtlos, die Erwartungen zu stabilisieren. 1. Die Finanz- und Bankensysteme waren instabil und damit anfällig für eine Panik. Je weniger krisenfest das Bankensystem war, um so größer war die implizite Haftungszusage der öffentlichen Hand, da man davon ausging, daß der Staat den Schaden ausgleichen würde, der der Volkswirtschaft durch Bankzusammenbrüche entstand. 2. Es gab keine Absprachen und kein Einvernehmen darüber, welche binnenwirtschaftlichen Maßnahmen Regierungen ergreifen sollten. Der ehedem bestehende Konsens verflüchtigte sich während der Depression. 3. Es bestand wachsendes Einvernehmen darüber, daß die eigentliche Aufgabe der Regierung eine internationale war, nämlich die Anpassungskosten zu externalisieren (oder, um es unverblümter zu sagen, das Ausland die Zeche zahlen zu lassen).

Zu Beginn bestanden zwischen den Ländern große Unterschiede im Hinblick auf ihre ökonomische Leistungsfähigkeit und ihre wirtschaftlichen Probleme. Doch nachdem die Finanzpanik eingesetzt hatte, waren alle Länder mehr oder minder mit den gleichen Problemen konfrontiert. Fiskalische Krisen und Finanzkrisen verstärkten sich gegenseitig: Haushaltsdefizite führten zu Kapitalflucht, und der Abzug von Kapital schwächte Banken und sorgte für eine potentielle oder auch tatsächliche Belastung der öffentlichen Haushalte. Probleme des Bankensektors führten also zu Budgetproblemen, weil die Kosten der Übernahme konkursreifer Banken den Staatshaushalt belasteten. Ein Haushaltsdefizit wiederum wurde von aus- und inländischen Investoren als ein Indiz dafür interpretiert, daß die öffentliche Hand nur noch beschränkt in der Lage wäre, Banken zu stützen; daher sei es an der Zeit, auszusteigen.

Unterschiedliche nationale Ursprünge einer Krise, die sich schließlich zu einer regionalen und später zu einer globalen Krise auswächst, sind uns aus Analysen der Wirtschaftskrisen der neunziger Jahre vertraut, in denen sich »Doppelschocks« – im Banken- und Finanzsektor – gegenseitig verstärkten, aber unterschiedliche Verläufe nahmen.[1] So hatte Thailand 1997 vor allem wegen seines maroden Bankensystems ein Problem. Malaysia hatte einen »Asset Boom« (eine spekulationsbedingte Aufblähung des Marktwerts von Vermögenswerten – eine »Seifenblase«) und eine starke Zunahme der öffentlichen Investitionen erlebt, und obgleich die Blase 1993 geplatzt war, kaschierten die Banken ihre notleidenden Kredite. Korea hatte sehr hohe Fremdwährungsschulden und insolvente Mischkonzerne *(chaebols)*, und es hatte eine Welle von Firmenpleiten erlebt, die im Januar 1997 begann. Die Schuldenkrise ereignete sich fast zwölf Monate später; damals löste die Ansicht, daß kurzfristige Verbindlichkeiten bei ausländischen Banken nicht verlängert würden, eine allgemeine Kapitalflucht aus. Die unterschiedlichen Krisenerfahrungen und die Krisengefahr basierten auf zwei weitverbreiteten Faktoren: einer sprunghaften Zunahme der Auslandskredite in der ersten Hälfte der neunziger Jahre, darunter auch

Kredite an Banken mit einer schwachen Kapitalstruktur; und einer Wechselkurspolitik, die mit einem festen Wechselkurs Kapital anlockte, das Zinsgefälle ausnutzte. Bei diesen modernen Krisen standen die Währungsbehörden – wie ihre Vorgänger in der Zwischenkriegszeit – vor unlösbaren Dilemmas. Sie konnten versuchen, ihre Währung durch Zinsanhebungen zu verteidigen, riskierten damit jedoch, ihr inländisches Kreditgefüge zu beschädigen, da die Kreditaufnahme unerschwinglich teuer würde, was eine Pleitewelle im Inland nach sich zöge. Umgekehrt konnten sie ihre festen Paritäten aufgeben und ihre Währungen floaten lassen. Diese Strategie aber würde den Banken und Unternehmen schaden, die billige Fremdwährungskredite aufgenommen und dann Kredite in Binnenwährung ausgereicht hatten. Eine Abwertung würde höchstwahrscheinlich nur einen weiteren Verfall der Währung nach sich ziehen, sobald die Auswirkungen auf den Unternehmenssektor deutlich würden, und eine massive Kapitalflucht wäre die Folge. Diese modernen geldpolitischen Dilemmas stimmen exakt mit den Zwickmühlen überein, vor denen die Entscheidungsträger Anfang der dreißiger Jahre standen.

Die Hoffnungslosigkeit der Situation in der Zwischenkriegszeit führte – was nicht weiter überrascht – zu Erklärungsmodellen für Depressionen, bei denen irrationale und psychologische Faktoren im Vordergrund standen. Solche Interpretationen, die in regelmäßigen Abständen (die oft mit den Depressionen zusammenfielen) in Mode kamen, basieren auf der Annahme, daß Märkte von psychologischen und nichtrationalen Motiven angetrieben werden.

Der Mechanismus der Finanzpanik trug wesentlich dazu bei, Depressionen in den Kapitaleinfuhrländern (den »*emerging markets*« der zwanziger Jahre) und den Kapitalausfuhrländern (den fortgeschrittenen Industrieländern, insbesondere Großbritannien, den Vereinigten Staaten und Frankreich) miteinander zu verschränken. Neuere Publikationen zur Übertragung von Krisen und über Frühwarnsignale potentieller Probleme im Bankensektor betonen, daß die Höhe der kurzfristigen Auslandsschulden von Banken ein wichtiges und zuverlässiges Indiz einer unmittelbar bevorstehenden Finanzkrise ist. Banken sind besonders anfällig im Anschluß an eine Inflation, eine Hyperinflation und eine Liberalisierung der Finanzmärkte, die möglicherweise hohe Summen ausländischen Kapitals anlockt. In ihrer Funktion als Kapitalexporteure erhielten die großen Industriestaaten auch umfangreiche kurzfristige Einlagen von den Ländern, an die sie Kredite vergaben. Diese Risikoanfälligkeit spielte eine wichtige Rolle im zweiten Stadium der Krise.

Die folgenden Abschnitte gehen der Frage nach, weshalb die internationale Koordinierung der wirtschaftspolitischen Reaktionen auf die Kräfte der Depression und Deflation erfolglos blieb, weshalb die Krisen in den Schwellenländern konvergierten und wie die Panik auf die Industrieländer übergriff und die Dominosteine nacheinander umzukippen begannen.

Die Schwäche der internationalen Währungsordnung

Das internationale Währungssystem der Zwischenkriegszeit war geordneter und regulierter als die wehmütig gefeierte Goldwährung vor dem Krieg. Während sich der Goldstandard im 19. Jahrhundert aufgrund eines historischen Zufalls entwickelte – nämlich weil sich Deutschland und die Vereinigten Staaten nach 1870 für eine goldgestützte Währung entschieden und so einen Mitläufereffekt auslösten[2] –, entsprang die Wiederherstellung des Goldstandards nach 1920 einem Plan. Dieser Plan, der auf der internationalen Währungskonferenz 1922 in Genua im einzelnen herausgearbeitet wurde, umfaßte die folgenden Punkte: Goldkonvertibilität, die Gründung unabhängiger Zentralbanken, die Disziplinierung der Fiskalpolitik, an Auflagen geknüpfte Kapitalhilfe für Länder am Rand des Systems und die fortwährende Kooperation der Zentralbanken bei der Steuerung des Systems.

Goldkonvertibilität

Peter Temins Überblicksdarstellung über die Depression und Barry Eichengreens Geschichte der »Goldfesseln«, die den Gestaltungsspielraum der Politik einschränkten, führen die Schwere der Weltwirtschaftskrise auf wirtschaftspolitische Anpassungen zurück, die nach der Einführung einer erneuerten Gold- beziehungsweise Golddevisenwährung erforderlich waren.[3] Die Frage, die Temin aufwirft, ist eine Variante des alten »Vertrauens«-Themas: Die Goldwährung wurde als wesentliches Element des Vertrauens betrachtet, aber sie schuf auch einen Bezugsrahmen, in dem Vertrauen wichtiger war. Wäre es beruhigender gewesen, ein System zu besitzen, das weniger von psychologischen Faktoren abhing, in dem flexible (oder frei schwankende) Wechselkurse die Risiken für Spekulanten erhöhten, die das Spiel des »Vertrauens« spielten? John Kenneth Galbraith hatte bereits die falsche Jagd nach den Schimären des Vertrauens als eine wesentliche Schwäche der Ökonomie der Zwischenkriegszeit identifiziert, »die gefährliche Klischeevorstellung, in der Finanzwelt hänge alles vom Vertrauen ab«.[4]

Dies war tatsächlich die Situation in der unmittelbaren Nachkriegszeit, aus der sich Europa in den zwanziger Jahren mühsam herauszukämpfen versuchte. Sie erwies sich als inflationsfördernd und als abträglich für den Zustrom von produktivem, langfristig orientiertem ausländischem Kapital.

Anfang der zwanziger Jahre, als die Inflation weite Teile Europas heimsuchte und gewalttätige Umstürze, Bürgerkriege und sogar neue internationale Konflikte zu drohen schienen, trafen sich »Fachleute« und Politiker auf einer Konferenz in Genua. Sie wollten ein Konzept für die Wiederherstellung der alten Ordnung erarbeiten: Die Ausweitung des Außenhandels und die Stabilisierung der Währungen sollten Frieden im Innern und zwischen den Völkern bringen. Im Zentrum dieses neuen Modells zur Schaffung von Stabilität in der Nachkriegszeit stand die Wiederbelebung eines funktionierenden internationalen Zahlungssystems, denn ohne ein solches wären die Hoffnungen auf eine Ausweitung des internationalen Handels ebenso vergeblich wie die auf binnenwirtschaftliche Stabilität. Die Fachleute in Genua wollten, daß der Golddevisenstandard so wenig deflatorisch und so schmerzlos inflatorisch wie möglich sei, da Anfang der zwanziger Jahre selbst die begriffsstutzigsten Analytiker in der Inflation eine Möglichkeit sahen – wenn auch keine kostenlose –, soziale Spannungen abzubauen.

Ein Gutachten, das später von der Bank für Internationalen Zahlungsausgleich erstellt wurde, monierte an dem von Experten in Genua konzipierten System die »eindeutige Tendenz zur Kreditschöpfung«, da der internationale Bestand an Währungsreserven durch den Einschluß von Schlüsselwährungen (Sterling und Dollar) sowie Metallgeld erheblich ausgeweitet werde.[5] Tatsächlich hatten einige Länder, insbesondere Japan, bereits vor dem Krieg eine Devisenwährung unterhalten. Dieser Schritt war mit erheblichen Einsparungen verbunden gewesen, insofern die Währungsreserven in Form von Waren- oder Schatzwechseln normalerweise in London aufbewahrt werden konnten und nicht mehr als unproduktives, unverzinsliches Gold hinterlegt werden mußten.

Die Fachleute, die Projekte wie das von Genua konzipierten, sollten neutrale, unpolitische oder doch zumindest entpolitisierte Empfehlungen und Lösungen formulieren. Ein Jahrzehnt später gab der schwedische Wirtschaftswissenschaftler Per Jacobson eine ausgezeichnete, aber ernüchternde Definition dessen, was einen Experten ausmacht: Ein Fachmann ist »ein Mensch, der die Ansichten seiner Regierung wissenschaftlich verbrämt ausdrücken kann«.[6] Die Inflationen der Nachkriegszeit, die die Experten lösen sollten, hatten eine unmittelbare technische Ursache – Haushaltsdefizite –, aber auch einen viel breiteren politischen und gesellschaftlichen Hintergrund. Die Experten erkannten dies genau. Einer der intelligentesten Beobachter, der Direktor der Sektion für Wirtschaft und Finanzen des Völkerbunds, Sir Arthur Salter, sagte vor dem Ausschuß für Gold und Silber des US-Senats: »Manch einer neigt noch immer allzusehr dazu, die Inflation als ein rein finanzielles Laster, als eine Art fixe Idee der Finanzminister nach dem Krieg zu betrachten. Es wird zu wenig anerkannt, daß sie in vielen Fällen die einzige gangbare Möglichkeit war, um unter den Bedingungen, die unmittelbar nach dem Krieg herrschten, einen gesellschaftlichen Zusammenbruch zu verhindern. Die Inflation ist meines Erachtens das quasi unvermeidliche Gegenstück zu den Kriegs- und [inländischen] Nachkriegskrediten, sobald diese einen bestimmten Anteil am Volkseinkommen beziehungsweise am jährlichen Steueraufkommen eines Landes überschritten haben.«[7]

Die Lösungen der Experten zielten darauf ab, einen Automatismus zu schaffen, der die tiefverwurzelte Neigung politischer Parteien und Interessengruppen, auf eine kontinuierliche Expansion der Staatsausgaben zu drängen, obgleich sie eine Verringerung der Steuerlast fordern, bändigen sollte. Ein ausgeglichener Haushalt, der durch äußeren Druck auferlegt wird, bedeutete eine Einschränkung des politischen Willensbildungsprozesses und der nationalen Souveränität. In diesem letzteren Sinne bildete eine restriktive Fiskalpolitik einen festen Bestandteil der neuen internationalen Währungsordnung der zwanziger Jahre.

Die angenehme Ambiguität der Golddevisenwährung, die mit zu ihrer politischen Akzeptanz beitrug, lag darin, daß sie einerseits eine Beschränkung und ein Element der internationalen Währungsordnung darstellte und daß andererseits niemand sagen konnte, als wie einschränkend sie sich erweisen würde. Ihr Reiz lag eben darin, daß sie einen trockenen Pfad zwischen den beiden Gräben der Inflation und Deflation zu bieten schien.

Unabhängige Zentralbanken

Die Doktrin des Zentralbankwesens besagt, daß Währungsbehörden unabhängig von Regierungen sein sollten, damit sie nicht anfällig für politischen Druck sind. Sie sollten die Geldpolitik nicht an inländischen Prioritäten, sondern an den Erfordernissen des internationalen Systems ausrichten.

Der energischste Verfechter dieser Theorie, der langjährige Gouverneur der Bank von England, Montagu Norman, äußerte sich klar zur politischen Rolle, die die Zentralbank spielen sollte: »Die Zentralbank ist eine junge und experimentelle Institution, die nicht auf eine Tradition zurückblicken kann: Vielleicht wird sie überdauern und sich weiterentwickeln, oder sie wird ihren Zweck, nämlich einen vorübergehenden Bedarf in der Nachkriegszeit zu decken und nicht mehr, bald erfüllt haben. Einerseits ist ihre Einflußsphäre durch die Tatsache eingeschränkt, daß jede Zentralbank nur für das Territorium ihres Staates zuständig ist – daß kein Geschöpf größer als sein Schöpfer sein kann. Andererseits sollte eine Zentralbank durch äußere Hilfe (wie in einigen ehemaligen Feindesländern) oder durch innere Anerkennung (wie in Frankreich) eine gewisse Freiheit beziehungsweise Unabhängigkeit innerhalb, vielleicht sogar außerhalb ihres Staates erlangen. Allein durch solche Mittel läßt sich echte Kooperation verwirklichen. Ich kann die so erworbene Position nicht definieren, aber sie sollte einer Zentralbank gewiß erlauben, auch in der Öffentlichkeit an der Regierung ihres Landes ›herumzunörgeln‹ und Fragen nach anderen als politischen Gründen zu entscheiden.«[8]

Zentralbanken sollten gegründet werden, bevor ein Land seine Währung durch Goldbindung stabilisierte, um so die institutionellen Voraussetzungen für die Stabilisierung zu schaffen. Die Konferenz von Brüssel gelangte 1920 zu demselben Schluß wie Norman: »Banken und insbesondere Notenbanken sollten frei von politischer Einflußnahme sein und nur nach dem Maßstab solider Finanzgebarung geführt werden.«[9] Die Satzungen der neuen Banken wurden also von eindeutigen politischen Zielsetzungen eingerahmt. Norman sprach dies unverhohlen aus: »Die Beschränkungen, die den neuen beziehungsweise umstrukturierten [Zentral-] Banken in den letzten Jahren auferlegt wurden, rühren eher von der Furcht und dem Mißtrauen gegenüber politischer Einflußnahme her als von den Bedürfnissen der Notenbankpolitik als solchen.«[10]

Aber die Zentralbanken mußten nicht nur unabhängig von ihren Regierungen sein, auch die Forderungen der Geschäftsbanken stellten eine Gefahr für sie da. Als die kontinentalen Zentralbanken durch billige Rediskontierung von Wechseln die Inflation anheizten (die Deutsche Reichsbank setzte ihren Diskontsatz erst 1922 herauf, lange nachdem aus der Inflation eine Hyperinflation geworden war), erklärte Norman: »Eine Zentralbank sollte ihre eigenen Händler vor der Habgier anderer Banken in ihrem Land schützen.«[11]

Zu den neuen Zentralbanken der Zwischenkriegsjahre gehörten solche, die an Währungsstabilisierungsprogrammen in Österreich, Ungarn und Deutschland beteiligt waren, aber das Prinzip erstreckte sich über die ganze Welt. Chile bekam 1926 eine neue Zentralbank, Argentinien 1936, und in Brasilien empfahl eine Kommission nach der anderen, in der britische beziehungsweise amerikanische Berater saßen, die Einführung dieser Institution. Kanada gründete seine Zentralbank 1935.

Die Notenbankpräsidenten verstanden sich als Mitglieder eines Klubs, die freundschaftlichen und engen Umgang miteinander pflegten. »Du bist ein liebenswerter alter Kauz, und eine meiner Aufgaben scheint es zu sein, dir gelegentlich eine Standpauke zu halten«, schrieb Benjamin Strong von der Federal Reserve Bank von New York an Montagu Norman.[12] Insbesondere Strong, Norman und ihr deutscher Amtskollege Hjalmar Schacht hatten eine ähnliche Einstellung und eine ähnliche Vorgehensweise. Nachdem Strong im Jahr 1928 an den Komplikationen einer Tuberkulose gestorben war, konnte sein Nachfolger, George Harrison, seine europäischen Kollegen nicht mehr in seinen Bann ziehen. Fünf Jahre nach Strongs Tod schrieb Schacht an Norman: »Ich bin der festen Überzeugung, daß Sie und ich nach dem Tod unseres amerikanischen Freundes die einzigen beiden Männer sind, die wußten, was getan werden mußte.«[13] Frankreich, das relativ spät auf den Goldstandard überging, blieb am Rande des glücklichen Zirkels der Notenbankpräsidenten.

Die disziplinierende Wirkung der Fiskalpolitik

Der unmittelbare Zweck der Übernahme der Golddevisenwährung und der Stärkung der Zentralbanken war die Kontrolle der Fiskalpolitik. Es war ein ehrgeiziges Unterfangen, weil das gesamte Fundament der soliden öffentlichen Finanzgebarung des 19. Jahrhunderts durch den Ersten Weltkrieg zerstört worden war. Kein Land konnte im 20. Jahrhundert mit seinem Steueraufkommen einen ganzen Krieg finanzieren. In allen Staaten war die Kriegsführung überwiegend durch Kredite finanziert worden – entweder durch Anleiheemissionen oder, als die Regierungen in immer größere Finanznöte kamen, durch die kurzfristige Ausgabe von Schatzwechseln. Infolgedessen waren alle Staaten zu Kriegsende hoch verschuldet: Die Schuldenlast des Russischen Reichs hatte sich vervierfacht, die Italiens und Frankreichs verfünffacht, die Deutschlands verachtfacht, die Großbritanniens verelffacht und die der Vereinigten Staaten (in denen es vor dem Krieg nur eine sehr geringe Staatsverschuldung gegeben hatte) verneunzehnfacht.[14] Neben den Kosten für die Bedienung dieser Schulden brachte das Vermächtnis des Krieges zwangsläufig neue Ausgaben mit sich. Die offenkundigsten waren die Renten für Kriegerwitwen und Kriegsversehrte.

Nach dem Krieg schien man vor einer schwierigen Entscheidung zu stehen: entweder zu fiskalischer Austerität zurückzukehren oder die Staatsschulden durch Inflation zu tilgen. Das erste erforderte die Überzeugung, daß man der Bevölkerung Opfer abverlangen konnte, ohne einen Umsturz zu provozieren. Projekte wie die britische »Geddes Axe«, der Bericht eines von Sir Eric Geddes geleiteten Ausschusses über öffentliche Ausgaben im Jahr 1922, empfahlen Kürzungen des Militärbudgets und der Bildungsausgaben sowie die Abschaffung von fünf Ministerien. Kontinentaleuropa mit seinen starken linken und revolutionären Bewegungen war größtenteils nicht fähig oder gewillt, solche Maßnahmen zu ergreifen, und entschied sich für Inflation. Aber auch sie hatte gewaltige – und steigende – soziale und politische Kosten. In Mitteleuropa bemühte sich allein der tschechoslowakische Finanzminister Alois Rasin darum, seinen neuen Staat auf einer harten Währung aufzubauen. Als die angrenzenden Staaten von galoppierenden Inflationen verwüstet wurden, strömte Kapital in die Tschechoslowakei und trieb den Wechselkurs in die Höhe. Die Tschechische Krone stieg im September 1922 gegenüber dem stabilen Schweizer Franken von 5 Centimes auf 20 Centimes. Diese massive Aufwertung hatte verheerende Folgen, und Rasin wurde zu einer äußerst unpopulären Figur. Im Januar 1923 wurde er ermordet.[15]

Angesichts solcher politischen Zwänge erschien eine von außen auferlegte Stabilisierung – mit der Goldwährung als einem nominellen Anker – als der einzige Weg, der heimischen Bevölkerung verständlich zu machen, weshalb eine expansive Fiskalpolitik aufhören mußte.

Auflagengebundene Kapitalhilfe

Die ersten Währungsstabilisierungen, die sich dieser neuen »apolitischen« Ordnung der »Experten« verdankten, ereigneten sich in Österreich und Ungarn nach dem baldigen Scheitern der Friedensabkommen von Paris.[16] Beide Länder befanden sich in einer hoffnungslosen Lage, und es wurde bald deutlich, daß sie die Kriegsreparationen nicht zahlen konnten. Im Mai 1921 hatten die Regierungen der Alliierten die österreichische Sektion des Reparationsausschusses aufgelöst. Im Jahr darauf erarbeitete der Völkerbund einen Stabilisierungsplan für Österreich, der die Begebung einer Auslandsanleihe, die Einführung einer neuen Währung (des Schilling), die Gründung einer unabhängigen Zentralbank und vor allem die Kontrolle der Finanzpolitik durch einen Völkerbundkommissar, den Niederländer Dr. Alfred Zimmermann, vorsah, der die Verteilung der vom Völkerbund bereitgestellten Mittel überwachen sollte. Viele öffentliche Einnahmen sollten direkt an den Kommissar und nicht an die österreichische Regierung fließen. Der unmittelbare Preis, den man bezahlen mußte – um zu zeigen, daß die eiserne Sparpolitik auch tatsächlich umgesetzt wurde –, war die Entlassung von 100 000 öffentlichen Bediensteten.

Für Ungarn wurde im Dezember 1923 ein ähnlicher Plan erarbeitet, der ebenfalls die Gründung einer Notenbank, eine neue Währung (den Pengö), die Vergabe eines mit 7,5 Prozent verzinslichen Kredits des Völkerbundes über 250 Millionen Goldkronen (50 Millionen Dollar), die Einsetzung eines Völkerbundkommissars (Jeremiah Smith), einen britischen Berater für die Nationalbank und ein Austeritätsprogramm, das in Abstimmung mit dem Völkerbund erarbeitet werden sollte, vorsah. Bis 1925 wurden 25 000 Stellen im ungarischen Staatsdienst gestrichen.[17]

Ungarn stand zwar wirtschaftlich etwas besser da als Österreich, aber die politische Lage war schlechter: eine revolutionäre kommunistische Diktatur seit dem Jahr 1919 war erst durch den Einmarsch rumänischer Truppen beendet worden. Sie wurde von einem rechten autoritären Regime abgelöst, das der Sprecher des Völkerbunds als »stark, stabil und radikal« beschrieb. Die internationale politische Abstimmung bei der Stabilisierung Ungarns war ebenfalls schwieriger. Bevor das Paket geschnürt werden konnte, mußte der Völkerbund nicht nur die Großmächte konsultieren, sondern auch Ungarns aufgebrachte und zum Teil instabile Nachbarn Rumänien, Jugoslawien und die Tschechoslowakei. Artikel VI des Plans, der vom Finanzausschuß des Völkerbunds erarbeitet worden war, forderte »befriedigende politische Beziehungen zwischen Ungarn und seinen Nachbarn«.[18]

Diese Pläne für Österreich und Ungarn, die tatsächlich die Inflation zum Stillstand brachten und die Verantwortung für diese kostspielige Operation von der nationalen Regierung auf die internationale Organisation abwälzten, lieferten ein Vorbild für spätere Währungsstabilisierungen.[19] Aber die politische Demütigung war so groß, daß keine andere Regierung bereit war, sich an den Völkerbund zu wenden. Spätere Stabilisierungsprogramme, etwa für Deutschland, wurden von den Großmächten und zunehmend auch von den privaten Kapitalmärkten erarbeitet. Der Völkerbund kritisierte in scharfen Worten, die Verfügbarkeit von Bankgeldern unterminiere sein Bemühen, allgemeinen Grundsätzen solider Finanzgebarung zu erneuter Geltung zu verhelfen. »Wenn amerikanisches Geld auf diese Weise zur Verfügung gestellt wird«, schrieb der Leitende Finanzinspektor des Völkerbunds, »dann müssen wir entweder davon ausgehen, daß wir die Sanierung des Finanzsystems weitgehend abgeschlossen haben, oder wir müssen die amerikanischen Banken in effizienter Weise in unseren Plan einbeziehen.«[20] Der ganze Prozeß glich dem, was heute in Entwicklungsländern geschieht, die sich den vermeintlich harten Auflagen des IWF nicht beugen wollen und private Kreditgeber entgegenkommender finden.

Am umstrittensten, aber auch am bedeutendsten im Hinblick auf die internationalen Folgen war die Währungsstabilisierung in Deutschland nach der schleichenden Inflation der Kriegs- und unmittelbaren Nachkriegsjahre und der anschließenden Hyperinflation von 1922–23. Bei der Stabilisierung der deutschen Währung spielte die internationale Politik eine wichtige Rolle. Im Jahr 1923 wollte Frankreich das Rheinland von Deutschland abtrennen, indem es deutschen Geschäftsleuten Avancen machte und einen Plan für eine eigene Rheinland-Währung entwarf. Die französische Regierung hoffte, auf diese Weise die Macht der Währung für ihre Sicherheitsinteressen einspannen zu können. Die deutsche Regierung reagierte auf den französischen Schritt, indem sie die Währungsstabilisierung zum ersten Mal zu einem vordringlichen Anliegen erklärte und Großbritannien um Hilfe bat. Sie wandte sich an den Londoner Kapitalmarkt und errichtete eine neue, auf Sterlingbasis kapitalisierte Zentralbank, und dies zu einer Zeit, da das Pfund noch nicht zu einer festen Goldparität zurückgekehrt war.

Die überlegene Finanzkraft der Vereinigten Staaten und der unverkennbare deutsche Bedarf an ausländischem Kapital zerstörten die Aussichten einer auf Sterlingbasis stabilisierten Mark. Der Plan, der schließlich auf Empfehlung der Dawes-Kommission von 1924 angenommen wurde, sah die Rückkehr zur Goldwährung und Finanzhilfe in Form einer internationalen Dollaranleihe vor.[21] Dies markierte den Beginn einer Ära der Dollar-Hegemonie. Der amerikanische Finanzier Paul Warburg, einer der Gründer des Federal Reserve System, schrieb an Owen Young, ein Mitglied der Dawes-Kommission: »Die Chance, die die gegenwärtige Krise in Europa bietet, ist einzigartig, und ich glaube nicht, daß die Vereinigten Staaten sie je wieder so leicht ergreifen können wie heute. Es ist die Frage, ob der Dollar seine Dominanz auf Dauer behaupten kann oder ob wir bereit sind, ein für alle Mal dem Pfund Sterling die Stellung als vorherrschende Währung zu überlassen.«[22]

Die Stabilisierung Deutschlands mit einer neuen Währung auf Dollarbasis, der Reichsmark, und die Ankündigung, daß Südafrika, damals der größte Goldproduzent der Welt, im Mai 1925 zum Goldstandard zurückkehren würde, zwangen Großbritannien zum Handeln. Am 25. Mai 1925 kehrte das Pfund zu seiner Vorkriegsparität gegen den Dollar zurück, die bei 4,86 Dollar lag. Die Stabilisierung des Sterlings bedeutete das faktische Ende einer Phase des Chaos auf den Devisen- und Finanzmärkten, in der nur einige wenige Währungen – diejenigen Mexikos und der Vereinigten Staaten – an Gold angebunden gewesen waren. Der Belgische Franc kehrte im Oktober 1925 zur Goldbindung zurück, die Dänische Krone und Italienische Lira im Jahr 1926. Im August 1926 wurde eine Goldparität für den Französischen Franc festgelegt, und eine gesetzliche Stabilisierung folgte im Juni 1928. Bis Ende 1928 waren 31 Länder auf den Golddevisenstandard übergegangen.

Der Golddevisenstandard war die beste Möglichkeit, um die für große internationale Kapitalströme erforderlichen Stabilitätsgarantien zu erbringen. Diskussionen darüber, ob der Goldstandard ein optimales System der Steuerung des internationalen Zahlungsverkehrs sei, übersehen oft, daß die Investoren ein solches System mit seiner Stabilität und seinen Restriktionen, die es einer souveränen Geld- und Finanzpolitik auferlegte, verlangten. Die Anziehungskraft des Goldstandards lag eben in den Beschränkungen, die es der politischen Gestaltungsfreiheit auferlegte.

Internationale Zusammenarbeit der Zentralbanken

Norman und Strong konzipierten zunächst ein System der informellen Kooperation zwischen Zentralbanken. Später wurde diese Kooperation kritisiert, weil sie Länder und Zentralbanken dazu zwinge, um des vagen Gutes der internationalen Ordnung willen, die bald von spezifischen nationalen Problemen untergraben werden sollte, ihren nationalen Interessen zuwiderzuhandeln. Bei einem Privattreffen im Haus des US-Finanzministers auf Long Island im Jahr 1927 überzeugten die europäischen Notenbankpräsidenten Strong davon, daß Europa unbedingt eine Zinssenkung brauche. Daß Strong diesem Argument Gehör schenkte, wurde später als eine Ursache dafür kritisiert, daß sich während des Booms an der Wall Street eine spekulative Seifenblase bilden konnte.

Diese Kooperation ruhte auf dem unsicheren Fundament der persönlichen Sympathien zwischen Norman und Strong. Als Strong im Oktober 1928 starb, befürchtete Norman eine Destabilisierung der Finanzmärkte. Er versuchte Strong über den Tod hinaus die Treue zu halten und gab den Anstoß zur Gründung der Bank für Internationalen Zahlungsausgleich, die das ökonomische Vermächtnis von Strong verwalten sollte.

Die Bank für Internationalen Zahlungsausgleich (BIZ) hatte zwei Aufgaben, die sich nach Einschätzung ihrer Gründer ergänzen sollten, sich in Wirklichkeit jedoch gegenseitig ausschlossen. Einerseits sollte die Bank der Politisierung des Problems der Reparationszahlungen, das das internationale Finanzsystem der zwanziger Jahre belastet hatte, eine Ende setzen und eine neutrale »marktgerechte« Lösung anbieten. Andererseits sollte sie als ein Instrument der Kooperation zwischen den Zentralbanken fungieren und die Volatilität an den internationalen Kapitalmärkten verringern. Tatsächlich sollte sie als Zentralbank der Zentralbanken eine Art Weltnotenbank bilden.

Die Tatsache, daß sie in der Praxis eine »Bank für die Abwicklung der Reparationszahlungen« war, sorgte dafür, daß sich Großbritannien und Frankreich in einem fort über ihre Rolle und Funktion stritten. Mehr noch als das britische Außenministerium hielt Norman Reparationen für schädlich und sah in der BIZ ein nützliches Mittel, um die Absurdität des gesamten Konzeptes zu verdeutlichen. Die französische Regierung – und die Banque de France – sahen in der BIZ ein Mittel, um die Fortsetzung der deutschen Zahlungen für den Wiederaufbau Frankreichs bis 1988 sicherzustellen. Dieses Datum wurde im Young-Plan, der auf den internationalen Konferenzen in Den Haag angenommen. Dieser Konflikt vergiftete die geld- und währungspolitischen Gespräche zwischen Frankreich und Großbritannien, und er führte ganz allgemein dazu, daß die Diskussionen über Geld- und Währungspolitik für lange Zeit in eine intellektuelle Sackgasse gerieten. Denn die Zentralbanken und die Kooperation zwischen den Zentralbanken wurde über viele Jahre hinweg mit dem schrecklichen Versagen während der Depression in Verbindung gebracht. Diese »Lektion« der Depression beeinflußte die Gestaltung des Bretton-Woods-Systems; und erst nach 1980 und vor allem nach 1990 sah man in der Unabhängigkeit der Zentralbanken wieder einen Vorzug (die Deutsche Bundesbank diente hier als Vorbild).

Der Young-Plan zur Regelung der deutschen Reparationsschulden aus dem Jahr 1929 ersetzte den früheren Mechanismus für die Transferierung der Reparationszahlungen über einen Generalagenten, der für den Umtausch der von der deutschen Regierung gezahlten Mark in

Devisen und für die Beurteilung der Frage, ob der Devisenmarkt eine so große Transaktion verkraften konnte, zuständig war. Statt dessen sollte Deutschland seine Reparationszahlungen in Mark an eine neue Institution, die Bank für Internationalen Zahlungsausgleich, leisten. Die im Dawes-Plan festgelegte Transferschutzklausel wurde durch die Ermessenfreiheit des BIZ ersetzt, die Reparationszahlungen in deutsche Wertpapiere zu reinvestieren und so Druck vom Wechselkurs zu nehmen. Die Bank fungierte auch als Treuhänder *(fiscal agent)* für die Abwicklung der Dawes- und Young-Anleihen sowie für weitere internationale Anleiheemissionen(die Internationale Anleihe Österreichs im Jahr 1930).

Die BIZ sollte jedoch mehr sein als eine Bank für die Abwicklung der Reparationszahlungen. Ihre Gründer sahen in ihr eine Möglichkeit, die Weltordnung zu erneuern: durch Währungsstabilisierung und durch entpolitisierte Lösungen für wirtschaftliche Probleme. Sir Charles Addis, der dem auf der Konferenz von Den Haag eingesetzten Organisationsausschuß für die neue Bank angehörte, schrieb: »Man hoffte, durch diesen Plan den Traum von Genua zu erfüllen, indem man die BIZ allmählich zu einer Art Genossenschaft von Zentralbanken weiterentwickelte, deren Gouverneure sich regelmäßig treffen sollten, um Informationen auszutauschen, Einsparmöglichkeiten bei der Verwendung von Gold zu propagieren und um durch eine gemeinsame Politik übermäßige Schwankungen des Goldpreises zu verhüten.«[23] Später sollte die BIZ die internationale Zusammenarbeit koordinieren, mit dem Ziel, »eine gemeinsame geld- und währungspolitische Doktrin zu erarbeiten, den Konjunkturzyklus zu glätten und ein größeren konjunkturellen Gleichklang der Volkswirtschaften zu erreichen«.[24]

Montagu Norman formulierte ein sehr ehrgeiziges Programm, um diese Ziele zu erreichen. Er sah die Hauptaufgaben der BIZ in der »Zentralisierung der internationalen Währungsbeziehungen«. Sie sollte eingreifen, um eine unverantwortliche Kreditvergabe zu verhüten, die zu »Überproduktion führt, wenn Preise künstlich stabil gehalten werden (Kautschuk usw.)«. (Norman dachte an den erfolglosen Stevenson-Plan, der die Kautschukexporte vom Preis abhängig gemacht hatte, die Kautschukpreise kurzzeitig in die Höhe trieb und dann zu einem Überanbau und einem katastrophalen Preisverfall während der Depressionsjahre führte.) Die Bank sollte daher versuchen, das Übermaß der kurzfristigen internationalen Kapitalströme zu drosseln. Eine gängige Diagnose der Übel nach 1920 stellte die Langfristigkeit der internationalen Kapitalbewegungen vor dem Krieg den stark schwankenden kurzfristigen Strömen der zwanziger Jahre gegenüber (eine Diskussion, die an einige Analysen der Mißstände in den neunziger Jahre erinnert). »Kurzfristiges Kapital auf langfristige Märkte zu locken ist eine weitere Aufgabe, die nur erfüllt werden kann, wenn die Zentralbanken ihre Politik harmonisieren, sich bei der Festsetzung ihrer Diskontsätze absprechen und die Kontrolle über ihre jeweiligen Märkte verstärken.«[25]

Frankreich schloß sich einigen dieser Ziele an. Der französische Experte Pierre Quesnay sah ein, daß es wünschenswert war, die statistischen Arbeiten der verschiedenen Zentralbanken zu zentralisieren, um mehr über die Probleme in Erfahrung zu bringen, die durch den internationalen Kapitalverkehr aufgeworfen wurden. Aber die Franzosen dachten sehr viel weiter und schlugen vor, die BIZ solle eine neue Goldwährung (den »Grammor«) als Rechnungseinheit einführen. Diese – typisch französische – Idee geht auf die Vorschläge von Kaiser Napoleon III. auf der Internationalen Währungskonferenz von 1867 zurück, eine Weltwährung zu schaffen. Bereinigt um das Goldelement, nimmt sie jedoch Keynes' Diskussion einer künstlichen internationalen Währung (»Bancor«) in den Verhandlungen vor Bretton Woods vorweg. Um eine Währung gegen einen spekulativen Angriff zu verteidigen, müßte man dann nicht mehr eine andere Währung verkaufen (und so riskieren, daß sich der Angriff auf andere Währungen ausdehnt).[26] Es gab große Hoffnungen. Tatsächlich war die BIZ der letzte große Anlauf vor dem Zweiten Weltkrieg, die internationale wirtschaftliche Zusammenarbeit zu institutionalisieren.

Die Satzung der BIZ übertrug ihr die folgende Zuständigkeit: »Die Kooperation zwischen den Zentralbanken zu fördern und zusätzliche Fazilitäten [Bereitstellungskredite] für internationale Finanzoperationen bereitzustellen.« Am 17. Mai 1930 nahm sie ihre Geschäftstätigkeit mit einem Gründungskapital von 500 Millionen Schweizer Goldfranken auf, das von Zentralbanken oder (im Falle Japans und der Vereinigten Staaten) von privaten Bankengruppen gezeichnet worden war.[27] (Um dem Leser eine Vorstellung vom Größenunterschied zu neueren Institutionen zu geben: Das Stammkapital der BIZ belief sich 1930 auf 0,107 Prozent des US-amerikanischen Bruttosozialprodukts; das Kapital des IWF betrug 1945 4,019 Prozent des US-Bruttosozialprodukts.)

Die BIZ-Satzung war jedoch Ausdruck eines politischen Kompromisses. Die Pariser Experten, die Konferenzen von Den Haag und der Organisationsausschuß machten die BIZ in den Worten eines ihrer Direktoren zu einer Institution mit »einem vagen, unklaren, manchmal inkonsistenten Auftrag und einer schlechten Organisationsstruktur«.[28] Zunächst einmal verriet der Kreis ihrer Mitglieder eindeutig ihren Ursprung als Bank für die Abwicklung der Reparationszahlungen: ausgeschlossen blieben ganz Süd- und Mittelamerika, Afrika, die britischen Überseegebiete und Asien mit Ausnahme Japans, das seine Mitgliedschaft der Tatsache verdankte, daß es ein (sehr kleiner) Reparationsgläubiger war. In Europa wurde Spanien übergangen. Die Vereinigten Staaten dagegen wurden aufgenommen, obwohl die Vertretung zwangsläufig inoffiziell war, da das Federal Reserve System nicht teilnehmen durfte (wegen des Risikos, die Vereinigten Staaten offiziell in den Sumpf der Reparationen hineinzuziehen). Daher unterhielt die BIZ ihre Dollar-Einlagen bei zwei führenden New Yorker Privatbanken.

Die Bank nahm ihren Sitz nicht in einem der großen Finanzzentren. Für die Auswahl des Standortes kam nur eines der kleinen europäischen Länder – Belgien, die Niederlande und die Schweiz – in Frage, wobei Frankreich sich für Belgien stark machte, während Großbritannien und Deutschland ebenso entschieden dagegen waren. In der Schweiz, auf die schließlich die Wahl fiel, wurde Zürich verworfen, weil es zwar ein bedeutender Finanzplatz, aber zu deutsch war; Genf war zu eng mit dem Völkerbund verknüpft, und so entschied man sich für Basel. Norman hatte sogar auf einen noch typischeren schweizerischen Standort gedrängt, Bern, das »den Vorteil [hatte], ein Zentrum der Diplomatie, der Lehre und Forschung zu sein und das keine so ausgeprägte Atmosphäre des Gelderwerbs besitzt«: die Absicht, die klubartige Atmosphäre der zwanziger Jahre in dünner Luft zu bewahren, lag klar auf der Hand.[29] Basel hatte im Zeitalter der Eisenbahn außerdem den Vorteil, an der Schnittstelle der großen europäischen Strecken zu liegen, London–Hoek van Holland–Rom, Paris–Wien und Berlin–Madrid.

Die Stellen wurde nach nationalem Proporz besetzt. Der erste Präsident der BIZ, Gates McGarrah, war Amerikaner; aber der Generaldirektor, der für das operative Geschäft zuständig war, war ein junger Beamter der Banque de France, Pierre Quesnay, der sich entschieden für die nationalen französischen Interessen einsetzte. Deutsche Proteste (insbesondere seitens des Reichsbankpräsidenten Hjalmar Schacht), Quesnay habe im Frühjahr 1929 einen spekulativen Angriff auf die Mark eingefädelt, wurden ignoriert. Tatsächlich war Quesnay hervorragend für seine neue Position qualifiziert. Owen Young, der Architekt des neuen Reparationsplans, lobte den 36jährigen Volkswirt als geistigen Urheber sowohl des Young-Plans als auch der BIZ.[30] Um Deutschland zu beschwichtigen, wurde Ernst Hülse von der Reichsbank in Berlin zum Stellvertreter Quesnays berufen. Hülse erwies sich als ein bornierter, phantasieloser Bürokrat, der mehr mit der Abwehr von Übergriffen auf seinen administrativen Zuständigkeitsbereich als mit der Rettung des internationalen Finanzsystems beschäftigt war.[31] Die Arbeit der BIZ-Führung hätte so in einer völligen Selbstblockade oder einer Beschränkung auf triviale Routineverrichtungen enden können, hätte nicht der einfallsreiche und entschlußfreudige Quesnay die Schwächen Hülses mehr als wettgemacht.

Nach den Beratungen des Organisationsausschusses konnte man sich nur schwer der Erkenntnis verschließen, die ein späterer britischer Direktor der Bank, Sir Otto Niemeyer, auf den Punkt brachte: »Niemand, der eine Superbank zur Förderung der internationalen Zusammenarbeit aufbauen möchte, würde sich die Satzung ausdenken, die für die BIZ vorgeschlagen wurde.«[32] Das Kapital der Bank stammte von den teilnehmenden Notenbanken. Als die BIZ ihre Tätigkeit aufnahm, waren ihre Ressourcen so begrenzt, daß die Bankpolitik bald in eine Sackgasse geriet: Schon im August 1930, nur wenige Monate nach Aufnahme ihrer Geschäftstätigkeit, steuerte die BIZ ausgerechnet zu einer Zeit, als sich die Anzeichen einer weltweiten Deflation und Depression gefährlich verdichteten, auf die völlige Zahlungsunfähigkeit zu.[33] Im ersten Jahr ihrer Tätigkeit verfügte die BIZ über Einlagen in Höhe von 1,8 Milliarden Schweizer Franken, von denen 300 Millionen in Deutschland reinvestiert wurden; 650 Millionen waren kurzfristige Einlagen der Reparationsgläubiger, die ihre Annuitäten noch nicht transferiert hatten, und 800 Millionen waren Einlagen anderer Zentralbanken. Die einzige Aktivität, die mit Normans Vision übereinstimmte, war ein Stabilisierungskredit für die spanische Peseta über 3 Millionen Pfund im April 1931, der es Spanien erlauben sollte, zum Goldstandard zurückzukehren (tatsächlich kam die Weltfinanzkrise dazwischen).

Die BIZ durfte keine mittel- oder langfristigen Investitionen (außerhalb Deutschlands) tätigen, wie sie möglicherweise für Stabilisierungspakete nötig gewesen wären. Einer ihrer Mitarbeiter gelangte zu dem Schluß: »Wenn alles so weiterläuft wie bisher, wird die Bank innerhalb eines Monats völlig handlungsunfähig sein und ihre Verbindlichkeiten nicht mehr ohne Kreditaufnahme bedienen können.«[34]

Der dringende Bedarf an mittelfristigen Krediten ergab sich aus der Weltdepression, die viele Bankkredite einfror: Hier hätte ein kapitalstarker Kreditgeber *(lender of last resort)* eine wichtige Rolle bei der Befreiung der Welt vom Alptraum der eingefrorenen Schulden und illiquiden Banken spielen können. Ein Unterausschuß der BIZ begann im Herbst 1930 mit einer Untersuchung darüber, wie die Bank den Fehlbetrag, der durch die sich verschärfenden Bankenprobleme in Mitteleuropa verursacht wurde, ausgleichen könnte: »Die [Geschäfts-]Banken [...] sind nicht mehr bereit, diesen Brauch [die mitteleuropäische Tradition, langfristige Kredite an gewerbliche Kreditnehmer zu vergeben] fortzusetzen, der, nach strengen kreditwirtschaftlichen Grundsätzen beurteilt, ein Mißbrauch genannt werden könnte, da diese Kredite wegen der Nachkriegsdepression fast überall eingefroren sind. Dies führt dazu, daß die Banken nicht mehr bereit sind, weiterhin Geld in Unternehmen zu pumpen, in die sie bereits große Summen investiert haben, ganz zu schweigen davon, daß dieses Einfrieren von Krediten einen erheblichen Teil der liquiden Mittel der Banken in langfristige Kapitalanlagen umgewandelt hat.«[35]

Der Unterausschuß empfahl, daß eine Summe, die dem Stammkapital der BIZ entsprach, sowie einige unbefristete Einlagen in mittelfristigen Wechseln angelegt werden sollten; diese sollten von Banken angekauft werden, um so die eingefrorenen Kredite in Mitteleuropa wieder aufzutauen. Eine ehrgeizigere Variante des Plans wurde im Februar 1931 von der Bank von England vorgelegt und firmiert unter dem Namen Kindersley-Plan (Sir Robert Kindersley war ein Direktor der Bank von England und der BIZ). Er sollte das Versagen der internationalen Rentenmärkte beheben, auf denen – aufgrund des Verfalls der Rentenkurse – Neuemissionen praktisch unmöglich geworden waren. Kindersley und Norman empfahlen die Gründung einer internationalen Gesellschaft mit einem Stammkapital von 25 bis 50 Millionen Pfund, die Schuldverschreibungen bis zum Dreifachen ihres Kapitals »an ausländische Regierungen, kommunale Gebietskörperschaften, Hypothekenbanken, Hafenbehörden, Eisenbahngesellschaften und öffentliche Versorgungsunternehmen« begeben sollte. »In einer Zeit wie dieser, in der das kapitalistische System genau unter die Lupe genommen und von vielen Seiten angegriffen wird, ist es von größter Bedeutung, daß sich die Kapitalisten insgesamt darum bemühen, wenigstens eine der Hauptschwierigkeiten, mit denen sich die Geldmärkte der Welt heute herumschlagen, zu beseitigen.«[36]

Tatsächlich reagierten die Franzosen mit offener Ablehnung und Mißtrauen auf diesen Plan, den Deutschland, wo die Gefahr eines Zusammenbruchs des Finanzsystems immer akuter wurde, unterstützte, weil die Deutschen darin einen Versuch sahen, den politischen Vorteil Frankreichs, der aus der Stärke des französischen Kapitalmarkts resultierte, zu untergraben. Der Gouverneur der Banque de France, Clément Moret, erklärte, die Einbeziehung der BIZ in den Kindersley-Plan würde den Statuten der Bank widersprechen. Zudem sollten nach dem Plan französische Banken die meisten Anleihen zeichnen, »ohne die Mittel zu erhalten, um über die Verwendung der bereitgestellten Gelder zu wachen«. Die Schuldnerländer hätten sich die gegenwärtige Schwäche der internationalen Kapitalmärkte selbst zuzuschreiben. »Wenn einer ganzen Reihe von Schuldnern zum gegenwärtigen Zeitpunkt nicht alle gewünschten Wege zur Beschaffung dringend benötigten Kapitals offenstehen, hängt dies vor allem damit zusammen, daß im Verlauf der letzten Jahre eine ganze Reihe von ihnen die Verpflichtungen, die sie gegenüber ihren Gläubigern eingegangen waren, nicht gewissenhaft erfüllt haben.« Die Sicherheiten, die ein Schuldnerland bot, waren wertlos, denn »in der Praxis ist der Gläubiger gegenüber einem Staat, der seinen Schuldendienst einstellt, machtlos; er gerät in Konflikt mit der ›Souveränität‹ seines Schuldners, und die politische Entwicklung der letzten Jahre scheint die Richtigkeit dieser Auffassung zu bestätigen. Die gegebene Sicherheit besitzt nur einen relativen Wert, und im allgemeinen ist sie sogar wertlos (zum Beispiel in Mexiko, der Türkei ...).«[37] Die Gefahren der Kreditvergabe an staatliche Kreditnehmer wurden während der Depression für alle offensichtlich.

Morets Einschätzung wirkt im Rückblick plausibel. Zu den ersten Zahlungseinstellungen kam es in Lateinamerika. Bolivien hatte den Wechselkurs seiner Währung im Oktober 1930 von der Goldbindung gelöst und stellte im Januar 1931 seinen Schuldendienst ein. Peru folgte im März, Chile im Juli und Brasilien und Kolumbien im Oktober. Daraufhin war Mitteleuropa an der Reihe: Devisenbewirtschaftung in Österreich, Ungarn und Deutschland im Jahr 1931, und Zahlungsunfähigkeit Ungarns, Jugoslawiens und Griechenlands 1932 und Österreichs und Deutschlands 1933.[38] Die Vergabe von Krediten an staatliche Kreditnehmer wurde mit wachsender Skepsis betrachtet. Mitte der dreißiger Jahre schrieb der liberale schwedische Wirtschaftswissenschaftler Per Jacobsson, der die volkswirtschaftliche Abteilung der BIZ leitete: »Politischer Einfluß bei der Kreditvergabe ist grundsätzlich sehr kostspielig; wenn eine Regierung ihren Einfluß geltend machen muß, um Kredite zu erhalten, kann man davon ausgehen, daß etwas mit der Kreditsicherung nicht stimmt.«[39] Aber Morets pessimistische Analyse berücksichtigt nicht die Möglichkeit, daß frühzeitige Maßnahmen die Ausbreitung der Krise auf weitere Finanzmärkte hätten eindämmen können.

Der Norman-Kindersley-Plan scheiterte jedoch nicht nur am Widerstand Frankreichs. Die amerikanischen Finanziers lehnten eine großangelegte Rettungsaktion ab. BIZ-Präsident McGarrah kabelte an die Mitgesellschafter von J. P. Morgan, Thomas W. Lamont und Seymour Parker Gilbert, der Vorschlag sei nicht realisierbar und es wäre sehr viel besser gewesen, über private Bankkanäle eine Investmentgesellschaft mit der Aufgabe zu betrauen. Die Bankiers von J. P. Morgan schlossen sich dieser Einschätzung an.[40] So wurde der Vorschlag immer stärker verwässert, und Präsident Norman schrieb betrübt: »Tatsache ist, daß die BIZ bereits auf dem absteigenden Ast ist und in dieser Lage vermutlich nicht mehr tun wird, als eine Reihe hilfreicher Routinegeschäfte mit Zentralbanken zu tätigen.«[41]

Einem bescheideneren, aber in mancherlei Hinsicht interessanteren Vorschlag des Unterausschusses für mittelfristige Kredite unter Leitung des einflußreichen belgischen Privatbankiers Emile Francqui erging es nicht viel besser; er sah vor, die BIZ Wechsel bis zur einer Höhe von 10 Millionen Pfund rediskontieren zu lassen, um den Weg für eine halbprivate Gesellschaft zu ebnen, die von dem schwedischen Finanzier Ivar Kreuger aufgebaut werden sollte. Dem lag die Annahme zugrunde, daß Rettungsmaßnahmen der Zentralbanken und öffentlicher Institutionen allein zum Scheitern verurteilt wären. Der private Sektor mußte unbedingt eingebunden werden (heutzutage würde man dies einen *bail-in* nennen). Aber Francquis Initiative wurde von den beiden feindlichen Lagern bei der BIZ alles andere als positiv aufgenommen. Einerseits betrachteten die Briten und die Deutschen bei der BIZ das Konzept als unausgereift und nicht weit genug gehend; andererseits beschrieb Moret es als »utopisch«, da »eine Emission von Anleihen zum gegenwärtigen Zeitpunkt, gelinde gesagt, schwierig wäre«.[42]

Gouverneur Morets Pessimismus war nicht unangebracht, da die Sitzung des BIZ-Direktoriums, auf der er dem Francqui- und dem Kindersley-Plan den Todesstoß versetzte, eine Woche nach dem Konkurs der Wiener Creditanstalt stattfand. Damit begann die Kreditkrise in Mitteleuropa: Die Wiener Panik führte zum Zusammenbruch von Banken in Amsterdam und Warschau. Im Juni und Juli griff die Panik auf Deutschland über und von dort aus direkt auf Litauen, die Türkei, Ägypten (und binnen weniger Monate auf England und die Vereinigten Staaten). Ein knappes Jahr, nachdem Ivar Kreuger mit der Erarbeitung eines Plans zur Rettung der Zentralbanken und der mitteleuropäischen Banken beauftragt worden war, nahm er sich in einem Pariser Apartment das Leben.

Die Kapitalströme erholen sich wieder

In der zweiten Hälfte der zwanziger Jahre sah es so aus, als würden sich die Hoffnungen, die mit der Golddevisenwährung verbunden waren, bewahrheiten. Von 1924 bis 1930 flossen 9 Milliarden (möglicherweise auch bis zu 11 Milliarden) Dollar, wobei die Vereinigten Staaten 60 Prozent dieser Summe beisteuerten. Das Vereinigte Königreich gewährte im selben Zeitraum Kredite über etwa 1,3 Milliarden Dollar und Frankreich über 1,34 Milliarden Dollar.[43]

Das Kapital aus Großbritannien und – in einer viel bedeutenderen Größenordnung – aus den Vereinigten Staaten floß überwiegend in Form langfristiger Anleihen (vgl. Tabelle 2.1).

Der gesamte Kapitalverkehr hatte in der Zwischenkriegszeit ein deutlich geringeres Volumen als in der Vorkriegszeit, so daß die oft zu hörende Behauptung, es habe sich um eine Phase exzessiver Kreditvergabe gehandelt, nicht zutrifft. Diese Tatsache zeigt sich, sobald wir die Richtung der Kreditvergabe und die Kapitalströme von den Industrie- zu den Entwicklungsländern betrachten. Im Zeitraum 1911–1913 exportierten Großbritannien, Frankreich, Deutschland und die Vereinigten Staaten

Tabelle 2.1 Durchschnittliche langfristige Kapitalexporte pro Jahr, Vereinigte Staaten und Großbritannien, 1919–1938 (in Millionen US-Dollar)

Land	1919–1923	1924–1928	1929–1931	1932–1938
Vereinigte Staaten	531	1142	595	28
Großbritannien	416	587	399	143

Quelle: United Nations, Department of Economic Affairs, *International Capital Movements during the Inter-War Period,* Lake Success 1949, S. 25.

durchschnittlich 1,4 Milliarden Dollar pro Jahr in die übrigen Länder der Welt. Im Zeitraum 1924–1928 sank dieser Kapitalexport in die Entwicklungsländer auf 860 Millionen Dollar, was inflationsbereinigt 550 Millionen Dollar entspricht. Mit anderen Worten, wenn man Deutschland – als einen Hauptempfänger der Kapitalexporte der zwanziger Jahre – aus Tabelle 2.1 herausnimmt, nehmen sich die internationalen Kreditströme recht bescheiden aus.[44] Und Deutschland hatte ganz besondere Gründe dafür, hohe Kredite aufzunehmen.

Das Muster der internationalen Kapitalbewegungen in den zwanziger und dreißiger Jahren gleicht jedoch den zyklischen Episoden, die für das 19. Jahrhundert beziehungsweise die wiederbelebten Kapitalmärkte nach 1970 charakteristisch waren. Auf einen Kapitalstrom in die Schuldnerländer folgte ein Vertrauensverlust und dann eine Phase, in der sich die Richtung des Kapitalstroms umkehrte. In der zweiten Phase kehrte das Kapital in die Gläubigerländer zurück, und die Schuldnerländer mußten Anpassungsmaßnahmen vornehmen (vgl. Schaubild 2.1). Sowohl in Großbritannien als auch in den Vereinigten Staaten erreichten die Kapitalabflüsse 1927 ihren Höhepunkt. Danach verlief der Zusammenbruch in den Vereinigten Staaten viel dramatischer, und nach 1931 versiegten die langfristigen Kapitalabflüsse wei-

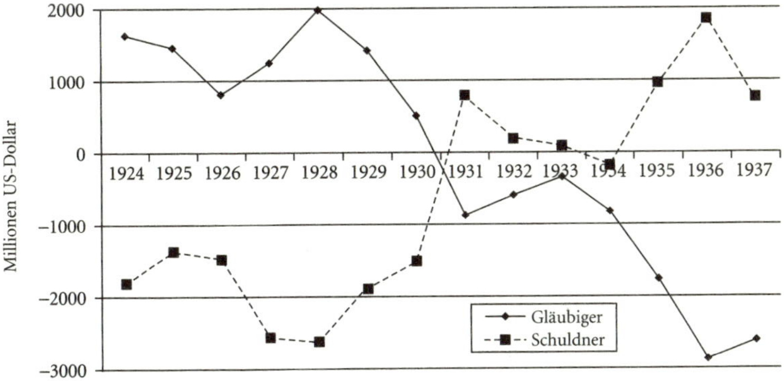

Schaubild 2.1 Internationale Kapitalströme, 1924–1937
(Quelle: Charles H. Feinstein und Catherine Watson, »Private International Capital Flows in the Inter-War Period«, in *Banking, Currency, and Finance in Europe between the Wars,* hg. von Charles H. Feinstein, Oxford 1995, S. 108.)

testgehend. Großbritannien exportierte weiterhin Kapital, aber überwiegend ins Empire und in seine Dominions.

Großbritannien hatte jedoch zugleich hohe kurzfristige Auslandsschulden (wie vermutlich schon vor 1914). Und das gleiche galt in den zwanziger Jahren für Deutschland (damals das größte Schuldnerland der Welt) und die Vereinigten Staaten. Die BIZ bezifferte 1930 die gesamten kurzfristigen Auslandsschulden weltweit auf 70 Milliarden Schweizer Franken oder 13,5 Milliarden US-Dollar, von denen nur 4,3 Milliarden Dollar mit Handelsgeschäften in Zusammenhang standen. Auf Deutschland entfielen dabei 3,9 Milliarden Dollar, auf die Vereinigten Staaten 2,7 Milliarden Dollar und auf Großbritannien 1,9 Milliarden Dollar.[45] Wenn man jedoch ausschließlich die kurzfristigen Bankeinlagen von Ausländern betrachtet, dann ergibt sich für das Jahr 1930 eine höhere Nettoverschuldung Großbritanniens als der Vereinigten Staaten (vgl. Tabelle 2.2). Sowohl Großbritannien als auch die Vereinigten Staaten spielten eine ähnliche Rolle: Sie wandelten kurzfristige Einlagen in langfristige Darlehen um.

Die Ursachen der relativ hohen kurzfristigen Auslandsschulden Großbritanniens und der Vereinigten Staaten lagen nicht so sehr in inneren Problemen als in den ausländischen Zuflüssen im Gefolge der politischen Unsicherheit in Europa und Lateinamerika. Es wäre falsch, in der britischen Verschuldung ein Zeichen ökonomischer Krisenan-

Tabelle 2.2 Kurzfristige Bankeinlagen von Ausländern, Vereinigte Staaten und Großbritannien, 1927–1930 (in Milliarden US-Dollar)

	Vereinigte Staaten		Großbritannien	
Jahr	brutto	netto	brutto	netto
1927	3096	–	2037	1359
1928	2892	–	2444	1470
1929	3078	1512	2192	1338
1930	2794	1069	2112	1330

Anmerkung: Kurzfristige Bankeinlagen = Summe der kurzfristigen Einlagen von Ausländern auf inländischen Bankkonten.
Quelle: Völkerbund, *Balance of Payments, 1930,* Genf 1932, S. 165, 181.

fälligkeit oder ein Frühsymptom konjunktureller Abkühlung zu sehen. Die Einlagen waren das Produkt der Turbulenzen im Europa der Nachkriegszeit. Im Gefolge der sozialen Wirren und der galoppierenden Inflationen wurden große Summen Kapital aus Mitteleuropa, aber auch aus Frankreich abgezogen.

So kam beispielsweise die McKenna-Kommission, die die Höhe des deutschen Auslandskapitals ermitteln wollte, 1924 auf die höchstwahrscheinlich zu niedrig gegriffene Zahl von 6,75 Milliarden Goldmark (GM) (1,6 Milliarden Dollar). Die Deutschen kauften Devisen, während Ausländer ihrerseits mit den Mark, die sie erhielten, Wertpapiere kauften, die oftmals inflationsbedingt rasch an Wert verloren. Die Einlagen von Ausländern bei den Berliner Großbanken, die auf 31,3 Milliarden Mark (1,8 Milliarden Goldmark oder 429 Millionen Dollar) geschätzt wurden, waren Ende 1922 nur noch 140 Millionen GM und Ende 1923 sogar nur noch 30 Millionen GM wert.[46]

Die kurzfristigen Zuflüsse nach Großbritannien hielten während der kreditinduzierten Hochkonjunktur nach 1925 an. Nach der schweren Krise von 1931 änderte sich jedoch die allgemeine Richtung der Kapitalströme; eine massive Kapitalflucht – die von Charles Feinstein und Catherine Watson auf 3,5 Milliarden Dollar beziffert wird – setzte ein und erreichte die Vereinigten Staaten und Großbritannien.[47] Der Grund dafür war zunächst die Angst vor einer ökonomischen Krise und erneuter Währungsinstabilität; doch in dem Maße, wie die Wirtschaftskrise die politische Stabilität vergiftete und zersetzte, wuchs unter den Politikern die Angst vor einem europäischen Krieg.

Die Krise in den Schwellenländern

Die Erfahrung Mitteleuropas im Jahr 1931 verdeutlichte, in welchem Ausmaß Schocks an den Finanzmärkten eine wirtschaftliche Depression verschlimmern konnten. In Mitteleuropa führte die Bankenkrise zu allgemeineren wirtschaftlichen und politischen Zusammenbrüchen. Zwei Arten von Problemen kamen zusammen: die Instabilität des Bankensektors und das politische Unvermögen, die Staatshaushalte auszugleichen.

Der Wirtschaftsausschuß des Völkerbundes beschrieb die »neue Phase« der Weltwirtschaftskrise, die nach dem Frühjahr 1931 einsetzte: »Daraufhin konzentrierte sich die Krise immer mehr auf die Finanzmärkte. Die Störung erstreckt sich jedoch auf alle Aktivitätsfelder. Die Funktionsfähigkeit der Weltwirtschaft beruht auf Vertrauen; sobald dieses verschwindet, treten schwere Störungen auf, und das Übel breitet sich rasch aus.«[48]

Die Besonderheit der mitteleuropäischen Banken lag in ihrer engen Beziehung zur Industrie. Traditionell hatten die *Universalbanken* kurzfristige Einlagen entgegengenommen, aber langfristige Kredite – sogenannte *Kontokorrentkredite* – an gewerbliche Kreditnehmer ausgereicht; sie hielten auch Aktien und warteten auf einen günstigen Augenblick, um sie an der Börse zu plazieren. Dieser Typus von Bankgeschäft war im Habsburger Reich und seinen Nachfolgestaaten, in Italien nach 1890 und auch in Deutschland und Belgien vorherrschend (wo die älteste Universalbank, die Société Générale, um 1830 ihren Geschäftsbetrieb aufgenommen hatte). Auch in anderen Ländern, wie Skandinavien, den Niederlanden oder der Schweiz, hielten Banken erhebliche langfristige Industriebeteiligungen, wenn auch in der Regel über Mittelsmänner, Tochtergesellschaften oder Treuhandgesellschaften.

Die mitteleuropäische Praxis galt in den zwanziger Jahren und vielfach auch später noch als besonders förderlich für die langfristige industrielle Entwicklung, insofern Banken nicht nur über Unternehmen, sondern auch über die allgemeinen wirtschaftlichen Rahmenbedingungen viel besser informiert sind als Investoren, die in einem System agieren, bei dem Anlageentscheidungen über eine Effektenbörse abgewickelt werden. Die genauere Kenntnis erlaubte rationalere Anlageentscheidungen, die wiederum das Wirtschaftswachstum anregten und förderten.

All diese Länder mit Universalbankensystem gerieten jedoch durch die Hyperinflation der Nachkriegszeit in eine schwere finanzielle Schieflage. Im Falle des Habsburger-Reichs wurden diese Probleme durch territoriale Veränderungen und die Aufspaltung der Wiener Großbanken noch verschärft. Als die Banken nach den Währungsstabilisierungen wieder öffneten, betrugen ihre Bilanzsummen nur noch zwischen einem Drittel und einem Fünfzehntel des Niveaus vor dem Krieg. Auf diese anfängliche Öffnung folgte in der Regel eine Aufholphase, in der die Einlagen und Kredite rasch zunahmen. Die Banken expandierten vor allem auf der Basis von – in der Regel kurzfristigen – Auslandskrediten, die sie dann in gewohnter Manier in langfristige Kredite oder Kapitalbeteiligungen umwandelten.

Unternehmen finanzierten ihre Sanierung nach erfolgreicher Stabilisierung mit Bankkrediten. Hier kam es zu einem eklatanten Mißverhältnis zwischen den Entwicklungen in den Kapitalausfuhrländern und den Kapitaleinfuhrländern Mitteleuropas. Während die Verschuldung von Privatunternehmen in Prozent des Eigenkapitals zwischen 1926 und 1930 in den Vereinigten Staaten (von 66,5 auf 60,9 Prozent) und Großbritannien (von 58,0 auf 50,3 Prozent) zurückging, nahmen die Verschuldungsquoten in Mitteleuropa drastisch zu. In Ungarn stiegen sie von 69,3 Prozent auf bedenkliche 80,3 Prozent und in Deutschland von 65,1 Prozent auf 88,9 Prozent. In Italien, wo es zwar Universalbanken, aber keine substantiellen Kapitalzuflüsse gab, sank der Verschuldungsgrad (bei fehlendem Kapitalimport) von 98,6 auf 83,2 Prozent. Andererseits wurden, wie die Zahlen zeigen, in erheblichem Umfang Kredite aufgenommen, so daß das Gefüge der gewerblichen Kredite bei sinkenden Preisen höchst anfällig für eine Schuldendeflation wurde.[49]

Solche Kreditgefüge waren in zwei Fällen gefährlich: Wenn der ausländische Kapitalzufluß, mit dem die Expansion finanziert worden war, plötzlich abbrach; und wenn ein Preisverfall den Wert der Kapitalbeteiligungen der Banken drastisch verringerte und ihre Kredite gefährdete, indem er den Wert der Sicherungsgegenstände verminderte.

Die weltweite Umsetzung der Doktrin von der Unabhängigkeit der Zentralbanken, wie sie von der Bank von England und der Federal Reserve Bank of New York beispielhaft vorgeführt wurde, erhöhte die Risikoanfälligkeit der Kreditgefüge mitteleuropäischer Banken. Um die »Unabhängigkeit« zu demonstrieren, die die Voraussetzung für die Aufrechterhaltung eines stetigen Kapitalzuflusses ist, mußten Zentralbanken zeigen, daß sie die Zügel der Geldpolitik straff in Händen hielten. Doch dies war schwierig in Volkswirtschaften, in denen Geschäftsbanken so viel Spielraum bei der Kreditvergabe hatten. Mindestreserven bei der Zentralbank waren selten: Tatsächlich galt es in Ungarn als ungewöhnlich und unehrenhaft, wenn Banken Einlagen bei der Zentralbank machten oder dort Wechsel diskontierten. In diesen Fällen konnten sich die Zentralbanken nur dadurch internationales Vertrauen und internationale Anerkennung verschaffen, daß sie kleine Krisen inszenierten. Die eigentümliche Agonie Mitteleuropas war die Folge des Zusammentreffens starker nationaler Banktraditionen mit neuen angelsächsischen Prinzipien des Zentralbankwesens.

Die Bankensysteme wurden aufgrund des intensiven Wettbewerbs im Bankensektor nach 1920 und infolge der Auswirkungen einer Fusionswelle sogar noch krisenanfälliger. In Deutschland fand die bedeutendste Fusion 1929 zwischen der Deutschen Bank und der Disconto-Gesellschaft statt.

Im Frühjahr und Sommer 1931 trafen drei verschiedene mitteleuropäische Krisen zusammen. Die österreichische Krise begann als Bankenkrise und wurde dann zu einer Währungs- und Budgetkrise. In Ungarn löste eine Budgetkrise einen Ansturm auf den Devisenmarkt und anschließend eine Bankenkrise aus. In Deutschland trafen eine Budget- und eine Bankenkrise zusammen und lösten ihrerseits eine Währungskrise aus. Es handelte sich nicht um »Doppel«-, sondern um »Dreifachkrisen«.

Österreich war in den zwanziger Jahren doppelt geschlagen: Aufgrund der traditionellen Funktion von Wien als Finanzmetropole des Habsburger-Reichs und der großen Zahl spekulativer Institute, die während der Inflation gegründet worden waren, war die Bankendichte dort sehr hoch. Nach der Aufteilung des Habsburger-Reichs blieben den Wiener Banken oftmals nur die minderwertigsten Vermögenswerte in den Nachfolgestaaten, während sich die neu gegründeten Nationalbanken die Investitionsrosinen herauspickten. Auf die Stabilisierung der österreichischen Währung folgte eine Reihe von Bankenpleiten und -fusionen. Im Jahr 1926 übernahm die Creditanstalt das

Österreichgeschäft der Anglo-Austrian Bank, und die Bodenkreditanstalt übernahm die Allgemeine Verkehrsbank und Unionsbank. Im Jahr 1929 wurde die Bodenkreditanstalt, die nur durch Rediskontierung ihres Wechselportefeuilles bei der Nationalbank überleben konnte, mit der Creditanstalt verschmolzen. Diese Fusion brachte einen österreichischen Giganten hervor: Nach einer neueren Schätzung wurden 60 Prozent der österreichischen Wirtschaft von der Creditanstalt kontrolliert.[50]

Zu jedem beliebigen Zeitpunkt nach der Fusion mit der Creditanstalt hätte eine Krise ausbrechen können. Auslöser war schließlich ein zufälliges Ereignis, als nämlich einer der Direktoren der Creditanstalt, Zoltan Hajdu, plötzlich, ja unerklärlicherweise, 1931 zu verstehen gab, daß er die Bilanz so lange nicht unterzeichnen werde, »bis die übliche Bilanzierungsmethode geändert wird«. Im Frühjahr 1931 wurde die Veröffentlichung des Jahresabschlusses hinausgeschoben, während Hajdu eine umfassende Prüfung und Neubewertung der Aktiva der Bank forderte. Im Verlaufe dieser erneuten Prüfung zeigte sich, daß eine Neubewertung auf eine Insolvenz hinauslaufen würde.[51]

Die ersten Schwierigkeiten tauchten in Mitteleuropa also bereits 1929 auf, und zwar als Reaktion auf die niedrigeren Kapitalzuflüsse von 1928 und auf sinkende Preise. In Italien begannen die ersten Bankprobleme im Sommer 1930, und die betroffenen Banken konnten nur durch Kredite der Zentralbank (der Bank von Italien) überleben. Ab Dezember 1930 sanken die Einlagen bei den drei größten italienischen Banken, und die Bewegung wurde im April 1931 fast zu einer Panik.

Bemerkenswerterweise blieb es in Österreich bis zum Frühjahr 1931 erstaunlich ruhig. 1929 hatte es zwar einige kleinere Konkurse gegeben, doch allgemein herrschte die Einschätzung vor, daß dies nicht genüge, um die Kreditwürdigkeit Österreichs wiederherzustellen. »Ungeachtet der jüngsten Pleiten«, schrieb *The Banker,* »gibt es noch immer zu viele Banken in Wien, das sich, entgegen den Erwartungen, nicht zu einem internationalen Finanzplatz entwickelt hat.«[52] Die Ankündigung einer Zollunion zwischen Deutschland und Österreich, gegen die Frankreich protestierte, erhöhte die Nervosität; allerdings scheinen kurzfristige Auslandskredite nicht in größerem Umfang gekündigt worden zu sein. Der Schock kam plötzlich: Die Creditanstalt kündigte an, daß sie die Veröffentlichung ihres Jahresabschlusses verschieben werde, und gab schließlich in der Nacht vom 11. auf den 12. Mai einen Verlust von 140 Millionen Schilling bekannt, den sie überwiegend auf die kostspieligen Folgen der Integration der Bodenkreditanstalt zurückführte. Vor dem 11. Mai hatten die meisten ausländischen Gläubiger nicht erkannt, was vor sich ging; doch anschließend wurde die Angelegenheit politisch hoch brisant. Die Einleger verloren das Vertrauen in die Creditanstalt. Bis Ende Mai verlor die Bank Einlagen in Höhe von 200 Millionen Schilling. Doch nur ein Viertel dieser Summe wurde bei anderen Banken eingezahlt; der Rest wurde in Devisen getauscht.[53] Als der *Run* auf den Schilling begann, geriet dessen Wechselkurs massiv unter Druck, und Österreich ersuchte um internationale Hilfe.

Gouverneur Norman organisierte eine Rettungsaktion, die in erster Linie die Franzosen davon abhalten sollte, die österreichische Position auszunutzen, um sich außenpolitische Vorteile zu verschaffen. Aber Norman war sich auch von Anfang an über die gefährlichen Folgen der Creditanstalt-Pleite für das internationale Finanzsystem im klaren (das »Ansteckungsrisiko«, wie wir heute sagen). »Und wir dürfen auch nicht vergessen«, kabelte er an die Federal Reserve von New York, »daß ein drastischer Verfall der österreichischen Währung alsbald ähnliche Folgen in mehreren anderen Ländern nach sich ziehen könnte.«[54] Es bedurfte zwei Wochen angespannter Verhandlungen, um einen letzten Endes nur symbolischen Betrag aufzubringen, der weder das Vertrauen in Österreich noch in ein anderes Land wiederherstellte.

Das Problem lag in der französischen Reaktion auf Norman. Der Gouverneur der Banque de France, Clément Moret, wußte aufgrund von Informationen, die er von Pierre Quesnay aus Basel erhalten hatte, der in der dieser Sache recht eifrig nationale Interessen Frankreichs verfolgte, daß der Markt in London zu schwach war, um Österreich zu helfen. Die Londoner Rothschilds konnten es sich nicht leisten, die Creditanstalt zu unterstützen: »Es ist somit absehbar, daß die österreichische Regierung früher oder später dazu gezwungen sein wird, ihre Anteile an eine private Investorengruppe zu verkaufen. In dieser Hinsicht dürften die Londoner Rothschilds nicht in Frage kommen. Monsieur Quesnay meint, daß dies eine Gelegenheit für interessierte französische Banken sein könnte.«[55]

Normans Initiative führte zu zwei Zentralbankkrediten, die von der BIZ organisiert wurden, obgleich Moret im Juli den zweiten Kredit an Österreich blockieren wollte, weil er jetzt argumentieren konnte, daß es unmöglich sei, eine Anleihe aufzulegen, um den Kredit zurückzuzahlen.[56] Aber diese Kredite waren ein klassischer Fall von »zu wenig und zu spät«: Der anfängliche Kredit über 100 Millionen Schilling (14 Millionen Dollar) entsprach nicht einmal der ersten, grotesk niedrigen Schätzung des Verlusts der Creditanstalt. Charles Kindlebergers Urteil trifft die Sache auf den Punkt: »Die Dürftigkeit der Summe und die Verzögerung erwiesen sich zusammen als katastrophal.«[57]

Die Creditanstalt war auch ein enormes innenpolitisches Problem Österreichs. Die Regierung rettete die Bank, indem sie die Nationalbank anwies, Wechsel anzukaufen. Am 16. Juni, als sich in ganz Mitteleuropa Panikstimmung breitmachte, erreichten die Gläubiger der Creditanstalt eine Übereinkunft, die den weiteren Geschäftsbetrieb der Bank sicherstellen sollte, da ansonsten die gesamte österreichische Volkswirtschaft zusammenbrechen würde. In diesem Stadium wurden die Verluste auf etwa 500 Millionen Schilling beziffert, und die Nationalbank hielt Schuldtitel der Creditanstalt im Wert von 690 Millionen Schilling. Aber selbst diese Ziffern unterschätzten das Ausmaß der Verluste, das sich erst im Verlauf einer Buchprüfung zeigte: Ende 1931 wurden die Verluste auf 923 Millionen Schilling beziffert, was nach der von der Regierung initiierten Restrukturierung der Bank im Mai 1931 725 Millionen Schilling über dem Nominalkapital und den Reserven lag. Zu den Aktiva gehörten eingefrorene Kredite an österreichische und mitteleuropäische Unternehmen. Für den 31. Mai 1931 wiesen die von der Londoner Firma Binder Hamlyn testierten Abschlüsse Gesamtverbindlichkeiten der Bank in Höhe von 1,339 Milliarden Schilling aus; die größten Posten waren Kredite an die Textilwirtschaft (11,9 Prozent der Gesamtsumme), die Mineralölwirtschaft (10,3 Prozent), die Autoindustrie (9,6 Prozent), an Bund, Länder und

Gemeinden (4,2 Prozent) und vor allem an andere Banken (16,7 Prozent).[58]

Im Frühjahr 1932 zeigte sich, daß die Creditanstalt keineswegs der einzige Problemfall im österreichischen Bankensektor war und daß die beiden anderen Großbanken – die Niederösterreichische Escompte-Gesellschaft (NEG) und der Wiener Bankverein – ebenfalls mit einer gravierenden Schieflage zu kämpfen hatten. Der Vertreter der ausländischen Gläubiger Österreichs beklagte die »sträfliche Leichtfertigkeit« der Unternehmensleitung der NEG;[59] und zu guter Letzt drückte er die Fusion der Creditanstalt mit den beiden anderen Banken durch, die am 25. Mai 1934 stattfand. Dabei wurden die eingefrorenen (und überwiegend wertlosen) Industriebeteiligungen der NEG in eine staatseigene Holdinggesellschaft ausgegliedert, die Österreichische Industriekredit AG.

Der Zusammenbruch der Creditanstalt wuchs sich deshalb zu einer nationalen Katastrophe aus, weil sich die Verluste der Banken unmittelbar auf den Bundeshaushalt auswirkten. Von Anfang an hatte ein enger Zusammenhang zwischen dem Vertrauen ausländischer Banken in Österreich und dem Zustand der öffentlichen Finanzen bestanden. Allein die Kosten für die Rettung der Creditanstalt beliefen sich auf 9 Prozent des Bruttosozialprodukts Österreichs. Zählt man dazu die Kosten der Rettung anderer Banken einschließlich der des krisenanfälligen Systems der staatlichen Postbanken, sind die Kosten vergleichbar mit denen der Rettungsaktionen für Banken in der Krise nach 1990. (Im Falle Mexikos beispielsweise kostete die Rettung des Bankensystems in den neunziger Jahren 14,5 Prozent des BIP.)[60]

Der österreichische Staatshaushalt war bereits durch die rasche Ausweitung staatlicher Leistungen nach 1925 stark angeschwollen. Zum Teil waren die neuen Ausgaben schlicht das Resultat des Notprogramms zur Währungsstabilisierung: die Pensionslasten für die entlassenen Beamten nahmen kontinuierlich zu. Aber die Haushaltsdefizite waren auch durch erhöhte Sozial- und Investitionsausgaben bedingt. Mittel für diese Ausgaben schienen aufgrund der hohen Steuersätze zur Zeit der Stabilisierung in den Jahren 1922–23 ausreichend zur Verfügung zu stehen. Zwischen 1923 und 1929 stiegen die

Ausgaben des Bundes um 88 Prozent (von 6,3 auf 9,1 Prozent des BSP) und die Ausgaben der Kommunen sogar um 169 Prozent (von 3,1 auf 6,5 Prozent des BSP).[61] Da die politische Dynamik der Ausgabenerhöhung aufgrund des fehlenden massiven Drucks von außen auf Österreich nicht leicht umgekehrt werden konnte, führten der Produktionsrückgang und sinkende Preise während der Depression unmittelbar zu hohen Haushaltsdefiziten. Die Schwere des Konjunktureinbruchs in Österreich war jedoch auch eine Folge der hohen Staatsausgaben: Die Verbindung aus hohem Versorgungsniveau und einem hohen Maß an gewerkschaftlicher Organisierung hielt die Löhne trotz geringen Produktivitätswachstums Ende der zwanziger Jahre und sinkender Produktivität in der Depression auf einem hohen Niveau.[62] So wurde die Anhäufung hoher Defizite während der Depression zu einem Alarmsignal für die Lage der gesamten österreichischen Wirtschaft (vgl. Tabelle 2.3).

Anfang Mai 1931, *bevor* die Schwierigkeiten der Creditanstalt öffentlich ruchbar wurden, zeigten sich Meinungsführer wie die Morgans in New York besorgt über die Vorhersagen eines großen Haushaltsdefizits für 1931.[63] In Frankreich waren selbst sozialistische Zeitungen entrüstet über die Größe des »hypertrophen« österreichischen Staatsverwaltung.[64] Die Rettung der Bank vergrößerte das Defizit und bedrohte die Fähigkeit Österreichs, den Kredit des Völkerbunds aus dem Jahr 1923 zu bedienen. Daher wurde im Januar 1932 ein weiterer Niederländer, Rost van Tonningen, vom Finanzausschuß des Völkerbunds eingesetzt, um die österreichische Haushaltsgebarung zu kontrollieren. Er erarbeitete Pläne zur Erhöhung der Steuern, zum Abbau des Beamtenapparats und der Zahl der Eisenbahner und zur Kürzung von Löhnen, Gehältern und Renten; doch trotz der auferlegten strengen Spar-

Tabelle 2.3 Österreicher Staatshaushalt, 1928–1934 (in Millionen Schilling)

	1928	1929	1930	1931	1932	1933	1934
Haushaltsausgaben	1341,6	1307,9	1592,6	1630,5	1289,7	1493,6	1574,1
Kassenbilanz	−80,9	19,7	−261,2	−322,7	−9,2	−235,9	−231,0

Quelle: Völkerbund, *Public Finance, 1935: Austria,* Genf 1935.

maßnahmen bediente Österreich ab dem 1. Juli 1932 den Völkerbundkredit nicht mehr, und die ausländischen Gläubiger mußten eine neue Übereinkunft (das Protokoll von Lausanne) akzeptieren, die eine Konversionsanleihe, die mit den Bruttoeinnahmen des österreichischen Zolls und des Tabakmonopols besichert werden sollte, und neue Sparmaßnahmen vorsah, die denkbar knapp, mit nur einer Stimme Mehrheit, das österreichische Parlament, den Bundesrat, passierten.

Ungarn war durch den Verfall der Rohstoffpreise geschwächt worden, denn Nahrungsmittel und Rohstoffe machten 1929 59,9 Prozent der ungarischen Exporte aus. Allein Weizen machte 10,8 Prozent des Wertes der ungarischen Exporte aus und Nutztiere weitere 10,5 Prozent.[65] Statt höherer Exporteinnahmen bescherte die überreiche Ernte von 1929 dem Land sinkende Preise und übervolle Kornkammern, mit dem Ergebnis, daß der Preis 1930, als die Ernte viel schlechter ausfiel, weiter sank. Der durchschnittliche Weizenpreis betrug 1927 31,87 Pengös, 1930 19,11 Pengös und 1931 12,28 Pengös pro Doppelzentner.[66] Ungarn nahm auch hohe Kredite auf, und Anfang der dreißiger Jahre wurden für die Bedienung der Auslandsschulden unvorstellbare 16 Prozent des Volkseinkommens oder 48 Prozent des Werts der Exporte ausgegeben.[67]

Die Kombination aus Bankzusammenbrüchen, einer öffentlichen Schuldenkrise, Währungsproblemen und außenpolitischen Verwicklungen spielte bei der Krise in Ungarn eine ganz ähnliche Rolle wie in Österreich; aber diese Probleme wurden auf ganze andere Weise gelöst.

Staatliche Agrarbeihilfen machten einen Teil des Problems aus, da die Krise im Sommer 1931 durch die Lage der ungarischen Staatskasse ausgelöst wurde. Schon 1930 schafften viele besorgte Ungarn ihr Geld ins Ausland: Insgesamt flossen in diesem Jahr 70–80 Millionen Pengös ab. »Obgleich alle Fakten nur sehr wenigen Personen bekannt sind, deutet manches darauf hin, daß man sich nicht auf das Vertrauen der Öffentlichkeit verlassen sollte«, erklärte der Gouverneur der Nationalbank, Sándor Popovics, im Februar 1931 gegenüber einem hochrangigen Vertreter der Bank von England.[68]

Wie in Österreich war die Unsicherheit über den Staatshaushalt ein zentraler Grund für das schwindende Vertrauen. Hier spielte jedoch das fiskalische Problem eine Schlüsselrolle am Anfang der Krise. Die Nationalbank beschrieb die Schwierigkeiten Ungarns auf folgende Weise: »Die Tatsache, daß eine solche Situation bis zu einem so späten Zeitpunkt verborgen bleiben konnte, sprach für eine mangelhafte Kontrolle der Staatsfinanzen und eine unzureichende Verwaltungsorganisation. Einzelne Abteilungen hatten sich einer effizienten Beaufsichtigung entzogen; sie hatten das Finanzministerium irregeführt und eigenmächtig Schulden gemacht. Die Regierung insgesamt war auch zu großzügig gewesen, indem sie vielfältige Freibeträge gewährte. Hauptursache der Schwierigkeiten waren jedoch die Einnahmeausfälle aufgrund des Verfalls der Agrarpreise.«[69] Ein Hauptproblem lag in der Höhe der Verluste, die der Staat mit der *boletta* machte, einem Preisstützungsmechanismus für Weizen, der in Schwierigkeiten geriet, als der Weizenpreis verfiel, und mit der *futura*, einem Ausgleichslager für Weizen.[70]

Die staatlichen Budgetprobleme waren jedoch nicht so gravierend wie die Probleme öffentlicher Unternehmungen. Die umfassende Verstaatlichung und der Versuch, strategische Industrien aufzubauen und so die Importabhängigkeit zu verringern, verwandelten die Wirtschaftsprobleme während der weltweiten Depression in staatliche Haushaltsprobleme, die unmittelbar die Aufmerksamkeit der internationalen Finanzwelt auf sich zogen.

Ab dem 11. Mai 1931, dem Tag, an dem die Krise der Creditanstalt öffentlich bekanntwurde, verlor die ungarische Nationalbank Devisen im Wert von 150 000 Pengös pro Tag. Die Nationalbank schrieb die Verluste massiven Abhebungen durch Amerikaner und ungarischer Kapitalflucht zu: Ungarn kauften nach dem Zusammenbruch der Österreichischen Bank und des Wertpapierhauses Auspitz Leben & Co. im Gefolge der Creditanstalt-Krise Aktien ungarischer Firmen mit Sitz im Ausland.[71] Um diese Käufe zu finanzieren, hoben die Ungarn Guthaben bei Banken ab, worauf die allgemeine Panik ausbrach. Die Einlagen auf den Girokonten der zwölf größten Budapester Banken und der Postsparkassen fielen von 757,6 Millionen Pengös im Mai auf

637,1 Millionen Pengös im Oktober; und als Banken Kredite kündigten, um diese Forderungen zu erfüllen, stieg die Zahl der Konkurse sprunghaft an. Dies war die ungarische Version einer Schuldendeflation.

Anders als in Österreich hielt die Nationalbank diese Banken durch großzügige Rediskontierung am Leben, *bevor* die Probleme bei den Kreditinstituten bekanntwurden. Diese Großzügigkeit ließ den Abfluß von Geldern über den Devisenmarkt stark anschwellen, so daß die Währung unter Druck geriet und weniger die ungarischen Banken direkt. Anfänglich wurde dieser Druck mit Hilfe der BIZ austariert: Am 6. Juni vergab die BIZ einen Kredit über 5 Millionen Dollar und am 11. Juni einen weiteren über 1 Million Pfund (ungefähr 5 Millionen Dollar); ein dritter Kredit über 5 Millionen Dollar wurde am 22. Juni ausgereicht. Aber dies schien nicht viel zu helfen, da sich die BIZ und die ausländischen Gläubiger ausrechnen konnten, daß während der nächsten drei Monate, auch ohne eine Bankenpanik, Kredite über 5 Millionen Pfund fällig wurden (von denen 3 Millionen Pfund auf den Staat entfielen).

Das Problem lag zu einem großen Teil in den Auslandsschulden. Die Gesamtverbindlichkeiten ungarischer Banken beliefen sich auf 483,21 Millionen Pengös, davon entfielen 232,26 Millionen (48 Prozent) auf US-amerikanische Gläubiger und 104,95 Millionen auf britische Gläubiger.[72] Die ausländischen Gläubiger handelten ein Stillhalteabkommen aus, das zu einem Modell für ähnliche Vereinbarungen mit Österreich und Deutschland wurde. Es handelte sich um ein Rahmenabkommen, und es dauerte eine Zeitlang, bis man sich über die konkreten Details verständigt hatte; die britischen Banken erreichten am 14. März 1932 und die US-Banken am 21. Juni 1932 ein endgültiges Abkommen. Am Anfang der Krise beklagte die ungarische Regierung: »Die Vereinigten Staaten waren noch nicht durch die Schule gegangen, die eine führende Nation absolvieren mußte, ehe sie mit dem Vertrauen all ihrer Kunden rechnen konnte.«[73] Kurz, die Vereinigten Staaten verhielten sich nicht wie ein wohlmeinender Hegemon.

Wie in Österreich schienen auch in Ungarn die hohen Auslandsschulden ein Sparprogramm notwendig zu machen. Im Herbst 1931 legte Ungarn dem Völkerbund ein Zwölfpunkteprogramm vor, das die üblichen Maßnahmen umfaßte: Besoldungs- und Pensionskürzungen im öffentlichen Dienst, Steuererhöhungen, die Abschaffung staatlicher Subventionen und insbesondere die Aufhebung der *boletta* und der *futura*. Tatsächlich wurden die Bezüge der öffentlichen Bediensteten gekürzt, aber die Unterstützungsprogramme für die Landwirtschaft bestanden fort. Die Kürzungen lassen sich in den Budgets der öffentlichen Verwaltung von 1932/33 deutlich erkennen; aber es zeigt sich auch, daß öffentliche Unternehmen nicht so stark betroffen waren. Die *boletta* wurde bis Juli 1934 fortgeführt, als sich die Weizenpreise wieder deutlich erholt hatten. Unter dem Druck der Landwirte brachte die Regierung in den Jahren 1932 und 1933 ein umfangreiches Gesetzespaket ein, das den Konkurs von landwirtschaftlichen Betrieben unmöglich machen sollte.

Die einschneidendste und folgenreichste mitteleuropäische Bankenkrise ereignete sich in Deutschland, wo am 13. Juli 1931 die Darmstädter und Nationalbank (meist kurz »Danat Bank« genannt) ihre Pforten schloß. Die Regierung erklärte einen Bankfeiertag, und der gesamte Finanzsektor mußte mit massiven staatlichen Finanzspritzen saniert werden. Die Krise hatte ganz ähnliche Ursachen wie in Österreich und Ungarn: Die Anfälligkeit der Banken aufgrund der jüngsten Hyperinflation, Kapitalflucht, die politische Unsicherheit (sowohl im Inland als auch international), die nachdrücklichen Forderungen der Landwirte nach einem besseren Konkursschutz und der Auslösereffekt relativ geringer Defizite in den öffentlichen Kassen.

Die Kapitalflucht aus Deutschland ging der weltweiten Depression voraus. Die Ursachen lagen im Krieg und vor allem in der unmittelbaren Nachkriegszeit, als viele deutsche Großunternehmen Tochtergesellschaften in der Schweiz und in den Niederlanden gründeten und über sie Kapital aus Deutschland abzogen. Eine zweite Welle setzte Ende der zwanziger Jahre ein; Ursache dafür waren sowohl Steuerflucht als auch die anhaltende Sorge über die weitere Entwicklung in Deutschland. Für die Zeit *vor* dem Beginn der Depression und dem Zerfall der Weimarer Republik, zwischen 1927 und 1930, enthüllen die Kapitalverkehrsbilanzen einen Abfluß von 3,9 Milliarden Reichsmark

(RM) an kurzfristigem Kapital und 4,9 Milliarden RM an langfristigem Kapital, während die kurzfristigen Verbindlichkeiten der Vereinigten Staaten zunahmen.

Im Jahr 1929 meldeten viele kleinere deutsche Banken Konkurs an: Richard Harte, Berlin; Julius Cunow & Co., Berlin; Fritz Kienstedt, Lübeck; Kieler Bank und Bankhaus Horst Fritzsche, Dresden; Paul-Schlesinger-Trier & Co., Frankfurt/M. Von besonderer Bedeutung aber war die Tatsache, daß im August eine größere Versicherungsgesellschaft, die Frankfurter Allgemeine Versicherungs AG, in Konkurs ging, worauf es zu einem Run auf die städtischen Sparkassen in Berlin und Frankfurt/M. kam. Eine ausländische Zeitschrift schrieb im April 1930 über die Folgen dieser kleinen Krisen: »Die Krise, die den Konkurs zahlloser Gewerbebetriebe und einer großen Zahl kleiner Banken verursachte, scheint ihren Höhepunkt überschritten zu haben, und die Banken und Gewerbebetriebe, die die Krise überlebten, dürfen wohl als sicher und gesund gelten.«[74] Leider sollte sich diese Vorhersage nicht bewahrheiten.

Seit Mai 1930 verloren die deutschen Banken Einlagen, und bis Juni 1931 schrumpfte die Geldmenge aus diesem Grund um 17 Prozent. Die Banken schoben einen Berg kurzfristiger Auslandsschulden vor sich her. Im Juli 1931, nachdem bereits ein beträchtlicher Teil der ausländischen Kredite gekündigt worden war, hatten die deutschen Banken noch immer Schulden in Höhe von 5,9 Milliarden RM, und die gesamten kurzfristigen Schulden Deutschlands beliefen sich auf 13,1 Milliarden Reichsmark. Die gesamte Auslandsverschuldung für das Jahr zuvor wird auf 15,5 bis 16,5 Milliarden RM beziffert. Mehrere Ereignisse – die Regierungskrisen im Dezember 1929, als der Reichsfinanzminister zum Rücktritt gezwungen worden war, das Platzen der großen Koalition aus Sozialisten und Liberalen im März 1930 und das unerwartet gute Abschneiden der NSDAP bei den Reichstagswahlen im September 1930 – hatten dazu geführt, daß ausländische Anleger Deutschland mit wachsendem Mißtrauen betrachteten.

Andererseits lag das Problem für Deutschland weniger in der absoluten Höhe der Auslandsverschuldung als in der doppelten Gefahr, die in der Krisenanfälligkeit der deutschen Banken und der Schwäche der öffentlichen Finanzen lag. Das Bankensystem war nach der Währungsstabilisierung rasch expandiert.

Nach der Creditanstalt-Krise beschleunigte sich der Einlagenschwund bei den deutschen Banken. Im Mai verloren die Berliner Großbanken 337 Millionen RM (oder 2,6 Prozent ihres Einlagenbestands); und im Juni verlor die Bank mit dem schlechtesten Ruf, die Danat, 40,9 Prozent, während die solidere Deutsche Bank ein Minus von 8,2 Prozent verzeichnete. Zunächst waren es vor allem Deutsche – nicht Ausländer –, die ihre Einlagen abhoben; und es waren auch Deutsche, die ihr Geld in Devisen tauschten und in die Niederlande und die Schweiz transferierten. Mitte Juni aber waren die ausländischen Banken höchst besorgt. Am 23. Juni senkte Banker's Trust seine Kreditlinie für die Deutsche Bank. Am 3. Juli beriet sich der Gouverneur der New York Federal Reserve Bank mit führenden New Yorker Bankern, unter anderem Vertretern von J. P. Morgan, Lee Higginson, Chase, National City Bank, Blair & Co., New York Trust Co. und Central Hanover Bank and Trust Co. Nach einiger Überzeugungsarbeit erklärten sie sich damit einverstanden, »ihre gegenwärtige Position wenigstens zu halten, und in einigen Fällen gaben sie sogar zu erkennen, daß sie ungenutzte Kreditlinien wieder öffnen würden«.[75] Doch ab dem 6. Juli kündigte die Guaranty Company von New York ihre Einlagen beziehungsweise Kredite in Deutschland. Dies kam jedoch relativ spät: Eine Menge Kapital war bereits abgewandert, als die Amerikaner nervös wurden.

Weil die Abhebungen und die Kapitalflucht über den Devisenmarkt stattfanden, verlor die Reichsbank Reserven. Am 30. Mai hatte die Reichsbank noch Goldreserven im Wert von 2,39 Milliarden RM; im Juni waren es nur noch 1,421 Milliarden RM. Dies lang nahe an der Mindestreserve von 40 Prozent der ausgegebenen Banknoten, die im Reichsbankgesetz festgeschrieben war, und Reichsbankpräsident Hans Luther ersuchte um ausländische Hilfe und insbesondere um Zentralbankkredite. Die BIZ vermittelte einen Kredit über 100 Millionen Dollar von der Bank von England, der Banque de France und der Federal Reserve Bank von New York (FRBNY). Am 20. Juni schlug US-Präsident Herbert Hoover ein einjähriges »Moratorium« für sämtliche Reparationen und Schuldenzahlungen zwischen den Alliierten vor.

Im Gegenzug bestand man darauf, daß die Reichsbank ihr Diskontgeschäft einschränkte, um die Kapitalflucht aus Deutschland einzudämmen. Dies tat Luther am 22. Juni, aber die Maßnahme drosselte den Kapitalabfluß in keiner Weise. Politische Winkelzüge waren schuld daran: Die Franzosen widersetzten sich bis Anfang Juli dem Hooverschen Moratorium und so verschärften sich die internationalen Spannungen weiter. Doch Gouverneur Harrison von der FRBNY sowie Norman warfen Luther vor, keine wirksamen Maßnahmen zur Eindämmung der Kapitalflucht zu ergreifen, die nach Einschätzung Harrisons den Kern des Problems der Deutschen bildete. Harrison kabelte an Norman: »Meines Erachtens besteht das Hauptproblem darin, daß deutsche Staatsbürger aus der Reichsmark fliehen und daß die Reichsbank eine viel restriktivere Kreditpolitik betreiben sollte, als sie es allem Anschein nach tut.« Und weiter: »Die Kreditkontingentierung ist natürlich eine drastische und unangenehme Maßnahme, die jedoch schon in der Vergangenheit in Deutschland mit Erfolg angewandt wurde und sich keineswegs als verhängnisvoll erwies. Ganz im Gegenteil, jedes Mal hat sie die Rückführung von deutschem Kapital nachhaltig gefördert und weitere Geldabflüsse verhindert, und mir ist nicht ersichtlich, wieso sie dieses Mal nicht genauso erfolgreich sein sollte, wenn sie mit dem gleichen Nachdruck umgesetzt wird.«[76]

Deutschland war wegen der eigentümlichen Struktur seines Finanzsektors besonders krisenanfällig. Das Vertrauen in Deutschland wurde zum Teil deshalb erschüttert, weil die deutschen Banken eine besonders riskante Kreditpolitik betrieben, indem sie an bestimmte Firmen wie etwa Nordwolle (die scheinbare unmittelbare Ursache für die Schwierigkeiten von Danat) und die Brauerei Schultheiß-Patzenhofer unvertretbar hohe Kredite ausreichten. Aber es ging auch die Angst vor einem Staatsbankrott um. Hier überschnitt sich das politische Element – das bei der deutschen Krise eine wichtige Rolle spielte – mit der Finanzpanik.

Der deutsche Fiskus hatte ein Kassenproblem: Trotz mehrmaliger Steuererhöhungen blieben die Einnahmen immer wieder hinter den

Steuerschätzungen zurück; und trotz wiederholter Sparmaßnahmen, der Zusammenstreichung von Investitionsprojekten, Gehaltskürzungen im öffentlichen Dienst und Kürzungen des Arbeitslosengeldes blieben die Ausgaben zu hoch. Folglich mußte die deutsche Regierung Kredite bei den Banken aufnehmen, um ihren Zahlungsverpflichtungen nachzukommen. Die Reparationszahlungen, die am 15. Juni und 15. Juli fällig waren, schienen besonders untragbare Lasten zu sein. Doch als die Reichsbank die Diskontierung von Bankwechseln einschränkte, wurde die Kreditaufnahme bei Banken schwieriger; und Banken, die der öffentlichen Hand Kredite gewähren wollten, mußten die Kreditvergabe in anderen Bereichen zurückfahren. Dies wiederum traf die gewerblichen Kreditnehmer. Die für Mitte Juli vorgesehenen großen Zahlungen überschatteten die immer erhitzteren Debatten Anfang Juli und das verzweifelte Bemühen Luthers, einen weiteren Zentralbankkredit aufzubringen.

Am 4. Juli gab es Anzeichen für den unmittelbar bevorstehenden Zusammenbruch der Kreditwürdigkeit einiger Großstädte im Rheinland und in Westfalen. Die Danat war besonders stark im Kreditgeschäft mit Kommunen engagiert gewesen. Am 5. Juli meldete die Basler *Nationalzeitung*, eine der führenden deutschen Banken sei »in Schwierigkeiten«, und es begann eine Diskussion über die Verluste der Danat infolge ihres Engagements bei Nordwolle. Nach einem Wochenende von Gesprächen rund um die Uhr, in denen die Dresdner Bank enthüllte, daß sie ebenfalls kurz vor dem Zusammenbruch stand, mußten alle deutschen Banken am Montag, den 13. Juli, kraft Regierungserlaß geschlossen bleiben.

Nach diesem Bankfeiertag mußte der Staat eingreifen, um das deutsche Bankensystem zu sanieren. Die Reichsbank und die Privatbanken gründeten im Juli eine Akzept- und Garantiebank, bei der Bankwechsel durch eine zusätzliche Unterschrift als diskontfähig bei der Reichsbank gekennzeichnet werden sollten: Es war ein stillschweigendes Versprechen, daß die Reichsbank eine großzügigere Diskontpolitik betreiben würde. Diese Hilfe erlaubte den Banken, den Geschäftsverkehr am 5. August wiederaufzunehmen. Doch eine Restrukturierung des Bankensystems war nach wie vor erforderlich: Gewaltige Verluste wurden mit Hilfe staatlicher Beteiligungen an der neuen Kapitalausstattung der Banken abgeschrieben. Die Danat wurde mit der Dresdner fusioniert, und im Jahr 1932 befanden sich 91 Prozent des Kapitals der Dresdner, 70 Prozent des Kapitals der Commerzbank und 35 Prozent des Kapitals der Deutschen Bank in öffentlichem Eigentum. Weitere öffentliche Institute wurden gegründet, um notleidende Kredite zu übernehmen und abzuschreiben und die langfristigen Industriebeteiligungen zu verwalten. Die Lösung des Problems der insolventen Banken war somit ein allgemeines politisches Problem der Kapitaleinfuhrländer.

Ausbreitung der Krise in Lateinamerika

Die Faktoren, die zur Ausbreitung der Krise in Mitteleuropa geführt hatten – eine hohe Auslandsverschuldung, sinkende Exportpreise, staatliche Haushaltsprobleme, daraus resultierende Unsicherheiten bezüglich des Schuldendiensts, Paniken, Kapitalflucht und Bankenkrisen im Innern –, erzeugten auch ein Jahrzehnt der Not in Südamerika. Doch der Gang der nachfolgenden Ereignisse war nicht der gleiche. Die europäischen Länder insgesamt hielten so lange wie möglich am Goldstandard fest und wurden durch Banken- und Finanzkrisen dazu gezwungen, ihn aufzugeben. Dagegen griff man in Lateinamerika und Australien schon bald zum Instrument der Abwertung, um Zahlungsbilanzschwierigkeiten, die durch die Entwicklung der Rohstoffpreise induziert worden waren, zu beheben.

Wie nach Mitteleuropa war auch in diese Region nach 1920 viel ausländisches Kapital geflossen, und zwar zu ganz ähnlichen Bedingungen wie in Mitteleuropa. Ein Viertel der neuen Anleihen, die in New York für ausländische Kreditnehmer aufgelegt wurden, gingen nach Lateinamerika, und Anleihen im Wert von 2 Milliarden Dollar wurden am New Yorker Bankenmarkt emittiert.[77] Solche Anleihen wurden in der Vereinigten Staaten sehr aggressiv vermarktet. Im Jahr 1932 hielten schätzungsweise anderthalb Millionen Personen ausländische Rentenpapiere, und 1937 schätzte die US-Börsenaufsichtsbehörde, daß zwischen 600000 und 700000 Anleger Obligationen besaßen, die nicht mehr bedient wurden. Nach der Finanzkrise wurden die Emissions- und Konsortialbanken beschuldigt (wie schon bei der Plazierung mitteleuropäischer Anleihen), sie hätten in sorgfaltswidriger Weise die Werbetrommel für ihre Anleihen gerührt und die damit verbundenen Risiken grob heruntergespielt. Die Diskussion trug zu der weitverbreiteten Einschätzung bei, daß das Bankgewerbe grundlegend reformiert werden müsse.

Charles Mitchell, der Chairman der National City Bank und einer derjenigen, die sich dem Vorwurf der Irreführung der Öffentlichkeit ausgesetzt sahen, erklärte vor dem Finanzausschuß des Senats, daß »diese Anleihen von Otto Maier und Lieschen Müller gekauft wurden [...] ohne daß sie sich über die Solidität oder Liquidität der Anleihen informierten [...] sie verließen sich vielmehr völlig gutgläubig auf das Institut, das sie in New York emittierte«. Andere Bankiers beschrieben vor dem Ausschuß, wie amerikanische Banken mit aggressiven Methoden lateinamerikanische Länder dazu überredeten, Anleihen zu begeben. Allein in Kolumbien waren neunundzwanzig Bankenvertreter aktiv. Thomas W. Lamont, Mitgesellschafter eines der beiden Bankhäuser, die dieses Geschäft nicht aggressiv betrieben, erklärte in einer Rede im Jahr 1927 mißbilligend: »Ich denke an die Berichte, die ich unlängst über amerikanische Banken und Firmen hörte, die sich auf verschiedenen ausländischen Geldmärkten erbittert Konkurrenz machen, um ihre Anleihen unterzubringen [...] Diese Art von Wettbewerb fördert Unsicherheit und unsolide Geschäftspraktiken.«[78]

US-Banken reichten auch erhebliche kurzfristige Kredite an Lateinamerika aus, und zwar sowohl an den staatlichen Sektor als auch an Privatunternehmen. Britische Institute waren ebenfalls in erheblichem Umfang auf den lang- und kurzfristigen Märkten engagiert. Traditionell hatte sich Großbritannien besonders in dem Bereich der Finanzierung von Eisenbahnen und kommunaler Infrastruktur engagiert, und diese Tendenz bestand nach 1920 fort. Im Jahr 1931 betrug das Volumen der in Großbritannien plazierten Anleihen von Regierungen und Kommunalverwaltungen der Dominions und der Kolonien 5,372 Milliarden Dollar, und das Volumen der von ausländischen Staaten und Kommunen in Großbritannien plazierten Anleihen betrug 1,643 Milliarden

Dollar.[79] Mit hohem Ausfallrisiko behaftete Bankkredite an Südamerika spielten eine entscheidende Rolle in den kritischen Wochen der Finanzpanik von 1931 in Großbritannien.

Während des größten Teils der zwanziger Jahre schienen die Anleihen ziemlich sicher zu sein. Es gab nur wenige Anleihen, die nicht mehr bedient wurden, obgleich die Nominalverzinsung immer über der erstklassiger US-Industrieobligationen lag. Die Effektivverzinsung langfristiger Staatsanleihen im Jahr 1927 betrug 6,5 Prozent in Deutschland und 7,4 Prozent in Österreich. Die lateinamerikanischen Zinsen lagen exakt in diesem Bereich, wobei die relativ wohlhabende und gefestigte Republik Argentinien 6,7 Prozent, Chile 6,9 Prozent, Kolumbien 7,0 Prozent, Peru 7,2 und Brasilien 7,5 Prozent zahlten.[80] Nachträgliche ex-post-Analysen deuteten darauf hin, daß die in der großen Verschuldungswelle in den zwanziger Jahren plazierten Anleihen tatsächlich immer riskanter waren (insofern die späteren Ausfallraten höher lagen); aber das war natürlich damals nicht absehbar.[81]

In dem Maße, wie die Verschuldung zunahm, verschlechterte sich das Verhältnis von Auslandsschulden zu Exporterlösen (Schuldenquote); so betrugen die Auslandsschulden Boliviens im Jahr 1930 237 Prozent der Exporterlöse, und die Schuldenquote Chiles belief sich auf 121 Prozent. Diese Quoten wurden in der Ära nach 1945 erst wieder während der massiven Zunahme der Staatsverschuldung Ende der siebziger Jahre erreicht. 1930 dagegen sahen die Quoten mit 76 Prozent für Peru und 46 Prozent für Argentinien sehr viel unbedenklicher aus.[82]

In den Jahren 1929 und 1930 ereigneten sich zwei Schocks, die miteinander zusammenhingen: Die Exportpreise für viele Waren fielen, und der Zufluß frischen Kapitals war stark rückläufig. Beides warf Fragen nach der Fähigkeit von Kreditnehmern auf, ihre Schulden weiterhin zu bedienen. Die Preise für Weizen und einige Metalle waren seit 1925 stetig gesunken, doch nach 1928 kam es zu einem drastischen Preisverfall. Die Wollpreise begannen Mitte 1929 zu fallen. Kaffee erreichte im Frühjahr 1929 einen Höchststand, und dann fiel der Preis bis Ende des Jahres fast um die Hälfte.

Je stärker die Preise fielen, um so stärker verringerten sich die Exporterlöse. Von 1929 bis Ende 1931 fiel der Wert der argentinischen Exporte um 32 Prozent (die Einfuhren gingen sogar noch drastischer zurück, da der versiegende Zufluß von ausländischem Kapital zu einem konjunkturellen Abschwung führte). Im gleichen Zeitraum fielen in Chile, das stark von Kupfer abhängig war, die Exporterlöse um 64 Prozent. Da Exportabgaben eine Haupteinnahmequelle des Fiskus bildeten, schlug sich dies schon sehr bald in den öffentlichen Finanzen nieder. Im vorliegenden Fall sanken die Staatseinnahmen im gleichen Zeitraum um relativ bescheidene 8 Prozent in Argentinien, aber um 20 Prozent in Brasilien und 36 Prozent in Chile.[83]

Wie brisant das lateinamerikanische Schuldenproblem war, zeigt sich auch, wenn man den Schuldendienst in Prozent der Exporterlöse (sogenannte Schuldendienstquote) betrachtet. Für Argentinien betrug diese Quote 1927 7,9 Prozent und für Bolivien 6,1 Prozent; für 1931 lauteten die entsprechenden Quoten 22,5 und 24,5 Prozent.[84]

Die Schwierigkeit, den Schuldendienst aufrechtzuerhalten, während neue Kredite ausblieben, führte zusammen mit den sinkenden Exporterlösen rasch zu einem Verfall der Währungen. Dieser hatte andere Hintergründe als in Europa, das in der Geschichte des Goldstandards eine zentralere Rolle gespielt hatte und wo es mehr um Glaubwürdigkeitsfragen ging. Lateinamerika hatte in den Jahren des »klassischen« Goldstandards vor dem Ersten Weltkrieg insofern eine Randposition eingenommen, als der Devisenhandel relativ häufig ausgesetzt worden und oft von der Parität abgewichen war. Das Glaubwürdigkeitsargument, das in Mitteleuropa so oft und so nachdrücklich vorgebracht wurde, hatte auch dadurch ein geringeres Gewicht, daß es in der jüngeren Vergangenheit keine extreme Inflation gegeben hatte. Daher war man auch nicht so sehr auf die Anbindung an eine nominelle Ankerwährung als Instrument der Stabilisierungspolitik angewiesen. (Hier lassen sich Parallelen zu der Situation in den neunziger Jahren ziehen: Die Lage Lateinamerikas in den zwanziger Jahren gleicht mehr der Lage in Ostasien in den neunziger Jahren, wo kaum Bedarf an einer Ankerwährung bestand, als der Situation in den lateinamerikanischen Ländern im Gefolge der Inflationen der siebziger und achtziger Jahre.)

Viele Länder reagierten auf sinkende Exportgüterpreise alsbald mit einer Abwertung ihrer Währungen. Argentinien und das benachbarte Uruguay setzten die Goldbindung ihrer Währungen im Dezember 1929 aus; zur gleichen Zeit begann die brasilianische Währung an Wert zu verlieren. Im März 1930 verfiel die bolivianischen Währung, und im September 1930 brach der Kurs der Währung Venezuelas ein. In diesen Veränderungen spiegelten sich zwar Handelsprobleme wider, aber sie wirkten sich auch auf die Schuldenpolitik aus, insofern die Abwertung dazu führte, daß die Bedienung der Auslandsschulden in nationalen Währungseinheiten teurer wurde. Daher konnte ein Angriff auf den Wechselkurs wie in Mitteleuropa als eine Bedrohung für die Stabilität der Schuldenstruktur interpretiert werden.

Die Krisenanfälligkeit der Banken bildete ein letztes Element der Schwäche in einigen der fortgeschritteneren Volkswirtschaften. Die unterschiedlichen Erfahrungen des argentinischen und brasilianischen Bankensektors erklären bis zu einem gewissen Grad den unterschiedlichen politischen Gestaltungsspielraum im weiteren Verlauf der dreißiger Jahre. In Argentinien war es nach 1920 zu einer starken Ausweitung der Bankkredite gekommen, und in der Depression waren unterkapitalisierte Banken anfällig für eine Panik. Im April 1930, Wochen vor dem Ausbruch der Bankenkrise in Mitteleuropa, setzte ein großer Ansturm der Einleger ein. Die Regierung reagierte anders als die mitteleuropäischen Behörden: die inoffizielle »Zentralbank«, Banco de Nación, durfte Wechsel (darunter vermutlich auch einige Wechsel, die reine Finanztransaktionen darstellten) bei der staatseigenen Casa de Conversión diskontieren. Das Ausmaß der Bankenpanik in Argentinien läßt sich aus der Einlagenstatistik ablesen: Von 1928 bis Ende 1931 schrumpften die Einlagen bei den Geschäftsbanken um 25 Prozent. Doch das Regierungsprogramm stellte eine erhebliche Belastung für den Staatshaushalt dar. Bereits 1930 belief sich das Haushaltsdefizit auf 40 Prozent der Staatsausgaben.[85] In Chile war die Lage ganz ähnlich (26 Prozent), während der brasilianische Bankensektor mit einem Rückgang von nur 5 Prozent kaum betroffen war.[86]

1930 verzeichneten einige lateinamerikanische Anleihen starke Kursverluste auf dem US-Markt: Sowohl brasilianische als auch argentinische Anleihen notierten 50 Prozent unter ihrem Nennwert. Die Ratingagentur Moody's stufte Peru auf Baa zurück und Bolivien, Brasilien und Venezuela auf Ba.[87] Die erste Zahlungsunfähigkeit betraf ein Land mit einer sehr ungünstigen Schuldenquote. Im Dezember 1930 konnte Bolivien den Tilgungsfonds der Altschulden nicht mehr bedienen, und im Januar 1931 stellte es seine Zinszahlungen ein. Peru, das mittlerweile von einem Bürgerkrieg heimgesucht wurde, stellte seinen Schuldendienst im März 1931 ein. Einigen Ländern (wie etwa Chile) gelang es jedoch sogar noch 1930, sich langfristiges Kapital zu beschaffen, da die Investoren glaubten, der Verfall des Kupferpreises sei nur ein kurzer Ausreißer; doch das Land versank nach einem Aufstand im September in politischem Chaos. Im März 1931 wurden die Einfuhrzölle erhöht, aber diese Maßnahme genügte nicht, um das Zahlungsbilanzdefizit auszugleichen. Im Juni 1931, im Anschluß an das Hoover-Moratorium für die Kriegsschulden, setzte Chile seine Zins- und Tilgungszahlungen aus und führte die Devisenbewirtschaftung ein. Ende Juli trat die Regierung zurück, und es folgte eine kurzlebige »Sozialistische Republik«. Nun setzte eine allgemeine Panik in der Region ein. Kolumbien stellte 1931 zunächst die Bedienung seiner Kommunal- und Provinzobligationen ein, und 1933 bediente es dann auch seine Bundesobligationen nicht mehr. Kuba konnte im August seine Schulden in Höhe von 170 Millionen Dollar bei US-Gläubigern nicht mehr bedienen.

Die Serie der Schuldenkrisen in Lateinamerika löste kaum politische Reaktionen aus. Man war mittlerweile aus Europa mit dem Phänomen vertraut. Die US-Regierung weigerte sich einzugreifen und sah ihre wichtigste Zukunftsaufgabe darin, den US-Bankensektor zu regulieren, um die mißbräuchliche Nutzung des nordamerikanischen Kapitalmarkts zu verhindern. Ein Foreign Bondholder's Protective Council (Ausschuß zum Schutz ausländischer Anleihegläubiger), der als Reaktion auf die Katastrophe von 1933 gegründet wurde, war praktisch völlig erfolglos.[88] Während der dreißiger Jahre kauften einige lateinamerikanische Regierungen, allen voran die chilenische, notleidende Obligationen zu relativ niedrigen Preisen zurück. Das einzige größere Land, das seine Zahlungen nicht einstellte, war Argentinien.

Die Einstellung des Schuldendiensts ging Hand in Hand mit Abwertungen (die Zahlungseinstellung hatte unter anderem zur Folge, daß man den Auswirkungen einer Abwertung, die ja den Wert der Auslandsschulden in inländischer Währung erhöhte, weniger Beachtung schenken mußte). Wie groß war der politische Gestaltungsspielraum? In einem einflußreichen Essay differenzierte Carlos Díaz-Alejandro zwischen größeren Ländern beziehungsweise Ländern mit »relativ autonomen staatlichen Sektoren«, die Wechselkurse, Zölle und das inländische Kreditvolumen aktiv beeinflussen konnten, und kleineren, hauptsächlich mittelamerikanische Staaten, wie etwa Guatemala, Honduras, Nicaragua und Panama sowie Kuba, die keine eigenständige Währungspolitik hatten (sie blieben an den US-Dollar angebunden) und schutzlos externen Einflüssen ausgeliefert waren.[89] El Salvador wertete seine Währung geringfügig gegenüber dem Dollar ab, doch die wirtschaftliche Erholung in dem Land fiel bescheiden aus.

In vielen Volkswirtschaften, die ihre Währungen abwerteten, führten die Maßnahmen zu einer realen Abwertung (d. h. die Preise folgten nicht der Abwertung) und bildeten die Grundlage für einen exportgetriebenen Aufschwung.[90] In Argentinien, Brasilien, Chile, Kolumbien, Mexiko, Peru und Uruguay betrugen die realen Wechselkurse zwischen 30 und 90 Prozent ihrer Niveaus zwischen 1925 und 1929. Die Löhne und die Preise blieben niedrig.[91] So wurde die Importsubstitution zu einer viel attraktiveren Strategie. Kolumbien und Brasilien zeigten bereits 1932 gewisse Anzeichen der wirtschaftlichen Erholung; die peruanischen Baumwollexporte zogen 1933 wieder an. Aber die langfristige Basis für einen wirklich tragfähigen exportgestützten Aufschwung war durch den wachsenden Protektionismus der Industrieländer gefährdet (vgl. Kapitel 3). Wo es nicht zu einer Einstellung des Schuldendiensts kam, erholte sich die Konjunktur sehr viel langsamer, und Argentinien wurde in den dreißiger Jahren zum absoluten Schlußlicht unter allen großen südamerikanischen Volkswirtschaften.

Die Krise in den Industrieländern

Die mitteleuropäische Bankenkrise von 1931 zog binnen kürzester Zeit weltweite Kreise; besonders in Mitleidenschaft gezogen wurden der Nahe Osten und Lateinamerika, wo sich ein großer Teil des Bankensystems in ausländischem Eigentum befand und damit sehr anfällig für Krisen in Europa beziehungsweise Nordamerika war. In der Türkei kam es im Juli 1931 zu einem *Run* auf mehrere Zweigniederlassungen der Deutschen Bank, und zum Konkurs der Banque Turque pour le Commerce et l'Industrie. In Ägypten schlossen die Zweigstellen der Deutschen Orientbank in Kairo und Alexandria. In Lettland traf es die Banken mit deutscher Kapitalbeteiligung: die Bank von Libau und die Internationale Bank von Riga. Was in Rumänien als eine Krise der Banken mit deutscher Kapitalbeteiligung begann – besonders der Banca Generale a Tarii Romanesti –, wuchs sich zu einer allgemeinen Panik aus: Es kam zu einem Ansturm auf die Banca de Credit Romana und die Banca Romaneascu. Vor Ende des Jahres brach eine der führenden Banken, die Banca Marmarosch Blank & Co., zusammen.

Im Juli 1931 brach eine führende mexikanische Bank, die Crédito Español de México, zusammen, worauf es zu einem Run auf die Zentralbank kam, da das Vertrauen der ausländischen Investoren erschüttert war. Es folgten der Börsenkrach in Argentinien und dann die Panik in Chile. In Italien kam es zwar nicht zu einer offenen Panik, aber die Banken waren innerlich so schwach wie in Mitteleuropa. Seit Dezember 1930 gingen die Einlagen bei den drei größten italienischen Banken zurück, und im April 1931 kam es unter den Einlegern fast zu einer Panik. Der Staat reagierte mit einer Rettungsoperation, bei der illiquide Industriebeteiligungen auf eine neue Holdinggesellschaft, das Istituto di Ricostruzione Industriale (IRI), übertragen wurden.[92]

Diese Schwächen erhöhten das Risiko für das internationalste Finanzzentrum der Welt, die Londoner City; und dann, in dem *annus terribilis* der internationalen Finanzbeziehungen, versetzte London der Finanzwelt seinen eigenen Schock.

Nach herrschender Meinung folgte eine Art Sterling-Krise, die notgedrungen zur Aufgabe des Golddevisenkurses von 1 Pfund =

4,86 Dollar führte, mehr oder minder zwangsläufig daraus, daß man im Jahr 1925 aus Prestigegründen zu der überbewerteten Vorkriegsparität zurückkehrte. So sieht es jedenfalls John Kenneth Galbraith: »Im Jahr 1925 begann die lange Reihe von Währungskrisen, die wie die Löwen am Trafalgar Square und die Straßendirnen in Piccadilly, mittlerweile ein fester Bestandteil der britischen Szene sind.«[93] Diese Einschätzung wird in der neuesten Analyse wiederholt: Sie wurde am nachdrücklichsten von Donald Moggridge vertreten, aber man begegnet ihr auch in den Werken von Sidney Pollard und Robert Boyce (die behaupteten, daß der Umtauschkurs von 4,86 Dollar einen Sieg der Finanzinteressen der »City« über die Handels- und Produktionsinteressen darstellte) sowie von Diane Kunz (die die wohlwollendere Ansicht vertritt, es habe sich schlicht um einen Irrtum gehandelt).[94]

Berechnungen über den Wert des Sterlings auf der Basis der Kaufkraftparität beziehungsweise der realen Wechselkurse stützen diese Auffassung indes nicht. Milton Friedman und Anna Schwartz geben für 1929 eine Kaufkraftparität von 5,50 Dollar an, was auf eine erhebliche *Unterbewertung* des Pfunds hindeutet. Auch die britischen Nettoexporte, die nach 1925 absolut, real und relativ zu den Importen stiegen, bestätigen dies.[95] Eichengreen hat mit Hilfe eines ökonometrischen Modells gezeigt, daß die ungünstige Entwicklung der britischen Zahlungsbilanz im Jahr 1931 (als die Einnahmen Großbritanniens aus Dienstleistungen und insbesondere aus dem Seefrachtgeschäft aufgrund der Weltwirtschaftskrise zurückgingen) nicht die Schwere der Wechselkursverluste erklären kann. Temin ist daher in seiner neueren Darstellung gezwungen, die Behauptung aufzustellen, nicht die Auswahl des Wechselkurses sei 1925 der Fehler gewesen – die altbekannte Behauptung, der Fehler habe bei Norman gelegen (der als Gouverneur der Bank von England darauf gedrängt habe, zur alten Goldparität zurückzukehren) –, sondern vielmehr die Tatsache, daß *überhaupt* eine Parität festgesetzt wurde: Die Entscheidung, einem System fester Wechselkurse beizutreten, habe Großbritannien die Hände gebunden. Dies ist ein viel schwerwiegenderer Einwand gegen die Politik Normans, und doch hat ihn zur damaligen Zeit kaum jemand formuliert.

Statt dessen liegt die Erklärung darin, daß sich die Ereignisse in Mitteleuropa in einer Art Dominoeffekt auf das Bankensystem auswirkten. Die Krisenanfälligkeit Großbritanniens und der Vereinigten Staaten hing damit zusammen, daß sie auf den internationalen Kapitalmärkten hohe kurzfristige Verbindlichkeiten eingegangen waren. Großbritannien wurde als erstes von der Panik getroffen.

Die Führungsverantwortlichen der Bank von England wiesen in den Denkschriften, die sie während der Krise von 1931 abfaßten, wiederholt auf die hohen Kosten hin, die mit dem Festhalten am Goldstandard verbunden waren. Was meinten sie? Welche hohen binnenwirtschaftlichen Kosten forderte die Beibehaltung der Goldkonvertibilität des Pfund Sterlings? Wir sollten uns von der überholten Ansicht verabschieden, diese Kosten hätten in der erzwungenen Senkung der öffentlichen Ausgaben, den Lohn- und Gehaltskürzungen oder der Verringerung der Arbeitslosenunterstützung bestanden. Im Gegenteil, die Bank von England und die Londoner City hielten diese Maßnahmen – unabhängig von der festgesetzten Parität – für unumgänglich, wenn überhaupt ein stabiler Wechselkurs aufrechterhalten werden sollte.

Tatsächlich lagen diese binnenwirtschaftlichen Kosten in der Krisenanfälligkeit des britischen Finanzsystems. Dies wurde bereits auf einer der ersten Sitzungen des Committee of Treasury (das oberste Entscheidungsgremium der Bank von England während der Krise) deutlich. Am 27. Juli 1931 nahm ein Vertreter des britischen Finanzministeriums, Sir Richard Hopkins, an der Sitzung teil; Hopkins hatte gerade ein Memorandum verfaßt, in dem er die Gefahr für Großbritannien unmißverständlich formulierte: »Wir können nichts dagegen tun, daß wir uns mitten in einem beispiellosen Konjunktureinbruch befinden, daß Deutschland bankrott ist, daß erhebliche britische Vermögenswerte dort eingefroren sind und daß andere Länder ihre Kredite über unsere Devisenmärkte von dort abziehen. Und wir können auch nichts daran ändern, daß andere Länder riesige Geldsummen in London haben, die sie außer Landes schaffen werden, sobald das Mißtrauen gegen das Pfund weitere Kreise zieht [...] das erste, was sich Ausländer ansehen, ist die Haushaltslage.[96] Gleichzeitig trafen sich Vertreter der britischen Clearingbanken (Geschäftsbanken) mit Vertretern der Bank von England, um deren Einschätzung zu hören und ihre eigenen Forderungen darzulegen.

Am 27. Juli oblag es Hopkins, den Bankern die Einschätzung von Schatzkanzler Philip Snowden zu unterbreiten: »Wenn solche Kredite [von Frankreich und den Vereinigten Staaten] aufgenommen werden, ja in jeder gegenwärtigen Krisensituation, sollte die Bank bereit sein, ihr Gold im notwendigen Umfang einzusetzen, und die Regierung Ihrer Majestät ist gewillt, den fiduziären [ungedeckten] Notenumlauf zu erweitern, damit dieses Gold freigegeben werden kann.« Aber er warnte auch vor den möglichen Folgen eines Scheiterns: »Wenn keine Kredite bereitgestellt werden können und weiterhin Gold abgezogen wird, müssen britische Banken frei darüber entscheiden können, ob sie nach Deutschland vergebene Kredite kündigen.«[97] Letzteres war jedoch keine realistische Option. Die Londoner Konferenz hatte unlängst auf Drängen der internationalen Finanzwelt die Empfehlung abgegeben, Deutschland weiterhin kurzfristige Auslandskredite zur Verfügung zu stellen, und allen war klar, daß sich die Banken nicht aus Deutschland zurückziehen könnten, ohne das gesamte Kreditgebäude zum Einsturz zu bringen.

Montagu Norman und sein Stellvertreter, Sir Ernest Harvey, verließen das Committee of Treasury, gingen zu einem Treffen der Clearingbanken und erstatteten dem Komittee Bericht. Die Clearingbanken, so sagten sie, »sind gegen die Vergabe jeglicher weiterer Kredite«, weil eine Stützungsoperation einer ausländischen Zentralbank für die Bank von England dieser erlauben würde, die Goldverkäufe fortzusetzen, die durch den Abzug von Einlagen bei Londoner Banken finanziert würden. Kurz, der Kapitalabfluß ins Ausland würde Großbritannien in ein Österreich oder Deutschland verwandeln.

Die Erkenntnis, daß das Problem Großbritanniens im Grunde in der (mangelnden) Liquidität und Solvenz einiger Banken lag, ließ Kredite aus Frankreich und den Vereinigten Staaten als wenig sinnvoll erscheinen und hielt die britische Notenbank davon ab, während der Krise ihren Diskontsatz oder ihre Reserven einzusetzen. Da das Problem jedoch bei den Banken und auf dem so empfindlichen Feld des Vertrauens lag, wäre es gänzlich kontraproduktiv gewesen, wenn die

Bank von England dieses Argument publik gemacht hätte. Premierminister Ramsay MacDonald sprach ebenfalls immer wieder in einem Atemzug über eine »Flucht aus dem Pfund« und eine »Finanzpanik«: Wir wissen, daß sich erstere in den Währungsverlusten der Bank von England niederschlug, aber letztere war viel weniger greifbar.

Die englischen Geschäftsbanken gaben von jeher kaum langfristige Kredite an die englische Industrie, und der Macmillan-Ausschuß (dessen am 13. Juli veröffentlichter Bericht über die Schwäche des britischen Systems selbst ein Mitauslöser der Krise in Großbritannien war) hatte sie wegen ihrer Nachlässigkeit scharf gerügt. Tatsächlich kann ein deflatorisches Umfeld, wie es nach dem Zusammenbruch des Nachkriegsbooms im Jahr 1920 in Großbritannien herrschte, auch kurzfristige Kredite einfrieren. In den zwanziger Jahren gerieten die britischen Banken in eine immer größere Abhängigkeit von krisengeschüttelten Massengüterindustrien insbesondere der Textilindustrie Lancashires. Es gibt Ähnlichkeiten mit den Zusammenbrüchen der österreichischen Bodenkreditanstalt und der deutschen Danat, bei denen notleidende Kredite an Textilfirmen eine wichtige Rolle spielten. Deshalb wurde die Bank von England in ihrer Rolle als Finanzpolizist schließlich über die Bankers' Industrial Development Corporation der Geschäftsbanken in den wirtschaftlichen Wiederaufbau von Lancashire und in die regionale Strukturpolitik eingebunden.[98]

Die Probleme in Zusammenhang mit den Engagements bei gewerblichen Kunden im Inland wurden dann 1931 durch die Situation in Kontinentaleuropa verschärft. Die hohen Auslandsengagements waren die Achillesferse der Londoner City. In dieser Hinsicht waren die großen Aktienbanken in einer sehr viel sichereren Position als die Privatbanken, die Schroeders, Lazards oder Kleinworts, die hohe Engagements in Mitteleuropa eingegangen waren. Seit dem Ausbruch der ersten Schwierigkeiten in Kontinentaleuropa kursierten am Markt Gerüchte über die Lage der britischen Banken. Am 18. Mai 1931 hielt Gouverneur Harrison sie für so gravierend, daß er an Norman kabelte: »Zu Ihrer Kenntnis- und Stellungnahme: Heute kursierten hier alle möglichen Gerüchte insbesondere über die Barclays Bank und auch über Schroeders und zu guter Letzt auch über Rothschilds.«[99] In Anbetracht der Ereignisse in Mitteleuropa bat Kleinworts die Bank von England erfolglos um eine Bürgschaft für ihr Kontokorrent bei der Westminster Bank (eine der großen britischen Geschäftsbanken).[100] Die Banken waren jedoch nicht nur wegen ihrer hohen Kreditengagements, sondern auch wegen der großen Terminpositionen deutscher, österreichischer und ungarischer Privatpersonen und Institutionen in Gefahr.[101] Schon vor der Krise waren die hohen Verlustrisiken der Merchant Banks – Spezialinstitute, bei denen ursprünglich die Finanzierung von Handelsgeschäften über Akzeptkredite im Vordergrund stand – nicht unentdeckt geblieben. Die Clearingbanken und die amerikanischen Großbanken erhielten im Herbst 1930 das Rating AAA, während Higginson & Co. (die in Mitteleuropa stark engagiert waren) und J. H. Schroeder ein A bekamen und Kleinworts ein BI. [102] Die Merchant Banks versuchten sich bei den Clearingbanken zu refinanzieren. Am 15. Juli beispielsweise setzte die Anglo-French Banking Corporation die Midland Bank davon in Kenntnis, daß sie Abhebungen in Höhe von 700 000 Pfund erwarte, und sie bat diese, ihr einen Kredit über diese Summe einzuräumen. Es gab einen weiteren Faktor, der die Clearingbanken berührte: die indirekten Folgen der Krise in Mitteleuropa. Die Banca Commerciale Italiana hatte von der Midland Bank Kredite über 5,5 Millionen Pfund erhalten, von denen ein Teil nach Deutschland weitergereicht worden war.[103]

In dem unmittelbar im Anschluß an die Abwertung (des Pfund Sterlings) eingesetzten Currency Committee der Bank von England behauptete ein Bankier, die englische Kreditwirtschaft habe seit Anfang des Jahres Einlagen in Höhe von insgesamt 100 Millionen Pfund verloren. Ein anderer Bankier sagte ganz offen: »Die Banken haben größte Mühe, sich über Wasser zu halten. Sie haben gewaltige Verluste gemacht.«[104] Bei den neun Clearingbanken fiel der durchschnittliche monatliche Einlagenbestand von insgesamt 1,836 Milliarden Pfund im Januar 1931 auf 1,688 Milliarden Pfund im Oktober. Die Banken waren jedoch unterschiedlich stark betroffen: Im Verlauf des Jahres 1931 verlor Barclays 3,9 Prozent seiner Giroeinlagen, Westminster 6,6 Prozent, Lloyds 8,5 Prozent, National Provincial 10,4 Prozent und Midland (die größte englische Bank) 9,8 Prozent.

The Economist schrieb, das europäische Moratorium habe sich zwar nicht auf die Aktienbanken ausgewirkt, »mehrere Akzeptbanken und vor allem einige der neueren internationalen Bankhäuser, die in den letzten zehn Jahren in London gegründet wurden, sind jedoch ernsthaft betroffen. Zudem mußten letztere die plötzlichen, massiven Abhebungen ausländischer Guthaben verkraften, die den größten Teil ihrer Mittel ausmachten. Da viele ihrer Aktiva gebunden sind, mußten sie die Abhebungen durch den Verkauf von Wertpapieren finanzieren, und dies zu einem Zeitpunkt, als der Markt für Staatspapiere darniederlag.«[105]

So wurde die Bank von England vor allem von jenen Bankiers zur Abwertung des Pfunds gedrängt, die um ihre eigene Position bangten. Am bemerkenswertesten ist das Beispiel von Sir Robert Kindersley, einem der geschäftigsten und tatkräftigsten Mitglieder des Direktoriums der Bank von England, der zugleich Vorsitzender des konkursbedrohten Bank Lazard Bros. & Co. war. Die Bankiers wandten sich auch an die Politiker. Am 16. September 1931 schrieb Sir William Goode, der in den zwanziger Jahren inoffizieller Berater der Bank von Ungarn gewesen war, an Premierminister Ramsay MacDonald, der Goldstandard könne nur dann beibehalten werden, wenn wieder langfristige Kredite »an die anderen europäischen Länder« flössen und dadurch der Druck auf britische Banken verringert werde.[106]

Nicht nur Mitteleuropa stellte eine Bedrohung für die englischen Banken dar. Der Todesstoß für das Pfund Sterling kam nach dem Urteil der ausländischen Märkte mit der Verlautbarung, Großbritannien habe Schwierigkeiten in Südamerika. Die Zeitschrift *Echo de Paris* berichtete: »Die Nachricht, daß die brasilianischen Coupons am 1. Oktober nicht bezahlt würden, sorgte für noch mehr Unruhe. England ist der größte Gläubiger Lateinamerikas.«[107]

Befürchtungen hinsichtlich der Stabilität der englischen Banken erklären den ansonsten unverständlichen Verzicht auf stützende Interventionen zugunsten des Sterlings auf dem Pariser Markt am 5. August: Indem die Bank von England den Wechselkurs abrutschen ließ, wies sie warnend auf ein mögliches Ende der Stützung hin, und die Kursverluste durch spekulative Angriffe hielten an. Diese Taktik trug jedoch nicht unbedingt zur Wiederherstellung des Vertrauens bei, und die Reaktion der Banque de France machte die Stützung des Sterling-Kurses notwendig, die bis 20. September andauerte. An diesem Tag gab das Kabinett öffentlich bekannt, das Goldstandardgesetz von 1925 solle aufgehoben werden. Insgeheim verabschiedete es auch einen Plan für einen Bankfeiertag nach deutschem Vorbild, »für den Fall, daß es zu einer Panik kommen sollte«.[108]

Unerklärlich ist auch, warum die Bank von England den Zinssatz, zu dem sie Kreditinstituten Gelder zur Verfügung stellt (den sogenannten Mindestausleihesatz), nicht anhob. Obgleich die Bank für kurze Zeit einen Satz von 6 Prozent in Erwägung zog, verzichtete sie auf den Einsatz eines der bewährtesten Steuerungsinstrumente, das Zentralbanken zur Verfügung steht. Nach dem 5. August tat die Bank ihr Bestes, um das Drama des Sterlings zu begrenzen und so britische Banken zu schützen. Die Anhebung des Zinssatzes wäre eine Bestätigung des Drucks gewesen, unter dem das Pfund Sterling stand, und eine Ermunterung auszusteigen, solange dies noch möglich war; außerdem hätte sie den Abfluß kurzfristiger Gelder noch weiter angekurbelt. Die Anhebung des Zinssatzes wurde auch deshalb verworfen, weil höhere Zinsen die Arbeitslosigkeit in politisch bedenklicher Weise erhöht hätten, und dies hätte einen weiteren spekulativen Angriff aufs Pfund auslösen können.[109] Der Rückgriff auf die Reserven wurde ebenfalls ausgeschlossen, da es sinnlos war, dies zu tun, nur um den britischen Banken zu ermöglichen, Zahlungen zu leisten und so in die Illiquidität zu schlittern. Die Bank von England unternahm also keine konkreten Schritte, um das Pfund Sterling zu verteidigen.

Montagu Norman war noch vor dem Pfund Sterling zusammengebrochen. Konfrontiert mit einer scheinbar durch nichts aufzuhaltenden spekulativen Attacke, schrieb Norman am 28. Juli in sein Tagebuch, er fühle sich »unwohl«. Dann hütete er nach einem Nervenzusammenbruch das Bett, bis ihm seine Ärzte eine lange Schiffsreise ins Ausland verordneten. Der Vizegouverneur der Bank unterrichtete ihn in einer scheinbar rätselhaften Botschaft, die ihn auf der Heimreise erreichte, über die Abwertung des britischen Pfunds: »Die alte Dame verläßt uns am Montag.« Als er in Liverpool an Land ging, erhielt er einen Brief des Vizegouverneurs, der folgenden Wortlaut hatte: »Wir scheinen wirklich vom Pech verfolgt zu werden. Ich hoffe, Sie können sich eine Zeitlang unbehelligt ausruhen.«[110]

Die Notlage der britischen Banken veranlaßte Harry Siepmann, den herausragenden Fachmann der Bank von England für internationale Beziehungen, dazu, Beschränkungen des Kapitalverkehrs als eine Alternative zur Abwertung ernsthaft in Erwägung zu ziehen. Zudem machten sich die scharfsinnigeren beziehungsweise argwöhnischeren Labour-Politiker zunehmend Sorgen darüber, daß dem Disput um die Arbeitslosenunterstützung die Schuld an einem Zustand gegeben wurde, der nichts oder nur wenig mit der Funktionsweise des britischen Arbeitsmarkts zu tun hatte, sondern mit der Lage der Finanzmärkte in Mitteleuropa zusammenhing. Der britische Kolonialminister Sidney Webb (Lord Passfield) drückte es folgendermaßen aus: »Wenn die Regierung eines anderen Landes, die aus innenpolitischen Gründen unbedingt die Einführung eines landesweiten Systems der Arbeitslosenhilfe verhindern möchte, beschließt, unsere riskante Finanzlage auszunutzen, kann sie uns erpressen und dazu zwingen, als Preis für die Rettung der finanziellen Interessen der City unsere Sozialpolitik grundlegend zu reformieren.«[111]

So gesehen, ist die Abwertung des Sterlings im September 1931 eine uneingeschränkte Erfolgsstory. Sie hat die Forderungen nach strenger Haushaltsdisziplin nicht beseitigt. Im Gegenteil, die Regierung gewann die Parlamentswahlen mit dem Versprechen eines Sparprogramms, das die Inflation eindämmen sollte, und sie war weiterhin um einen ausgeglichenen Haushalt bemüht. Aber die Abwertung stoppte den Abfluß der Einlagen; das Volumen der Einlagen nahm sogar zu, als Ausländer – vor allem Inder – Gold in Sterling tauschten.

Diese Strategie war wegen der Kursentwicklung des Sterlings auf den Devisenmärkten nach der Abwertung so erfolgreich. Wenn der Sterling nur leicht gefallen wäre und damit die Erwartung weiterer Kursverluste geweckt hätte, oder wenn der Sterling kontinuierlich über einen längeren Zeitraum an Wert verloren hätte (wie es bei vielen Währungen südamerikanischer Länder nach ihren Abwertungen der Fall war), dann wären die Anleger nervös geblieben und hätten kurzfristige Mittel weiterhin aus britischen Banken abgezogen. So aber kam es zu einem Kurssturz mit anschließender Stabilisierung, einer raschen Erholung und dem Glauben an einen künftigen Kursanstieg (vgl. Schaubild 2.2). Dieser Glaube veranlaßte die Investoren dazu, ihre Gelder in London zu lassen. Auf diese Weise rettete die Abwertung, wie sie in Großbritannien praktiziert wurde, die britischen Banken. Großbritannien überwand also die Depression, indem es seine »goldenen Fesseln« abstreifte. Denn dies bereitete den Boden für eine Lockerung der Geldpolitik, die kreditfinanzierte Ausgaben für Wohnungsbau und dauerhafte Konsumgüter förderte.

Ab September 1931 verlagerte sich der Druck der Finanzmärkte auf die Vereinigten Staaten. Die Ereignisse in den Vereinigten Staaten bilden eindeutig den Dreh- und Angelpunkt für die gesamte Geschichte der Weltwirtschaftskrise. Die Vereinigten Staaten waren mit Abstand

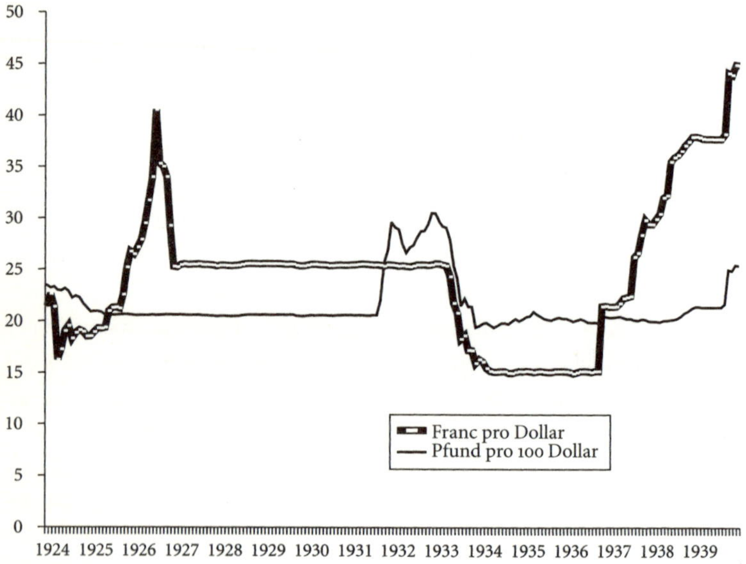

Schaubild 2.2 Wechselkurse von Pfund und Franc zum US-Dollar, 1924–1939
(Quelle: Global Financial Database, online unter http://www.globalfindata.com, Exchange Rates)

die größte Industrienation der Welt und natürlich auch der weltweit größte Kapitalexporteur. Das Versagen der US-amerikanischen Kapitalmärkte spielte eine wichtige Rolle bei den Entwicklungen in Europa und Südamerika.

Die Hochkonjunktur erreichte in Amerika 1929 ihre Höhepunkt. Aber es wäre ein Irrtum zu glauben, mit dem Börsenkrach vom Oktober 1929 hätte die Große Depression schon begonnen. Zunächst glich der Abschwung dem scharfen Konjunktureinbruch von 1920/21; allerdings schien er weniger heftig auszufallen. Es bedurfte des Jahres 1931 und einer neuen Art von Finanzkrise, um die Ereignisse in Amerika in eine Weltwirtschaftskrise ausarten zu lassen. Der Schock bewirkte eine radikale und äußerst pessimistische Neueinschätzung der Wirksamkeit geld- und fiskalpolitischer Maßnahmen. Hier wie auch auf anderen Gebieten erzeugte die Depression eine geistige Lähmung.

Die These, eine ansteckende Finanzkrise habe die Depression der US-Volkswirtschaft erheblich verschlimmert, mag auf den ersten Blick abstrus anmuten. Der Ansteckungsmechanismus scheint im Fall der kleinen mitteleuropäischen und lateinamerikanischen Volkswirtschaften, die stark vom internationalen Kapitalmarkt abhängig waren, und selbst in Großbritannien, wo einige strategisch bedeutsame Banken der City einen Großteil ihrer Kredite an ausländische Unternehmen vergeben hatten, klar auf der Hand zu liegen. Aber bei den Vereinigten Staaten mit ihrem gewaltigen Binnenmarkt?

Friedman und Schwartz haben auf überzeugende Weise dargelegt, daß Bankpaniken in den Vereinigten Staaten eine drastische Geldverknappung verursachten, der das US-amerikanische Federal Reserve System nicht entschlossen genug entgegentrat. Diese Paniken bildeten zusammen mit dem geldpolitischen Versagen der Zentralbank die monetäre Ursache der Weltwirtschaftskrise. Friedman und Schwartz identifizierten vier Wellen von Bankzusammenbrüchen: November bis Dezember 1930, April 1931, September bis Oktober 1931 und schließlich Februar bis März 1933. Im Verlauf dieser Insolvenzwellen sank die Zahl der Banken in den Vereinigten Staaten von 24026 Ende 1929 auf 14440 Ende 1933.

Diese Analyse hat viele aufschlußreiche Forschungsarbeiten angeregt. Ben Bernanke hat eine andere, nicht-monetäre Erklärung vorgeschlagen, wonach die Bankzusammenbrüche die Kosten der Kreditvermittlung in die Höhe trieben und damit die wirtschaftlichen Rahmenbedingungen verschlechterten.[112]

Als Erklärung für den Konjunkturrückgang in den Vereinigten Staaten nach 1929 ist der Ansatz von Friedman und Schwartz unzureichend. Wie Elmus Wicker in einer neueren, detaillierten Analyse der örtlichen Auswirkungen von Bankzusammenbrüchen aufgezeigt hat, haben insbesondere die ersten beiden der von Friedman und Schwartz identifizierten Insolvenzwellen im Bankensektor in dieser Form nie stattgefunden. Die erste Welle war kein allgemeiner Zusammenbruch, sondern vielmehr das Ergebnis des Konkurses zweier Institute. Die New York Bank of United States hatte Einlagen in Höhe von 161 Millionen Dollar. Die in Nashville, Tennessee, ansässige Investmentbank Caldwell & Company kontrollierte die größte Bankenkette im Süden mit Aktiva von 200 Millionen Dollar, und ihr Zusammenbruch im November 1930 hatte unmittelbare Auswirkungen in vier Südstaaten. Die zweite Welle war ebenfalls ein regionales und kein landesweites Phänomen. Sie war auf die Federal-Reserve-Distrikte Chicago, Cleveland und Philadelphia beschränkt.

Die interessanteste und folgenreichste US-amerikanische Bankenpanik ereignete sich unmittelbar im Anschluß an die Aufgabe des Goldstandards durch Großbritannien. Anders als die früheren, örtlich begrenzten Paniken, aber ähnlich wie die europäischen Krisen im Jahr 1931 ging diese Bankenkrise mit einem Kapitalabfluß ins Ausland einher. Vom 21. September bis 8. Oktober 1931 floß Gold im Wert von 369 Millionen Dollar aus den Vereinigten Staaten hauptsächlich nach Europa ab, und die Federal Reserve Bank von New York (FRBNY) reagierte mit der klassischen Maßnahme – einer Anhebung ihres Diskontsatzes von 1,5 auf 2,5 Prozent.[113] Der Gouverneur der Federal Reserve Bank von New York, Harrison, äußerte am 8. Oktober seine Zweifel, ob eine Anhebung des Diskontsatzes in New York den Abfluß tatsächlich zum Stillstand brächte: Andernorts habe eine derartige Maßnahme eher das Vertrauen untergraben als gefestigt. In der Woche darauf verdoppelte sich der Goldabfluß, und am 15. Oktober wurde der Diskontsatz auf 3,5 Prozent heraufgesetzt (was im Vergleich zu den außerordentlich hohen Sätzen, mit denen Zentralbanken in Mitteleuropa ihre Währungen – vergeblich – zu verteidigen versucht hatten, noch immer niedrig war). Friedman und Schwartz bemerken dazu, diese von Ausländern getragene Panik sei »von einer spektakulären Zunahme der Bankzusammenbrüche und Bankruns begleitet worden«.[114] Hier, wie andernorts, ist ihre Argumentation im Hinblick auf die Kausalität etwas schief: Wirkte sich der Währungsrun negativ auf die Banken aus, als Kunden ihre Einlagen abzogen, um aus dem Dollar auszusteigen? Oder haben sich verunsicherte Kunden angeschlagener Banken einfach nach solideren Instituten umgesehen und geglaubt, sie in Europa zu finden?

New Yorker Banken, von denen man hätte annehmen können, daß sie am empfindlichsten auf internationale Probleme und Einflüsse reagieren, waren tatsächlich nicht am schlimmsten von den Paniken im September und Oktober betroffen. Wie im Frühjahr 1931 wurde vor allem der Mittlere Westen von der Krise in Mitleidenschaft gezogen. Ein weiterer derartiger Angriff ereignete sich, als Ausländer im Frühjahr 1932 ihre Einlagen abzogen. Die New Yorker Banken waren die offensichtlichsten Opfer, da die Verbindlichkeiten von US-Banken gegenüber Europäern um 550 Millionen Dollar zurückgingen. Die Europäer zogen ihre Einlagen über den Devisenmarkt ab, mit dem Ergebnis, daß die US-Goldreserven um fast genau den gleichen Betrag (535 Millionen Dollar) abnahmen.[115]

Das Erscheinungsbild einer Krise, die strukturelle Ähnlichkeiten mit der traumatischen Krise Europas von 1931 aufwies, bestärkte politische Entscheidungsträger in der Überzeugung, daß ihnen nichts anderes übrigbleibe, als auf die – wenn auch irrationale – Psychologie des Marktes zu reagieren. Es gab keinerlei fiskalpolitischen Spielraum, nicht etwa weil man die volkswirtschaftlichen Folgen größerer Haushaltsdefizite gründlich analysiert hätte, sondern wegen der (relativ vernünftigen) Überzeugung, daß nervöse Märkte eine nicht erwartungskonforme Fiskalpolitik sofort bestrafen würden. Die gleiche Marktpsychologie erklärt, weshalb die Federal Reserve sich gegen eine Ausweitung der Geldmenge – über Offenmarktkäufe von Effekten –

stemmte, von der Friedman und Schwartz zu Recht annehmen, daß sie die monetäre Situation stabilisiert hätte.

Bis zur akuten Zuspitzung im September hatte Präsident Hoover die Krise durch mutige expansive fiskalpolitische Maßnahmen zu bewältigen versucht (was seinen gängigen Ruf als erfolgloser Vorgänger des einfallsreicheren Roosevelt Lügen straft). Am 2. Juni 1931 hatte Hoover bekanntgegeben, daß das Defizit für das Haushaltsjahr 1931 900 Millionen Dollar überschreiten werde. Dies sorgte für einige empörte Kommentare in der Presse, doch bis zur Sterlingkrise hatte die US-Bundesregierung keinerlei Probleme, Schatzwechsel beziehungsweise Schatzschuldbriefe am Markt unterzubringen (tatsächlich gingen sie angeblich »weg wie warme Semmeln«).[116]

Die Folgen der Sterlingkrise führten dann ähnlich wie zunächst in Mitteleuropa und später in Großbritannien dazu, daß die Lage der öffentlichen Finanzen ins Zentrum der Aufmerksamkeit rückte. Im Spätherbst drehte sich dann der Markt für US-Schatzwechsel völlig, und Verkäufe in einem geschwächten Markt drückten auf die Kurse. Dies wiederum beeinträchtigte Banken, die große Wertpapierpositionen hielten. Im Dezember 1931 meldete das Committee on Progress of Public Works (Ausschuß über den Fortschritt bei öffentlichen Arbeiten) der Organisation für Arbeitslosenhilfe des Präsidenten die neue Lage. Größere Emissionen von Staatsanleihen »dürften einen empfindlichen Verfall der Kurswerte der im Umlauf befindlichen niedrigverzinslichen Wertpapiere nach sich ziehen und so den Inhabern herbe Verluste bescheren. Es könnte durchaus sein, daß dies eine erhebliche Zahl zusätzlicher Bankzusammenbrüche auslöst.«[117]

Zu diesem Zeitpunkt wurde die Stützung – und vorzugsweise Steigerung – der Rentenkurse zu einem bedeutenden ersten Schritt eines jeden Programms zur Bekämpfung der Depression. Das Vertrauen konnte teilweise manipuliert werden, indem so viele Posten wie möglich aus dem offiziellen Haushalt herausgeholt wurden: die neue Reconstruction Finance Corporation von 1932, die Banken unterstützen sollte, durfte im eigenen Namen einen Kredit über 1,5 Milliarden Dollar aufnehmen, so daß dieser nicht als Teil des staatlichen Haushaltsdefizits auftauchte.

Eine deutliche Steuererhöhung erschien ungeachtet ihrer prozyklischen Auswirkungen auf die Nachfrage als der beste Weg, einen nervösen Markt zu beruhigen. In seinem Rechenschaftsbericht an die Nation vertrat Hoover am 8. Dezember 1931 eine ganz andere Auffassung als noch wenige Monate zuvor: »Unser erster Schritt zur Erholung ist die Wiederherstellung des Vertrauens und damit die Erneuerung des Kreditstroms, der die Grundlage unseres Wirtschaftslebens bildet. Die erste Voraussetzung für Vertrauen und wirtschaftliche Erholung ist eine solide Finanzpolitik der Regierung der Vereinigten Staaten [...] Wenn man bei den Ausgaben, den Steuern oder der Kreditaufnahme über diese Grenzen hinausgeht, zerstört man damit das Vertrauen, beraubt Handel und Industrie ihrer Ressourcen, gefährdet den Finanzsektor, erhöht letztlich die Arbeitslosigkeit und entmutigt die Landwirte, statt sie zu ermuntern.«[118] Die Novellierung des Steuergesetzes und ihr Erfolg wurden nun zum Fanal des Gelingens beziehungsweise Scheiterns von Hoovers Bestreben, dem Inflationismus zu widerstehen.

Die New York Federal Reserve Bank machte Streitigkeiten im Kongreß für die prekäre Devisensituation verantwortlich, denn dieser hatte die Steuernovelle nicht verabschiedet, weil der ursprüngliche Entwurf eine äußerst unbeliebte allgemeine Umsatzsteuer vorsah.[119] Am 3. Mai 1932 gab das US-Finanzministerium bekannt, das Defizit habe in den ersten zehn Monaten des Haushaltsjahrs 2,234 Milliarden Dollar betragen (zum Vergleich: im Jahr zuvor waren es nur 886 Millionen Dollar gewesen). Erst Anfang Juni verabschiedete der Senat ein Gesetz über einen ausgeglichenen Haushalt, das die Einkommensteuer, die Verbrauchsteuern und die Portogebühren erhöhte, um zusätzliche 1,121 Milliarden Dollar aufzubringen, und das Einsparungen (einschließlich Lohn- und Gehaltskürzungen bei öffentlichen Bediensteten) in Höhe von 238 Millionen Dollar vorsah.

Ausländische Investoren sahen in den Vereinigten Staaten die gleichen Haushaltsprobleme, die sie im Jahr zuvor in Mitteleuropa erlebt hatten. Aus englischer Sicht war die Position der Vereinigten Staaten »zutiefst schockierend [...] es gab zahllose ernste Gespräche über den Dollar und darüber, daß wir den Goldstandard verlassen hatten«.

Grund dafür waren nicht so sehr die Bankinsolvenzen, als vielmehr die »politischen Winkelzüge im Kongreß und das Haushaltsdefizit, das von vielen Leuten als Beweis für den Wunsch interpretiert wurde, den Goldstandard aufzugeben«.[120] Gouverneur Harrison von der New York Fed benutzte diese Information aus London sogleich, um Finanzminister Ogden Mills und Präsident Hoover zu bedrängen, ein neues Steuergesetz einzubringen und sich mit dem Kongreß über ein Sparprogramm zu verständigen – kurz, um all die deflatorischen Maßnahmen umzusetzen, die US-Banken im Jahr zuvor Europa aufgezwungen hatten. Hoover erhob dagegen nur den Einwand, er könne nicht unvermittelt aktiv werden und brauche eine Krise, um den Kongreß dazu zu zwingen, diesen Standpunkt zu übernehmen: »Sie brauchen einen Schock, wie etwa einen tiefen Kurseinbruch an der Aktienbörse oder an den Devisenmärkten, der sie zu sofortigem Handeln veranlaßt.«[121]

Die US-Präsidentschaftswahlen im November, vor denen der Kandidat der Demokraten wirksame Maßnahmen zum Ausgleich des Bundeshaushalts versprochen hatte, wurden von Goldzuflüssen begleitet: 16 Millionen Dollar flossen in der Woche vor dem 21. November ins Land, 29 Millionen Dollar in der Woche darauf; und der Abfluß setzte erst Anfang Februar ein, als er mit einer weiteren Bankenpanik zusammenfiel. Von Dezember 1932 bis 15. März 1933 wurden 447 Banken vorübergehend geschlossen, zusammengelegt oder liquidiert.[122] Zwischen dem 1. Februar und dem 4. März verlor die Federal Reserve Bank von New York 61 Prozent ihrer Goldreserven, und Anfang März brach der Dollar-Devisenmarkt wegen massiver Verkäufe durch den Britischen Währungsausgleichsfonds zusammen.[123] Eine neuere Analyse deutet darauf hin, daß außenwirtschaftliche Bedingungen – die Angst vor einer Abwertung – ganz erheblich zu der Panik im Inland beitrugen.[124] (Eine alternative Erklärung interpretiert die letzte und zerstörerischste der US-amerikanischen Bankenpaniken als eine Folge der unkoordinierten Erklärung von Bankfeiertagen in einzelnen Bundesstaaten, wobei Michigan den Anfang machte. Einleger in anderen Bundesstaaten sahen, was geschah, und versuchten, ihre Guthaben abzuheben, bevor neue Bankfeiertage verkündet wurden.)[125]

Die plausibelsten Erklärungen der beiden großen Wellen von Bankzusammenbrüchen (die einzigen landesweiten Paniken in den Vereinigten Staaten) betonen die Bedeutung außenwirtschaftlicher Faktoren.

Es gab zahlreiche Initiativen für eine Dollarabwertung. Senator Thomas T. (Tom) Connally, ein Demokrat aus Texas, hatte versucht, diese Maßnahme in den Glass-Steagall-Act über die Reform der Geldordnung und des Bankensystems einzubringen. Es gab Anzeichen dafür, daß die neue Administration dem wohlwollend gegenüberstand. Der gewählte Präsident Franklin D. Roosevelt hatte im Dezember 1932 in Albany ein Treffen veranstaltet, auf dem über eine mögliche Abwertung diskutiert wurde, und am 19. Februar lehnte Senator Carter Glass das ihm angetragene Amt des Finanzministers ab, weil er Roosevelt nicht das Versprechen hatte abringen können, auf keinen Fall abzuwerten. Der nationale Bankfeiertag, der schließlich am frühen Morgen des 7. März 1933 verfügt wurde, wurde notwendig, um das Federal Reserve System vor weiteren Verlusten zu schützen, obgleich das Direktorium der Fed dies natürlich geheimhalten wollte, da, wie dessen Vorsitzender Eugene Meyer sagte, er nicht wolle, daß »man dem Federal Reserve System die Schuld gibt«.[126]

Der Gouverneur der Federal Reserve Bank von New York, George Harrison, hatte seit 1930 Offenmarktkäufe von Staatspapieren befürwortet, um der dramatischen Geldverknappung Einhalt zu gebieten. Im April 1932 wurde das Programm ausgeweitet, nicht zuletzt um gesetzgeberischen Schritten, die das Zentralbankensystem beeinträchtigt hätten, zuvorzukommen. Im Juni 1932 beliefen sich die Käufe auf insgesamt 1 Milliarde Dollar, aber diese glichen lediglich einen Verlust von Gold im Wert von 500 Millionen Dollar und einen Rückgang bei den angekauften Diskontpapieren und Wechseln der Federal Reserve Banken in Höhe von 400 Millionen Dollar aus. Doch angesichts des Ausmaßes der Nervosität im Ausland hätte sich eine verstärkte Aktivität des Federal Reserve Systems in dieser Hinsicht kontraproduktiv ausgewirkt.

In ähnlicher Weise hatten Initiativen der Regierung gegen die Krise nur sehr begrenzten Erfolg. Hoover machte Feinde an zwei Fronten für sein Dilemma verantwortlich. Einerseits setzten ihn die Banken unter Druck; sie hatten die Umsetzung der kühnen antizyklischen Programme der zwanziger Jahre und auch des Jahres 1930 vereitelt. Führende Bankiers, so sagte er, wobei er »einen der vortrefflichsten und einflußreichsten Bürger« zitierte, seien »geradezu Feinde des Volkes und sollten entsprechend behandelt werden«.[127] Andererseits hatte der Kongreß dem Ansehen der Regierung geschadet, indem er freimütig über »abenteuerliche« und »weitreichende« Programme debattierte, die den Markt verunsicherten. Eingekeilt zwischen Politik und Markt, stand Hoover – und jeder andere Staatsmann seiner Zeit – auf verlorenem Posten.

Hoovers Versuche, die Finanzmärkte zu regulieren, um das Dilemma aufzulösen, blieben erfolglos. Die National Credit Corporation, die im Oktober 1931 auf Betreiben Hoovers von den Banken gegründet wurde, war eine privatrechtliche Gesellschaft, die Kredite an einzelne Banken vergeben sollte. Die 1932 gegründete Reconstruction Finance Corporation, eine Körperschaft des öffentlichen Rechts, reichte 1932 Kredite über 900 Millionen Dollar aus. Der im Februar 1932 verabschiedete Glass-Steagall-Act erlaubte Mitgliedsbanken, großzügiger Kredite beim Federal Reserve System aufzunehmen.

All diese Neuerungen verhinderten jedoch nicht die große Welle von Paniken und Bankzusammenbrüchen nach dem Januar 1933, die dazu führte, daß ein landesweiter Bankfeiertag ausgesprochen werden mußte. Das Debakel von 1933 war zum Teil lediglich eine Folge schwerer Versäumnisse bei zwei großen Detroiter Banken. Wicker ist der Ansicht, daß »der Zusammenbruch des Bankensystems hätte abgewendet werden können, wenn gleich zu Anfang kühne und tatkräftige Maßnahmen ergriffen worden wären, mit dem Ziel, die Banken in Michigan wieder zu öffnen«.[128] Die einzige Person, die möglicherweise genügend politische Macht besessen hätte, einzuschreiten, war Hoover, aber er war in den letzten Wochen seiner Präsidentschaft eine lahme Ente im ursprünglichen politischen Sinn dieses Ausdrucks. Die neue Administration mußte so mit dem zweifachen Problem von Banken- und Währungsruns fertigwerden.

Roosevelt hatte in seinem Wahlkampf eine strenge Sparpolitik der öffentlichen Hand versprochen, um das Vertrauen wiederherzustellen. In seinem Wahlprogramm versprach er eine 25 prozentige Senkung der Staatsausgaben und einen ausgeglichenen Haushalt: »Ich halte die Senkung der Ausgaben des Bundes für einen der wichtigsten Punkte dieses Wahlkampfs. Es ist die direkteste und wirksamste Hilfe der Regierung für die Wirtschaft.«[129] Er glaubte wirklich daran; es war nicht bloß ein taktischer Zug, um verunsicherte Wähler zu beruhigen. Die Ausgeglichenheit des Haushalts spielte eine wichtige Rolle in der Fiskalpolitik, bis die schwere Depression von 1937–38 ein Umdenken erzwang. Die einzige wirksame Maßnahme zur Eindämmung der Finanzkrise war die Abwertung des Dollars, der Roosevelt am 18. April 1933 zustimmte. Sie wurde durch die Ankündigung vom 3. Juli 1933, daß die Vereinigten Staaten nicht versuchen würden, die Dollarparität zu verteidigen, sogar noch wirkungsvoller gemacht. Die Botschaft enthielt die Behauptung: »Die Welt wird nicht lange dem Trugschluß erliegen, einige wenige große Länder allein könnten eine vorübergehende und vermutlich künstliche Stabilisierung der Wechselkurse erreichen.«[130] Roosevelts Maßnahmen trugen erheblich dazu bei, dem Run auf die Banken und damit der Depression in den Vereinigten Staaten ein Ende zu setzen.

Ansteckende Bankenkrisen wirkten sich nicht nur verheerend auf die Konjunktur aus, sie verdeutlichten auch, daß der fiskalpolitische Spielraum der Bundesregierung beschränkt war. Unter Hoover hatten sich die Ausgaben des Bundes in Prozent des Bruttosozialprodukts von etwa 4 auf 8 Prozent verdoppelt; aber sie konnten wegen der sensiblen Vertrauensproblematik nicht weiter steigen.

Auf internationaler Ebene verlagerte sich der Schwerpunkt der Spekulation in andere Regionen. Frankreich hatte einen erheblichen Teil des internationalen Fluchtkapitals aufgenommen – aus Mitteleuropa in der ersten Hälfte des Jahres 1931 und dann aus Großbritannien und insbesondere aus den Vereinigten Staaten. Die Zuflüsse aus den Vereinigten Staaten hielten bis 1933 an; eine Schätzung im September 1933 beziffert die Summe des nach Frankreich geflossenen Fluchtkapitals auf 8,3 Milliarden Dollar – »ein sehr großer Teil davon ist amerikanisches Geld«, das vor der Inflation und Roosevelt geflohen war. Zudem schätzte das französische Finanzministerium, daß Schatzwechsel *(bons du trésor* und *bons de la défense nationale)* im Wert von 1,5 Milliarden Dollar von Ausländern gehalten wurden.[131]

Frankreich wurde dadurch extrem krisenanfällig: Sollte das Vertrauen in ein anderes Land zurückkehren oder sollte die französische Volkswirtschaft die geringsten Anzeichen von Inflation zeigen, dann würden die gigantischen Zuflüsse wieder aus dem Land hinausströmen. Die Kapitalzuflüsse setzten – ebenso wie die Angst vor Kapitalabflüssen in anderen Ländern – die Regierungen unter Druck, an einer deflatorischen Politik festzuhalten. Das Hauptproblem, mit dem Politiker konfrontiert waren, lag in der Volatilität von »*hot money*«-Strömen (spekulativen Finanzströmen). Wann zeigten sich die ersten Anzeichen einer Franc-Schwäche? Offenbar bereits bevor die Goldbindung des US-Dollars aufgehoben wurde.

Eine inländische Abschöpfung der Goldreserven fand Ende 1931 statt, als französische Banken und Privatpersonen von Inflationsängsten heimgesucht wurden; insbesondere jene, die hohe Positionen in der Finanzwelt bekleideten, nutzten ihre Informationen über die wahrscheinlichen Risiken, die sich aus den hohen Kapitalimporten Frankreichs ergaben. Als die Goldverluste der Banque de France untersucht wurden, stieß man laut der Bank von England »auf die Namen von zwei Mitgliedern des Verwaltungsrats der Banque de France; der eine hatte in eigenem Namen Gold gekauft und der andere über seine Firma«.[132] Im Dezember 1932 verkauften ausländische Banken französisches Gold ins Ausland: die Guaranty Trust Company, die Banque Belge pour L'Etranger und Barclays Bank.[133] Im Sommer 1932 äußerte ein Teil der französischen Finanzpresse die Sorge, Frankreich befinde sich »mitten in einer Inflation« *(en pleine inflation)*.[134]

Aber Frankreich wurde erst durch das im April 1933 verhängte US-Goldembargo auf eine Achterbahnfahrt geschickt, die bis zum Ende des Jahrzehnts andauern sollte. Die Goldexporte der Vereinigten Staaten nach Frankreich kamen zum Stillstand und wurden umgekehrt: 1934 verkaufte Frankreich 60,5 Millionen Dollar an die Vereinigten Staaten, 1935 934,2 Millionen Dollar und 1936 573,7 Millionen Dollar. Die unmittelbare Reaktion auf die Erklärung Roosevelts bestand nach

Aussage des Direktors der Auslandsabteilung der Banque de France darin, daß »London und die meisten anderen europäischen Zentren glaubten, daß Frankreich in sehr kurzer Zeit den Goldstandard aufgeben würde. Dies führte dazu ..., daß Guthaben abgehoben und vor allem in die Schweiz transferiert wurden.«[135]

Daher erfüllte die starke Abhängigkeit von Kapitalströmen die Franzosen ab 1933 mit wachsender Besorgnis, und sie versuchten diese dadurch zu verringern, daß sie auf eine internationale Währungsstabilisierung drängten. Aber sie waren, erstens, von den US-Goldkäufen von 1933–34 enttäuscht, die den Dollarkurs drücken sollten, und, zweitens, von der Weigerung der Briten, den Sterling an eine feste Parität zu binden.

Der Goldstandard hatte von jeher einen schwierigen Balanceakt zwischen der Geld- und der Währungspolitik notwendig gemacht; und Frankreich hatte schon vor der Krise in Mitteleuropa mit Budget- und Bankenproblemen zu kämpfen gehabt.

Die hohen französischen Haushaltsüberschüsse im Anschluß an die Stabilisierung des Franc in den Jahren 1926 bis 1928 gehörten schon bald der Vergangenheit an. Hohe anfängliche Überschüsse vermittelten den Eindruck, es stünden reichlich Mittel für neue Projekte zur Verfügung. Im Haushaltsjahr 1930/31 gab es ein kleines Defizit, das im Verlauf des Jahres 1931 in beängstigender Weise zunahm. Außerdem begann sich die Depression, die in Frankreich relativ spät einsetzte, negativ auf die Einnahmen und Ausgaben auszuwirken. Die Industrieproduktion war seit Juni 1930 rückläufig, auch wenn der Rückgang 1931 relativ bescheiden ausfiel. Die Depression und die Frage, wie man den Haushalt daran anpassen könne, belasteten die politischen Institutionen Frankreichs immer stärker.

Im Wahlkampf 1932 behaupteten beide Seiten, wie in den Vereinigten Staaten, sie stünden für solides Finanzgebaren und eine konsequente Antiinflationspolitik. Nach dem knappen Sieg des *cartel des gauches* versuchte die Regierung Edouard Herriot ihren Willen zu finanzpolitischer Solidität dadurch unter Beweis zu stellen, daß sie den Fachmann Louis Germain-Martin zum Finanzminister ernannte. Er kürzte die Gehälter der Beamten *(fonctionnaires)*, senkte die Ausgaben und setzte Steuererhöhungen durch. Diese Maßnahmen wurden nach parlamentarischen Debatten abgeschwächt, und die Defizite blieben. Im Dezember 1932 stürzte die Regierung über die fällige Zahlung von Kriegsschulden an die Vereinigten Staaten. 1933 bemühte sich die von den Radikalen getragene Regierung Edouard Daladiers darum, konsequenter eine restriktive Fiskalpolitik umzusetzen. Gesetze vom 28. Februar, 31. Mai und 23. Dezember zielten darauf ab, den Spielraum für Steuerhinterziehung einzuschränken; und den *fonctionnaires* wurde eine zusätzliche Abgabe auferlegt. Insgesamt wurden 1932 und 1933 durch Kürzungen 5,612 Milliarden Francs eingespart und durch sogenannte Steuerberichtigungen 3,15 Milliarden Francs zusätzlich eingenommen.[136] Doch die Kürzungen wurden durch die staatlichen Agrarsubventionen aufgewogen, die durch die Einführung eines Mindestgetreidepreises notwendig wurden. Wie in Mitteleuropa und den Vereinigten Staaten destabilisierte die Agrarpolitik auch in Frankreich die Fiskalpolitik.

Die Politik im Parlament bewegte sich in zwei entgegengesetzte Richtungen: Einerseits wollten die Parteien die Verantwortung für Gehaltskürzungen – besonders bei den *fonctionnaires* (von denen die Sozialisten fürchteten, daß sie die Kommunistische Partei unterstützen könnten) – nicht übernehmen. Andererseits hatten alle Parteien von rechts bis links eine erhebliche Zahl von Stammwählern unter der Landbevölkerung, und sie drängten auf höhere Ausgaben zur Unterstützung der Landwirtschaft. Herriot nannte den französischen Bauern einmal den »größten französischen Philosophen« und »unseren heimlichen Lehrmeister«.[137]

Ende 1933 verschlechterte sich die finanzielle Lage, die Regierung Daladier wurde gestürzt, und im Februar 1934 brachten Demonstrationen der Faschisten Paris an den Rand eines Bürgerkriegs. Das Volk verlor das Vertrauen in die Regierung, aber auch in die Banken; und dieser Vertrauensverlust verschärfte die Haushaltsprobleme.

Im November 1930 kam es zu den ersten großen Bankzusammenbrüchen in Frankreich; betroffen waren die Banque Adam in Boulogne-sur-Mer und die Oustric-Gruppe. Der Zusammenbruch der Oustric-Gruppe warf Fragen über die Politik, das Urteilsvermögen und die politischen Kontakte der Banque de France auf: Er wuchs sich zu einer typischen französischen »Finanzaffäre« aus; eine parlamentarische Untersuchungskommission wurde eingesetzt, die prominente Politiker und den Gouverneur der Banque heftig attackierte. Die Bank wurde wegen ihrer allzu großzügigen Diskontierung von Oustric-Wechseln in den Jahren vor dem Zusammenbruch gerügt. Sie hatte ihren Bestand an Oustric-Wechseln von 6,66 Millionen Francs im September 1927 auf 7,7 Millionen Francs im Dezember, 20,385 Millionen Francs im April 1929 und 128,6 Millionen Francs im Februar 1930 erhöht.[138] Der Gouverneur der Banque de France, Clément Moret, rechtfertigte sich in recht selbstherrlicher Manier – indem er darlegte, die Banque sei eine private Institution, deren Unabhängigkeit vom Staat garantiert werde, und er sei nicht verpflichtet, die Zahlen des Oustric-Kontos offenzulegen.[139] Aber letztlich entließ Moret die Beamten, die für das Problem unmittelbar verantwortlich waren.

Nicht nur Oustric hatte hohe Summen in den anderen europäischen Ländern investiert. Im August 1930 hatten die vier größten französischen Banken schätzungsweise 5–6 Milliarden Francs im Ausland angelegt, von denen zwei Drittel über London investiert worden waren. Aber 90 Prozent dieser Summe flossen schließlich nach Mitteleuropa, und London spielte lediglich eine Vermittlerrolle.[140] Im September 1930, nach den deutschen Reichstagswahlen, wurde ein erheblicher Teil dieser französischen Investitionen nach Frankreich rückgeführt.

Es gab nicht nur – in der Regel indirekte – französische Investitionen in Mitteleuropa; Frankreich zog auch Kapital an, das aus den finanziellen Krisengebieten abgezogen wurde. Einen Hinweis auf das Ausmaß der Kapitalbewegungen liefert die Zunahme der privaten Einlagen bei der Banque de France, die während der Panik in Mitteleuropa von 11,884 Milliarden Francs (27. März 1931) auf 15,187 Milliarden Francs am 26. Juni 1931 anstiegen. Die zusätzlichen 3 Milliarden Francs stellen einen Teil des aus Zentraleuropa abgezogenen Geldes dar.

Zunächst versuchten die Behörden die Schwierigkeiten Frankreichs auf die leichte Schulter zu nehmen. Notenbankgouverneur Moret sagte, die französischen Bankenzusammenbrüche seien »weniger auf unsolide Positionen per se als vielmehr auf eine Welle des überzogenen Pessimismus zurückzuführen«.[141] Doch in einer Rede vor den Mitgliedern des Verwaltungsrats schlug Moret einen düstereren Ton an: »Es gibt einen psychologischen Faktor, der sich dem Einfluß der Banque völlig entzieht. Kapitalbewegungen werden heute weniger von den Zinsunterschieden und stärker von der mehr oder weniger großen Sicherheit, die ihnen geboten wird, bestimmt. In der gegenwärtigen weltweiten Krise, in der in zahlreichen Ländern große Ängste zutage treten, erscheint der Franc als eine der stabilsten Währungen – als eine Währung, bei der man Zuflucht sucht.«[142]

Stark schwankende Kapitalfluchtbewegungen schufen neue Probleme für Frankreich. Innerhalb weniger Jahre mußte jeder, der das Vertrauen in das französische Bankwesen und in die französische Wirtschaft im allgemeinen wiederherstellen wollte, dementieren, daß dort hohe Summen ausländischen Fluchtkapitals plaziert seien.[143]

Die Oustric-Affäre führte dazu, daß einerseits die Banque de France für die unvertretbar großzügige Rettung betrügerischer Unternehmen kritisiert wurde und daß andererseits Bankzusammenbrüche Forderungen nach einer expansiveren Geldpolitik laut werden ließen. Im Jahr 1931 protestierte die Handelskammer gegen »die übermäßig restriktive Diskont- und Kreditpolitik«. Und 1932 veröffentlichte der Regionalverband der Handelskammern in Grenoble eine Resolution seiner Mitglieder, wonach »die Banque de France bei der Rediskontierung so großzügig wie möglich verfahren sollte«.[144]

Tatsächlich gewährte die Banque de France im Gefolge der Bankruns zahlreichen französischen Banken neue Kredite. Während der ersten Krise (Oktober 1930 – Januar 1931) erhöhte sich der Wechselbestand der Banque (ein Indiz für ihre Kreditvergabepolitik) von 4,685 Milliarden Francs auf 7,364 Milliarden Francs. Nach der Sterlingkrise und der Insolvenz der sechstgrößten französischen Bank, der Banque Nationale de Crédit (BNC), nahm er im September 1931 erneut zu.[145] Die Banque de France bekämpfte die Panik, indem sie neue Kredite gewährte, um die Nancéienne de Crédit, die Banque Privée, die Groupe Messine und die Mines d'Anzin sowie die Société Générale zu retten.[146]

Die Krise in Frankreich betraf zunächst nur zweitrangige Banken. Die Banque d'Alsace-Lorraine war durch die Nachwirkungen der Inflation in Deutschland Anfang der zwanziger Jahre geschwächt worden; außerdem hatte sie Ende der zwanziger Jahre eine Reihe kapitalschwacher Banken übernommen, von denen die Banque du Rhin die größte war. Die BNC hatte sich Anfang der zwanziger Jahre in einer schweren Schieflage befunden und während der Franc-Inflation schwere Verluste eingefahren. In den Jahren 1926–1928, in denen sie ihre Verbindlichkeiten gegenüber der Banque de France von 480 Millionen Francs auf 3 Millionen Francs abbaute, konnte sie sich für kurze Zeit erholen.[147]

Ab Dezember 1932 verloren jedoch alle großen französischen Banken Einlagen. Sie verringerten daraufhin ihrerseits ihre Einlagen bei der Banque de France (im Verlauf von vier Monaten von 8 auf 3 Milliarden Francs); außerdem ersuchten sie bei der Banque um die Möglichkeit der Rediskontierung. Sie erklärten, sie könnten das große Volumen der emittierten Staatspapiere nicht länger aufnehmen.[148] Ausländische Banken (vor allem die Morgans und Banker's Trust) begannen ebenfalls, bei der Banque de France Wechsel zu diskontieren,[149] und eine neue Welle von Bankzusammenbrüchen schwappte durch die französische Provinz: Charpentier (Cognac), Société Saint-Quentinoise de Crédit, Banque du Centre (Limoges), Banque Renauld (Nancy).

Im Jahr 1934 drohte eine weitere schwere Bankenkrise, und wieder schienen die Großbanken gefährdet zu sein. Die Banque de L'Union Parisienne, der größte Kreditgeber der französischen Rüstungsindustrie, geriet in eine Schieflage. Der Crédit Lyonnais ließ sich im Februar ein größeres Diskontkontingent bei der Banque de France einräumen; und Paribas brauchte ebenfalls die Unterstützung der Zentralbank.[150] Von Ende 1932 bis Ende 1936 sanken die Einlagen bei den vier größten Banken von 21 Milliarden Francs auf 15,3 Milliarden Francs (während die Sparkassen ein größeres öffentliches Vertrauen behielten, und ihre Einlagen stiegen sogar von 34,216 auf 35,714 Milliarden Francs).[151]

Die Bewegungen nach 1932 sind ein Hinweis auf die Kapitalabwanderung, die Frankreich heimsuchte. Als der Einlagenschwund das französische Kreditgebäude bedrohte, erhöhte die Banque de France ihre Rediskontkontingente, um die Liquidität der französischen Banken zu sichern. Aber dadurch stellte sie zusätzliche Mittel für den Kapitalabfluß bereit, und so speiste die Banque durch diese Abstützung des französischen Bankengefüges letztlich die Kapitalabwanderung.

Dieser Prozeß läßt sich anhand der großen Franc-Krisen Anfang der dreißiger Jahre im Detail nachvollziehen. Vom 2. Dezember 1932 bis zum 31. März 1933 verlor die Banque de France Gold im Wert von 3,354 Millionen Francs; vom 15. September bis zum 22. Dezember 1933 verlor sie 6,774 Millionen Francs; vom 12. Januar bis zum 2 März 1934 3,401 Milliarden Francs; vom 29. März bis zum 7. Juni 1935 11,684 Milliarden Francs und vom 25. Oktober bis zum 6. Dezember 1935 6,198 Milliarden Francs. In all diesen Krisen nahm das Kreditvolumen der Banque – entsprechend den Kapitalabflüssen ins Ausland – um jeweils 719, 1041, 1646, 5430 und 3289 Millionen Francs zu; und die Guthaben der Großbanken verringerten sich (auf jeweils 2013, 835, 736, 2206 und 657 Millionen Francs).[152]

Im Jahr 1935 nahmen die Goldabflüsse derart besorgniserregende Ausmaße an, daß einige hochrangige Beamte der Banque de France die offizielle Linie der Banque, alles zu unternehmen, um eine Abwertung des Franc zu verhindern, in Frage zu stellen begannen. Am 5. März 1935, unmittelbar vor Beginn der ersten großen Panikwelle, glaubte der Direktor der Auslandsabteilung der Banque de France, Charles Cariguel, daß »die meisten Geschäftsleute in Frankreich bereit seien, die notwendigen Opfer zu bringen, um [den Franc] etwa an den gegenwärtigen Wert des Sterlings anzupassen. Doch wenn das Pfund weiter an Wert verlieren sollte, würden sie eine Anpassung vermutlich als ein aussichtsloses Unterfangen betrachten, und sie wären nicht bereit, zu diesem Zweck weitere Opfer zu bringen [...] Herr Cariguel ließ zum ersten Mal während unserer fernmündlichen Gespräche zweifelsfrei durchblicken, daß eine Abwertung des Franc notwendig sein könnte, um dessen Position gegenüber dem Sterling zu korrigieren.«[153]

Im April sah Cariguel schwarz für den Franc, da die belgische Abwertung den Goldblock zu zerstören schien. Er sagte vorher, daß die

Schweiz rasch folgen würde, und dann wäre Frankreich dem Sturm schutzlos preisgegeben. Am 15. April machte J. E. Crane, der Vizegouverneur der Federal Reserve Bank von New York, einen Vorschlag, der die Linie umriß, der man schließlich im September 1936 folgte. Er ging Gerüchten über eine 15–20 prozentige Abwertung des französischen Franc nach: »Anschließend gab es eine gewisse Chance für eine dreiseitige Übereinkunft, die den Dollar, den Franc und den Sterling umfaßte. Er fragte Cariguel, wie die französische Öffentlichkeit darauf reagieren würde, und Cariguel sagte, daß die Franzosen seines Erachtens für einen solchen Plan nicht reif seien, selbst wenn er ihnen als Teil einer umfassenden Wechselkursstabilisierung präsentiert würde.«[154]

Es gab kühnere Geister als Cariguel. Die erste öffentliche Erklärung zugunsten einer Abwertung gab der konservative Politiker Paul Reynaud (der persönlich seit 1933 von der Notwendigkeit einer Abwertung überzeugt war) im Juni 1934 in einer Rede vor der Abgeordnetenkammer ab. Er sah sich daraufhin massiven Angriffen seitens der Presse ausgesetzt, die ihn als potentiellen Enteigner der französischen Kleinsparer verleumdete. Reynaud fand nur einen einflußreichen Verbündeten in der Presse, den Abgeordneten und Eigentümer von *Le petit journal*, Raymond Pâtenotre. Professor Charles Rist, ein einflußreicher Wirtschaftswissenschaftler und als ehemaliger Vizegouverneur der Banque de France so etwas wie ein »Insider«, setzte sich seit Frühjahr 1935 für eine Abwertung ein. Dies tat auch, mit besonders großem Einfluß, der französische Finanzattaché in London, Emanuel Mönick. Am 1. September 1935 gelangte Mönick zu dem Schluß, daß die Stabilisierungsbemühungen Großbritanniens vermutlich vergeblich sein würden und daß Frankreich in der gleichen Lage sei wie die Vereinigten Staaten in den letzten Tagen der Hoover-Administration. Er folgerte daraus, daß eine »klug abgewogene Währungsanpassung« – eine Umschreibung für eine Abwertung – erforderlich sei.[155]

Anfang 1935 steckte Frankreich in einer politischen und ökonomischen Sackgasse. Da es nicht gelang, den französischen Staatshaushalt mit den gängigen Maßnahmen – Ausgabensenkungen, Gehaltskürzungen im öffentlichen Dienst und Steuererhöhungen – zu stabilisieren, kam es zu Kapitalabflüssen durch Devisentransaktionen, Bankabhebungen und einer Zunahme der Kreditaufnahme bei der Banque de France. Dies wiederum ließ die Geldmarktsätze in Paris steil ansteigen. Einige Männer aus dem Führungspersonal der Banque de France, etwa Robert Lacour-Gayet, der Direktor des Service d'Études, waren der Ansicht, es bedürfe lediglich einer Selbstdisziplinierung des Staates: »Die demonstrative Entschlossenheit, das Haus in Ordnung zu bringen, könnte sehr schnell das Vertrauen wiederherstellen und der ganzen gegenwärtigen Unruhe, die auf Angst und Spekulation basiert, ein Ende setzen.«[156] Im November gab die Geschäftswelt kontroversen Debatten in der Commission des Finances des Abgeordnetenhauses über das Ende der Austeritätspolitik die Schuld an einem neuen Run auf den Franc.[157]

Paradoxerweise waren in Frankreich die Spannungen mittlerweile so groß, daß selbst eine Deflation wegen der wachsenden Bedrohung der gesellschaftlichen Ordnung das Vertrauen untergraben hätte. Schon die Franc-Panik Anfang 1934 war durch Demonstrationen der faschistischen Ligen auf den Straßen von Paris am 6. Februar ausgelöst worden. Diese Demonstrationen bewirkten eine Mobilisierung der Linken und die Bildung eines Volksfrontbündnisses, dem auch die Kommunisten angehörten. Die Mitte-Rechts-Regierung verlor bei beiden Seiten an Rückhalt. Der internationale Markt interpretierte die zunehmende Deflation indes nicht als ein Zeichen der Besserung, sondern als eine neue Bedrohung für die Stabilität.[158]

Nachdem sich Frankreich erst einmal in dieser Lage befand, war die Abwertung (die unter einer von der Volksfront getragenen linken Koalitionsregierung im Oktober 1936 vollzogen wurde) die einzige Option, um aus dem Teufelskreis von Bankzusammenbrüchen und aufgezwungener Deflation auszubrechen.

Frankreich war nicht das einzige Land, das in den dreißiger Jahren schwere Zeiten durchmachte. Auch die anderen Länder, die die Goldbindung beibehalten hatten – der sogenannte Goldblock aus der Schweiz, den Niederlanden und Belgien –, litten unter der chronischen Instabilität des Finanzsystems, an der spekulative Kapitalströme erheblichen Anteil hatten.

Diese Volkswirtschaften waren aus zwei Gründen krisenanfällig. Die

Verflechtung mit der deutschen Volkswirtschaft stellte für die Schweiz und die Niederlande ein schwerwiegendes Problem dar. Beide Länder zogen eine Menge Fluchtkapital an, das ebenso schnell wieder abfließen konnte. Zudem waren schweizerische und niederländische Gelder gemäß den Stillhalteabkommen in Deutschland eingefroren. Kurzfristige Kredite in Höhe von 900 Millionen Schweizer Franken waren von dem Moratorium mit Deutschland betroffen; aber damit waren die Probleme der Schweiz nicht zu Ende. Im Jahr 1934 waren Verbindlichkeiten in Höhe von insgesamt 3,39 Milliarden Schweizer Franken Kompensationsabkommen unterworfen. Die niederländischen Kredite an Deutschland beliefen sich 1933 auf 1,044 Milliarden Gulden. Zudem hielten Holländer deutsche Aktien im Nennwert von 263,8 Millionen Gulden.[159]

Außerdem unterwarf die Aufrechterhaltung der Konvertibilität zu den alten Paritäten diese Länder spekulativen Kapitalströmen, die auf politische Veränderungen beziehungsweise Ängste in Großbritannien, Frankreich oder Amerika reagierten. Einen noch höheren Preis mußten sie dafür bezahlen, eine offene Volkswirtschaft aufrechtzuerhalten.

Die internationalen Kapitalbewegungen zeigten das Ausmaß der Volatilität des Schweizer Franken in der ersten Hälfte der dreißiger Jahre. Bis Herbst 1931 erhöhten sich die Goldreserven der schweizerischen Nationalbank in erheblichem Umfang: bis Anfang September um 1,158 Milliarden Schweizer Franken (oder 97 Prozent). Von der Sterlingkrise bis zur Abwertung des Dollar blieben ihre Goldbestände konstant. Danach kam es zu Krisen, die mit Problemen in Frankreich zusammenhingen. Von März bis Juli 1933 verlor die Nationalbank Gold im Wert von 716 Millionen Schweizer Franken; von Januar bis April 1934 verlor sie 364 Millionen Schweizer Franken und von März bis Juni 1935 verlor sie 517 Millionen Schweizer Franken.

Diese Zu- und Abflüsse wirkten sich auch auf die Liquiditätslage der schweizerischen Banken aus. Die großen Zuflüsse von 1931 führten zu gewaltig aufgeblähten Bargeldreserven bei den Geschäftsbanken (sie stiegen von 467 Millionen Schweizer Franken 1930 auf 1,29 Milliarden Schweizer Franken 1931 – anders gesagt, sie entsprachen fast dem gesamten Goldzufluß).

In der Schweiz entbrannte eine große politische Debatte um die Folgen. »Kapitalexporte«, so sagten deren Kritiker, hätten nur wenige Vorteile gebracht und nur einer kleinen städtischen Finanzelite genützt, während sie das Land äußeren Risiken und unvorhersehbaren Schocks, die aus der internationalen Politik erwuchsen, aussetzten. Der politische Bauernführer Gottfried Gnägi forderte, solange die schweizerischen Zinsen auf Krisenniveau verharrten, sollte kein Kapital exportiert werden.[160] Das Problem lag darin, daß die ausländischen Engagements die Stabilität der schweizerischen Finanzsystems untergruben.

Nach dem Zusammenbruch von 1931 wurden die Kapitalströme reguliert. Ein »Gentlemen's Agreement«, das die Banken im Februar 1932 schlossen, beinhaltete das Versprechen, vor der Emission ausländischer Anleihen die Nationalbank zu konsultieren; und diese Regulierung der langfristigen Kreditaktivität verstärkte sich im Verlauf des Jahrzehnts. Andererseits hatte die Nationalbank keine Kontrolle, ja keine Informationen über die kurzfristigen Kapitalbewegungen. Als die Regierung und die Nationalbank im Verlauf der Handelsgespräche das Volumen der nach Deutschland vergebenen schweizerischen Kredite herausfinden wollten, weigerten sich die Schweizer Banken schlicht zu antworten.[161] Ende 1934 war eine Bankenkommission eingesetzt worden, die die Probleme der schweizerischen Banken untersuchen sollte, und ihr Bericht wies warnend darauf hin, daß das schweizerische Kreditengagement in Deutschland hohe Risiken in sich berge und daß selbst eine teilweise Bürgschaft für die nach Deutschland vergebenen Kredite die Möglichkeit von Finanzpaniken nicht beseitigen würde.

Die Sturheit der Banken erscheint angesichts ihrer Risikoanfälligkeit und ihrer Abhängigkeit von staatlicher Unterstützung unverständlich; aber sie war in Wirklichkeit auch ein Mittel, Enthüllungen darüber abzuwenden, wie labil ihre Verfassung tatsächlich war. Um ihre Schwierigkeiten zu kaschieren, verlangten die Schweizer Banken, daß das Bankgeheimnis (Artikel 9 des Bankgesetzes der Zwischenkriegszeit) als ein wesentliches Element des schweizerischen Geschäftslebens anerkannt werde.[162]

Tatsächlich war 1934 bereits erheblicher Schaden entstanden. Eine der acht großen Banken, die Genfer Banque de l'Escompte, war schon 1931 in Schwierigkeiten gewesen. 1932 berichtete sie, daß von ihrer Bilanzsumme von 392 Millionen Schweizer Franken 200 Millionen in Auslandsengagements (hauptsächlich in Ungarn und Deutschland) eingefroren seien und daß sie Konkurs anmelden müsse, wenn Deutschland ein Moratorium durchsetze.[163] Der Staat unterstützte die notleidende Bank; er gewährte ihr über die neu gegründete Schweizerische Eidgenössische Darlehnskasse einen Kredit über 55 Millionen Schweizer Franken und beteiligte sich im Umfang von 20 Millionen Schweizer Franken an einer Kapitalumschichtung bei der Bank.[164] Aber selbst diese Sanierung basierte auf einer optimistischen Bewertung der Kreditrisiken und dem bewußten Hinwegsehen über die Schwere der Krise in Mitteleuropa und ihre Auswirkungen auf die Schweiz. Bei den Diskussionen innerhalb der Regierung über die Hilfe für die Banque de l'Escompte erklärte ein Bankier: »Bei der Bewertung der Aktiva können wir nicht nach dem Grundsatz eines *bon père de famille* verfahren. Dies ist nur in normalen Zeiten möglich.« Aber es gab kaum einen Zweifel an der Dringlichkeit der Aufgabe. Nach Ansicht des Bundesrats Jean-Marie Musy würde »eine plötzliche Schließung der Banque de l'Escompte die Stabilität unserer Währung beeinträchtigen. Die höheren Interessen unseres Landes gebieten es, daß wir eingreifen, um die Bank zu retten.«[165]

Im November 1933 brauchte eine weitere große Bank, die Banque Populaire Suisse (Schweizerische Volksbank), eine Kapitalspritze, nachdem sie Kredite in Höhe von 150 Millionen Schweizer Franken abschreiben mußte. Und im Gefolge dieser Krise von 1933 verloren die schweizerischen Geschäftsbanken Einlagen, und viele Kunden wanderten zu den Kantonalbanken ab (die keine so hohen Auslandsrisiken eingegangen waren).

Die Verflechtung mit Deutschland und Mitteleuropa stellte nicht die einzige Quelle für Instabilität im Schweizer Finanzsektor dar. Die Bankenkommission schloß sich der Kritik an, die in anderen Ländern an unausgeglichenen öffentlichen Haushalten geübt wurde; im Fall der Schweiz mußten die Kantone während der Depression höhere soziale Lasten tragen, obgleich ihre Einnahmen drastisch zurückgingen. Doch wie in anderen Ländern auch, war es verlockend, die Schuld auf Außenstehende und Ausländer zu schieben.

Der anhaltende deflatorische Druck auf die öffentlichen Ausgaben – denn selbst kleine Defizite konnten dramatische Geldzu- und -abflüsse auslösen – führte zusammen mit einer festverwurzelten basisdemokratischen Tradition schließlich zur Revolte. Einerseits sprach sich die Bauernpartei gegen die finanzielle Abhängigkeit der Schweiz von anderen Ländern aus; andererseits organisierten die Sozialisten eine Gesetzesinitiative, die ein Programm zur Bekämpfung der Depression forderte. Dazu gehörte auch eine detaillierte Liste von Maßnahmen zur Schaffung von Arbeitsplätzen. Staatliche Gelder sollten zur Schuldentilgung, zur Förderung des Tourismus und zur Ankurbelung der Exporte verwendet werden. Das Programm sollte mit einer straffen Kontrolle der Finanzmärkte und dem Verbot von Kapitalexporten einhergehen. Die Gesamtkosten dieses ehrgeizigen Plans beliefen sich auf etwa ein Drittel des Volkseinkommens. Seine Gegner behaupteten, es löse schlimmstenfalls eine Panik aus und bewirke bestenfalls die Abwertung des Schweizer Franken; aufgrund der Überzeugungskraft dieses Einwands wurde die Initiative im Juni 1935 mit knapper Mehrheit abgelehnt. Es war eine sehr heftige Debatte, die die schweizerischen Parteien zutiefst entzweite. Es handelte sich um einen Fall, in dem es verlockend war, Ausländern die Schuld an der Destabilisierung der schweizerischen Verhältnisse zu geben.

Die internationalen Banken gaben einen bequemen Sündenbock ab. Das schweizerische Außenministerium war zu Recht der Ansicht, daß die englischen Merchantbanken (nicht die Clearingbanken) 1931 in Schwierigkeiten geraten waren. Die Diplomaten behaupteten, die Londoner City hoffe, das internationale Vertrauen in den Sterling würde zurückkehren, wenn andere Länder ebenfalls in den Abgrund stürzten, und daher verbreiteten sie Gerüchte über die Instabilität der Länder des Goldblocks. Die Berichte des exzentrischen britischen Korrespondenten der *Financial News*, Paul Einzig, über eine massive Kapitalflucht aus der Schweiz und den Niederlanden waren auf große öffentliche Resonanz gestoßen. Aber dies war nicht die grundlegende

Ursache für die Probleme der Schweiz. Angesichts der internationalen Lage konnte sich die Schweiz nur durch eine Änderung der Parität vor dramatischen Kapitalbewegungen schützen.

Belgien war das erste Land des Goldblocks, das die Spannungen, die die Aufrechterhaltung des Goldstandards für seine kleine und relativ offene Volkswirtschaft bedeutete, nicht länger ertrug. Einmal mehr ging der unmittelbare Anstoß zu der Abwertung nicht von einem theoretischen Plan oder von überzeugenden volkswirtschaftlichen Argumenten aus, sondern von einer Bankenkrise.[166] Belgische Banken waren fest in der kontinentaleuropäischen Tradition des Universalbanksystems verwurzelt und mußten daher schwere Verluste im Industriekredit- und Industriebeteiligungsgeschäft verkraften. Die Verluste der Banken führten im August 1934 dazu, daß ausländisches Kapital abgezogen wurde, und im März 1935 standen alle belgischen Banken mit Ausnahme der größten (der Société Générale) am Rande des Zusammenbruchs. Die Industrie protestierte gegen Versuche, die Banken zu retten und weitere Kapitalabflüsse durch Heraufsetzung der belgischen Leitzinsen zu verhindern, da dies ihres Erachtens die wirtschaftliche Depression nur noch vertiefen würde.[167] Eine Abwertung war daher (im März) unumgänglich, und der Druck auf die Niederlande und die Schweiz nahm zu.

In den Niederlanden, in denen es keine ausgeprägte Universalbankentradition gab und wo kein größerer Bankzusammenbruch drohte, verfolgte die Regierung von Hendrik Colijn einen ähnlichen Kurs wie Heinrich Brüning in Deutschland und Pierre Laval in Frankreich. Eine systematische Deflation – also die gleichzeitige Senkung der Staatsausgaben, der Preise und die Kürzung von Löhnen und Gehältern – bot eine Möglichkeit, die Kosten in einer gerechten Weise zu verteilen. Einige der Unterstützer Colijns führten sogar den »Erfolg« von Brünings Politik als Beweis dafür an, daß eine konsequente Deflation wünschenswert sei,[168] und Colijn selbst verdankte sein Ansehen als Politiker seinem erfolgreichen Kampf gegen die Inflation Anfang der zwanziger Jahre. Daher wehrte er sich entschieden gegen eine Abwertung.

Bei der Krise im September 1936 wurden die kleineren Staaten des Goldblocks von den Entwicklungen in Frankreich in Mitleidenschaft gezogen. Zudem sorgte die Begebung einer sehr großen Rüstungsanleihe am 21. September für Unruhe auf dem Schweizer Markt. Der Goldabfluß aus der Schweiz beschleunigte sich zusehends – allein am 26. September belief er sich auf 9,5 Millionen Dollar, und die Schweizer folgten rasch dem Französischen Franc, indem sie ihre Währung innerhalb der Bandbreite von 25,94 bis 34,55 Prozent abwerteten. Anders als in Frankreich war die Abwertung ein eindeutiger Erfolg. Sie sicherte vor allem den sozialen Frieden in der Schweiz. Der Tarifvertrag von 1937, der eine stark geregelte, korporativ geprägte Rahmenordnung für die Beilegung von Konflikten über Löhne und Arbeitsbedingungen aufstellte, wäre ohne ein stärkeres Vertrauen nach Beendigung der großen Kapitalbewegungen nicht möglich gewesen.[169]

Nach dem Ausscheiden der Schweiz wurde Colijn vom Gouverneur der Zentralbank davon überzeugt, daß die Niederlande dem Druck, das einzige Land der Welt zu sein, das an der alten Goldparität festhält, nicht standhalten könne. Die Holländer folgten dem Beispiel Frankreichs und werteten ihre Währung auf einen neuen Bereich von Goldpunkten, der zwischen 20 und 25 Prozent unter dem früheren Niveau lag, ab. Das Ausscheiden aus dem Goldblock erwies sich einmal mehr als die einzige Möglichkeit, eine Destabilisierung des Bankensektors zu vermeiden.

Eine alternative Strategie: Schutz vor Ansteckung

Der Goldstandard hatte einen Übertragungsmechanismus geschaffen, der Volkswirtschaften mit schwachen Bankensystemen schockanfällig machte. Zentralbanken, die ursprünglich als ein institutioneller Mechanismus zur Milderung der binnenwirtschaftlichen Folgen monetärer Schocks von außen konzipiert worden waren, hatten die Instabilität verstärkt, weil es ihnen vor allem darum ging, Vertrauen zu erhalten. Die Schwäche in Mitteleuropa war aufgrund der Kapitalvernichtung in den Hyperinflationen der Nachkriegszeit besonders kritisch, und die geschwächten Banken waren ein schwaches Fundament für spätere Kreditaufnahmen.

Will man Gegenbeispiele für Banken finden, die dem Druck widerstanden, der durch das internationale Finanzsystem erzeugt wurde, muß man sich weit von der Welt der Konferenz von Genua und der Genfer Ideologie der Völkerverständigung entfernen. Sowohl Kanada als auch Japan erwiesen sich als finanziell recht robust. Diese Robustheit verkürzte die Depression und schuf die Voraussetzungen für eine erfolgreiche Politik der ökonomischen Belebung.

Die Abfolge der Ereignisse bei der Einbindung Japans in die Weltwirtschaft unterschied sich grundlegend vom europäischen Szenario der Stabilisierung auf der Grundlage einer Goldstandard-Parität (nomineller Anker), Kapitalzuflüssen, Vertrauensverlust und Banken- und Budgetkrisen. Japan verzeichnete Kapitalzuflüsse und erlebte 1927, also vor der Übernahme des Goldstandards, eine Bankenkrise. Die größten Kapitalzuflüsse ereigneten sich vor 1927. Im April 1927 kam es zu ersten Runs auf inländische Banken.

Vor der Krise von 1927 hatte der Gouverneur der Bank von Japan, Inoue Junnosoke, der die neue internationale Sichtweise der Aufgaben von Zentralbanken in einer Welt fester Wechselkurse uneingeschränkt unterstützte, eindringlich eine Rückkehr zum Goldstandard befürwortet, in den er ein Rezept gegen die hohe Inflation und die hohen Zinsen Japans sah. Aber viele maßgebliche Personen in der Bankenwelt (Yashiro Norihiko von der Sumitomo Bank; Kusihida Manzo von der Mitsubishi Bank; Ikeda Kenzo von der Daihyakyu Bank und Kodama Kenji von der Yokohama Specie Bank) widersetzten sich dem.[170] Das Erdbeben in Tokio von 1923 stellte ein weiteres Hindernis für eine Rückkehr zu einer festen Parität dar. Nach der Bankenkrise von 1927 wurde das Bankensystem durch eine Welle von Bankfusionen gestärkt, und einige vormalige Gegner des Goldstandards begannen sich mit der Idee einer Währungsstabilisierung anzufreunden. Inoues Einfluß wuchs, und im Juli 1929 wurde er Finanzminister. Nur sechs Monate später, Anfang 1930, verkündete er, daß Japan zur Goldparität zurückkehren werde.

Doch schon recht bald, nämlich Ende 1931, gab Japan den Goldstandard wieder auf, nicht etwa wegen einer Panik im Banken- und Finanzsektor, wie sie Mitteleuropa und dann Großbritannien, die Vereinigten Staaten und schließlich den Goldblock heimsuchte, sondern wegen der Auswirkungen der britischen Abwertung des Sterlings im September 1931 auf den Handel. Gleichzeitig brachte ein Regierungswechsel eine Partei an die Macht, die die Goldwährung ablehnte (auch dies eine Neuheit im Vergleich zu anderen Ländern, in denen das Bekenntnis zur Goldbindung ebenso zur Staffage politischer Wohlanständigkeit gehört wie das Tragen eines Zylinders). Die Seiyukai-Partei kam im Dezember 1931 mit anrüchigen Mitteln an die Macht, nämlich auf Druck des Militärs (die neue Regierung wird gelegentlich als das Produkt eines Staatsstreichs beschrieben). Nur einen Tag nach seiner Ernennung hob der neue Premierminister, Inukai Tsuyoshi, die Goldbindung der japanischen Währung auf und innerhalb von zwei Monaten errang er einen glänzenden Wahlsieg.

Das Fundament für eine nachhaltige Erholung wurde mit einer Devisenpolitik gelegt, die eine Abwertung des Yen beinhaltete und zu einer Belebung der Exporte, besonders von Baumwolltextilien, führte. Das durchschnittliche jährliche Wirtschaftswachstum in den Jahren des Aufschwungs, 1931 bis 1936, betrug 4,3 Prozent – ein eindrucksvoller Gegensatz zu den übrigen Industrieländern, die in einer tiefen Rezession steckten. Die Exportoffensive ging mit verstärkten Rüstungsanstrengungen und höheren öffentlichen Ausgaben einher, was die Gesamtnachfrage in Japan ankurbelte. Von 1932 bis 1935 wurden die staatlichen Ausgaben für Notstandshilfe und militärische Expansion im Anschluß an den Mandschurei-Zwischenfall von 1931 weitgehend durch Begebung von Anleihen finanziert, von denen vier Fünftel durch die Bank von Japan refinanziert wurden. Das Haushaltsdefizit belief sich auf etwa 30 Prozent der Staatsausgaben. Erst 1935 versuchte der wachstumsorientierte Finanzminister Takahashi Korekiyo die inflatorischen Defizite einzudämmen und eine Politik umzusetzen, die als »allmähliche Kontingentierung von Staatsanleihen« bezeichnet wird. Aber diese ökonomische »Abbremsung« führte schon bald zu einer Meuterei des Militärs, und Takahashi wurde im Februar 1936 ermordet. Daraufhin stiegen die Rüstungsausgaben noch schneller.[171]

Kanada durchlebte eine ökonomisch ebenso glückliche (wenn auch politisch nicht so turbulente) Zeit, obgleich das Land recht lange am

Goldstandard festhielt. Die Stärke Kanadas lag darin, daß es ein robusteres Bankensystem als sein südlicher Nachbar hatte. Das Filialbanksystem war für regionale Schwächen nicht so anfällig wie Einzelbanken oder landesweite Banken, und – erstaunlicherweise – gab es in Kanada keine Bankzusammenbrüche, obwohl die Wirtschaft (einschließlich des Finanzsektors) höchst anfällig für Probleme war, die durch den Preisverfall bei Weizen, dem wichtigsten Exportprodukt Kanadas, verursacht wurden. Dennoch waren der Rückgang des realen Bruttoinlandsprodukts und der Anstieg der Arbeitslosigkeit ähnlich hoch wie in den Vereinigten Staaten: Die Depression wurde nicht durch das Finanzsystem, sondern durch den Handel übertragen.[172]

Eine zweite Stärke lag in der Tatsache, daß Kanada, das damals keine Zentralbank hatte, nicht anfällig war für jene Art von institutionellem Schock, der andere Länder infolge der restriktiven Politik von Zentralbanken heimgesucht hatte.[173]

Lehren für die neunziger Jahre

Auf die ökonomischen Wirren der dreißiger Jahre reagierte man zunächst mit der Aufgabe aller Elemente des Konsenses von Genua und Genf. Der Goldstandard geriet in Mißkredit, ebenso wie eine restriktive Fiskalpolitik, die erforderlich war, um dem Goldstandard Glaubwürdigkeit zu verleihen. Die Helden der dreißiger Jahren waren Anhänger einer Wachstumspolitik, denen es gelang, neue Wege zur Finanzierung von Staatsdefiziten zu finden: Finanzminister Takahashi in Japan oder Wirtschaftsminister Hjalmar Schacht in Deutschland.

Diskreditiert waren auch die unabhängigen beziehungsweise autonomen Zentralbanken, die in den Visionen von der Erneuerung der Wirtschaftsordnung in den zwanziger Jahren eine so entscheidende Rolle gespielt hatten. Das gleiche gilt für die Kapitalbewegungen.

Die Zentralbanken führten ein merkwürdiges Rückzugsgefecht, das möglicherweise für einen Großteil der anhaltenden intellektuellen Verwirrung verantwortlich ist, da sie sich mit der Behauptung verteidigten, die Geldpolitik habe keinen großen Einfluß auf die Konjunktur.

Das Organ der Kooperation der Zentralbanken, die Bank für Internationalen Zahlungsausgleich (BIZ), verwandelte sich in eine Institution der ökonomischen Analyse, deren Ergebnisse in den glänzend konzipierten Jahresberichten aus der brillanten Feder des schwedischen Wirtschaftswissenschaftlers Per Jacobsson zusammengefaßt wurden, und der Erhebung statistischer Daten über die Weltwirtschaft. Nichts davon beeindruckte Montagu Norman, der eine ganz andere Vorstellung von der Zusammenarbeit der Zentralbanken hatte. Im Dezember 1932 sagte er auf einer Tagung der Zentralbankpräsidenten bei der BIZ, er sei »gegen Statistiken: Er hielt die Zahlen für irreführend, und er war der Ansicht, daß die Zentralbanken beziehungsweise Währungsbehörden mit hoher Wahrscheinlichkeit in die Irre geführt würden, wenn sie sich nach Statistiken – und seien es die besten Statistiken – richteten.«[174]

Die BIZ verkam zu einem Zentrum bloßer Routineoperationen, und dieser Bedeutungsverlust war Teil eines umfassenderen Versagens der Theorie über die Funktionen einer Zentralbank. Je tiefer die Depression wurde und je lauter von allen Seiten Kritik geübt wurde, um so stärker glaubten die Zentralbankpräsidenten, ihre einzige Aufgabe bestehe darin, laut zu verkünden, daß sie nichts tun könnten, daß die Geldpolitik die Entwicklung der Realwirtschaft nicht beeinflussen könne. Dies war ein völliger Bruch mit dem Aktivismus der Zentralbanken Mitte der zwanziger Jahre. Es war natürlich auch theoretischer Unsinn, der aus der (entschuldbaren) Überzeugung erwuchs, daß die Politiker und nicht die Zentralbankpräsidenten für das Finanzdesaster verantwortlich waren. Wenn dies mit der »gemeinsamen geldpolitischen Doktrin« gemeint war, dann verringerte diese den Handlungsspielraum der Zentralbanken in internationalen Finanzfragen.

Die Zentralbankpräsidenten vertraten im Rahmen der Untersuchung des Völkerbundes über das Goldproblem den Standpunkt, die Geldpolitik sei wirkungslos, und ihre Sichtweise prägte den Mehrheitsbericht vom Juni 1932 (ein weiterreichender Minderheitsbericht, der von Sir Henry Strakosch, Sir Reginald Mant und Albert Janssen unterzeichnet war, empfahl konzertierte internationale Maßnahmen zur Anhebung der Rohstoffpreise).

Die bescheidenen Empfehlungen drehten sich um die Wiedereinführung freier Devisentransaktionen. Zentralbanken sollten den Automatismus des Goldstandards gewährleisten: »Goldbewegungen dürfen nicht daran gehindert werden, ihren Einfluß sowohl in dem Land, das Gold verliert, als auch in dem Land, das Gold erhält, zur Geltung zu bringen.« Die Regierungen sollten die Last der Anpassung tragen, Haushaltsüberschüsse anhäufen und Schulden in den Defizitländern tilgen: »In jedem einzelnen Land sollten die notwendigen Schritte unternommen werden, um das Gleichgewicht der nationalen Volkswirtschaft wiederherzustellen und zu erhalten. Dies bedeutet, daß die Budgets des Staates und anderer Körperschaften des öffentlichen Rechts gemäß den Grundsätzen solider Haushaltsführung ausgeglichen werden müssen und auch, daß das nationale Wirtschaftssystem als Ganzes, und vor allem die Produktions- und Lebenshaltungskosten, an die internationale Wirtschafts- und Finanzlage angepaßt werden sollten, damit das betreffende Land sein Zahlungsbilanzgleichgewicht wiederherstellen oder bewahren kann.«[175]

Hinter verschlossenen Türen wurde der Konsens der Zentralbanken sogar noch eindeutiger formuliert: »Wir sind nicht bereit, denjenigen durch unsere Autorität den Rücken zu stärken, die Politiker und Geschäftsleute von jeglicher Verantwortung freisprechen möchten, indem sie die schreckliche Tragödie der heutigen Weltkrise allein auf eine Goldknappheit zurückführen [...] Aber es war für die Delegation offensichtlich, wie in dem Zweiten Bericht klar zum Ausdruck kommt, daß diese Fehlverteilung hauptsächlich auf allgemeine wirtschaftliche, finanzielle und politische Ursachen zurückzuführen ist. Da die Ursachen nicht primär monetärer Natur waren, war nicht zu erwarten, daß geldpolitische Maßnahmen die Welt von den daraus erwachsenen Übeln heilen können.«

Der italienische Finanzminister Guido Jung erklärte, »es wäre verheerend für den Wiederaufbau der Welt, wenn wir den Menschen in einem unserer Berichte den Eindruck vermittelten, es gebe ein monetäres Zaubermittel, das aus eigener Kraft Wunder wirken könne, so daß sich die Lösung der politischen und ökonomischen Probleme, die den gegenwärtigen Zustand der Welt herbeigeführt haben, erübrige«.[176]

Auf der Weltwirtschaftskonferenz 1933 in London wurde unter anderem die Frage diskutiert, inwieweit die Notenbankpolitik zur Krise beigetragen hatte, aber die Zentralbankpräsidenten selbst reagierten mit Unmut auf die Einmischung. Das vorbereitende Treffen amerikanischer Wirtschaftsexperten, das bei der Federal Reserve Bank von New York stattfand, war recht typisch. In Anwesenheit von Hoovers Außenminister (Henry Stimson) und Finanzminister (Ogden Mills) betonten Notenbankpräsident Harrison und der Vorsitzende des Direktoriums Eugene Meyer »die Notwendigkeit, Fragen der Notenbankpolitik im engeren Sinne wie etwa Zentralbankkredite und die Goldpolitik von der Tagesordnung der Regierungskonferenz fernzuhalten. Sie wiesen auch darauf hin, daß die meisten geldpolitischen Fragen, die auf die Tagesordnung gesetzt werden könnten, für die Zentralbanken von Interesse seien, und daß es ihres Erachtens von größer Bedeutung für die Weltkonferenz wäre, sich nicht in die Notenbankpolitik einzumischen und keine Empfehlungen oder Weisungen an die Adresse der Zentralbanken zu richten, die sich als kompromittierend erweisen könnten.«[177]

Bei einem inoffiziellen Treffen der Gouverneure der BIZ im Februar 1933 widersetzte sich der Präsident der belgischen Nationalbank nachdrücklich dem Abschluß eines Zentralbankabkommens vor der Londoner Konferenz, da dies »die irrige Vorstellung, der monetäre Faktor spiele eine ausschlaggebende Rolle in der Weltkrise, in katastrophaler Weise verstärken würde«. Norman stimmte dem uneingeschränkt zu. Schließlich verfaßten die Gouverneure der BIZ ein Dokument mit dem Titel »Regeln des Goldstandards«, das die Londoner Konferenz im voraus binden sollte. Unnötig zu erwähnen, daß es nichts als Banalitäten enthielt.

Zentralbanken, restriktive Fiskalpolitik und internationale Kapitalbewegungen waren so offenkundige Bösewichte im Drama der Depression, daß sich damals nur wenige Kommentatoren die Mühe machten, den Problemen der Instabilität des Finanzsektors Beachtung zu schenken. Tatsächlich wurde diesem Aspekt der Wirtschaftsordnung zwischen den beiden Weltkriegen erst im Zuge der raschen Globalisierung der Finanzmärkte seit 1970 mehr Beachtung geschenkt, in deren Verlauf einige der Probleme der älteren Ordnung wiederauftauchten.

Neuere Untersuchungen deuten darauf hin, daß seit den siebziger Jahren in vielen Fällen Währungskrisen Schwierigkeiten im Bankensektor vorausgingen. Einige der Mechanismen sind leicht zu verstehen: Zentralbanken oder Regierungen versuchen akute oder auch beginnende Schwierigkeiten im Bankensektor durch eine Ausweitung der Geldmenge oder durch fiskalpolitische Maßnahmen (die Sozialisierung von Bankschulden, wie etwa in Mexiko in den neunziger Jahren) zu bekämpfen. Dies führt zu einer realen Überbewertung, die potentiellen spekulativen Angriffen auf die Währung den Weg ebnet. In diesen Studien findet sich auch oft die Feststellung, den Bankenkrisen sei eine Liberalisierung und Deregulierung des Finanzsektors vorausgegangen, die potentiell destabilisierende Kapitalzuflüsse förderten. Wenngleich diese Argumente bereits als Reaktion auf die Probleme des Europäischen Währungssystems und der Mexiko-Krisen Anfang der neunziger Jahre formuliert wurden, verstärkten die Auswirkungen der Asien-Krise nach 1997 diese Interpretation noch.[178]

Die erste Phase der Weltwirtschaftskrise weist Übereinstimmungen mit eben diesem hochaktuellen Problem auf. Die Instabilität des Bankensektors trug in erheblichem Umfang dazu bei, überhaupt erst das Potential für Währungskrisen zu schaffen. In der Zwischenkriegszeit lag das Problem in Mitteleuropa in der Tradition des Universalbankensystems, das im Gefolge eines Inflationsschocks mit einer zu dünnen Kapitaldecke wiederaufgebaut wurde, und in den Vereinigten Staaten in der schwachen Entwicklung des Filialbankensystems. In den neunziger Jahren ist die Krisenanfälligkeit in Ostasien, vielen lateinamerikanischen Ländern und Rußland auf mangelhafte Rechnungslegung, Korruption und Einmischung der Politik zurückzuführen. In beiden Perioden wurden die Schwächen durch enge Märkte, die in einer Panik austrockneten, verschlimmert. Die entscheidende Frage für heute bezieht sich auf das Ausmaß, in dem das finanzielle Risiko der Industriestaaten möglicherweise zu einer Wiederholung der zweiten Phase der Weltwirtschaftskrise führt.

Man kann die Indizien, die darauf hindeuten, daß die Krise von der Peripherie aufs Zentrum des internationalen Finanzsystems übergreifen könnte, in Form einer Tabelle darstellen. Diese zeigt, für verschiedene Jahre und Länder, die gesamten Auslandsverbindlichkeiten der Banken in Prozent der internationalen Währungsreserven (vgl. Tabelle 2.4). Eine kurze Durchsicht bestätigt einige der oben diskutierten Themen: Länder sind krisenanfällig, wenn ihre Banken einen im Verhältnis zu den Währungsreserven hohen Prozentsatz von Auslandsverbindlichkeiten aufweisen, und wenn sich in dem Jahr beziehungsweise den Jahren unmittelbar vor Ausbruch der Krise diese Kennzahl drastisch verändert. Die Zahlen für die G-7-Staaten deuten auf ein potentielles Risiko hin, zumindest in den Volkswirtschaften, in denen der Finanzsektor eine wichtige Rolle spielt. Großbritannien ist wie schon 1931 in besonderem Maße durch dieses Problem gefährdet.

Tabelle 2.4 Bruttoauslandsschulden der Banken in Prozent der internationalen Währungsreserven, verschiedene Länder und Jahre (in Prozent)

Land	Prozentsatz	jährliche Veränderung in Prozent
Deutschland (Juli 1931)	3,7	–25
Mexiko (3. Quartal 1994)	0,6	33,7
Ostasien (Mitte 1997)		
Südkorea	1,3	15,1
Indonesien	0,7	–10,1
Thailand	1,7	17,8
Singapur	0,8	5,9
Hongkong	9,4	–13,5
Philippinen	1,7	39,1
China	10,5	–21,3
G-7 (1. Quartal 1999)		
Deutschland	7,2	–5,3
Großbritannien	64,7	12,3

Quelle: Harold James, *The German Slump: Politics and Economics, 1924–1936*, Oxford 1986, S. 294; und IWF, *International Financial Statistics*, verschiedene Ausgaben.

Allerdings geben schematische Übersichten keine sehr zuverlässigen Aufschlüsse über die wahrscheinlichen Ursachen von Schwächen im Finanz- und Bankensektor. Es gab im Vorfeld der Krise von 1997 nur wenige Publikationen, in denen die Probleme koreanischer und thailändischer Banken vorweggenommen wurden, so wie in Großbritannien ein amtlicher Bericht (des MacMillan-Ausschusses über Handel und Industrie), der die Überlegenheit des deutschen Bankensystems über das britische herausstellte, zufälligerweise genau an dem Tag erschien, nämlich dem 13. Juli 1931, an dem die bekannteste deutsche Industriebank, die hohe Kreditrisiken angehäuft hatte, insolvent wurde und das gesamte deutsche Bankensystem zum Einsturz brachte.

Konjunkturelle Zyklen im internationalen Kreditverkehr waren natürlich schon ein Kennzeichen der Weltwirtschaft im 19. Jahrhundert gewesen, wobei es zu zahlreichen Zusammenbrüchen in der Peripherie kam. War 1930/31 insofern anders, als es sich um eine systemische Krise des Goldstandardsystems handelte? Im 19. Jahrhundert war der Goldstandard so robust gewesen, daß die Länder im Zentrum des Systems in Westeuropa keine Sekunde einen Ausstieg aus der Goldwährung in Betracht zogen, obgleich die Vereinigten Staaten um 1895 beinahe hinausgedrängt worden wären. In den zwanziger Jahren sah zunächst alles nach einem typischen kreditinduzierten Boom aus, wie man ihn aus dem 19. Jahrhundert kannte, doch die Rezession in den Jahren 1930/31 nahm dann einen systemischen Charakter an, der den Golddevisenstandard zerstörte. In den neunziger Jahren erwies sich das internationale Finanzsystem als robuster, als dies einige Kommentatoren behauptet und befürchtet hatten. Aber es gibt Anfälligkeiten, die den Schwächen in der Zwischenkriegszeit ähneln. Bindungen an feste Wechselkurse stellen einen Mechanismus dar, durch den Krisen leicht übertragen werden können, und obgleich feste Wechselkurse heute bei Wirtschaftswissenschaftlern unpopulär sind, gelten sie in vielen Schwellenländern mit mittlerem Einkommen weiterhin als die einzige realistische Methode der Kapitalbeschaffung.

Der voranstehende Überblick über Bankruns und Finanzpaniken während der Weltwirtschaftskrise und eine Analyse der Unterschiede zu 1997/98 verdeutlichen auch, wie wichtig eine geeignete Geld- und

Währungspolitik ist. Im Oktober 1998 reagierte man auf die Gefahr eines weltweiten Übergreifens der Finanzkrise, vor allem in den USA, mit einer Lockerung der Geldpolitik und der Bereitstellung zusätzlicher Mittel für die internationalen Finanzinstitutionen. Unter dem Eindruck der Brasilien-Krise und ihrer Folgen für die übrigen Länder Lateinamerikas stimmte der US-Kongreß schließlich einer Quotenerhöhung für den IWF zu, gegen die er sich zuvor gesperrt hatte.

Aber die wichtigste Erkenntnis aus den Ereignissen der zwanziger und neunziger Jahre besteht darin, daß die Stabilität des Finanzsektors eine wesentliche Voraussetzung für die Verhütung selbstzerstörerischer Krisen in einer Welt ist, in der Kapital ungehindert über nationale Grenzen fließt.

Kapitel

3

◆◆◆

Zölle, Handelspolitik und der Zusammenbruch des Welthandels

Unter den instabilen weltwirtschaftlichen Rahmenbedingungen der zwanziger Jahre wurden Maßnahmen zur Förderung des Außenhandels, die schon einmal erfolgreich gewesen waren, erneut angewandt. Es kam zu einem gefährlichen Wechselspiel zwischen der Geldpolitik, der Außenhandelspolitik und dem Einwanderungsrecht. Auf all diesen Gebieten mußte der Staat auf zunehmende Forderungen nach aktiver politischer Gestaltung reagieren, doch die Politiker, die auf einem Gebiet tätig waren, hatten oft mit den Folgen von Entscheidungen auf anderen Politikfeldern zu kämpfen. Die Währungspolitik auf internationaler Ebene wirkte destabilisierend. Da die Preise immer heftiger schwankten, wirkten sich Schutzzölle und andere handelspolitische Maßnahmen negativer aus als in der relativ stabilen Wirtschaftsordnung vor dem Krieg.

Auf höchster politischer Ebene begannen die Regierungen die zwanziger Jahre mit den besten Vorsätzen, wie dies schon bei den Debatten über die Finanzmärkte und das Bankenwesen der Fall gewesen war. Nirgends kam die hehre handelspolitische Gesinnung klarer zum Ausdruck als in dem dritten der Vierzehn Punkte von Präsident Wilson, der die »weitestmögliche Aufhebung aller Handelsschranken und die Begründung eines Regimes gleicher Handelsbedingungen zwischen allen Staaten [forderte], die dem Frieden zustimmen und an seiner Wahrung mitwirken wollen«. Die Doktrin einer engen Verknüpfung zwischen einer offenen Weltwirtschaft und internationalem

Frieden, die auch der US-amerikanischen Politik während und nach dem Zweiten Weltkrieg zugrunde lag, wurde hier explizit als Grundlage einer neuen Weltordnung statuiert.

Doch die hehren Ziele überstanden das Währungschaos zu Beginn der zwanziger Jahre nicht. So setzte Deutschland nach dem Ende der Beschränkungen, die der Versailler Vertrag der deutschen Zollhoheit auferlegt hatte, sofort die Sätze des Bülow-Zolls von 1902 wieder in Kraft. Doch als die Agrarpreise sanken, erwiesen sich diese Zölle angesichts des Drucks der Bauernlobby rasch als unzureichend, denn die Preise fielen weiter. In den zwanziger Jahren gestalteten viele Staaten ihre Zolltarifsysteme so flexibel, daß sie die Zölle rasch an veränderte Rahmenbedingungen anpassen konnten. Vorbild für diese Gesetze war der US-amerikanische Fordney-McCumber Tariff Act von 1920, der zügige Entscheidungen durch eine mit Experten besetzte, »unpolitische« Tariff Commission vorsah. In der Praxis aber bedeutete Flexibilität ein ständiges Höherschrauben.

Nach 1928 geriet der Welthandel in eine Abwärtsspirale, die sich immer schneller drehte. Keine wirtschaftspolitische Maßnahme wurde von den Wirtschaftswissenschaftlern so einmütig verdammt wie der Hawley-Smoot Tariff Act von 1930. Manche führen die Depression sogar auf dieses Gesetz zurück. Nach dieser Sichtweise waren Zölle und später nichttarifäre Handelshemmnisse (Kontingente, Hygienemaßnahmen) die eigentlichen Ursachen der Weltwirtschaftskrise. Die Devisenbewirtschaftung, die im Gefolge der Finanzkrisen eingeführt wurde, wurde für die Regulierung des Außenhandels instrumentalisiert.

So wie die modernen Hüter der Geldpolitik oftmals rhetorisch eine schwere Deflation als Rechtfertigung für stabilisierende beziehungsweise konjunkturbelebende geldpolitische Maßnahmen anführen (wie etwa im Oktober 1987 oder erneut im Herbst 1998), sehen Handelsexperten neue Hawley-Smoot-Gesetze hinter den Sonderinteressen lauern, die handelspolitische Entscheidungen vorantreiben.

War die Geschichte des Handels in den zwanziger beziehungsweise dreißiger Jahren außergewöhnlich? Unsere Analyse der Ursachen der Weltwirtschaftskrise hängt im wesentlichen von der Beantwortung dieser Frage ab. Wenn die Handelsprobleme der zwanziger Jahre einzigartig waren, dann liefern sie vielleicht einen wichtigen Beitrag zur Erklärung des Zusammenbruchs der Weltwirtschaft am Ende des Jahrzehnts. Wenn andererseits nur die dreißiger Jahre aus dem Rahmen fielen, dann erklärt der Handel weniger die Ursachen der Depression als vielmehr den besonderen Verlauf der Erholung.

Dem Zusammenbruch des Handels in quantitativer Hinsicht ging ein Preisverfall bei fast allen internationalen Handelsgütern nach 1925 voraus: eine sanfte Abwärtsbewegung bei Nahrungsmitteln und Industrieerzeugnissen bis 1929 (als ein drastischerer Preisrückgang einsetzte), aber ein bereits recht deutlicher Rückgang bei den Rohstoffpreisen. Die Gesamtdynamik verdeutlichte die anhaltende deflatorische Schwäche der Weltwirtschaft, eine Schwäche, der man am ehesten durch protektionistische Maßnahmen Herr zu werden glaubte.

Niemand würde behaupten, daß die restriktiven Außenhandelsregime der dreißiger Jahre, die ein Land nach dem anderen einführte, eine optimale Lösung darstellten. Aber es spricht doch viel dafür, daß sie eine praktikable – und vielleicht die einzig praktikable – zweitbeste Option waren. Als andere Länder eine deflatorische Geldpolitik betrieben und ihren Handel einschränkten, stellte der Versuch, die Einkommen durch protektionistische Gesetze zu schützen, eine rationale Strategie gegen eine von außen aufgezwungene Verelendung dar.

Die Analyse der Finanzströme im vorangehenden Kapitel legt eine Antwort nahe: Die zwanziger Jahre fielen aufgrund der Verfügbarkeit von Kapital weniger aus dem Rahmen als die dreißiger Jahre. Man kann sich kaum vorstellen, daß alle Länder in einer Weltwirtschaft ihre Handels- und Dienstleistungsbilanzen langfristig ausgeglichen halten können; und wenn sie dies versucht hätten – nur zu kaufen, wenn sie etwas verkaufen –, hätte dies das Wachstum des Welthandels beeinträchtigt. Die Ungleichgewichte, die sich im Verlauf der Entwicklung von selbst ausbilden, werden durch Kapitalbewegungen ausgeglichen. Die Kapitalströme der zwanziger Jahre waren erforderlich, um Ungleichgewichte zu finanzieren, die aus der Erholung des Welthandels nach dem Ersten Weltkrieg resultierten; als dieses Kapital in den dreißiger Jahren aufgrund von Veränderungen an den Weltfinanzmärkten nicht länger

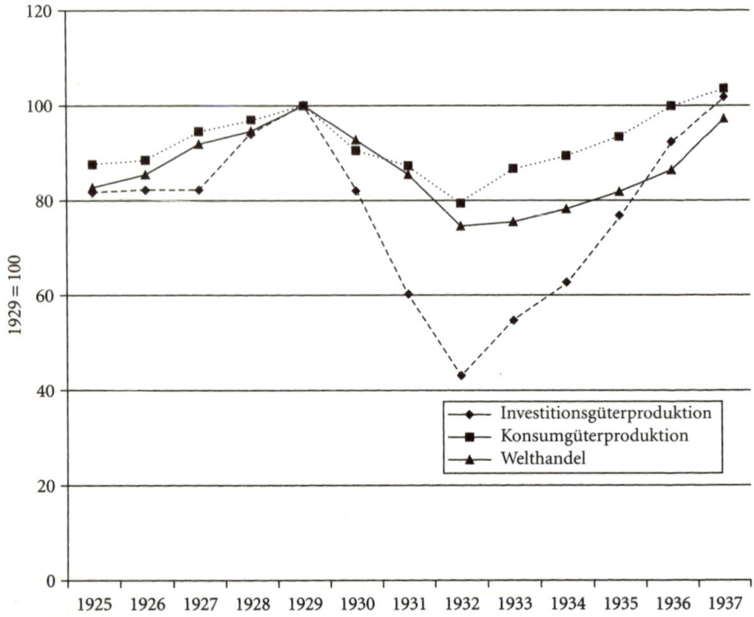

Schaubild 3.1 Weltproduktion und Welthandel, 1925–1937
(Quellen: errechnet aus Daten des Völkerbunds, *World Production and Prices* [Genf], verschiedene Jahre)

zur Verfügung stand, brachen die Wachstumsraten des Außenhandels ein. Der Stillstand rührte von der wachsenden Unsicherheit und dem »Vertrauensverlust« während der Depression her. Aber es gibt eine Wechselbeziehung zwischen Finanz- und Handelsmärkten. Man könnte die These vertreten, daß die Nervosität der Finanzmärkte eine Reaktion auf neue Handelsschranken war.

Das stärkste Argument dafür, daß die zwanziger Jahre normal verliefen, während die dreißiger Jahre aus dem Rahmen fielen, stammt von W. Arthur Lewis. Er untersuchte die Struktur des Welthandels, indem er das Verhältnis zwischen der Weltindustrieproduktion und dem Handel mit Rohstoffen ins Zentrum seiner Analyse rückte. Lewis zeigte, daß dieses Verhältnis in den zwanziger Jahren noch immer mit dem Muster der Vorkriegszeit übereinstimmte, während es in den

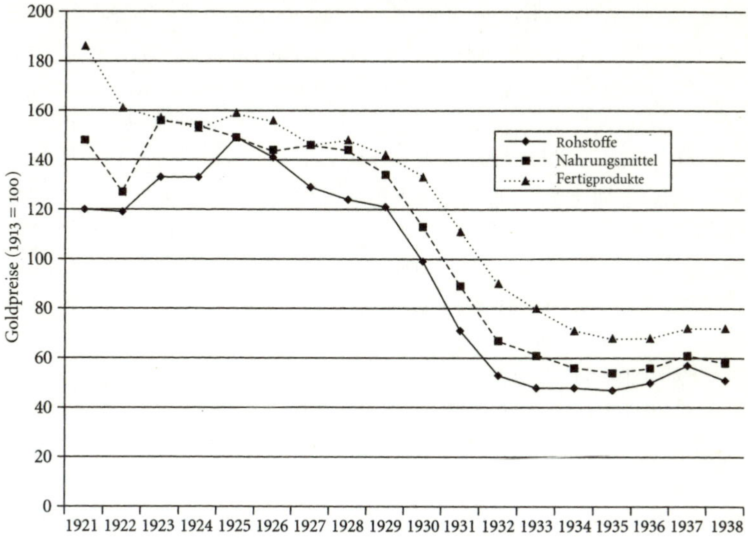

Schaubild 3.2 Preise im Welthandel, 1921–1938
(Quellen: errechnet aus Daten des Völkerbunds, *World Production and Prices*, [Genf], verschiedene Jahre)

dreißiger Jahren stark abwich, weil der Rohstoffhandel deutlich zurückging.[1]

Doch ein Ungleichgewicht zwischen der Industriegüterproduktion und dem Rohstoffhandel ist nicht die einzige mögliche Ursache für Störungen der Handelsbeziehungen. Denn obgleich sich der Handel in den zwanziger Jahren von den Folgen des Ersten Weltkriegs erholte, war die Erholung im Jahr 1929 nicht so weit fortgeschritten, wie sie hätte sein »sollen«, wenn die Trends der Vorkriegszeit angehalten hätten. Wenn der Rückstand völlig aufgeholt worden wäre und wenn 1929 im Trend der Expansion des Handels zwischen 1900 und 1914 gelegen hätte, dann hätten die Exporte der führenden Industriestaaten 20 Prozent höher liegen müssen.[2] Tatsächlich unterschätzt diese Berechnung das Ausmaß des Rückstands noch. Da der Friedensvertrag alte Reiche aufteilte und die Zahl der Staaten erhöhte, hätte das Handelsvolumen noch schneller wachsen müssen, um dem Trend zu entsprechen. Durch den

Krieg bekam Europa neun neue Volkswirtschaften, dreizehn neue Währungen und 20 000 Kilometer zusätzliche Zollgrenzen.

Tatsächlich haben die Erholungen der zwanziger und dreißiger Jahre etwas mit den Aufschwüngen vor 1914 gemein, aber es gibt auch Unterschiede. Bei dem Aufschwung in den dreißiger Jahren wuchs die Weltproduktion einmal mehr deutlich schneller als der Welthandel. Die Rohstofferzeugung lag 1937, dem Jahr des nächsten konjunkturellen Höhepunkts, 10 Prozent höher als 1929, und die Industrieproduktion legte um 19 Prozent zu (diese Zahlen schließen die UdSSR ein, auf die ein Großteil der Zunahme in den dreißiger Jahren entfällt). Aber der Welthandel hatte um 3 Prozent abgenommen.[3]

Zudem entwickelten sich auch die Preise in den zwanziger und dreißiger Jahren ungewöhnlich. Der Handel zeigte in den zwanziger Jahren Anzeichen einer einseitigen Deflation. Von 1925 bis 1929 wuchs das Handelsvolumen jährlich um 4,8 Prozent, aber der Wert des Welthandels nahm in einem viel geringeren Umfang zu, nämlich um 1,6 Prozent jährlich.[4] In dieser Entwicklung spiegelte sich die Erholung der Agrarproduktion nach dem Krieg wider, aber auch der Preisrückgang, der aus der Ausweitung des Angebots bei niedriger Nachfrageelastizität resultierte.

Schließlich stellen die Zölle und die Zollpolitik ein weiteres Gebiet dar, auf dem die Meinungen über die jeweiligen Besonderheiten der beiden Jahrzehnte auseinandergehen. Lewis behauptet, sowohl das internationale Verhandlungssystem, das auf Meistbegünstigungsklauseln basierte, als auch die tatsächlichen Zollsätze hätten sich gegenüber der Vorkriegszeit kaum verändert. Gemäß diesen Vereinbarungen lag eine rationale Strategie darin, zunächst Gesetze mit stark protektionistischer Ausrichtung (sogenannte Kampfzölle) zu erlassen und diese dann in Verhandlungen mit dem wichtigsten Handelspartner abzuschwächen, und zwar im Gegenzug für Vergünstigungen, die anschließend durch das Meistbegünstigungsprinzip ausgeweitet wurden. Doch die von Lewis behauptete weitgehende Kontinuität zwischen der Vor- und Nachkriegszeit läßt sich nur auf einer sehr hohen Abstraktionsebene nachweisen. Betrachtet man die Entwicklung einzelner Länder und einzelner Rohstoffe, ergibt sich ein ganz anderes Bild: Die Gesamtbilanz der zwanziger Jahre verdankt sich der Tatsache, daß die Zölle auf Rohstoffe und auf Industriegüter in unterschiedliche Richtungen angepaßt wurden.

Die besonderen Merkmale der zwanziger Jahre lassen sich mit den folgenden komplementären Faktoren erklären:

- als eine Folge der Industrialisierung: d. h. als das Ergebnis einer langfristigen Entwicklung der Rohstofferzeugung und der relativen Nachfrage nach Rohstoffen und Industriegütern;
- als das Produkt der Handelspolitik: Politische Entwicklungen in den großen Volkswirtschaften veränderten die Anreize für eine außenwirtschaftliche Öffnung beziehungsweise Abschottung.

Die Folge von Industrialisierungsstrategien

Viele zeitgenössische Kommentatoren erwarteten, daß der Anteil von Industriegütern am Welthandel mit fortschreitender Industrialisierung der Länder nachhaltig sinken würde. In dem Maße, wie die Abhängigkeit der Staaten von der Agrarproduktion nachlasse, würde die internationale Arbeitsteilung abnehmen. Dieses Argument war schon 1821 von Robert Torrens (»An Essay on the Production of Wealth«) und 1909 von Werner Sombart vorgebracht worden; in den dreißiger Jahren wurde es dann von Keynes und Robertson wiederaufgegriffen.[5]

Diese Sichtweise war nicht auf akademische Kreise beschränkt: Sie wurde, im Gegenteil, von sehr unterschiedlichen politischen Führungsfiguren aufgegriffen und popularisiert. Adolf Hitler beispielsweise dachte genau in diesen Kategorien: »Werde dieser Export von Produktionsmitteln ins Uferlose fortgesetzt, so höre die Lebensvoraussetzung für die europäische Industrie einfach auf. Daher seien internationale Abkommen über die Begrenzung des Exports von Produktionsmitteln erforderlich.«[6]

Zu dem Verlust des komparativen Vorteils der ersten Industriestaaten kamen politische Entscheidungen in anderen Ländern: Staaten würden versuchen, eigene Industrien aufzubauen. Der Wirtschaftswissenschaftler Dennis Robertson formulierte es folgendermaßen: »Wir können es daher als eine gewissermaßen naturgegebene Tatsache betrachten, daß ein relativer Rückgang des Welthandels aufgrund einer Verringerung des komparativen Vorteils höchstwahrscheinlich mit einem weiteren, politisch bedingten Rückgang einhergeht. Denn dieser läßt nicht nur die Übel der Instabilität und der Unsicherheit deutlicher hervortreten, sondern senkt auch die realen Kosten, die der Gemeinschaft entstehen, wenn sie diese Übel lindern möchte.«[7]

Großbritannien wurde als Exporteur von Stapelwaren, insbesondere Wollwaren, durch den Aufbau einer Textilindustrie in Japan, Indien und auch Lateinamerika besonders hart getroffen. Im Jahr 1913 entfielen 42,9 Prozent der Weltexporte an Textilien und Bekleidung auf Großbritannien, und 1929 betrug der Anteil noch immer 33,0 Prozent; aber das Volumen hatte abgenommen. Der Gesamtanteil Großbritanniens an der Weltausfuhr von Industrieerzeugnissen sank in dieser Zeit von 30,2 auf 22,4 Prozent. Unterdessen stieg der Anteil Japans am Weltexport von Textilien von 4,3 auf 9,5 Prozent, und das Land erreichte einen Anteil von 3,9 Prozent am Weltexport von Industrieerzeugnissen.[8] Großbritannien war daher mit dem spezifischen Problem konfrontiert, wo es sich mit welchen Produkten neue Absatzmärkte erschließen konnte. Der Balfour-Ausschuß (Industrie- und Handelsausschuß) gelangt zu dem Schluß: »Die unmittelbare und offenkundigste Wirkung ist eine Beschränkung des Handels. Güter, die früher auf einem bestimmten Markt leicht abgesetzt werden konnten, werden nun durch die Konkurrenz der heimischen Waren, die durch Importzölle geschützt werden, völlig oder teilweise vom Markt ferngehalten.«[9]

Andererseits erforderte der Prozeß der Industrialisierung durch Importsubstitution nach wie vor erhebliche Einfuhren, besonders von Ausrüstungsgütern und Rohstoffen; und nach 1945 wurde das Wachstum des Welthandels durch weitreichende Industrialisierungsvorhaben gefördert und nicht etwa gebremst. In den Zwischenkriegsjahren gab es Anzeichen für eine derartige neue Nachfrage. Japan führte einerseits weniger Stapelwaren aus Großbritannien ein, doch andererseits kaufte es mehr Maschinen in den Vereinigten Staaten. Indien, das 1913 85 Prozent seiner Einfuhren an Fertigprodukten aus Großbritannien bezogen hatte, kaufte 1937 nur noch ein Siebtel dessen, doch es importierte große Mengen an Gütern aus Japan. Anders gesagt, die rückläufige Entwicklung des Handels mit Fertigprodukten erwies sich als ein spezifisch britisches Phänomen, das nicht für die Welt insgesamt galt. Großbritannien litt in den zwanziger Jahren viel stärker als alle anderen Exportländer unter den Folgen der Importsubstitution.[10]

Länder, die in den zwanziger Jahren in Mitteleuropa einer klar definierte Strategie der Importsubstitution folgten, belegten Industriegüter mit hohen Zöllen, Rohstoffe und Werkzeugmaschinen hingegen nur mit niedrigen Zöllen. Das europäische Land, das am konsequentesten eine Entwicklungsstrategie auf der Basis hoher Zölle betrieb, war die Tschechoslowakei. Die Einfuhr von Maschinen war zollfrei. Ungarn wollte ein neues Industriezentrum an der Donau aufbauen. Neben staatlichen Bauprogrammen und Subventionen gab es auch handelspolitische Maßnahmen, wie etwa in der Tschechoslowakei, wo ein neuer Zolltarif im Jahr 1924 die Konzentration in der Fertiggüterbranche vorantreiben sollte und Kontingente für Halbprodukte von den im allgemeinen hohen Zöllen freistellte. Von 1924 bis 1927 sank der Anteil der Textilwaren-Einfuhren an den Gesamtimporten von 25,1 auf 19,7 Prozent, und die ungarische Stahlproduktion nahm um 50 Prozent zu.[11]

Solche notwendigen Einfuhren konnten entweder durch Kapitalzuflüsse, die Außenhandelsüberschüssen in den Volkswirtschaften der großen Industriestaaten entsprachen, oder durch Ausweitung der Rohstoff- oder Lebensmittelexporte finanziert werden. Doch Mitte der zwanziger Jahre hatte die europäische Landwirtschaft wieder die Produktivität der Vorkriegszeit erreicht. In dem Maße, wie die Produktion von Gütern mit geringer Preiselastizität der Nachfrage zunahm, vergrößerten sich die Lagerbestände und die Preise fielen ab der Mitte des Jahrzehnts. Eine exportgestützte Strategie der Industrialisierung stand damit auf sehr wackligen Füßen, da selbst hohe Exportsteigerungen aufgrund der Preissituation immer geringere Erlöse einbrachten.

Der Handel mit einigen Rohstoffen wurde durch internationale Abkommen geregelt: Das Stevenson-Kautschukabkommen von 1924 versuchte dies für einen Rohstoff mit äußerst unelastischem Angebot, bezog jedoch die Kleinproduzenten von Niederländisch-Ostindien nicht mit ein.[12] Das Abkommen stützte die Preise eine Zeitlang, doch dann wurden die Ausgleichslager zu groß. Ihre Existenz und Finanzierungsprobleme drückten schließlich auf die Preise.

Eine weitere Möglichkeit, Erzeuger vor Preisverfällen zu schützen, waren protektionistische Maßnahmen und insbesondere Zölle.

Die Handelspolitik in den zwanziger Jahren

Eine massive protektionistische Abschottung war das offenkundigste Kennzeichen des Zusammenbruchs des Globalismus in der Zwischenkriegszeit. Der Protektionsgrad läßt sich bekanntermaßen nur schwer messen, besonders mit der gängigsten Methode, die eine Art Zollindex benutzt, um den Protektionsgrad auf der Basis des Werts der erhobenen Zölle in Prozent des Gesamtwerts der Importe zu messen. Für die großen Industriestaaten stieg dieser Zollindex in den Zwischenkriegsjahren wie folgt: zwischen 1923 und 1926 betrug er 11 Prozent, im Zeitraum von 1927 bis 1931 13 Prozent und im Zeitraum von 1932 bis 1939 18 Prozent.[13]

Gegen eine solche Methode läßt sich einwenden, daß Zölle, die Importe verhindern, (wozu sie in der Zwischenkriegszeit oft dienten) nicht vom Index erfaßt werden. Der Index eignet sich daher lediglich zur Messung von Finanzzöllen, nicht aber von Schutzzöllen, die die vorherrschende Form der Zollgesetzgebung in der Zwischenkriegszeit waren. Die obigen Zahlen vermitteln kein getreuliches oder auch nur annähernd richtiges Bild von der Zunahme der Handelsbeschränkungen zwischen 1927 und 1931.

Zoll- und Handelsabkommen sind stark politisch geprägt, und es wäre verwunderlich, wenn sich ihre Ausgestaltung nicht infolge der großen politischen und sozialen Umwälzungen im Anschluß an den Ersten Weltkrieg verändert hätte. Sie sind die Produkte eines besonderen politischen Marktes: Protektion kann man als ein Gut betrachten, das getauscht wird. Einerseits gibt es bestimmte Interessengruppen, die hohe Zölle fordern, um Einkommensströme, die als eine Rente angesehen werden können, zu schaffen oder zu erhalten. Diese Interessengruppen engagieren sich politisch, um sich einen zusätzlichen Einkommensstrom zu sichern.[14] Andererseits können politische Institutionen als Gegenleistung für andere Arten von Unterstützung Schutz gewähren. Es gibt gewisse statistische Hinweise darauf, daß politische Instabilität mit einer gesteigerten Bereitschaft einherging, handelspolitische Maßnahmen einzusetzen.[15]

Gleichzeitig sind Zölle ein Aspekt der Außenwirtschaftspolitik, und sie unterliegen Verhandlungen zwischen Nationen. Zölle und ihre Wirkungen sind der Bereich des internationalen Handels, auf den Volkswirte besonders gern spieltheoretische Modelle angewandt haben.[16]

Die protektionistischen Maßnahmen, die die Staaten in den zwanziger und dreißiger Jahren ergriffen, werden oft als zweitbeste Lösung dargestellt: Obgleich sich die positiven Effekte einer weiteren Liberalisierung möglicherweise weltweit verbreitet hätten, konnte es sich kein Land leisten, den Handel zu liberalisieren, während andere Länder Zölle und Kontingente benutzten, um die Importe zu beschränken. Zölle waren nicht bloß eine Reaktion auf protektionistische Forderungen im Inland, sondern auch eine Folge von internationalen Interaktionen und Verhandlungen zwischen Staaten. In der Diskussion über den internationalen Handel wurde »Beggar-my-neighbor«* zu einem geläufigen Ausdruck.

Der jeweilige Protektionsgrad entsprach zum Teil der Position eines bestimmten Landes innerhalb der Weltwirtschaft. Während sehr kleine Volkswirtschaften mit hoher Abhängigkeit vom Außenhandel offen bleiben wollten, konnten Großmächte protektionistische Maßnahmen aus innenpolitischen Gründen ergreifen, ohne Rücksicht auf außenwirtschaftliche Zwänge. Viele neue Länder, die zwischen diesen beiden Fällen angesiedelt waren, verfolgten aus politischen und gesellschaftlichen Gründen eine Strategie der Industrialisierung, und sie sahen in handelspolitischen Maßnahmen eine Möglichkeit, die Industrialisierung zum Zwecke der Importsubstitution zu fördern.

---

* Wörtl. »meinen Nachbarn an den Bettelstab bringen«: Neomerkantilistische Wirtschaftspolitik, die darauf abzielt, den Beschäftigungsstand des eigenen Landes auf Kosten der anderen Länder zu verteidigen, A. d. Ü.

Internationale Konferenzen mit dem Ziel, diesen Prozeß der Beschränkung des internationalen Handels umzukehren, – besonders 1927 und 1933 –, und die Bemühungen des Wirtschafts- und Finanzausschusses des Völkerbunds scheiterten. Die zweitbesten Alternativen wurden nicht verworfen, es gab keine Rückkehr zu einer optimalen Lösung und keinen Sieg der praktischen Vernunft. Und die Politik der Handelsliberalisierung, die die Vereinigten Staaten – das Land, dem man besonders schwer ankreidete, in den zwanziger Jahren mit schlechtem Beispiel vorangegangen zu sein – nach 1934 betrieben, erzeugten auch keine Gegenbewegung in Richtung Freihandel. Die Erfolge von Außenminister Cordell Hull beschränkten sich auf sehr zähe Verhandlungen über eine bilaterale Handelsliberalisierung. Dies erforderte nach 1945 eine völlige politische Neuordnung, um die Staatengemeinschaft wieder auf den Pfad der Liberalisierung und Ausweitung des Handels in einem multilateralen Kontext zu drängen. Institutionen – vor allem das Allgemeine Zoll- und Handelsabkommen (GATT) – überwachten diese Entwicklung nach dem Krieg. Das GATT leistete anfänglich einen großen Dienst, indem es durch Auferlegung verbindlicher Zölle – anders gesagt, durch das Verbot einseitiger, unvorhersehbarer Zollerhöhungen – Unsicherheit beseitigte. Bei der Absenkung der nominellen Zollsätze insgesamt war ihm kein großer Erfolg beschieden. Der größte Schub bei der Liberalisierung des Handels in den fünfziger und sechziger Jahren war vielmehr eine unbeabsichtigte Folge der Preisinflation, die die realen Zollsätze absenkte, deren nominelle Höhe durch Übereinkunft festgelegt worden war.

In der reinen Theorie des internationalen Handels erhöht eine einseitige Umstellung auf Freihandel das reale Gesamteinkommen, es sei denn, sie bewirkt eine erhebliche Verschlechterung der Terms of Trade* eines Landes.[17] Umgekehrt führt eine Abkehr vom Freihandel wahrscheinlich zu Einkommensverlusten. Welche politischen Fakto-

* Unter den Terms of Trade eines Landes, die auch als »reales Austauschverhältnis« bezeichnet werden, versteht man das Verhältnis von Exportgüter- zu Importgüterpreisindex in heimischer Währung, A. d. Ü.

ren bewirkten, daß derartige Einkommensrückgänge in Kauf genommen wurden? Es lassen sich mehrere Gründe anführen: das Fortbestehen militärischer Denkgewohnheiten als Vermächtnis des Kriegs, die Folgen der Demokratisierung, Reaktionen auf Interessenpolitik, die Prioritäten eines neuen Nationalismus, eine Reaktion auf eine sehr schlechte Wirtschaftslage und insbesondere monetäre Störungen sowie der Wunsch, in Handelsrunden mit anderen Ländern einen Trumpf in Händen zu halten.

DAS VERMÄCHTNIS DES KRIEGS. Die militärische Planung legte großen Wert auf Autarkie, und Blockaden waren ein wichtiges Element der Kriegsstrategie. Debatten über eine Autarkie in Kriegszeiten waren gelegentlich in der protektionistischen Literatur des 19. Jahrhunderts aufgetaucht, doch da die meisten Militärfachleute davon ausgegangen waren, daß Kriege nur kurz dauern würden, blieb dies bis 1914 ein eher untergeordnetes Motiv. Die reale Erfahrung eines längeren Wirtschaftskriegs veränderte die Debatte, und Zölle zur Förderung der inländischen Produktion spielten während des Ersten Weltkriegs zwangsläufig eine große Rolle in der Politik. Zugleich herrschte ein Mangel an Transportkapazitäten, so daß eine gezielte Beschränkung nicht-notwendiger Importe beziehungsweise Luxusgüterimporte wünschenswert war. In Großbritannien hatte der McKenna-Zolltarif von 1915 Autos, Musikinstrumente, Uhren und Kinofilme mit einem Zoll von 33 Prozent belegt. Frankreich erhöhte seine Zollsätze 1918 von 5 auf 20 Prozent.

DEMOKRATISIERUNG. Eigentlich wäre zu erwarten gewesen, daß die Demokratisierung in Europa und anderen Regionen und der Umsturz alter Autokratien einen Schub in Richtung Freihandel auslöst. Sozialistische Parteien waren traditionell entschiedene Anhänger des Freihandels, weil sie Protektion hauptsächlich mit Agrarinteressen und hohen Verbraucherpreisen in Verbindung brachten. Tatsächlich läßt sich im Europa der Vorkriegszeit eine annähernde Korrelation zwischen dem Ausmaß an Autokratie und der Höhe der Zölle feststellen: in absteigender Reihenfolge kann man hier Rußland, das Habsburger-Reich und das Hohenzollern-Reich (72,5, 22,8 und 16,7 Prozent) anführen.[18]

Aber auch Demokratien haben ihre Gründe, protektionistisch zu sein: Frankreich und Schweden – Länder mit großer Landbevölkerung – schotteten ihre Volkwirtschaft ebenfalls stark ab. Tatsächlich spielten die ländliche Bevölkerung und ihr politisches Gewicht überall außerhalb Großbritanniens, wo nur 5,6 Prozent der Erwerbstätigen in Land-, Forstwirtschaft und Fischfang tätig waren, eine wichtige Rolle bei politischen Kalkülen. In den zwanziger Jahren arbeiteten 41,5 Prozent der französischen Erwerbsbevölkerung in der Landwirtschaft, und 54 Prozent der Bevölkerung lebten auf dem Land. In Deutschland arbeiteten 30,5 Prozent und in Schweden 40,7 Prozent der Erwerbspersonen in der Landwirtschaft; und die Zahlen für Osteuropa liegen sogar noch viel höher und reichen von 40,3 Prozent in der relativ industrialisierten Tschechoslowakei über 58,2 Prozent in Ungarn bis zu 76,6 Prozent in Polen und 77,2 Prozent in Rumänien.[19] In den Vereinigten Staaten stellten Landarbeiter 25 Prozent der Erwerbsbevölkerung.

Die Landwirte drängten auch besonders nachdrücklich auf eine Schutzzollpolitik, denn das Angebot an Grund und Boden ist begrenzt. Daher sind die Einkommen aus protektionistischen Maßnahmen anders als in anderen Branchen, wo die durch Protektion erzeugten Renten möglicherweise durch den Wettbewerb zerstört oder aufgezehrt werden, viel sicherer.

Die Forderungen der Landwirte nach einer Stabilisierung der Preise gegen Schwankungen wurden von der Politik erstaunlich positiv aufgenommen, und dies aus zwei scheinbar paradoxen Gründen, denn die meisten Bauern waren politisch nur schwach organisiert und hatten auch nur ein geringes politisches Bewußtsein. Der Arbeiterschaft, deren Interessen sehr viel wirksamer von Gewerkschaften und sozialistischen Parteien vertreten wurden, erging es lange nicht so gut, hauptsächlich weil sie zu gut organisiert war. In den meisten Ländern war die Bauernschaft politisch gespalten; Grund dafür waren althergebrachte lokale Traditionen, konfessionelle Unterschiede, eine hohe Anfälligkeit für neue, agitatorische Formen politischer Propaganda und Unzufriedenheit mit dem politischen System bei Marktveränderungen. Das Abstimmungsverhalten der Landbevölkerung bei politischen Wahlen war daher uneinheitlich und stark schwankend. In Demokratien stellt diese Zersplitterung einen Vorteil dar, weil politische Parteien danach trachten, Stimmen jenseits ihrer angestammten Wählergruppen zu erobern.

Und auch viele Sozialisten erkannten, daß sie, um die parlamentarische Mehrheit zu gewinnen, über die städtische Arbeiterklasse hinaus Wählergruppen ansprechen mußten. Sowohl die französische als auch die deutsche sozialistische Partei umwarben die Bauern intensiv. Das gleiche taten jedoch die liberalen, die konservativen und die klerikalen Parteien. Daher wurde es sehr schwierig, sich einer Agrarschutzpolitik zu widersetzen.

Der französische Premierminister André Tardieu legte ein Bekenntnis ab, dem sich viele französische Kabinette zwischen den beiden Weltkriegen anschlossen: »Wir werden vor allem eine Regierung für die Landwirte sein.« Bei einer Ansprache in Alençon verkündete er: »Das Land ist das Fundament unserer Gesellschaft. Einwohner dieser unwandelbaren Dörfer, in denen Väter die Fackel an die Söhne weiterreichen, lehret den Städtern die Erhabenheit dieser Kontinuität.«[20] Der Druck der Bauernschaft war auch deshalb so erfolgreich, weil andere Maßnahmen als Kompensation draufgesattelt werden konnten. Dieses Phänomen war schon vor 1914 aufgetreten. Bismarck stützte sich bei der konservativen Wende seiner Politik Ende 1870 auf das Bündnis von »Eisen« und »Roggen«: Stahl- und Eisenerzeuger, die seit Anfang des Jahrzehnts in ihrer Existenz bedroht gewesen waren, nutzten die Krise in der Landwirtschaft, um die Großgrundbesitzer, die bis dahin Anhänger des Freihandels gewesen waren, zu ihrer Sache zu bekehren. Eine ähnliche Wende fand in ganz Kontinentaleuropa statt. Ein weiteres charakteristisches Beispiel ist die Einführung des französischen Agrarschutzzolls durch den Landwirtschaftsminister Jules Méline, der ein Textilfabrikant aus den Vogesen war und dem es gelang, gleichzeitig einen kompensatorischen Industriezolltarif durchzusetzen.

Als daher die Agrarpreise ab Mitte der zwanziger Jahre fielen, wurden die Forderungen nach Agrarschutzzöllen immer lauter, und dies nicht immer aus den einfachsten Motiven.

In den Vereinigten Staaten begann der lange Prozeß, der in den Hawley-Smoot Act mündete, mit sinkenden Agrarpreisen nach 1927 und der politischen Reaktion während des Präsidentschaftswahlkampfs von Herbert Hoover. Hoover versprach den Landwirten am 27. Oktober 1928 ausdrücklich, daß er sie unterstützen werde. Die langwierigen Verhandlungen – die ein völlig anderes Ergebnis brachten – sind ein weiteres Beispiel dafür, wie andere Wirtschaftsinteressen im Fahrwasser der Landwirtschaft mitschwimmen konnten. Der Haushaltsausschuß des Repräsentantenhauses fügte zahlreiche Zollerhöhungen für nichtagrarische Erzeugnisse hinzu, und das Plenum des Repräsentantenhauses brachte weitere Ergänzungen ein. Das gleiche wiederholte sich im Finanzausschuß des Senats und im Senat selbst. Dies veranlaßte die Vertreter der Landwirte, sich offen gegen den Gesetzentwurf aufzulehnen; sie beklagten zu Recht, daß ihre Interessen im Gesetzgebungsverfahren auf der Strecke geblieben seien. Sie wurden mit einem Kompromiß beschwichtigt, den Senator Joseph Grundy, ein gewiefter Agrarlobbyist, ausarbeitete und der eine Erhöhung der Zölle vorsah. Der Zollsatz für Weizen wurde von 30 Cent pro Scheffel auf 42 Cent heraufgesetzt; langstapelige Baumwollfaser, die früher fast gänzlich aus Ägypten importiert worden war, wurde nach Intervention des Gesamtausschusses des Senats ebenfalls auf die Liste gesetzt. Der Zoll für Rindfleisch stieg von 3 auf 6 Cent pro Pfund.[21]

Der Rückgang der Weltagrarpreise seit Mitte der zwanziger Jahre gab der Agrarschutzpolitik neuen Schub, doch hier kam (mit Ausnahme von Deutschland) die neue Zollordnung recht spät.

Gemäß dem Versailler Vertrag hatte Deutschland bis 1925 nur eine eingeschränkte Zollhoheit, doch als diese Restriktion entfiel, wurden alsbald die alten Strukturen wiederhergestellt. 1927 lagen die Agrarzollsätze etwa 60 Prozent höher als 1913.[22] Im Dezember 1929 führte Deutschland als Reaktion auf Forderungen der Landwirte und ihrer Interessenvertreter in den politischen Parteien einen Gleitzoll für Getreide ein, um mit dem Verfall der Weltgetreidepreise Schritt halten zu können. Dies war ein klarer Versuch, die Verbindung zwischen den deutschen Preisen und den Weltpreisen aufzubrechen und die Landwirtschaft ausschließlich der nationalen wirtschaftspolitischen Gestaltungsmacht zu unterwerfen. Frankreich begann erst Ende 1929 seine Agrarzölle zu erhöhen; während der zwanziger Jahre hatten diese größtenteils unter dem Niveau von 1913 gelegen. Die Schweiz nahm erst 1931 nennenswerte Erhöhungen vor, als sich die Weizenzölle auf nur 5 bis 7 Prozent der Getreidepreise beliefen. Die britischen Landwirte hatten die gesamten zwanziger Jahre hindurch geklagt, die billigen Nahrungsmittelimporte trieben sie in den Ruin.

Zum Schutz der Landwirtschaft wurden vielfach zunächst nicht-tarifäre Handelshemmnisse eingesetzt. So verfügten Belgien, Frankreich, Deutschland, Italien und Schweden von 1929 bis 1932 eine Mahlpflicht für einen gewissen Prozentsatz des inländischen Getreides. Auf diese Weise konnten die Bauern bis zu einem gewissen Grad geschützt werden, ohne daß sich dies nennenswert auf die Preise auswirkte (und zu einem sinkenden Lebensstandard der städtischen Bevölkerung geführt hätte).

INTERESSENPOLITIK. Es ist eine Sache, einen Zolltarif festzusetzen, eine ganz andere Sache ist es, die in Kapitel 2 beschriebenen geld- und finanzpolitischen Strategien zu erarbeiten. Die Geldpolitik zeichnet sich dadurch aus, daß sie im Rahmen sehr breit angelegter volkswirtschaftlicher Gesamtgrößen und auf der Grundlage sehr allgemeiner empirischer Daten (Änderungen der Zinssätze, Wechselkursbewegungen, Ausmaß des Bankkredits und Geldmenge) definiert wird. Die Zollsätze dagegen sind hochspezifisch, und es läßt sich oft nachweisen, daß wahrscheinlich nur ein Unternehmen von einer bestimmten Änderung profitieren wird. Der Hawley-Smoot Act in seiner endgültigen Fassung legte Zölle für 21000 Artikel fest. Während der Ausarbeitung des Gesetzes gab es reichlich Gelegenheit zu politischem Feinschliff: Der Gesetzentwurf wurde zwei Jahre lang erörtert und modifiziert, und es gab 1253 Änderungsanträge des Senats.

Der Zolltarif wurde so zu einem Mittel, politische Koalitionen durch taktisches Feilschen zu schmieden. In den Vereinigten Staaten galten Zölle lange Zeit als ein Mittel, um eine Brücke zwischen der Industrie im Nordosten und den Farmern im Mittleren Westen zu schlagen. Die erste Analyse des Einflusses von Interessengruppen auf die US-Politik begann 1908 mit Arthur Fischer Bentleys *The Process of Government* als einer Studie über Zölle.[23] Zu Beginn des 20. Jahrhunderts lautete der heiße Slogan in Washington: »Junger Mann, Zölle sind das ganze Geheimnis der Politik: Studiere sie.«[24]

Der Zolltarif von 1930 lieferte ein eindringliches Beispiel dafür, wie der interessenpolitische Einfluß zu einem Ergebnis führte, das niemand beabsichtigt hatte, und den Protektionsgrad insgesamt erhöhte. Eine zeitgenössische Analyse über den Einfluß der Interessenpolitik gelangte zu dem Fazit: »Es liegt auf der Hand, daß die politische Logik des Protektionismus zu einer ›umfassenden Protektion‹ führt, denn der Kongreß hat noch kein objektives Kriterium entdeckt, das ihm erlauben würde, Wirtschaftszweigen, die im Namen der Gleichbehandlung Schutzmaßnahmen fordern, selbige zu versagen.«[25] Die Teilnehmer waren sich durchaus der Fallstricke bewußt, in denen sie sich verfangen hatten. Senator Charles Waterman aus Colorado räumte unumwunden öffentlich ein, daß die Protektion von Sonderinteressen den Charakter eines Kuhhandels hatte: »Ich habe im Plenarsaal des Senats erklärt, und ich habe in Anwesenheit von Senatoren an anderer Stelle erklärt, daß ich, beim Allmächtigen, nicht für einen Zoll auf die Produkte eines anderes Staates stimmen werde, wenn die Senatoren dieses Staates ihrerseits gegen den Schutz von Wirtschaftszweigen eines beliebigen Staates stimmen.«[26]

Einen ähnlichen Kuhhandel gab es auf der anderen Seite des Atlantiks. Als Folge der Kriegserfahrungen und der aktiven Einbindung von Interessengruppen in die Militarisierung verstärkte sich deren Einfluß auf die europäische Politik. Wirtschaftsverbände, die bestimmte Industriezweige vertraten, existierten neben »Dachorganisationen«, die für sich beanspruchten, für die ganze Wirtschaft zu sprechen – wie etwa der Reichsverband der Deutschen Industrie (RDI) oder die Federation of British Industry (FBI). Im faschistischen Italien wurden Interessengruppen in den offiziellen Korporatismus integriert.[27]

Bei den Verhandlungen über den deutsch-französischen Handelsvertrag vom 17. August 1927, dem bedeutendsten internationalen

Handelsabkommen vor der Depression, spielten deutsche und französische Wirtschaftsinteressen eine entscheidende Rolle.[28] Das Abkommen beseitigte die Diskriminierung deutscher Güter in Frankreich und ging grundsätzlich mit einer Umstellung der französischen Außenhandelspolitik auf das Meistbegünstigungsprinzip einher. Die Klauseln über die Laufzeit des Vertrags wurden durch den Verhandlungswunsch der Franzosen erschwert, die Zölle hoch zu halten, um ein Unterpfand für die Verhandlungen mit anderen Ländern zu haben.

Beide Parlamente verabschiedeten Ermächtigungsgesetze, die ihre Regierungen autorisierten, Abkommen zu schließen, aber dieser teilweise Verzicht auf parlamentarische Kontrollbefugnisse hielt die Interessengruppen nicht vom Verhandlungsprozeß fern. Der RDI begrüßte begeistert die absehbaren Aufhebungen französischer Zölle und der damit verbunden Kontingente, da Frankreich sich für deutsche Produkte öffnen würde. Die deutsche Regierung band ausdrücklich den Leiter der Fachgruppe Textilien des RDI in den Verhandlungsprozeß ein, um den RDI »in die Verantwortung für das hier zu Verabredende hineinzuziehen«, zumal die deutschen Textilfabrikanten schon bald monierten, daß nicht genügend erreicht worden sei.[29] Aber der RDI war nicht die einzige Organisation, die einbezogen wurde. Bevor das Abkommen geschlossen werden konnte, mußte sowohl die deutsche als auch die französische Stahlindustrie der Internationalen Rohstahlgemeinschaft (IRG) beitreten, obgleich sich deutsche Industrielle schon bald durch die Produktionsobergrenzen des Kartells benachteiligt fühlten. Die deutsche und die französische Chemieindustrie führten ihre separaten Verhandlungen über die Zolltarifsysteme in ihren Ländern zum Abschluß. Der Verein Deutscher Maschinenbau-Anstalten, der die Interessen des Verarbeitenden Gewerbes vertrat, verlangte eine Sonderbehandlung für die kleineren Industrien (Nürnberger Industrie, Pforzheimer Industrie, Spielwaren), und die liberalen Parteien machten dies zur Bedingung für ihre parlamentarische Unterstützung.[30] Auf französischer Seite verdankte sich der beharrliche und erfolgreiche Widerstand gegen deutsche Weineinfuhrkontingente der Tatsache, »daß Franzosen für [die]

Durchbringung [des] Abkommens vornehmlich auf landwirtschaftliche Abgeordnete angewiesen sind«.[31] Anders gesagt, selbst außerparlamentarische Verhandlungen erforderten die Rücksichtnahme auf Interessengruppen und deren Vertreter in politischen Parteien.

ZÖLLE. Die Vermehrung der Staaten förderte auch die Vermehrung der Zolltarife. Vereinfachende historische Darstellungen der zwanziger Jahre schließen sich oftmals zeitgenössischen Polemiken an, indem sie die Entwicklung schlicht als »ökonomischen Nationalismus« verteufeln. Aber dies ist eine sehr unbefriedigende Erklärung. Weshalb sollte ein Zolltarif in einem neuen Staat, der gerade entstanden war, mit all den Möglichkeiten wachsender innerer Verwerfungen – die Interessengegensätze zwischen Industrie und Landwirtschaft, zwischen Exportindustrie und Produzenten, die stärker auf den Inlandsmarkt ausgerichtet waren, zwischen Herstellern von Halbfabrikaten und Fertigerzeugnissen – die beste Strategie sein, um eine neue Nation zusammenzuschweißen? Die Antwort liegt in dem politischen Prozeß: Der Zolltarif und die Verhandlungen, die um ihn geführt werden, schaffen Spielraum für politische Vergünstigungen, die das neue Gemeinwesen festigen können. Menschen und Interessengruppen kommen zum Staat, weil er etwas anzubieten hat.

Die Ausweitung der Souveränität auf neue Staaten beflügelte so den bereits latent vorhandenen Protektionismus. Für die Nachfolgestaaten des Habsburger-Reichs stellte die Zerstörung der alten Handelsbeziehungen innerhalb des Reichs eine Aufgabe von nationaler Bedeutung dar. Die vergleichsweise gering industrialisierten Teilgebiete, vor allem Ungarn, strebten nach einer raschen Industrialisierung. Mit Ausnahme Österreichs erhöhten die Nachfolgestaaten den ohnehin schon hohen Protektionsgrad der Vorkriegszeit noch weiter. Bemühungen, diese Entwicklung zu verhindern und einige der alten Kontakte innerhalb des ehemaligen K.u.k.-Reichs zu bewahren, blieben im allgemeinen erfolglos. Die Donaustaaten ratifizierten nie das Protokoll von Portarosa, das sie im November 1921 unterzeichnet hatten und das die Abschaffung sämtlicher Einfuhr- und Ausfuhrbeschränkungen forderte.

Polen hatte eine wichtige Rolle in der zaristischen Wirtschaft vor dem Ersten Weltkrieg gespielt; es schickte Textilien und Maschinen sowie Facharbeiter in die übrigen Gebiete des Reichs. In der Zwischenkriegszeit war das Volumen des Handels mit der Sowjetunion unbedeutend (er machte weniger als ein Prozent des gesamten polnischen Außenhandels aus).

PREISSCHWANKUNGEN. Neben politischen und nationalistischen Überlegungen verstärkten auch die heftigen und raschen Preisschwankungen unmittelbar nach dem Krieg die Forderungen nach protektionistischen Maßnahmen. Der Protektionismus wurde üblicherweise mit dem Argument gerechtfertigt, er eröffne die Möglichkeit, die Produktionskosten international auszugleichen. Aber die Instabilität der Weltdevisen- und -finanzmärkte Anfang der zwanziger Jahre führte zu einem sehr schnellen Wandel der Kostenrechnungen. Japan erließ 1920 ein Antidumpinggesetz, ebenso Australien, Großbritannien und Neuseeland 1921. (Andere Länder hatten solche Gesetze schon früher verabschiedet: Kanada 1908 und die Vereinigten Staaten 1916.) Der US-amerikanische Fordney-McCumber Act von 1922 enthielt eine »Flexibilitätsklausel«, die die »mit Fachleuten besetzte«, unpolitische Tariff Commission (die folglich auch unabhängig von wirtschaftlichen Interessen sein sollte) ermächtigte, die Zollsätze so festzulegen, daß der Unterschied zwischen den amerikanischen und ausländischen Produktionskosten ausgeglichen wurde. Dies sollte das einzige Kriterium für die Arbeit des Ausschusses sein. Die Auswahl des geeigneten Zeitrahmens für den Vergleich war natürlich willkürlich. So fußte beispielsweise der Weizenzoll, der in dem berüchtigten Hawley-Smoot Tariff Act von 1930 enthalten war, auf Berechnungen, die über einen Dreijahreszeitraum durchgeführt wurden, in dem die Niederschlagsmenge für die Vereinigten Staaten beispiellos ungünstig und für Kanada unerhört vorteilhaft war. Und sobald die Zölle aufgrund einer tiefgreifenden Störung der Kostenstruktur erhöht worden waren, erforderte ihre Senkung einen gewaltigen Kraftakt.

Dem Fordney-McCumber Act war ein Emergency Tariff Act vorausgegangen, der sich wegen des drastischen Verfalls der Einkommen der

Landwirte hauptsächlich mit Agrarprodukten befaßte. Das Gesetz von 1922 erhöhte die Zölle speziell für Erzeugnisse, deren Preise während der Rezession von 1920–21 zurückgegangen waren. Zudem wurde es zu einer Zeit ausgearbeitet, als, abgesehen von den Vereinigten Staaten, nur wenige Länder ihre Währungen stabilisiert hatten. Das Fordney-McCumber-Gesetz wurde jedoch bald zum wichtigsten Beleg für den Vorwurf der Heuchelei, den andere Staaten gegen die USA erhoben: Während Amerika seine Märkte weiterhin abschotte, verlange es von den übrigen Nationen, sie sollten ihre Schulden bedienen, indem sie verstärkt exportierten.

Außerhalb der Vereinigten Staaten wurden bei den Notstands- und Antidumpingklauseln ähnlich willkürliche Kriterien angewandt. Länder konstatierten Kostensteigerungen, die sie scheinbar einem erhöhten Risiko verstärkter Einfuhren aussetzten. Die Arbeitskosten waren infolge des Kriegs oftmals gestiegen; die öffentlichen Ausgaben nahmen zu, und zu ihrer Finanzierung waren Steuererhöhungen erforderlich, die die Kosten weiter in die Höhe trieben. In der Landwirtschaft führten Engpässe bei der Versorgung mit Düngern zu Kostensteigerungen, und den gleichen Effekt hatten in den Donaustaaten Bemühungen um eine Landreform. Grundsätzlich führte ein Schub auf der Kostenseite zu verstärkten Forderungen nach Protektion. Der Zolltarif war eine Möglichkeit, die Kosten inländischer Anstrengungen um eine soziale Umverteilung international abzuwälzen – anders gesagt, die gesellschaftlichen Folgen des Kriegs zu externalisieren. Gleichzeitig suchten die Staaten verzweifelt nach neuen Einnahmequellen, und die Zölle schienen eine solche zu sein.

Die hohen deutschen Industriezölle der zwanziger Jahre waren das Resultat einer galoppierenden Inflation zu Anfang des Jahrzehnts. Nachdem sie einmal erhöht worden waren, wäre eine Senkung sehr schwierig gewesen. Auch hier kam der Sperrklinkeneffekt zum Tragen.[32] Als die inflationsbedingten Zollsätze in den Zolltarif von 1925 übernommen wurden, führte dies zu einer Erhöhung (gegenüber dem Vorkriegsniveau) um 300 bis 600 Prozent bei Textilien und 400 bis 600 Prozent bei Autos. Der Zoll auf Textilien machte nunmehr zwischen 21 und 43 Prozent des Preises aus.[33]

Die aggressive Außenhandels- und Zollpolitik der zwanziger Jahre war allgemein das Vermächtnis einer Zeit akuter Währungsinstabilität, nicht bloß in den Ländern, die eine Hyperinflation durchgemacht hatten, oder in Ländern mit stabiler Währung wie etwa den Vereinigten Staaten, die sich in einem über die Währung ausgetragenen Wirtschaftskrieg benachteiligt fühlten.

EIN VERHANDLUNGSTAKTISCHES INSTRUMENT. Schließlich waren Zölle von jeher ein Mittel grenzüberschreitenden politischen Interessenausgleichs. Hohe Zollsätze konnten machtpolitische Bedeutung erlangen. Eines der plausibelsten Argumente für hohe Zölle war, daß sie vielleicht andere Länder dazu zwingen, ihre eigenen Sätze zu senken. Der traditionelle Verhandlungsprozeß im Rahmen unbedingter Meistbegünstigungsabkommen war mit einer anfänglichen Zollerhöhung verbunden, die dann den Ausgangspunkt für eine Reihe einzelner Verhandlungsoffensiven bildete. Auf einer solchen Basis verfingen selbst starke traditionelle Argumente für den Freihandel nicht mehr.

Zahlreiche Beobachter wiesen daher darauf hin, daß die Einräumung unbedingter Meistbegünstigungsklauseln überhaupt erst zur *Errichtung* von Handelsschranken geführt habe. Dennoch gab es in den zwanziger Jahren eine dramatische Verschiebung hin zu unbedingten Klauseln in Meistbegünstigungsabkommen. Vor dem Krieg und bis 1922 enthielten alle US-Handelsabkommen (mit den drei Ausnahmen von Kanada, Hawaii und Kuba) eine bedingte Klausel, das heißt, jede Partei machte nur in dem Maße Zugeständnisse, wie sie gleichwertige Konzessionen von der anderen Partei bekam (statt daß diese automatisch gewährt wurden). Nach dem Fordney-McCumber Act von 1922 gingen die republikanischen Administrationen jedoch zu der unbedingten, europäischen Form über. Ende der zwanziger Jahre hatten die Vereinigten Staaten 29 unbedingte Abkommen und nur 14 bedingte (Großbritannien hatte 45 Abkommen, von denen 4 bedingt waren, Frankreich hatte 43 unbedingte und 1 bedingtes, und Deutschland hatte 48 unbedingte und 1 bedingtes).

Außerdem wurden Zölle *außerhalb* des Rahmens von Verhandlungen zu wettbewerbspolitischen Zwecken eingesetzt. Großbritannien griff auf Zölle zurück, um die Entwicklung heimischer Industriezweige zu fördern, die von der mächtigen deutschen Industriemaschinerie bedroht waren – und dies galt vor allem für die Optik und die Chemie. Zwischen 1923 und 1925 erstellte das britische Handelsministerium eine Liste britischer Güter, die durch unlautere Wettbewerbshandlungen und Dumping bedroht waren. Diese geschützten Wirtschaftszweige, darunter Keramik, Seidenwaren und Kleidung, florierten in der Zwischenkriegszeit (im Unterschied zu den ungeschützten Massengüterbranchen) und beschäftigten schätzungsweise 500 000 Menschen. Die Autohersteller behaupteten, Frankreich und Italien hätten aufgrund niedrigerer Löhne einen Vorteil, und der riesige und geschützte US-Binnenmarkt ermögliche es den Amerikanern, Autos und KFZ-Teile im Ausland zu Dumpingpreisen zu verkaufen.[34] Schon vor der großen Debatte, die die britische Politik in der Zeit der Depression spaltete, diente die Schutzzollpolitik auch der Besitzstandswahrung.

Im Jahr 1923 erlitten die britischen Konservativen bei den Wahlen, die ihr Führer Andrew Bonar Law gefordert hatte, um eine Vollmacht für eine Schutzzollpolitik zu erhalten, eine empfindliche Schlappe. Doch 1930 forderten sowohl die Gewerkschaften als auch die Arbeitgeberverbände einen Zolltarif. Der britische Industrieverband berichtete im Oktober 1930, daß 96 Prozent seiner Mitglieder protektionistische Maßnahmen befürworteten, und auch der Gewerkschaftsbund betonte: »Wir müssen unsere Industrien schützen«, und setzte die Labour-Regierung, die den Freihandel befürwortete, unter Druck. Im Oktober 1931 schnitten die Konservativen bei den Parlamentswahlen deutlich besser ab, so daß eine protektionistische Politik im Parlament größere Unterstützung fand.

Die französische Zollpolitik war ebenfalls von der Angst vor der schädlichen *concurrence allemande* geprägt. Nach der Stabilisierung des Franc im Jahr 1926 wurden Chemikalien und Metalle durch Zollsätze geschützt, die bis zu 50 Prozent höher waren als 1913, und die meisten Industriegüter waren mit höheren Sätzen belegt. Diese neuen Zollsätze wurden in die Handelsabkommen aufgenommen, die Frankreich 1927–28 mit seinen Nachbarn und bedeutenden Handelspartnern schloß: mit Deutschland, dann mit Belgien, der Schweiz und Italien. Das deutsch-französische Abkommen von 1927 sollte Deutschland ökonomisch in der gleichen Weise binden, in der es sich durch den Vertrag von Locarno politisch gebunden hatte. Aber das Abkommen hatte die seltsame Nebenwirkung, Frankreich in das Prinzip der Meistbegünstigung einzubeziehen.

Länder, die auf die Einfuhr von Lebensmitteln angewiesen waren, wie etwa Österreich, hielten die Zölle niedriger, als sie im Habsburger-Reich gewesen waren, aber selbst Ungarn blieb ungefähr bei den alten Zollsätzen.

So stimmt es zwar, wie Lewis behauptet, daß die Zölle insgesamt ungefähr auf dem gleichen Niveau wie vor dem Ersten Weltkrieg lagen, doch diese allgemeine Feststellung verschleiert wichtige Unterschiede: Die Zollerhöhungen der zwanziger Jahre betrafen hauptsächlich Industriegüter; alles in allem wurde die Landwirtschaft nur in geringem Maße durch Zölle geschützt, und zu Zollerhöhungen kam es erst zu einem späten Zeitpunkt der Depression.

Bestrebungen, protektionistischen Tendenzen entgegenzuwirken

Die sechs Jahre, in denen die Weltwirtschaft in einen tiefgreifenden und zerstörerischen Protektionismus schlitterte, wurden von zwei großen internationalen Konferenzen eingeklammert, die sich – in den Jahren 1927 beziehungsweise 1933 – der Liberalisierung des Welthandels verschrieben hatten. Einige internationale Verhandlungen brachten begrenzte Erfolge, wie etwa die Internationale Konvention zum Schutz geistigen Eigentums im Jahr 1925. Aber kleinere Erfolge wurden durch spektakuläre Fehlschläge in den Schatten gestellt. Da lag die Interpretation nahe, daß guter Wille allein nicht genügte und daß die Weltwirtschaft des 19. Jahrhunderts offenbar auf etwas anderem basiert hatte als auf hochherziger Kooperation. Charles Kindleberger gelangte zu dem Schluß, daß »die internationalen Beziehungen in die Anarchie abglitten, nachdem Großbritannien seine Vormachtstellung verloren und kein anderes Land seinen Platz eingenommen hatte«. Er zitiert J.B. Condliffe, einen Beamten des Völkerbunds, der später ein Lehrbuch über die Geschichte des Handels schrieb: »Der aufgesetzte Internationalismus des 19. Jahrhunderts war zweifelsfrei eine Folge der führenden Stellung Großbritanniens im internationalen Finanzsystem und des britischen Handelsgeistes, der durch die wirtschaftliche Vormachtstellung Londons und durch die starken britischen Seestreitkräfte unterstützt wurde.«[35]

Auf der Weltwirtschaftskonferenz, die 1927 unter der Schirmherrschaft des Völkerbundes in Genf stattfand, wurde ein relativ optimistischer Bericht vorgelegt. Er empfahl eine Ausweitung des Meistbegünstigungsprinzips, Schiedsgerichtsverfahren bei strittigen Handelsfragen und Verweisung an den Ständigen Internationalen Gerichtshof sowie Maßnahmen für eine bessere Versorgung mit ökonomischen Informationen und zur Ausweitung der Industrialisierung. Niemand sah in der Industrialisierung ein Problem für die Weltwirtschaft. Der Abschlußbericht bekannte sich erneut – in recht gewagter Weise – zum Grundsatz der internationalen Arbeitsteilung. »Die Nationen mögen aus politischen und anderen Gründen entscheiden, daß es für ihre Sicherheit unabdingbar ist, mehr Autarkie anzustreben, aber die Konferenz hält es für geboten, darauf hinzuweisen, daß dies in den meisten Fällen mit materiellen Wohlfahrtsverlusten einhergeht.« Sie forderte auch eine radikale Abkehr von den vorherrschenden Strategien der Außenhandelspolitik in den zwanziger Jahren: »Die Regierungen sollten unverzüglich Pläne für die stufenweise Beseitigung oder Verringerung solcher Schranken, die den Handel ernstlich behindern, erarbeiten. Sie sollten dabei mit jenen Zöllen beginnen, die verhängt wurden, um die Auswirkungen von Störungen zu kompensieren, die mittlerweile der Vergangenheit angehören.«[36] Die Handelsschranken waren zu hoch und sollten verringert werden.

Der vorherrschende Verhandlungsrahmen wirkte dem Erfolg der Prinzipien von Genf entgegen. Die Konferenz ging von einer Welt aus, die durch Anwendung unbedingter Meistbegünstigungsklauseln (wonach sämtliche Zugeständnisse in einem bilateralen Abkommen automatisch einem Dritten zugute kommen, der durch eine Meistbegünstigungsklausel einbezogen ist) den Handel liberalisiert. Solche

Abkommen bedeuteten, daß es in einem protektionistischen Klima praktisch unmöglich wurde, bilaterale Zollsenkungen auszuhandeln, da die Vergünstigungen automatisch an Länder weitergegeben würden, die keine Zugeständnisse gemacht hatten, denn so würde man sich eines starken verhandlungstaktischen Druckmittels berauben. Ende der zwanziger Jahre verliefen die Gespräche über Handelsverträge immer zäher, da die Länder befürchteten, der Abschluß eines Vertrags oder auch schon eine weitgehende Einigung zerstöre die Chancen für andere Übereinkommen. Während Zollsenkungen also schwer durchsetzbar waren, entstanden gleichzeitig starke Anreize, das allgemeine Zollniveau, das dem meistbegünstigten Partner eingeräumt wurde, zu erhöhen.

Die traditionelle Zolltheorie betont die Wohlfahrtsverluste, die mit der Zollerhebung verbunden sind, da billigere ausländische Waren durch teurere inländische Erzeugnisse ersetzt werden. Rein wohlfahrtsökonomisch betrachtet, ist Protektionismus nur gerechtfertigt, wenn eine Monopolstellung dem Zoll erhebenden Land erlaubt, die Terms of Trade zu seinen Gunsten zu verändern. Doch manche Länder wünschen sich vielleicht unabhängig von den wohlfahrtsökonomischen Folgen eine stärkere Industrialisierung[37] – als einen Zweck an sich, um ihre militärische Schlagkraft zu erhöhen oder (zum Beispiel im Fall von Süd- und Osteuropa) um ein zusätzliches Angebot an Arbeitskräften zu absorbieren, die nicht mehr auswandern konnten. In der Zwischenkriegszeit spielten all diese Erwägungen eine Rolle, und sie veränderten das ökonomische Kosten- und Nutzenkalkül für protektionistische Maßnahmen. Sie vereitelten die Bemühungen internationaler Organisationen und Institutionen, deutlich zu machen, daß Zollerhöhungen und Handelshemmnisse kontraproduktiv, irrational und sinnlos waren.

Im Jahr 1929 wollte die Völkerbundversammlung Druck machen und die Verhandlungen über Zollsenkungen durch internationale Koordinierung beschleunigen. Sie forderte die Regierungen auf, eine Konferenz einzuberufen, um ein Programm für Verhandlungen über den Abbau von Handelshemmnissen zu erarbeiten. In der Zwischenzeit sollte es einen Zollwaffenstillstand geben. Der Völkerbundsrat setzte einen Ausschuß ein, der die Vorbereitungen überwachen sollte. »Wir nähern uns jetzt dem Ende des Jahres 1929 und müssen zugeben, daß trotz vereinzelter Bemühungen keine entschlossenen Schritte in diese Richtung unternommen wurden.« Im März 1930 sorgte eine Handelskonvention für eine einjährige Verlängerung auslaufender bilateraler Handelsverträge, doch am Jahresende hatten nur zehn Staaten die Konvention ratifiziert. Im Januar 1931 zog der niederländische Politiker Hendrik Colijn ein ernüchterndes Fazit der Bemühungen des Völkerbunds: »Offen gesagt, [ihr] Erfolg war äußerst kümmerlich.«[38]

Erst nach dem Inkrafttreten des Hawley-Smoot-Zollgesetzes (am 17. Juni 1930) erkannte man die internationale Sackgasse, in der man steckte: Unmittelbar danach kam es zu einem jähen Rückgang der US-Einfuhren, obgleich sich dieser Rückgang größtenteils durch die Einkommenseffekte der Depression erklären läßt und keine direkte Folge des Zollgesetzes war. Der Gesamtwert der US-Importe sank 1930 gegenüber 1929 (damals betrug er 4,4 Milliarden Dollar) um 1,3 Milliarden Dollar; aber dies entspricht einem Prozentsatz, der geringer ist als der gleichzeitige Einbruch in der Industrieproduktion. Und überdies bestand zwischen Zollerhöhungen für bestimmte Güter und Importrückgängen kein besonders enger Zusammenhang, sieht man einmal von einigen berüchtigten und im Schrifttum ausführlich behandelten Ausnahmen ab. So ging der Absatz japanischer Rohseide und Schweizer Uhren in den Vereinigten Staaten 1930 gegenüber 1929 in der Tat deutlich zurück.[39]

Die Aussprachen im US-Kongreß waren im Ausland mit großem Interesse verfolgt worden, und mehrere Länder erhoben förmlichen Protest gegen das Gesetz. Einige Länder ergriffen unverzüglich Vergeltungsmaßnahmen. In Italien zog die staatlich gelenkte Presse über die Käufer amerikanischer Autos her, und Mussolini verkündete: »Italien wird sich auf seine Weise zu verteidigen wissen.« Er benutzte staatliche Handelsorganisationen, um Erdöl und Holz nicht mehr von amerikanischen, sondern von russischen Lieferanten zu importieren.[40] In Kanada verhalf das US-Zollgesetz den Konservativen unter Richard Bennett mit einem zollpolitischen »Kanada zuerst«-Wahlprogramm zum Wahlsieg. Nach den Wahlen im Juli erhöhte die neue Regierung sogleich die Zölle auf Textilien, landwirtschaftliches Gerät, elektrische Apparate und Fleisch sowie zahlreiche weitere amerikanische Produkte.

Die Schweiz, deren Uhren mit einem Zoll von 194 bis 266 Prozent belegt wurden, führte ebenfalls Boykottkampagnen durch. Der Absatz amerikanischer Schreibmaschinen und Kraftfahrzeuge ging 1930 stark zurück, während deutsche Schreibmaschinen ihren Marktanteil auf Kosten der US-Produkte stark ausbauen konnten. Außerdem führten die Eidgenossen höhere Zölle ein. Aber der amerikanische Anteil am schweizerischen Automarkt betrug 1931 noch immer über 50 Prozent, und das spektakuläre Ausscheiden der Schweiz aus dem Meistbegünstigungssystem im September 1931 erfolgte nicht als Reaktion auf eine amerikanische Maßnahme, sondern wurde damit begründet, daß die deutsche Regierung eine Paßsteuer eingeführt habe, um den deutschen Tourismus in der Schweiz zu drosseln.[41]

Die stärkste internationale Reaktion auf amerikanische Entwicklungen war der Plan zur Schaffung einer paneuropäischen Zoll- und Wirtschaftsunion des französischen Außenministers Aristide Briand. Seine Ursprünge reichen bis 1929 zurück, als 27 europäische Staaten in Genf übereinkamen, eine föderative Struktur in Erwägung zu ziehen, die das ökonomische Pendant zum politischen Völkerbund bilden sollte. Briand war der Meinung, die Union würde »nicht nur den politischen, sondern auch den ökonomischen Frieden zwischen den Nationen sichern«, und in der Resolution wurde das Thema einer ökonomischen Fundierung des politischen Friedens angesprochen. »Heute zweifelt niemand mehr daran, daß die unzureichende Bündelung der materiellen und moralischen Kräfte in Europa das schwerwiegendste politische Hindernis für die Entwicklung und die erfolgreiche Arbeit aller politischen und rechtlichen Institutionen darstellt, auf denen die ersten Bemühungen um eine weltumspannende Friedensorganisation basieren.«[42] Zu den möglichen Aufgaben des neuen Staatenbundes gehörten die Kontrolle von Kartellen und internationalen Unternehmen, die Koordinierung öffentlicher Arbeiten und die Entwicklung strukturschwacher Regionen.

Das Projekt hatte, schon bevor die Bedingungen des Hawley-

Smoot-Gesetzes endgültig festgelegt worden waren, einen unverkennbaren antiamerikanischen Unterton. Die amerikanischen Exporte nach Europa waren steil angestiegen, und Briand fürchtete, daß aufgrund des unterschiedlichen Produktivitätswachstums in Europa und Nordamerika eine dauerhafte »Dollarlücke« – ein Zahlungsbilanzdefizit Westeuropas gegenüber den USA – entstehen könnte. Eine Währungsabwertung als ein Mittel, Produktivitätsgefälle auszugleichen, war aufgrund der Vorgänge in der frühen zwanziger Jahren in Mißkredit geraten, und daher mußte die Handelspolitik die Anpassung leisten.

Eine solche Strategie bedeutete, den Rahmen der Meistbegünstigung zu verlassen und besondere europäische Zölle und Präferenzen einzuführen. Die liberale französische Zeitung *L' Ere nouvelle* erklärte die Überlegungen, die Briands Plan zugrunde lagen, mit dem Hinweis, Europa sei durch den Meistbegünstigungsgrundsatz zerrieben worden: »[Europa] wurde durch die Meistbegünstigungsklausel daran gehindert, sich gegenüber den Vereinigten Staaten zu organisieren beziehungsweise regionale Abkommen zu schließen. Es verirrte sich im Labyrinth einzelner Verträge und war dazu verdammt, zwischen dem allzu reichen Amerika und dem russischen Handelsmonopol, dessen Dumpingmaßnahmen letztlich nur die Fortsetzung allgemein anerkannter Methoden der Kriegführung mit anderen Mitteln sind, zu verschmachten.«[43] So gelangte man zu dem paradoxen Schluß, daß die weltweiten Zollsätze nur durch Aufgabe der Meistbegünstigung, des tragenden Prinzips der Freihandelspolitik des 19. Jahrhunderts, gesenkt werden könnten. Dieser Grundsatz blieb auch nach 1930 ein Eckpfeiler der französischen Handelsphilosophie, und er tauchte 1931 und 1932 in Gestalt von Plänen für regionale Präferenzen und Föderationen wieder auf, am deutlichsten 1932 in dem Tardieu-Plan für eine südosteuropäische Präferenz.

Ende 1930 wurde auf einer Reihe von Regionalkonferenzen die Situation der Landwirtschaft in Osteuropa erörtert. Erfolgreicher waren die skandinavischen Länder und Belgien, Luxemburg und die Niederlande, die 1930 das Übereinkommen von Oslo unterzeichneten, in dem sie sich verpflichteten, ihre Zölle nicht zu erhöhen und keine neuen

Zölle einzuführen, ohne die anderen Signatarstaaten vorher davon zu unterrichten. In dem erfolgreichsten Regionalabkommen, der Konvention von Ouchy (Juni 1932), verpflichteten sich Belgien, die Niederlande und Luxemburg, keine neuen Zölle zu erheben und die bestehenden Sätze um 10 Prozent jährlich zu kürzen.

Die Eckpfeiler der Vision Briands fanden jedoch keinen Widerhall – wegen des Widerstands der Briten und des Bekenntnisses der Labour-Regierung zum Handel mit den Vereinigten Staaten, aber auch wegen des Widerstands vornehmlich britischer Beamter des Völkerbunds, die die allgemeinen Genfer Grundsätze des Ausgleichs zwischen den Völkern sowohl im ökonomischen als auch im politischen Bereich durch partikulare, einseitige Zweckbündnisse bedroht sahen.[44] Selbst ein stark zurechtgestutzter Abkömmling des Briand-Plans, ein europäischer Plan zur Förderung von Agrarkrediten, scheiterte, weil die britische und die deutsche Regierung die Ratifizierung hinauszögerten.[45]

Das handelspolitische Dilemma und seine allgemeinen politischen Auswirkungen waren somit schon vor den Ereignissen von 1931 akut geworden: dem deutsch-österreichischen Plan, in Form einer Zollunion ein regionales Zweckbündnis zu schmieden, der anschließenden Bankenkrise in Mitteleuropa und der britischen Aufgabe des Goldstandards sowie der Hinwendung zu einer Zollschutzpolitik.

Die Banken- und Währungskrisen Mitte 1931 lösten eine neue Runde von handelspolitischen Reaktionen aus. Nach dem Juli 1931 haben die meisten europäischen und viele nicht-europäische Staaten ihre Zollsysteme überarbeitet beziehungsweise neu gestaltet.

Die spektakulärste Wende vollzog dabei Großbritannien, das sich einhundertfünfzig Jahre lang auf internationaler Ebene am nachdrücklichsten für Laissez-faire-Prinzipien im Handel eingesetzt hatte. Das Für und Wider eines Zolltarifs war bereits vor 1931 viel diskutiert worden; das Befürworten einer Zollschutzpolitik war beispielsweise ein Grund, weshalb John Maynard Keynes wenig Sympathien für eine Abwertung hatte. Zolltarife wären möglicherweise ein effizienteres Mittel, um internationale Preisgefälle auszugleichen. Obgleich Ramsay MacDonald Premierminister blieb, gaben in der nationalen Koalitionsregierung, die nach den Wahlen im Oktober 1931 gebildet wurde, die Protektionisten den Ton an, und hier insbesondere der Nachfolger von Philip Snowden im Amt des Finanzministers, Neville Chamberlain.

Im November und Dezember 1931 verhängten drei befristete Regierungsverordnungen höhere Zölle auf zahlreiche Industriegüter. Im Februar 1932 wurde die Einfuhr nicht-notwendiger Agrarprodukte verringert, und im März 1932 wurden diese Ad-hoc-Schranken durch einen allgemeinen zehnprozentigen Wertzoll ersetzt, der durch zusätzliche Zölle ergänzt wurde. Die britischen Interessengruppen waren entzückt. Der Britische Industrieverband verabschiedete eine Entschließung, die diesen Kurswechsel in der Handelspolitik lobte, »dessen Umsetzung die britische Wirtschaft nachhaltig befruchten und wechselseitig vorteilhafte Handelsbeziehungen fördern wird, und zwar in erster Linie mit den übrigen Gebieten des Empire und in zweiter Linie mit solchen Ländern, die bereit sind, Handelsabkommen auf der Basis eines gerechten Interessenausgleichs auszuhandeln«.[46]

Nach 1932 wurde das britische Zolltarifsystem so weit als möglich politischer Einflußnahme entzogen, weniger um jene Art von politischem Kuhhandel zu verhindern, dessen Produkt das Hawley-Smoot-Gesetz war, als vielmehr, um politische Zerwürfnisse zu verhindern. Der nationalen Koalitionsregierung gehörten leidenschaftliche Befürworter des Freihandels (Innenminister Sir Herbert Samuel und Lordsiegelbewahrer Philip Snowden), gemäßigte Befürworter des Freihandels (MacDonald selbst, Handelsminister Sir Walter Runciman und Außenminister Sir John Simon) und entschiedene Protektionisten an (Chamberlain und Landwirtschaftsminister Major Walter Elliot). Ihre Kontroversen im Winter 1931–32, die quer über traditionelle Parteigrenzen hinweg ausgetragen wurden, stellten die Regierung vor eine schwere Zerreißprobe. Das bedeutete nichts weniger, als daß das politische Überleben der nationalen Koalitionsregierung von einer Lösung der Zolltariffrage abhing.

Der Druck der Interessengruppen nahm in dem Maße zu, wie die Meinungsunterschiede immer deutlicher zu Tage traten. Die Stahlindustrie, die während des gesamten vorangehenden Jahrzehnts an chronischen Kapazitätsüberhängen gelitten hatte, legte dem Kabinett ein wichtiges Memorandum vor, in dem sie auf protektionistische Maßnahmen drängte.[47] Im Jahr 1932 kämpften die Stahlarbeiter dafür, den Schutzzoll auf Stahl auf Zulieferungen für den Schiffbau zu erweitern, womit sie die Kosten in dieser Branche in die Höhe trieben. Anschließend reagierten diejenigen, die von den Schutzmaßnahmen in Mitleidenschaft gezogen wurden: die Schiffsbauer und die Möbelhersteller, deren eingeführte Rohstoffe plötzlich teurer geworden waren und die zugleich mit protektionistischen Maßnahmen auf Auslandsmärkten konfrontiert waren. Bei der Festsetzung der Zollsätze mußten viele tausend Fragen dieser Art berücksichtigt werden, bei denen es darum ging, einen Ausgleich zwischen Handels- und Industrieinteressen zu finden. Ein Parlamentsabgeordneter schrieb an den Schatzkanzler: »Ich befürchte, daß einige der Fabrikanten in Schwierigkeiten geraten werden, sofern die Mitglieder des Zollausschusses keine wahren Übermenschen sind und Hunderte von Entscheidungen pro Tag treffen.«[48]

Doch in dem Maße, wie der Druck der Interessengruppen wuchs, versuchten sich die Politiker gegen eine direkte Beeinflussung abzuschotten. Ein neues Gremium, das Import Duties Advisory Committee (IDAC) [Beratender Ausschuß für Einfuhrzölle], setzte sich aus nichtpolitischen Experten zusammen, die Zeugen anhörten und Zollsätze festlegten. Ingesamt gelang dieser Versuch, sich dem Druck von wirtschaftlichen Interessengruppen zu entziehen: Es besteht in den dreißiger Jahren eine negative Korrelation zwischen dem Ausmaß der Konzentration in einer Branche und deren Fähigkeit, einen effizienten Zollschutz zu erreichen.[49] Der IDAC wirkte an der Umsetzung einer strukturpolitischen Strategie mit: Er nutzte seine Fähigkeit, die stark zersplitterte Eisen- und Stahlindustrie durch Schutzzölle abzuschirmen, um Zusammenschlüsse und Rationalisierungen zu erzwingen. 1935 gab der IDAC mit der Drohung einer Zolltariferhöhung den britischen Stahlerzeugern auch ein Faustpfand in ihren Verhandlungen mit der Internationalen Rohstahlgemeinschaft mit auf den Weg. Schließlich verfolgte der Ausschuß eine regionale Entwicklungspolitik: Der tatsächliche Protektionsgrad korrelierte stark mit der Vertretung der notleidenden Gebiete im IDAC.

Das allgemeine politische Ziel des britischen Protektionismus lag weniger in einer allgemeinen Wirtschaftsbelebung als vielmehr darin, der hohen regionalen Zunahme der Arbeitslosigkeit auf den britischen Inseln gegenzusteuern. Die Regierung wollte zudem die britische Außenhandelsverflechtung verändern und die Beziehungen zum Empire stärken. In Neville Chamberlains Weltsicht, die er vom Vater der Zolltarifreform übernahm, war Zollschutz gleichbedeutend mit dem Empire: »Es gibt keine Lebensmittel auf unserem Tisch, keinen Rohstoff für unsere Industrie, kein Gut unseres täglichen Bedarfs und keinen Luxusartikel, der nicht irgendwo im Britischen Empire hergestellt werden kann.«[50] Der Rahmen für die Expansion des Handels innerhalb des Empire wurde auf der Empire-Konferenz in Ottawa (Juli 1932) geschaffen. Auch hier versuchten Interessengruppen ihren Einfluß geltend zu machen. Der kanadische Industrieverband (Canadian Manufactures Association) entsandte eine Gruppe, die jegliches Zugeständnis der Bennett-Regierung vereiteln sollte. Die Londoner *Times* berichtete über den »enormen und vielfältigen Druck, der von zahlreichen industriellen Interessengruppen ausgeübt wird, die überzeugt davon sind, daß eine Verringerung ihrer zollgeschützten Domänen wenn schon keinen Ruin, so doch eine schwere Bürde bedeutet«.[51]

Hauptsächlich aufgrund des Drängens der Kanadier lief die britische Politik in der Praxis auf höhere Zölle auf Güter hinaus, die nicht aus dem Empire stammten: der zehnprozentige Zoll, der früher auf Obst, Milchprodukte, Pflanzenöle und Reis erhoben worden war, wurde durch spezifische Zölle zwischen 33,3 und 100 Prozent ersetzt.[52] Um die Entwicklung der Wirtschaftsbeziehungen innerhalb des Empire zu fördern, wurden die britischen Außenzölle vereinheitlicht und für einen Zeitraum von fünf Jahren festgeschrieben. Die hohen Zollsätze waren ein wichtiger Trumpf, den die Briten in Verhandlungen mit einigen Rohstoff- und Nahrungsmittelexporteuren, die nicht dem Empire angehörten, recht erfolgreich einsetzten. Runciman stellte die Zollpolitik im britischen Kabinett als bloß einen »Pfeiler [dar], über den Verhandlungen eröffnet werden sollten«.[53] Es war eine britische Reaktion auf französische Vorstöße, sich europäische Präferenzgebiete zu sichern. Ottawa gab den letzten Anstoß zur Bekehrung Großbritanniens zum Protektionismus und machte den britischen Standpunkt bei der bevorstehenden Weltwirtschafts- und -finanzkonferenz geradezu unhaltbar. Das Ergebnis führte zum Rücktritt der Minister Samuel und Snowden. Sie begründeten ihren Schritt damit, daß die nationale Koalitionsregierung von den Wählern lediglich ein Mandat für einen Notstands-Zolltarif erhalten habe.[54] Als Chamberlain die Gefahr für die Londoner Konferenz erläutern wollte, verfiel er auf das durchsichtige Manöver, den Amerikanern die Schuld zuzuschieben: »Einige Mitglieder der kanadischen Regierung, die im Schatten eines mächtigen Nachbarn leben, der zu plötzlichen und skrupellosen Handelsbeschränkungen neigt, hatten jedoch einen starken Widerstand gegen eine allgemeine Politik [der Zollsenkung] erkennen lassen und konnten den Gedanken nicht ertragen, ihre tarifären Handelshemmnisse gegenüber den Vereinigten Staaten abzubauen.«[55]

Andere Länder verfolgten die gleiche Strategie und versuchten mit Hilfe der Zollpolitik, der internationalen Ausbreitung der Deflation (Preisverfall) Einhalt zu gebieten. Im Dezember 1931 belegte Griechenland die Einfuhren aus Ländern, mit denen es keinen Handelsvertrag geschlossen hatte, mit einem neuen, zusätzlichen Zoll (der zehnmal höher war als der bisherige Satz). Im Februar 1932 wurde der deutsche Zolltarif nach erbitterten politischen Debatten über das notwendige Ausmaß einer Agrarschutzpolitik erneut angehoben. Frankreich weitete auf eine noch drastischere Weise als Großbritannien den Handel mit seinen Kolonien aus. Während 1925 10,5 Prozent der französischen Importe aus den französischen Überseegebieten stammten, lag ihr Anteil 1936 schon bei 28,6 Prozent. Mitte der zwanziger Jahre gingen 14,6 Prozent der französischen Exporte in die Überseegebiete, 1936 waren es 33,4 Prozent.[56]

Am bedeutsamsten aber war, daß es zu einer Abkehr von Zöllen als dem unkompliziertesten Steuerungsinstrument des Außenhandels kam. Kontingentierungssysteme boten sich als eine einfachere Alternative an, da die unmittelbaren Kosten für die Verbraucher viel niedriger und die politischen Vorteile entsprechend größer zu sein schienen. Hier machte Frankreich den Anfang. Von Mitte 1931 bis Juli 1932 legte das französische Parlament Kontingente für über 1100 im Zollgesetz aufgeführte Artikel fest. Die Türkei, Österreich, Schweden, Estland, Griechenland, Polen, die Schweiz, die Tschechoslowakei und in geringerem Maße auch Großbritannien, Belgien, Deutschland, Norwegen, Dänemark, Rumänien und Italien setzten ähnliche Maßnahmen um. Australien, Brasilien und Japan führten ebenfalls Einfuhrkontingente ein.

Eine weitere Möglichkeit, den Außenhandel während der Depression zu lenken, bestand darin, Einfuhrmonopole zu gründen, wie sie in der UdSSR erstmals erprobt worden waren. Persien übernahm das Sowjetsystem vollständig, aber auch Uruquay, Estland, Lettland, die Schweiz, die Tschechoslowakei, Belgien und die Türkei gründeten einige Monopole, und in Schweden wurde der Weizenhandel auf diese Weise reguliert.

Schließlich machten die Kapitalflucht und die Währungsruns von 1931 eine Devisenbewirtschaftung erforderlich. In fast allen Fällen erklärten die Länder, die die neuen Maßnahmen einführten, sie dienten dazu, die Spekulation einzudämmen und nicht den rechtmäßigen Handel zu behindern. In der Praxis war es jedoch, erstens, schwierig, beides auseinanderzuhalten, insofern gesetzestreue Importeure oftmals ihre Importe in der Hoffnung beschleunigten, Währungsgewinne einzufahren. Zweitens erwies sich die Möglichkeit, den Handel in dieser Weise – halb heimlich und ohne großes Vergeltungsrisiko – zu regulieren, als sehr verlockend. Das deutsche System der Devisenbewirtschaftung war eines der umfassendsten, und es unterschied zu Beginn bei der Zuteilung von Devisen für Importe zwischen lebenswichtigen Gütern, Gütern, die »bis zu einem gewissen Grad« notwendig sind, und nicht-notwendigen Gütern. Die Zentralbank, die die Listen, auf deren Grundlage sie ihre Entscheidungen fällte, nie veröffentlichte, teilte einen Teil der Devisen vorgeblichen Importeuren der zweiten Kategorie zu und verweigerte der dritten Gruppe jegliche Devisen.

Die Umstellung von Zöllen auf Einfuhrkontingente und der verstärkte Einsatz von Maßnahmen der Devisenbewirtschaftung als Waffe der Handelspolitik führten zu einer Bilateralisierung der Handelsbeziehungen und in dem Maße, wie der bilaterale Waren- und

Dienstleistungsverkehr ins Zentrum der Verhandlungen rückte, auch zu einer engen Verzahnung von Handels- und Schuldenfragen.

Gläubigerländer versuchten ihre Forderungen durch Handelsverträge einzutreiben. Die erste derartige Übereinkunft war das schweizerisch-ungarische Verrechnungsabkommen vom Dezember 1931. Solange die ungarischen Einnahmen in Schweizer Franken nicht die Summe der Zahlungsverpflichtungen aus Käufen schweizerischer Waren erreichten, sollte ein Drittel der vereinnahmten Beträge für die Begleichung von Forderungen aus Warenlieferungen verwendet werden. Im Jahr 1932 handelte Deutschland ähnliche Verrechnungsabkommen mit Bulgarien, Estland, Griechenland, Rumänien und Jugoslawien aus, die Zollbegünstigungen für bestimmte Mengenkontingente an Weizen vorsahen; die dabei erzielten Überschüsse sollten für die Schuldentilgung verwendet werden.

Die Gespräche über Handelsfragen wurden durch politische Probleme – die Fragen der Kriegsschulden und Reparationen – zusätzlich erschwert. Ein Bericht des Völkerbunds formulierte es in pathetischen Worten: »Die edlen Vorsätze, die vom Geist von Genf inspiriert sind, prallen in grausamer Weise mit der brutalen Gewalt des Faktischen zusammen.«[57] Der britische Premierminister MacDonald war fest davon überzeugt, daß eine nationale Interessenpolitik die Staaten auseinandertreiben würde, während gemeinsame Maßnahmen zur Ankurbelung der Weltkonjunktur die Eintracht der Völker wiederherstellen könnten. »Wirtschaft und Handel«, so schrieb er in sein Tagebuch, »bilden das eigentliche Fundament der Politik.«[58] Er nahm sich vor, dieser Maxime bei der Konferenz, auf der er im Sommer 1932 den Vorsitz führte, Geltung zu verschaffen.

Auf der Lausanner Reparationskonferenz im Jahr 1932 wurde die Frage der interalliierten Schulden vertagt, vor allem weil die Vereinigten Staaten vor den Präsidentschaftswahlen im November zu keinem Abkommen bereit waren. Eine Taktik, den wahren Grund der Vertagung zu verschleiern, eröffnete zugleich die Möglichkeit, die Handelsfrage in ihrem allgemeinen Kontext anzugehen; dies sollte die Agenda einer Weltwirtschaftskonferenz sein, die 1933 stattfinden sollte.

Eine solche Konferenz war von Zeit zu Zeit von amerikanischen Diplomaten angeregt worden, die darin ein Mittel sahen, Kontinentaleuropa wieder zur Besinnung zu bringen und zugleich das konkretere Ziel zu erreichen, Einwände zu entkräften und Vergeltungsmaßnahmen als Reaktion auf das Hawley-Smoot-Zollgesetz zu verhindern. Im Oktober 1930 hatte sich Staatssekretär William Castle für eine Wirtschaftskonferenz ausgesprochen, »die eine greifbare Befriedigung der politischen und wirtschaftlichen Interessen Amerikas« erreichen sollte. Die Briten griffen dies begeistert auf und leiteten den Vorschlag an Deutschland weiter, um den im Briand-Plan vorgesehenen europäischen Einigungsprozeß zu hintertreiben; und die Deutschen glaubten, es sei eine Möglichkeit, die Vereinigten Staaten für die finanziellen Aspekte ökonomischer Fragen und insbesondere für das Ende der Reparationszahlungen zu interessieren. Der Reichsminister des Auswärtigen forderte seinen Botschafter in Paris auf, den Plan [einer solchen großen internationalen Konferenz] als die »Plattform« zu verkaufen, mit der Hoover »die nächste Präsidentenwahl wiedergewinnen könnte«.[59] Später, im Dezember 1931, unterbreitete Botschafter Frederick Sackett Reichskanzler Brüning einen konkreten Vorschlag in diesem Sinne.[60]

1933 hatten sich die Gegebenheiten grundlegend verändert. Hoover hatte die Wahlen verloren, und die Deutschen hatten bereits in Lausanne ihr Ziel einer Beendigung der Reparationszahlungen erreicht. Als die Weltwirtschaftskonferenz in London näherrückte, erkannten die künftigen Teilnehmer, daß man von einer großen Konferenz nur dann greifbare Ergebnisse erwarten könne, wenn Kommissionen und Ausschüsse bereits weitgehende Vorarbeiten geleistet und Vertragsentwürfe erarbeiten hatten.

Diese Vorbereitungen begannen Ende 1932 in Genf unter der Schirmherrschaft des Völkerbunds; sie stellten den letzten großen Versuch dar, politische Fragen im Zusammenhang mit der Weltwirtschaftskrise in einem internationalen Rahmen zu behandeln. Getrennte Unterkommissionen für finanzielle Fragen (das heißt Geld- und Währungspolitik) und wirtschaftliche Fragen (das heißt Handel) traten zusammen, um die jeweiligen Tagesordnungen zu erarbeiten.

Das Problem lag darin, daß jeder das Gebiet des anderen als entscheidend ansah. Alle Sprecher im Finanz-Unterausschuß waren sich einig, daß ein »freierer Handel eine Voraussetzung für eine Normalisierung der wirtschaftlichen Lage und für eine Rückkehr zum Goldstandard ist«.[61] Im Unterausschuß für Wirtschaft nutzte der Chefberater der britischen Regierung für Wirtschaftsfragen, Sir Frederick Leith-Ross, die Gelegenheit, um die Auffassung darzulegen, daß »der Zusammenbruch des internationalen Finanzsystems eher Anlaß als Ursache der gegenwärtigen Krise ist. Zehn Jahre lang versuchte die Welt, die Zahlungsbilanz durch Kreditvergabe und Kreditaufnahme statt durch Kaufen und Verkaufen auszugleichen.«[62]

Handelspolitische Streitfragen wirkten sich sogleich auf die politischen Verpflichtungen der Regierungen der Teilnehmerstaaten aus, und daher wollten sich die Experten nur ungern eindeutig festlegen. Der US-Botschafter bei der Genfer Abrüstungskonferenz, Norman Davis, der die Vereinigten Staaten auch bei den Wirtschaftsgesprächen in Genf vertrat, setzte das Genfer Organisationskomitee davon in Kenntnis, daß er »aus Gesprächen mit den Experten den Eindruck gewonnen hatte, daß man sich wegen der heiklen politischen Fragen, die berührt wurden, nur schwer auf eine Tagesordnung einigen könnte. Seiner Ansicht nach waren die politischen Strategien der Regierungen zum Teil für die gegenwärtigen Schwierigkeiten verantwortlich, und diese Fragen müßten aufgearbeitet werden.«[63] Aber jede Regierung nahm andere Dinge ins Visier. Die Briten sahen in dem US-Zollgesetz und in der deutschen, französischen und italienischen Agrarschutzpolitik die größten Hindernisse für ein Abkommen, da diese die landwirtschaftliche Überproduktion ankurbele und die Absatzchancen der Donaustaaten schmälere. Daher war die Schuldenkrise ihres Erachtens das Resultat der Agrarschutzpolitik. Diese britische Strategie, eher Handelsfragen als geld- und währungspolitische Fragen zu thematisieren, entsprang der Auffassung, daß es keine Stabilisierung des Sterlings geben sollte.

In Anbetracht der Konferenz von Ottawa und des Präferenzsystems für Mitgliedsländer des Empire war es andererseits eine eher schwache Verhandlungsposition, die von anderen Staaten, die Ottawa und die Abwertung des Sterlings als Ursachen der Depression ansahen, leicht kritisiert werden konnte. Großbritannien hatte das in Ottawa angekündigte Zolltarifsystem erst zur Hälfte fertiggestellt und wollte, daß der Prozeß nicht unterbrochen würde. Der wichtigste britische Architekt von Ottawa, Neville Chamberlain, nannte die Weltwirtschaftskonferenz daher nur »diese erbärmliche Veranstaltung«. Obgleich MacDonald dies nie zugeben wollte, hatte es fatale Auswirkungen auf die britischen Vorbereitungen der Londoner Konferenz. Großbritannien wollte die Hinwendung zum Empire nicht gefährden. Daher erlitten die britischen Vorbereitungen einen schweren Schlag, als Sir Walter Layton, der Herausgeber der Zeitschrift *Economist*, schon vor Beginn der Sitzungen sein Mandat im Vorbereitenden Ausschuß von Genf niederlegte und seinen Brief an den Premierminister veröffentlichte: »Ohne eine tiefgreifende Veränderung der Welthandelspolitik – bei der es entscheidend auf die Haltung dieses Landes ankommen könnte – glaube ich, daß nur auf geld- und währungspolitischem Gebiet ein wirklich zufriedenstellendes Ergebnis herauskommen kann.«[64]

Für die anderen Mächte bedeuteten die in Ottawa getroffenen Entscheidungen, daß Verhandlungen mit Großbritannien nur geringe Erfolgschancen hatten. Hans Posse, Ministerialdirektor im Reichswirtschaftsministerium und Mitglied des Wirtschaftsausschusses des Völkerbunds, meinte, daß es den Engländern noch nicht aufgegangen sei, wie sehr sie die Deutschen durch die direkten und indirekten Folgen der Vereinbarungen von Ottawa geschädigt hätten.[65]

Die Handelsgespräche in Genf erbrachten zwar einige Vorschläge. So legte der Leiter der Finanzabteilung des Völkerbunds, Pietro Stoppani, einen ausgearbeiteten Plan vor, der den Donaustaaten – Rumänien, Jugoslawien, Ungarn und Bulgarien – durch teilweise Umgehung der Meistbegünstigungsklauseln die Ausfuhr größerer Mengen Getreide in die europäischen Industriestaaten (Deutschland, Frankreich, Italien, Österreich, die Schweiz und die Tschechoslowakei) erlauben sollte. Zudem sah sein Plan Abkommen für europäische Alteisen- und Kohleproduzenten vor.[66] Aber die Handelsexperten erwarteten ständig von den Währungsexperten Pläne für einen Schuldenerlaß und Währungsstabilisierung. So verrannte man sich in eine Sackgasse.

Leith-Ross machte dies unmißverständlich deutlich: »Der Finanz-Unterausschuß war der Meinung, daß geld- und währungspolitische Maßnahmen nur bei einer größeren Freiheit des Warenverkehrs greifen könnten, während der Wirtschaftliche Unterausschuß den Standpunkt vertrat, daß in wirtschaftlichen Fragen erst dann Fortschritte erzielt werden könnten, wenn finanz- und währungspolitische Streitpunkte gelöst worden seien. Der Vorsitzende erklärte, die Arbeiten auf beiden Gebieten sollten parallel vorangehen. Aber parallele Linien schneiden sich nicht. Vermutlich wäre es richtiger gewesen zu sagen, daß man einen Teufelskreis geschaffen hatte und daß es nun um die Frage ging, wie man diesen aufbrechen konnte.«[67]

Dies führte im Ergebnis dazu, daß bei den Vorarbeiten in Genf sehr wenig herauskam. In der Praxis stellten die Finanzthemen die Handelsthemen in den Schatten: Sowohl die Währungsfragen als auch die Kriegsschulden erwiesen sich als äußerst strittig. Die Einstellung der Kriegsschuldenzahlungen durch Frankreich im Dezember 1932 verschärfte die Spannungen zwischen den Vereinigten Staaten und Kontinentaleuropa. Außenminister Henry Stimson überbrachte MacDonald folgende Botschaft von Präsident Hoover: »Sagen Sie MacDonald, daß die Zivilisation, für die er spricht, nur durch die enge Zusammenarbeit der Angelsachsen gerettet werden kann. Wir können nicht auf andere Völker zählen.«[68]

Im April und Mai 1933 kamen in Washington Politiker – nicht »Experten« – zusammen, um einen zweiten Anlauf zu nehmen, die Konferenz vorzubereiten. Im Zentrum von Roosevelts Strategie stand ein Zollwaffenstillstand für die Dauer der Konferenz: Ein Vorschlag, den Whitehall als hinterlistigen Trick interpretierte, um den Vertrag von Ottawa zu unterlaufen. Der Versuch des deutschen Reichsbankpräsidenten in Washington, die Zustimmung zu einem deutschen Moratorium auf die Bedienung langfristiger privater Auslandsschulden zu erlangen, verschärfte das Schuldenproblem weiter. Und das strittige Thema Geld- und Währungspolitik erhielt durch die Bekanntgabe des US-Goldembargos, während MacDonald und Leith-Ross noch auf See waren, eine brisante Aktualität.

Als die Konferenz am 12. Juni 1933 im Londoner Geologischen

Museum zusammentrat, hatten so viele Teilnehmer ein Interesse daran, sie scheitern zu lassen, daß ihre Erfolgsaussichten von Anfang an gering waren (obgleich ihnen natürlich sehr viel daran lag, das Scheitern den anderen anzulasten). Die Konferenz glich einem Krimi von Agatha Christie, in dem es für einen Mord jede Menge Verdächtige gibt – alle mit höchst plausiblen Motiven und unglaubwürdigen Alibis.[69]

Selbst die kleineren Länder taten alles, um die Saat der Zwietracht zu säen. Österreich sah in der Konferenz eine ideale Arena, um vor den Gefahren einer neuen deutschen Expansionspolitik zu warnen. Bundeskanzler Engelbert Dollfuß beendete seine Hauptrede mit einem bewegenden, aber provokativen Zitat aus Schillers *Wilhelm Tell:* »Es kann der Frömmste nicht in Frieden leben/ Wenn es dem bösen Nachbarn nicht gefällt«. Der irische Minister für Landwirtschaft und Fischerei, Joseph Conolly, beklagte ebenso britische Willkürakte in Irland.

Aber den größten Unfrieden stifteten die Großmächte. Die Forderung Großbritanniens nach einem Abbau der Kriegsschulden, die nach britischer Auffassung im Mittelpunkt der Konferenz stehen sollte und die völlig unter dem schmückenden Beiwerk von handels- und währungspolitischen Gesprächen verschwand, bedeutete, daß die Briten keine Ausweitung der Gespräche wünschten. Der britische Finanzminister Neville Chamberlain betonte, die Konferenz könne nur dann als Erfolg gelten, wenn sie das Problem der Kriegsschulden auf zufriedenstellende Weise lösen würde.[70] Aber die Weisungen, die der Präsident der US-Delegation erteilte, schlossen ziemlich kategorisch jegliche formellen oder informellen Gespräche über Kriegsschulden und Abrüstung aus.[71]

Für Deutschland war die internationale Regelung seiner kurzfristigen Schulden durch Umwandlung in längerfristige Kredite und Zinssenkung das wichtigste Anliegen. Reichsbankpräsident Hjalmar Schacht glaubte, er hätte in Washington Präsident Roosevelt von der Begründetheit des deutschen Ansinnens überzeugen können, wären seine Bemühungen nicht durch eine Intervention des State Department vereitelt worden. Die Deutschen setzen sich nachdrücklich für eine massive Agrarschutzpolitik ein und bezweifelten daher, daß die Agrarzölle gesenkt werden könnten.[72] Der deutschen Delegation gehörten Schacht, der die Gespräche nach seinem Besuch in Washington nicht mehr sonderlich ernst nahm, und Wirtschafts- und Ernährungsminister Alfred Hugenberg an, der nicht viel vom Welthandel hielt. Letzterer wurde trotz Warnungen der Experten im deutschen Auswärtigen Amt – Außenminister Konstantin von Neurath und Staatssekretär Bernhard von Bülow –, dies müsse zu einem Debakel führen, in die Delegation aufgenommen.[73]

Und Hugenberg ließ in der Tat in London so manche Bombe platzen: Wütende Schmähungen gegen die Sowjetunion und ein aufsehenerregendes Memorandum am 16. Juni, das die Wiederherstellung der deutschen Kolonien und überdies Siedlungsraum für Deutsche im Osten, auf Kosten der Sowjetunion, forderte. Das Ziel sei es, »daß dem ›Volk ohne Raum‹ Gebiete eröffnet würden, in denen es seiner tatkräftigen Rasse Siedlungsraum schaffen und große Werke des Friedens aufbauen könnte«. Eine weltweite Kooperation sei sinnlos. »Die Weltwirtschaft kann deshalb nur dann wieder in Ordnung kommen, wenn jede einzelne Nationalwirtschaft zunächst sich wieder in Ordnung bringt. Wer der Meinung ist, daß die einzelnen Wirtschaften nur von der Weltwirtschaft geheilt werden könnten, stellt die Dinge auf den Kopf.«[74] Zollsenkungen könnten die Volkswirtschaft nicht wiederbeleben, dies sei nur durch nationale Wirtschaftslenkung möglich.

Am Rande der Konferenz nutzten deutsche Vertreter die Gelegenheit, um bilaterale Handelsverträge mit allen Ländern zu schließen, die dazu bereit waren – zum Beispiel mit der Türkei.[75] Gleichzeitig ging Großbritannien wegen der ungelösten Schuldenfragen zu einer Form des Bilateralismus über. Unmittelbar vor der Konferenz hatte Großbritannien ein »Zahlungsabkommen« mit Argentinien ausgehandelt, wonach ein Teil der Deviseneinnahmen aus Exporten nach Großbritannien der Rückzahlung von Schulden vorbehalten sein sollte. Später traf Großbritannien ähnliche Vereinbarungen mit Uruguay, Brasilien, Ungarn, Rumänien und Deutschland.

Außenminister Cordell Hulls eigentliches Interesse in London, wie auf anderen Konferenzen, galt dem Abbau von tarifären Handelshemmnissen. Er wollte, daß die Konferenz die Idee umsetzt, für die er sich bereits im Präsidentschaftswahlkampf stark gemacht hatte: eine weltweite Zollsenkung in Höhe von 10 Prozent und ein Zollwaffenstillstand. Er hoffte mit einer gesetzlichen Ermächtigung zum Abschluß von Gegenseitigkeitsabkommen, die die Exekutive bevollmächtigen würden, Verhandlungen über Zollsenkungen nach dem Meistbegünstigungsgrundsatz zu führen, nach London zu kommen. Anfang April hatte Roosevelt erklärt, er werde den Kongreß um die Ermächtigung ersuchen, Gegenseitigkeitsabkommen zu schließen.[76] Doch zu guter Letzt lehnte er Hulls Ansinnen ab, weil es die Unterstützung im Kongreß gefährden und den Rest des New-Deal-Programms untergraben könnte. Zudem gab es Gegensätze zwischen dem innenpolitischen Programm und der internationalen Politik. Bestimmungen im Agricultural Adjustment Act (Agraranpassungsgesetz) beispielsweise verstießen gegen den geplanten Zollwaffenstillstand (Erzeuger von sieben Grundstoffen erhielten Subventionen des Bundes, die durch eine Steuer finanziert wurden, mit der weiterverarbeitende Firmen belegt wurden: Der Gerechtigkeit halber wurde eine parallele Steuer auf Importe ausländischer Produkte erhoben, die durch Weiterverarbeitung aus den Grundstoffen hergestellt wurden).[77]

Als die Konferenz in die fünfte Woche ging, erkannten die Teilnehmer, daß die Lage hoffnungslos war und weitere Verhandlungen die Kontroversen nur in die Länge ziehen würden.[78] Am 27. Juli wurde die Konferenz unterbrochen, und Hull hielt eine recht resignierte Abschlußrede: »Unser Ziel sollte eine vernünftige Kombination der durchsetzbaren Aspekte von ökonomischem Nationalismus und ökonomischem Internationalismus – unter Vermeidung der Extreme – sein.« In der Praxis ignorierten die Teilnehmer den Zollwaffenstillstand: Großbritannien erhöhte den Zolltarif für fünfzig Artikel und rechtfertigte diesen Schritt damit, es habe diese Erhöhungen schon vor dem Inkrafttreten des Zollwaffenstillstands am 12. Mai beantragt. Im September kündigten die Niederlande und Schweden und im November Großbritannien den Zollwaffenstillstand. Dies bedeutete das Aus für den letzten großen Versuch einer internationalen Zusammenarbeit in Handelsfragen.

Es gab zwei alternative Kooperationsstrategien. Die erste wurde in den Vereinigten Staaten verfolgt und ist eng mit dem Namen Hull verbunden; sie setzte auf harte bilaterale Verhandlungen mit dem Ziel, geschlossene Volkswirtschaften zu öffnen. Die zweite Strategie wird nach dem Reichsbankpräsidenten der Weimarer Republik, den Hitler zum Wirtschaftsminister ernannte, »Schachtianismus« genannt. Auch der Schachtianismus basierte auf einer bilateralen Strategie in den internationalen Beziehungen, aber er sah darin in erster Linie ein machtpolitisches Instrument.

Hullianismus und Gegenseitigkeitsabkommen

Der Verfasser der Minderheitsmeinung des Haushaltsausschusses (des amerikanischen Repräsentantenhauses) zum Entwurf des Hawley-Smoot-Gesetzes im Jahr 1929, Cordell Hull, fügte in seine Stellungnahme die Bemerkung ein: »Die amerikanische Außenpolitik kann nicht länger die Augen vor der Tatsache verschließen, daß wir seit 1914 von einem Schuldnerland beziehungsweise einem kleinen Überschußland, zum größten Gläubiger- und größten tatsächlichen beziehungsweise potentiellen Überschußland in der Welt geworden sind.«[79] Acht Millionen »unbeschäftigte amerikanische Lohnempfänger« seien die Opfer »langjähriger, praktisch lückenloser Zollschutz- und ähnlicher protektionistischer Maßnahmen«.[80]

Als Roosevelts Außenminister machte er sich mit einer berüchtigten Zielstrebigkeit an die Aufgabe, die Zölle zu senken. In den dreißiger Jahren meinten viele Beobachter, die fortgesetzten Demütigungen Hulls deuteten darauf hin, daß er in der Roosevelt-Administration eine unbedeutende Figur gewesen sei, ein »einflußloser Idealist, der Reden halten darf, die nicht den Standpunkt der Regierung wiedergeben«.[81] Diese Urteil ist ungerecht, auch wenn sich ihm die meisten Historiker angeschlossen haben.

Hull erkannte die Verantwortung der Vereinigten Staaten für wirtschaftliche und politische Entwicklungen in Europa. Noch drastischer wurde diese Auffassung von seinem Freund, Botschafter William E. Todd, formuliert, der an den Außenminister schrieb: »Die Zollpolitik von 1923 bis 1930, die riskanten Anleihen von 1923 bis 1928 und die Weigerung des Senats im Jahr 1921, die Erwartungen der Wahl von 1920 zu erfüllen, sind daher die Hauptgründe für das Emporkommen Mussolinis und Hitlers und für das Streben Großbritanniens und Frankreichs nach ökonomischer Autarkie.«[82] Seit seinem Amtsantritt glaubte Hull, der Zolltarif sei der Schlüssel zur Außenpolitik. Einer seiner ersten Vorschläge bezog sich auf die Änderung der Zusammensetzung der Tariff Commission; er wollte sie gegen (protektionistische) Sonderinteressen abschirmen, indem er ihr einen »Sachwalter der Verbraucherinteressen« zur Seite stellte, der gegen beabsichtigte Zölle Einspruch erheben konnte und ergänzende oder zusätzliche Untersuchungen über die Auswirkungen eines bestimmten Zolltarifs durchführen konnte.[83]

Das Vorhaben, einen Gesetzesentwurf für ein Reziprozitätsabkommen zeitgleich mit der Londoner Konferenz in den Kongreß einzubringen, scheiterte, doch zu einem späteren Zeitpunkt in diesem Jahr ersuchte Roosevelt Hull darum, einen Entwurf für ein Zollsenkungsgesetz zu erarbeiten. Der Kern des neuen Gesetzesentwurfs war die Übertragung des Initiativrechts für Zollsenkungen vom Kongreß auf die Exekutive, und diese Übertragung wurde damit begründet, daß dadurch die Verhandlungen mit anderen Staaten viel einfacher würden. Der Kongreß habe »durch den Smoot-Hawley [*sic*] Act zur Genüge dargetan, daß Vertreter der Interessen der Wahlkreise diese im Hinblick auf die Zollsituation so entschieden verfechten, daß die Durchführung eines bindenden Reziprozitätsabkommens in diesen Krisenzeiten ausgeschlossen ist«.[84] Eine neue Politik sei im nationalen Interesse, denn Zollsenkungen und Zollerhöhungen könnten Teil eines langfristigen ökonomischen Nationalismus sein: ein Unterpfand für Verhandlungen über einen leichteren Zugang amerikanischer Güter zu Auslandsmärkten. Es gab also eine starke Lobby der Industrie, die ihre Exportchancen verbessern wollte und deshalb das neue Gesetz unterstützte. Einige Kommentatoren sahen den ersten New Deal als das Ergebnis eines historischen Kompromisses, kraft dessen international ausgerichtete und kapitalintensive Exportindustrien unter Führung von Persönlichkeiten wie John D. Rockefeller, Walter

Teagle von Standard Oil und Gerard Swope von General Electric den Wagner National Labor Relations Act (US-Betriebsverfassungsgesetz), den Social Security Act (US-Sozialversicherungsgesetz) und den Freihandel akzeptierten.[85] Aber insgesamt spielten Industrieverbände nur eine nachrangige Rolle in der Debatte über den Reciprocal Trade Agreements Act (Gesetz über Reziprozitätsabkommen, RTTA). Einige Verbände waren dafür: die Nationale Automobil-Handelskammer und der Verband der Amerikanischen Exportindustrie; andere waren dagegen: der Bundesverband der Industrie, der Nationale Bergbaukongreß und der Nationale Schafzüchterverband. Großunternehmen standen den Grundsätzen des RTAA im allgemeinen wohlwollender gegenüber und forderten keine so entschiedene Schutzzollpolitik.[86]

Wie der britische IDAC (Beratende Ausschuß für Einfuhrzölle) waren auch die durch das Gesetz geschaffenen Institutionen darum bemüht, den Prozeß der Zollfestsetzung und der Zollverhandlungen zu entpolitisieren. Die Interessengruppen sollten nicht mehr den gleichen Einfluß ausüben können wie in den Debatten über den Hawley-Smoot Act. Ein neuer Exekutivausschuß für Außenwirtschaftspolitik legte die Grundzüge der außenwirtschaftspolitischen Strategie fest und setzte sie in bilateralen Verhandlungen um. Nach Aussage des Vorsitzenden der Tariff Commission, R. L. O'Brien, wollte das neue System »Sondervergünstigungen durch das Gemeinwohl ersetzen. Es bietet jeder Interessengruppe angemessenes Gehör, aber es gibt keiner einen bestimmenden Einfluß. Es sorgt in einer Atmosphäre, die fern von dem unvermeidlichen Tumult der politischen Arena ist, dafür, daß Handelsexperten und Wirtschaftswissenschaftler jeden Zollsatz sorgfältig daraufhin überprüfen können, ob seine Aufrechterhaltung beziehungsweise Veränderung einen allgemeinen Vorteil verspricht.«[87]

Nach einer formalen Bekanntgabe der Absicht, Gespräche über einen Handelsvertrag zu beginnen, veröffentlichte das Außenministerium eine detaillierte Übersicht über die Handelsbeziehungen einschließlich Listen der einzelnen Waren, die davon betroffen wären. Daran schloß sich eine sechswöchige Phase an, in der schriftliche Stellungnahmen eingereicht werden konnten, und nach acht Wochen hielt der Reziprozitätsausschuß Anhörungen ab. Jede Verhandlungsrunde wurde von einem gesonderten Ausschuß beaufsichtigt, der vom Handelsministerium mit Studien über die zustimmungsfähigen Zugeständnisse und vom Zollausschuß mit einer Liste der Zugeständnisse, die angeboten werden konnten, versehen wurde.

Der RTAA-Mechanismus rief erheblichen politischen Unmut hervor. Die lautstärksten Proteste kamen nicht von den Interessengruppen, sondern von den Politikern, die ihren Lebensunterhalt damit verdient hatten, jene zu vertreten. Arthur Vandenberg behauptete, der Gesetzentwurf würde den »Washingtoner Bürokraten erlauben, sogenannte ineffiziente Branchen zu identifizieren und kraft ihrer Befugnis dichtzumachen«. Das RTAA-Verfahren wurde polemisch mit der »Sternkammer« verglichen.* Im Wahlkampf des Jahres 1936 behauptete Senator William Borah, die Landwirte seien die Opfer der neuen Zollpolitik. Im Jahr 1937 behaupteten die Republikaner im Repräsentantenhaus, Hull führe sich wie Mussolini beziehungsweise Hitler auf, indem er den Eindruck erwecke, die »verfassungsmäßige Regierung und insbesondere ihr legislativer Zweig seien korrupt und verachtenswert«, zudem erlaube der RTAA »die Senkung unserer Zölle ohne Rücksicht auf die inländischen Produktionskosten« und schade dadurch »der gesamten amerikanischen Landwirtschaft, den Arbeitnehmern und der Industrie; er untergrabe das amerikanische Lohnniveau, das mit Abstand das höchste der Welt ist, und er bedrohe den amerikanischen Lebensstandard«.[88]

Hull mobilisierte tatsächlich mit Erfolg ökonomischen Sachverstand gegen Interessengruppen. Die Baumwollwarenindustrie beispielsweise blieb während der gesamten dreißiger Jahre in einer akuten Krisensituation – die das Ergebnis einer überzogenen Expansion, der Verlagerung von Industrien aus dem Norden in den lohngünstigeren Süden, der Konkurrenz durch neue Fabriken, einer besonders hohen Anfälligkeit für Veränderungen der Mode und einer hoffnungslos zer-

* In Großbritannien das geheime, nur dem König verantwortliche Willkürgericht, bis 1641, A. d. Ü.

splitterten Industriestruktur war, die jegliche Rationalisierungsbemühungen zunichte machte. Industrievertreter forderten daraufhin nachdrücklich protektionistische Maßnahmen, insbesondere gegen preiswerte japanische Importe; sie wiesen darauf hin, daß die japanischen Importe von 1,16 Millionen Quadratyard im Jahr 1930 auf 7,29 Millionen 1934 gestiegen seien. Doch das von Herbert Feis geleitete Office of the Economic Adviser (Referat für Wirtschaftsberatung) im Außenministerium errechnete, daß Schutzzölle allenfalls zu einer fünf- bis sechsprozentigen Steigerung der Produktion von Baumwollwaren durch amerikanische Spinnereien führen würden.[89]

Dies soll nicht heißen, daß die Regierung gegenüber den politischen Aspekten von Zollsenkungen gleichgültig gewesen wäre. Insbesondere vor Wahlen erwiesen sich die Fragen als äußerst sensibel. So wurden etwa Meinungsumfragen in Auftrag gegeben, um die Reaktion auf Reziprozitätsabkommen abzuschätzen. Die repräsentativen Umfragen in den Agrarstaaten des Mittleren Westens ergaben, daß nur zwischen 9 und 17 Prozent dafür waren; doch dies festigte Hull lediglich in der Überzeugung, daß man mehr Verträge mit Industriestaaten – wie Großbritannien – brauche, um die Preise für Importgüter zu senken und den Landwirten die potentiellen Früchte einer Liberalisierung des Handels vor Augen zu führen.[90] Im November 1938 wurde dieses Abkommen in der Tat mit einem Großbritannien geschlossen, das mittlerweile angesichts der sich zuspitzenden Krise in Europa erpicht auf politische Unterstützung war. Rein ökonomisch betrachtet, konnte Großbritannien von Außenhandels-Konzessionen Amerikas kaum profitieren, aber die Regierung wog einen ökonomischen Preis gegen einen politischen Gewinn ab.[91]

Zwischen 1934 und 1940 handelte das US-Außenministerium insgesamt 22 Gegenseitigkeitsabkommen aus, die den Außenhandel in Richtung der neuen Vereinbarungen verlagerten. So stiegen die US-Exporte 1935, dem Jahr, in dem sich erste Auswirkungen bemerkbar machten, um 7 Prozent, doch die Ausfuhr in jene Länder, mit denen Verträge geschlossen worden waren, nahm sehr viel stärker zu: Die Exporte nach Kuba erhöhten sich um 33 Prozent, und die Exporte nach Belgien und Schweden um 16 Prozent. Im Jahr 1938 verzeichneten die sechzehn Länder, die Abkommen mit den USA geschlossen hatten, gegenüber 1934–35 eine Zunahme der Einfuhren aus den Vereinigten Staaten um 39,8 Prozent; während die Einfuhren aus Deutschland (das keine Handelsverträge geschlossen hatte, sondern eine dezidierte Politik der Neuausrichtung seiner Außenhandelsbeziehungen betrieb) nur um 1,8 Prozent zugenommen hatten.

Der Verzicht darauf, Handels- und Schuldenprobleme miteinander zu verknüpfen, war untrennbar mit der Liberalisierung und Ausweitung des grenzüberschreitenden Warenverkehrs verbunden. Die rasante Zunahme der Auslandsschulden und die anschließende Insolvenzwelle waren nach Auffassung der Regierung das Ergebnis privatwirtschaftlicher Tätigkeit – hauptsächlich der Banken an der Ostküste –, und die Bundesregierung hielt sich nicht für verpflichtet, eine Rettungsaktion in die Wege zu leiten. Im Jahr 1933 wurde ein Committee of Foreign Bondholders (Ausschuß ausländischer Anleihegläubiger) gegründet, das, wie das British Council of Foreign Bondholders (Britischer Beirat ausländischer Anleihegläubiger) die Interessen von Gläubigern schützen sollte. Doch es war allgemein bekannt, wie wenig Einfluß die US-amerikanische Institution hatte. »Die Tatsache, daß unter den eher durchschnittlichen Herrschaften, die eingeladen wurden, sich an den Diskussionen über die neu zu gründende Organisation zu beteiligen, offenbar keine Person von herausragendem Sachverstand in den internationalen Finanzbeziehungen im allgemeinen oder notleidenden Anleihen im besonderen ist, verdankt sich zweifellos der Abneigung der Regierung gegenüber Wall Street.«[92]

Das neue State Department bemühte sich in der Tat um einen klaren Bruch mit der Vergangenheit. Eine charakteristische Einschätzung stammt vom amerikanischen Botschafter in Mexiko, Josephus Daniels, der immer wieder betonte, es wäre äußerst schädlich, wenn sich die Regierung für die Rückzahlung privater Schulden stark mache. »Weshalb sollte sich unsere Regierung diese Arbeit aufhalsen und sich für die Eintreibung von Schulden einsetzen, die eigentlich denjenigen obliegt, die südamerikanischen Regierungen Kredite aufnötigten und dabei groß absahnten? Wir sollten uns nicht für andere Gläubiger ins Zeug legen. Weshalb sollten wir den gesamten Handel in diesen Ländern gefährden, indem wir bei der Beitreibung von Geldern helfen, die Privaten geschuldet sind?«[93]

Die Erfahrungen, die die USA in den dreißiger Jahren machten, führten zu einem Umdenken in der Frage, was der Staat tun beziehungsweise nicht tun sollte. Er *sollte nicht* die Privatinteressen von Kapitalgebern und Gläubigern schützen, und er sollte nicht dem Druck privatwirtschaftlicher Sonderinteressen im Kongreß nachgeben. Er *sollte* die allgemeine fiskalische Stabilität und die Währungsstabilität gewährleisten, und er sollte die allgemeinen Rahmenbedingungen festlegen, die einer Expansion des US-Außenhandels förderlich wären. Beide letztgenannten Aufgaben wurden zu zentralen Elementen einer sicheren Rahmenordnung für die Weltwirtschaft nach 1945. Doch die anderen Großmächte gingen einen ganz anderen Weg als die USA.

Schachtianismus und bilaterale Wirtschaftspolitik

Auch in Deutschland wurde durch die Zentralisierung des NS-Staates, die ideologische Säuberung von Wirtschaftsverbänden und ihre Einbindung in das »organische Staatsgebilde« der Einfluß von Interessengruppen auf die Außenwirtschaftspolitik zurückgedrängt. Einige Historiker betonten den bürokratischen Wirrwarr der Politik im Deutschland der dreißiger Jahre – die starke Zunahme von Institutionen ohne klar definierte oder mit sich überschneidenden Kompetenzen. Aber dieses Problem hatte es schon in der Weimarer Republik gegeben, und in der Außenhandelspolitik war es durch die Gründung (im Jahr 1925) des Handelspolitischen Ausschusses gelöst worden, der von einem Vertreter des Auswärtigen Amts geleitet wurde und in dem das Finanz-, das Wirtschafts- und das Landwirtschaftsministerium vertreten waren. Zu diesen altbekannten Quellen bürokratischer Friktionen innerhalb des Regierungsapparats kamen weitere, spezifisch nationalsozialistische. Denn Hermann Göring mit seinem Vierjahresplan, die Führung der Reichswehr und die Außenpolitische Organisation der NSDAP mischten jetzt ebenfalls mit.

Die schwerwiegendsten Kontroversen entbrannten um das Ausmaß der Exportorientierung. Reichswirtschaftsminister Schacht manövrierte sich, indem er sich gegen eine überzogene Autarkiepolitik wandte und auf die hohen Kosten hinwies, die mit dem Aufbau inländischer Substitionsindustrien verbunden wären, immer mehr ins Abseits. 1936–37 verlor er einen erbitterten Streit mit Göring über den Einsatz minderwertigen heimischen Eisenerzes bei der Stahlerzeugung.[94]

Aber in Deutschland bestand ein allgemeiner Konsens darüber, daß eine Neuausrichtung des Handels weg von Nordwesteuropa und Nordamerika wünschenswert wäre. Dies war zum Teil eine Folge des Schuldenproblems, da hohe Überschüsse bei bilateralen Handelsgeschäften etwa gemäß dem britisch-deutschen Abkommen von 1934 in den Schuldendienst flossen. Deutschland würde von einer Verringerung dieser Überschüsse profitieren, zumal sich das Exportwachstum wegen der starken binnenwirtschaftlichen Erholung verlangsamte.

Eine Neugewichtung der Außenhandelsbeziehungen zu Südamerika und Südosteuropa war seit Anfang der Depression von Interessengruppen aus Industrie und Kreditwirtschaft gefordert worden, insbesondere vom Mitteleuropäischen Wirtschaftstag.[95] Diese Forderungen spielten zumindest eine gewisse Rolle bei den strategischen Überlegungen des Handelspolitischen Ausschusses. In den dreißiger Jahren konnten die Preise unter den Bedingungen der Devisenbewirtschaftung, die nach der Finanzkrise von 1931 eingeführt worden war, in einem System gespaltener Wechselkurse manipuliert werden, um die Handelsströme gemäß einer übergeordneten politischen Strategie auf bestimmte Partner auszurichten.

Auch Italien und Japan führten zentrale Verwaltungssysteme für Kontingente und mengenmäßige Beschränkungen ein. Die japanischen Außenhandelsströme flossen in andere Richtungen. 1929 hatte Japan einen Handelsbilanzüberschuß mit den USA in Höhe von 260 Millionen Yen; 1932 hatte Japan ein Handelsbilanzdefizit von 65 Millionen Yen und 1934 von 371 Millionen Yen. Dafür erhöhte Japan seine Exporte in Kolonialgebiete Asiens und Afrikas und auch nach Südamerika.[96] Andererseits vermied Japan als mehr oder minder einziges Land eine Bilateralisierung.

Die wirtschaftlichen Interessen, die aus den Handelsgesprächen hinausgedrängt worden waren, kamen manchmal durch internationale Produktions- und Kartellabsprachen wieder zurück. Die Weizengespräche wurden 1933 in London auch nach dem Scheitern der Weltkonferenz fortgesetzt. Die Vereinigten Staaten, die ursprünglich der Idee von Ausfuhrkontingenten für Weizen ausgesprochen ablehnend gegenübergestanden hatten, machten zwei wichtige Zugeständnisse:[97] Sie akzeptierten den Vorschlag internationaler Verhandlungen über Anbaubeschränkungen, und sie erklärten sich einverstanden mit Präferenzen für Erzeuger in den Donaustaaten. Doch während der Verhandlungen erkannten die Hauptexporteure, daß jede etwaige Übereinkunft zwischen ihnen ohne die Kooperation der europäischen Importländer nutzlos wäre,[98] und der Plan scheiterte, als die wichtigsten Einfuhrländer ungewöhnlich reiche Ernten einbrachten. Auch andere Abkommen gerieten in Schwierigkeiten. Die Zuckererzeugung wurde 1931 durch das Chadbourne-Abkommen geregelt, aber dieses lief 1935 aus und wurde nicht erneuert. Die teilnehmenden Länder – Kuba, Java, die Tschechoslowakei, Polen, Ungarn, Bulgarien, Peru und Deutschland – verringerten ihre Zuckerproduktion zwischen 1930 und 1935 um die Hälfte, aber die nicht-teilnehmenden Länder, insbesondere die Vereinigten Staaten, reagierten darauf mit einer Erhöhung der inländischen Produktion.

75 Prozent der Weltkupferproduktion (wiederum mit Ausnahme der amerikanischen Fördermenge) wurden 1935 durch eine Konvention reguliert und eingeschränkt. Die Vereinigten Staaten beschränkten sich auf die Zusicherung, die Exporte nicht zu erhöhen, und die gesamte Weltproduktion blieb in diesem Fall unverändert – auch wenn sich die Preise aufgrund des Wiederaufrüstungsbooms wieder erholten.

Die Regulierung des Teehandels (durch das International Tea Committee von 1935), wonach Ausfuhren in Prozent einer Standardzahl erlaubt waren, war erfolgreicher, und dies, obgleich – wie bei Weizen und Zucker – in Regionen, die nicht in das Abkommen einbezogen waren, große Mengen Tee angebaut wurden (Japan, China, die UdSSR und Französisch-Indochina).

Die Regulierung des Zinn- (durch das Internationale Zinnabkommen von 1931) und Kautschukhandels (Mai 1934) erfolgte durch die Zuteilung variabler Exportkontingente, die im Verlauf der Erholung der Weltwirtschaft ausgeweitet wurden. Die Pläne hatten eine viel größere Flexibilität als der zurückliegende Versuch, den Kautschukhandel zu regulieren (der Stevenson-Plan). Die Preise stiegen kontinuierlich, was amerikanische Proteste wegen unlauterer Eingriffe in den Markt hervorrief.

Diese internationalen Abkommen waren das Produkt privater und staatlicher Interessen. Sie wurde in der Regel auf Regierungsebene ausgearbeitet, aber einzelne Erzeuger und Verbände wirkten maßgeblich an der Formulierung der Strategie mit. Selbst bei privatwirtschaftlichen Kartellen – wie der Internationalen Rohstahlgemeinschaft – benutzten Regierungen andere Strategien, um Vorteile für ihre Industrien herauszuschlagen. So erreichten die britischen Stahlerzeuger eine relativ günstige Vereinbarung mit der IRG, weil ihre Regierung die Einführung eines hohen Strafzolls auf ausländische Stahlerzeugnisse vorgeschlagen hatte.

Dies war die unamerikanische Herangehensweise, und Hull sah in der starken Ausweitung der staatlichen Handelsförderung, die mit der Einräumung von Präferenzen und Kontingenten verbunden war, sowohl eine Gefahr für die Liberalisierung insgesamt als auch einen Angriff auf die Interessen der Vereinigten Staaten als einen der größten Abnehmer von Rohstoffen. Die erfolgreichsten Pläne verärgerten US-Politiker; die Projekte, die scheiterten, taten dies wegen US-amerikanischer Maßnahmen.

Der Wille, die Außenhandelspolitik dem Einfluß parlamentarischer Mitbestimmung und dem Druck von Interessengruppen zu entziehen und der Kontrolle der Exekutive zu unterstellen, war gelegentlich von löblichen Motiven getragen – so verdankte sich der auf kleinliche wechselseitige Zugeständnisse angelegte Protektionismus der zwanziger Jahre einem Übermaß an demokratischer Mitbestimmung; doch im Hintergrund lagen immer die machtpolitischen Kalküle, die die Außenhandelspolitik in wachsendem Maße bestimmten. Dies zeigte sich nirgends deutlicher als in der Geschichte der Handelsbeziehungen von Südosteuropa und Südamerika mit den Großmächten. Die Handelsverträge, die das Deutsche Reich mit Südosteuropa, den Balkanstaaten und Südamerika abschloß, enthielten etwa ein Drittel aller Klauseln über ausgeglichene bilaterale Handelsbilanzen, die weltweit in Handelsverträge aufgenommen wurden.[99]

Die Tendenz zu einer Bilateralisierung des Handels in den dreißiger Jahren war keineswegs eine deutsche Besonderheit. Tatsächlich deutet der beste verfügbare Bilateralismus-Index darauf hin, daß sich der britische Außenhandel noch stärker in diese Richtung entwickelte als der deutsche.[100] Doch der Bilateralismus wurde schon bald dämonisiert, und es schien für Demokratien politisch opportun zu sein, ihn anzugreifen. Auf der Weltwirtschaftskonferenz 1933 behauptete der Chefberater der britischen Regierung in Wirtschaftsfragen, Sir Frederick Leith-Ross, der bilaterale Ansatz sei lediglich eine Verhandlungsstrategie. Doch nach 1933 weitete Großbritannien den Bilateralismus rasch aus. Die Briten beteuerten weiterhin, dies sei ihnen vom Rest der Welt aufgezwungen worden: Die Maßnahme wurde insbesondere als eine Reaktion auf die Aussetzung der Bedienung der Dawes- und Young-Anleihen durch Deutschland dargestellt. Tatsächlich weigerte sich Großbritannien anfänglich, statistische Daten für die Untersuchung des Völkerbundes über den Bilateralismus zur Verfügung zu stellen, und zwar mit der Begründung, dies sei nicht britische Politik und Großbritannien habe keine Verrechnungsabkommen geschlossen.[101] Aber in der Praxis weitete Großbritannien seinen Außenhandel in den dreißiger Jahren auf die schwächeren skandinavischen Länder (Dänemark und Finnland) und auf die baltischen Staaten aus, und diese Länder gerieten in ein ähnlich starkes außenwirtschaftliches Abhängigkeitsverhältnis von Großbritannien wie die südosteuropäischen Staaten (von ihrem Handelspartner Deutschland).[102]

Deutschland hatte die Devisenzwangswirtschaft als vorübergehende Reaktion auf die Krise von 1931 eingeführt. Die ersten Verrechnungsabkommen, die zum Vorbild für spätere Verhandlungen wurden, waren zwischen der Schweiz und Österreich und der Schweiz und Ungarn geschlossen worden. Die Theorie der Verrechnungsabkommen war 1931, auf der Konferenz der Notenbankpräsidenten in Prag, am ausführlichsten vom Gouverneur der österreichischen Nationalbank entwickelt worden. Diese Präzedenzfälle bildeten die Grundlage für die deutschen Verrechnungsabkommen von 1932. Was als vorübergehende Notmaßnahme gedacht war, wurde 1933, nach der Machtergreifung der Nazis, zu einem dauerhaften System. Im Juni 1933 verhängte Deutschland ein Moratorium für die Rückzahlung aller Auslandsschulden (ausgenommen waren Zins- und Tilgungszahlungen auf die Dawes-Anleihe von 1924 und Zinszahlungen auf die Young-Anleihe von 1930).

Gemessen am Index der Industrieproduktion, erreichte die Depression in Deutschland im Sommer 1932 ihren Höhepunkt. Als die binnenwirtschaftliche Erholung an Schwung gewann, tauchte das Problem des Außenhandels, das die deutsche Wirtschaft in den zwanziger Jahren gequält hatte, erneut auf. Trotz Bemühungen, die Einfuhren durch Zuteilung von Devisenkontingenten auf der Basis der Zahlen von 1931 zu steuern, nahmen die Einfuhren zu, ohne daß es zu einem entsprechenden Anstieg der Ausfuhren kam. Im Frühjahr 1934 wurde die Einfuhr einiger Rohstoffe rationiert. Die Reserven der Reichsbank schmolzen dahin, und im September 1934 verkündete Hjalmar Schacht, der von Hitler als amtierender Reichswirtschaftsminister und Reichsbankpräsident eingesetzt worden war, den »Neuen Plan«, der Importeure dazu verpflichtete, sich Devisenzertifikate zu verschaffen, die von Kontrollstellen unter der Aufsicht der Reichsbank ausgegeben wurden. Der »Neue Plan« stellte ein viel geeigneteres Instrument zur Steuerung des Außenhandels dar als die Ad-hoc-Mechanismen, die 1931 als Teil des Systems der Devisenzwangswirtschaft ersonnen worden waren. Seit dieser Zeit nennt man ein System staatlicher Handelslenkung auch »Schachtianismus«.

Schacht verteidigte seinen Ansatz öffentlich als eine notwendige Antwort auf die besonders engen Verflechtungen der Weltwirtschaft, die alle älteren Theorien der Wirtschaftslenkung und insbesondere das Laissez-faire-Modell diskreditiert hätten. Er stellte das Argument, daß Freihandel und ein gemeinsamer Währungsstandard das schmückende Beiwerk einer integrierten Welt sein sollten, in faszinierender Weise auf den Kopf: »Die Welt ist dafür zu klein geworden,

Menschen und Dinge drängen sich zu eng im Raum, als daß eine wirtschaftliche Selbststeuerung etwa im Sinne des Goldautomatismus oder der Freihandelslehre der früheren Zeiten noch möglich wäre. Unsere Zeit steht unter staatlicher Wirtschaftslenkung, und deshalb führt jede Theorie, die eine andere Grundlage hat, unweigerlich in die Irre.«[103]

Die Clearingtransaktionen im Rahmen des Schachtschen Systems der Außenhandelslenkung bedeuteten nicht, daß sich die bilateralen Handelsbilanzen unbedingt ausglichen. Tatsächlich baute Deutschland erhebliche bilaterale Handelsbilanzdefizite auf, da seine Exportleistung noch immer hinter dem Wachstum seiner Importe zurückblieb. Das Verhältnis Deutschlands zu seinen Clearingpartnern hing weitgehend davon ab, inwieweit sie bereit waren, diese Defizite hinzunehmen und so praktisch die Erholung der deutschen Wirtschaft zu finanzieren.

Es war eine schwierige theoretische Aufgabe, herauszuarbeiten, wer welche Vorteile aus diesen Transaktionen zog, weil die Transaktionen zwischen Volkswirtschaften mit Devisenbewirtschaftung nicht zu Weltmarktpreisen stattfanden. So hat Howard Ellis etwa für die deutsch-ungarischen Handelsbeziehungen nachgewiesen, daß sowohl Import- als auch Exportpreise erheblich über dem Weltmarktniveau lagen. So exportierte Ungarn 1936 Butter zu einem Durchschnittspreis von 114 Pengö/Doppelzentner nach England, während Deutschland 204 Pengö bezahlen mußte. Ungarn importierte Rohkaffee aus England zu einem Preis von 78,10 Pengö/Doppelzentner, während es für die gleiche Menge aus Deutschland 106,50 Pengö bezahlen mußte. Einzelne Vergleiche dieser Art deuten darauf hin, daß die Deutschen einen höheren Aufpreis zahlten als die Ungarn.[104]

Außerdem gab es wenigstens ein paar hundert verschiedene Mark-Wechselkurse. Gemäß dem »Neuen Plan« wurden Außenhandelsgeschäfte durch Aski-Mark – das Wort ist ein Akronym für »Auslandssonderkonten für Inlandszahlungen« – finanziert, die zu unterschiedlichen Konditionen für deutsche Exporte in verschiedene Länder zur Verfügung standen.

Die Lenkungsmaßnahmen führten insgesamt zu einer Umleitung

der Handelsströme weg von Ländern, die noch immer eine offene oder eingeschränkt offene Volkswirtschaft hatten (der Außenhandel unterlag nur Zöllen und Kontingentierungen), und hin zu anderen Verrechnungsländern. Die Depression veränderte die Handelsstruktur derart, daß verstärkt binnenwirtschaftliche Bezugsquellen in Anspruch genommen wurden und Wirtschaftsblöcke entstanden. Beide Entwicklungen sind mit Wohlfahrtsverlusten verbunden, da die Substitutionen teurer sind als die Präferenzoptionen, die in einem Freihandelssystem umgesetzt werden können.

Im Frühjahr 1938 hatte Deutschland mit 25 Ländern bilaterale Handelsverträge geschlossen. Grundsätzlich schränkte Deutschland seine Handelsbeziehungen zu Industrieländern ein und erhöhte seine Exporte und Importe aus ärmeren und weniger entwickelten Ländern, die Rohstoffe und Massengüter erzeugten. Der Anteil der europäischen Industriestaaten am deutschen Außenhandel, der nach dem Zweiten Weltkrieg Hauptmotor der Ausweitung des deutschen Handelsvolumens sein sollte, ging drastisch zurück. Dafür baute Deutschland seine Handelsbeziehungen zum sogenannten Reichsmarkblock aus, dem Bulgarien, Griechenland, Ungarn, Rumänien, die Türkei und Jugoslawien angehörten. Einige deutsche Politiker sahen darin ein funktionales Äquivalent zum Sterlingblock der Länder, die sich der Freigabe des Pfund-Wechselkurses durch Großbritannien im September 1931 anschlossen. (Es handelt sich nicht um eine exakte Entsprechung, da die südosteuropäischen Länder nicht durch ein Wechselkursregime, sondern durch Finanzierungs- und Verrechnungsabkommen an Deutschland gebunden waren.) Der Anteil der deutschen Einfuhren aus diesen Blockländern stieg von 5,6 Prozent 1933 auf 18,5 Prozent 1939, und der Anteil der Ausfuhren stieg im gleichen Zeitraum von 3,8 Prozent auf 18,3 Prozent.[105] Bei einigen Partnerländern war die Zunahme noch spektakulärer, und in diesen Fällen stellte die Zunahme des Handels mit Deutschland einen wichtigen politischen Faktor dar. So hatte Jugoslawien 1932 18 Prozent seiner Einfuhren aus Deutschland bezogen, und 11 Prozent seiner Ausfuhren gingen nach Deutschland. Die entsprechenden Zahlen für 1937 sind 32 und 22 Prozent. In Ungarn war die Abhängigkeit sogar noch größer: 1932 kamen 22 Prozent der Einfuhren aus

Deutschland, 1937 waren es 55 Prozent. Von den ungarischen Exporten gingen im ersten Jahr 15 Prozent nach Deutschland und 1937 43 Prozent. Bulgarien war sogar noch stärker vom Handel mit Deutschland abhängig.

Diese Zahlen werfen unweigerlich die Frage nach der Abhängigkeit auf. Aber wer war von wem abhängig? In den dreißiger Jahren gingen viele Kommentatoren davon aus, daß Deutschland seine Stellung als Nachfragemonopolist ausnutzen konnte, da Großbritannien und Frankreich ihre Märkte geschlossen hatten und eine Schutzzollpolitik zur Abschottung ihrer Kolonialreiche nach außen betrieben. Das Royal Institute of International Affairs gelangte zu dem Schluß, daß das deutsche System »auf die Ausnutzung der Verhandlungsmacht des stärkeren Partners in einem Handelssystem hinausläuft, das im wesentlichen auf bilateralem Realtausch basiert«.[106] Den Agrarproduzenten Südosteuropas standen somit keine anderen großen Märkte offen, und sie wurden so zwangsläufig von Deutschland abhängig. Rumänien mit seiner diversifizierteren Exportstruktur, in der strategisch wichtiges Erdöl eine bedeutende Rolle spielte, hatte eine stärkere Verhandlungsmacht und war nicht so abhängig vom bilateralen Handel mit Deutschland.[107] Solche Schlußfolgerungen erweisen sich bei näherer Analyse der Terms of Trade, die sich für Deutschland ungünstig entwickelten, als unhaltbar. (Nach der Abhängigkeitstheorie müßten sich die Terms of Trade Deutschlands verbessert haben.) Einige Länder, insbesondere Ungarn, erwirtschafteten Exportüberschüsse mit Deutschland und benutzten dann die erworbenen Reichsmarkreserven als Basis für die Finanzierung einer Ausweitung der Geldmenge. Deutschland bot einigen seiner Handelspartner Güter zu Konditionen an, die selbst Kritiker »ungemein großzügig« nannten, da »praktisch keine Anzahlungen verlangt wurden«.[108] Diese Tatsache veranlaßte den Historiker Alan Milward zu dem Kommentar: »Vor 1939 nutzten die kleinen Volkswirtschaften Mittel- und Südosteuropas die wirtschaftlichen Schwächen Deutschlands erfolgreich aus.«[109]

Auch wenn diese Analyse zutrifft, wirft sie die Frage auf, weshalb sich ein mächtiger Staat wie Deutschland ausnutzen ließ (oder, neutraler formuliert, weshalb es Preise zahlte, die über den Weltmarktpreisen lagen). Handelspolitische Entscheidungen, die sich auf Europa bezogen, hatten eine starke außenpolitische Komponente. Die politische Dimension ist am deutlichsten im Fall der beiden Länder, die die ersten Opfer der Nazi-Aggression werden sollten, der Tschechoslowakei und Polen. Die tschechische Volkswirtschaft war lange nicht so komplementär zur deutschen Ökonomie wie die Volkswirtschaften der weniger industrialisierten Nachbarländer Deutschlands. Im Jahr 1933 nahm der Reichswirtschaftsminister die Tschechoslowakei ausdrücklich von der deutschen Handelsoffensive in Südosteuropa aus. Die Verrechnungsabkommen mit Deutschland Anfang der dreißiger Jahre schränkten den Handel ein, statt seine Ausweitung zu fördern.[110] Als die tschechische Industrieproduktion dann für den Aufbau einer soliden deutschen Kriegswirtschaft unverzichtbar zu sein schien, zerschlug Hitler kurzerhand das Land und gliederte das Industrievermögen in deutsche Konzerne ein. Es hatte keinen früheren Versuch gegeben, die Tschechoslowakei in den deutschen *Großwirtschaftsraum** einzubinden, und keine Bereitschaft, außenpolitische Zugeständnisse zu machen. Dagegen zahlte Deutschland in den Anfangsjahren der Diktatur, als Hitlers Strategie auf einer außenpolitischen Annäherung an Polen basierte, für polnische Produkte, die von deutschen Verbrauchern eigentlich nicht benötigt wurden, Preise, die über dem Weltmarktpreis lagen.[111] Günstige Handelsbeziehungen, große deutsche Abnehmer und eine reichhaltige Versorgung mit deutschen Exportgütern – dies waren Waffen in einem Kampf, in dem es darum ging, Länder politisch an Deutschland zu binden. Anders gesagt, Deutschland zahlte einen wirtschaftlichen Preis, um politische Abhängigkeiten zu schaffen, nicht umgekehrt.

Die Umlenkung des Handels hatte vor allem machtpolitische Gründe. Der Wirtschaftswissenschaftler Albert Hirschman hat nachgewiesen, daß es leichter ist, außenwirtschaftliche Abhängigkeitsverhältnisse zu begründen, wenn mehrere Bedingungen erfüllt sind: Wenn der Handelspartner ein kleines Land ist; wenn der Handel auf ärmere Länder ausgerichtet ist; wenn es sich bei den Exportgütern um

---

* Deutsch im Original, A. d. Ü.

Industriegüter mit einer starken Produktdifferenzierung handelt, so daß die Lieferanten nicht leicht austauschbar sind; und wenn die Exportpreise des Handelspartners durch Förderung einer kostenintensiven Produktion und durch Devisenclearing über das Weltmarktniveau gedrückt werden.[112] All diese Bedingungen beschreiben Aspekte der Außenwirtschaftsbeziehungen der dreißiger Jahre. Deutschland veränderte seine Außenhandelsverflechtung am tiefgreifendsten und förderte überdies die Entwicklung neuer kostenintensiver Produkte wie etwa Baumwolle in Ägypten und Brasilien. Hirschman zeigte, daß die Struktur des deutschen Außenhandels in den dreißiger Jahren eine beispiellose Veränderung durchmachte und daß die Staaten des Balkans und Südosteuropas ihre Handelsbeziehungen stärker fokussierten, so daß sie anfällig wurden für eine »friedliche Eroberung«. Deutschland bezahlte – durch Importpreise, die weit über dem Weltmarktniveau lagen –, um sich ökonomischen Einfluß zu sichern. Für Deutschland war es ein Tausch von Geld gegen Macht.

Inwieweit verdankte sich dieser Tauschhandel »ökonomischen Eroberungsplänen, die im vorhinein ausgearbeitet worden waren«? Hirschman beantwortete diese Frage 1945 folgendermaßen: »Vermutlich verdankte sich die erstaunliche Kohärenz der deutschen Politik nur zum Teil einer detaillierten Planung auf der Grundlage einer ökonomischen Analyse, und wahrscheinlich spielte das praktische Ausprobieren politischer Strategien eine wichtige Rolle.«[113] Die Hinwendung nach Süd- und Osteuropa war nicht nur die Folge eines machtpolitischen Kalküls, sondern auch eines »Handelsvakuums« in der Region, das die Briten, Franzosen und Italiener nicht füllen wollten. Tatsächlich zeichnete sich die wachsende regionale Konzentration des deutschen Außenhandels bereits 1928 ab, also vor der Depression. In den dreißiger Jahren prägte sich eine bereits bestehende Tendenz einfach stärker aus.[114] Zudem spiegelten die verstärkten Beziehungen zu Lateinamerika die Logik einer Welt von Verrechnungsabkommen wider, die Schuldnerländer dazu veranlaßte, vermehrt untereinander Handel zu treiben.

Es gab keine konsistente langfristige Strategie Deutschlands, da die militärische Expansion und Okkupation schließlich die gesamte Logik der früheren deutschen Vorgehensweise zunichte machten. Henry Kissinger zog das Fazit: »Durch Versailles und Locarno war Deutschland dann der Weg nach Osteuropa geebnet worden, wo eine geduldige deutsche Regierung nach nicht allzu langer Zeit auch auf friedlichem Wege eine bedeutende Stellung erreicht, ja diese vielleicht sogar vom Westen angetragen bekommen hätte. Doch Hitler, getrieben von rücksichtslosem Größenwahn, schlug die Chance des friedlichen Wandels aus.«[115]

Anders als im Falle Südosteuropas standen die großen Industriestaaten in ihren Handelsbeziehungen mit den viel größeren und bedeutenderen südamerikanischen Volkswirtschaften in Konkurrenz zueinander. Die engeren Beziehungen zwischen Lateinamerika und Deutschland resultierten aus drei Überlegungen.

Da waren zunächst Versorgungsaspekte. Die exportabhängigen Volkswirtschaften des Kontinents wurden durch den Verfall der Grundstoffpreise am Beginn des Jahrzehnts schwer getroffen. Bestimmte Gruppen, die mit den Exportinteressen verbunden waren, spielten eine herausragende Rolle im politischen Leben und versuchten Vereinbarungen auszuhandeln, die Absatzgarantien für ihre Produkte gaben. Diese Vereinbarungen beinhalteten die Zustimmung zu einer Handelsumlenkung, um so Sicherheit für Exportmärkte zu gewinnen.

Nach 1932 erholten sich die Rohstoffpreise langsam; aber ein Index, der das Verhältnis von Agrar- zu Nicht-Agrarpreisen zeigt (1929 = 100), verharrte für Argentinien bis Mitte 1935 bei 60. Nur die Vereinigten Staaten, Chile und Kanada erreichten im Verlauf der dreißiger Jahre ihre Indexzahlen von 1929.[116] So mußten mit Ausnahme Chiles alle Länder Lateinamerikas in den dreißiger Jahren eine weitere Verschlechterung ihrer Terms of Trade hinnehmen, und sie konnten damit rechnen, daß dies in absehbarer Zukunft so bleiben würde. Aber sie konnten sich durch den Export einiger strategischer Güter besondere Vorteile verschaffen. Tierisches Fett aus Argentinien beziehungsweise rumänisches Erdöl wurden zu hoch begehrten Gütern, und die Nachfrageintensität ließ sich dazu nutzen, Vorteile für andere Exportgüter auszuhandeln.

Zum zweiten veränderte sich die Nachfragestruktur. Die Kolonialmächte lenkten durch *imperial preferences* – Vorzugszölle für den Handel zwischen dem Kernland und den überseeischen Territorien – und eine Schutzzollpolitik einen Teil ihres Handels mit Südamerika um. Der Anteil des britischen Commonwealth, der Kolonien und Protektorate an den britischen Einfuhren stieg von 30,2 Prozent im Jahr 1929 auf 39,0 Prozent im Jahr 1935 und an den britischen Ausfuhren von 44,4 Prozent auf 47,6 Prozent. Die Handelsumlenkung Frankreichs auf sein *Empire* war sehr viel einschneidender.[117] Während der Anteil Südamerikas an den britischen Einfuhren relativ konstant blieb, ging er im Falle Frankreichs stark zurück. Und beide Länder importierten deutlich weniger aus Südosteuropa.

Schließlich entschied politisches Kalkül über das Ausmaß wirtschaftlicher Blockbildung. Die meisten Länder Lateinamerikas hatten in den zwanziger Jahren hohe Schulden angehäuft, die wegen der hohen Preisdeflation real zu einer noch schwereren Bürde wurde. Erika Jorgensen und Jeffrey Sachs sprechen von dem »wachsenden Berg von Schuldtiteln staatlicher Kreditnehmer« in den zwanziger Jahren.[118] In Anbetracht des Zusammenwirkens von Preisverfall und anschließenden Schwierigkeiten beim Schuldendienst einerseits und dem fast völlige Versagen der Weltkapitalmärkte andererseits wurde die Erklärung der Zahlungsunfähigkeit zu einer sehr verlockenden Option. Als erstes lateinamerikanisches Land erklärte Bolivien im Januar 1931 seine Zahlungsunfähigkeit, gefolgt von Peru im April und von Chile im August. Im Jahr 1934 bedienten nur noch Argentinien, Haiti und die Dominikanische Republik ihre Schulden.

Die Schuldenwirtschaft spielte eine wichtige Rolle bei der Umlenkung des Handels. Der Kontrast zwischen den Erfahrungen der beiden südamerikanischen Volkswirtschaften mit der stärksten Außenhandelsverflechtung, Argentinien und Brasilien, ist bemerkenswert. Argentinien hielt den Schuldendienst aufrecht und sicherte sich Umschuldungsanleihen aus Großbritannien. Im Gegenzug schloß die argentinische Regierung einen Handelsvertrag mit Großbritannien, der den Briten einen Marktzugang zu sehr günstigen Bedingungen anbot. Brasilien konnte dagegen seinen Zahlungsverpflichtungen nicht mehr nachkommen und richtete seine Handelsbeziehungen völlig neu aus: Es kappte die historisch engen Bande zu den Vereinigten Staaten und baute seine Beziehungen zu Nazi-Deutschland aus.

Argentinien litt unter dem Preisverfall für Agrarerzeugnisse und ging dennoch recht früh, im Dezember 1929, vom Goldstandard ab, so daß das binnenwirtschaftliche Preisgefüge vom Weltmarktniveau abgekoppelt werden konnte. Infolgedessen blieb der Finanzsektor während der Depression von größeren Turbulenzen verschont: Obgleich einige wenige Banken in Schieflage gerieten, insbesondere die Banco Español del Rio de la Plata, überlebten sie mit Hilfe der Staatsbank, der Banco de Nación. Und die Abwertung wirkte sich insgesamt ebenfalls günstig auf den Außenhandel ist: Bis Mitte 1931 gab es eine eindeutige Verbesserung der Exporte und einen Rückgang der Importe. Das Finanzministerium veröffentlichte einen optimistischen Bericht, dessen Fazit lautete: »Die ökonomische Anpassung, die durch die weltweite Depression notwendig geworden ist, nimmt in Argentinien einen sehr zufriedenstellenden Verlauf. Das Land weiß, wie man Krisensituationen bewältigt, und es tut dies mit unerschütterlichem Glauben an die Zukunft.«[119]

Die Sterlingabwertung, der britische Notzolltarif und die Konferenz von Ottawa erschütterten diesen Anpassungsprozeß. Im Oktober 1931 reagierte Argentinien auf die Aufgabe des Goldstandards durch Großbritannien mit der Einführung der Devisenzwangswirtschaft nach deutschem Vorbild. Dieses System verpflichtet alle Exporteure dazu, ihre Devisen zu einem festgesetzten Wechselkurs an die Aufsichtsbehörde, die Comisión de Control de Cambios, zu verkaufen, und Importeure brauchten eine Genehmigung von der Aufsichtsbehörde, wenn sie Devisen zum festgesetzten Kurs kaufen wollten. Andererseits durften sie auf einem freien Markt Devisen ersteigern, und der freie Marktpreis konnte in der Tat von der Zahl der Genehmigungen abhängen, die die Comisión zu erteilen bereit war. Entsprechend der Praxis in den mitteleuropäischen Ländern mit Devisenbewirtschaftung teilte die Behörde 1932 ebenfalls Devisen zu, und sie reservierte nur einen gewissen Prozentsatz für die Schuldentilgung. In den ersten zehn Monaten wurden 15 Prozent der Einnahmen für die Bedienung von

Schulden bei öffentlichen Gläubigern im Ausland abgezweigt und 12 Prozent für die Bedienung von Schulden bei privaten Gläubigern.[120] Die Devisenbewirtschaftung, so wie sie 1932 praktiziert wurde, führte dazu, daß sich unbezahlte Forderungen aus Warenlieferungen bei deutschen und britischen Gläubigern anhäuften.

Anfang 1933 hatte man in der britischen Finanzwelt den Eindruck, daß Argentinien das lateinamerikanische Land mit der schwersten Schuldenkrise sei. Die eingefrorenen Guthaben britischer Gläubiger beliefen sich auf dem gesamten Kontinent auf 15,3 Millionen Pfund, und davon entfielen 8,6 Millionen Pfund auf Argentinien.[121] Andererseits litten argentinische Exporteure unter den Zollerhöhungen: ein Drittel der britischen Importe war mittlerweile zollpflichtig, während 1930 alle Importe und nach der Konferenz von Ottawa immer noch 83 Prozent zollfrei gewesen waren. Die Mengenbeschränkungen, die Großbritannien verhängte, führten zu einem Rückgang von 35 Prozent bei den Gefrierfleischlieferungen und zu einem »vorübergehenden« Rückgang von 10 Prozent bei gekühltem Rindfleisch.[122]

Zwei Gruppen arbeiteten parallel daran, eine Lösung für dieses Problem in den traditionell herzlichen britisch-argentinischen Beziehungen zu finden. Die erste war eine britische Mission, die Argentinien offiziell beim Aufbau einer neuen Zentralbank beraten sollte, tatsächlich aber allgemeine ökonomische Beratung leistete. Sie wurde von einem hochrangigen Beamten der Bank von England, Sir Otto Niemeyer, geleitet.[123] Gleichzeitig verhandelte eine argentinische Abordnung unter Leitung von Julio Roca in London mit Handelsminister Walter Runciman.

Niemeyers Lösung für das argentinische Problem war verlockend einfach. Die Bedienung kurzfristiger – überwiegend britischer – Forderungen aus hauptsächlich Warenlieferungen sollte fortgeführt werden, während längerfristige Verbindlichkeiten umgeschuldet oder gänzlich abgeschrieben werden sollten. Niemeyers rechte Hand bei der Argentinien-Mission, Henry Clay, nahm kein Blatt vor den Mund: »Argentinien kann seine Schwierigkeiten am besten dadurch lösen, daß es seine Dollar-Anleihen nicht mehr bedient. Leute, die den südamerikanischen Republiken Geld leihen, um sie der Notwendigkeit zu entheben, ihre laufenden Ausgaben durch Steuereinnahmen zu decken, verdienen es, ihr Geld zu verlieren: Die Einsparungen bei den Devisen würde die argentinische Zahlungsbilanz annähernd ausgleichen. Leider können wir sie nicht dazu überreden. Internationale Banken sind große Schwindler. Sie predigen Schuldnerländern immer, sie sollten unbedingt ihren Staatshaushalt ausgleichen, und wenn die Schuldnerländer ihren Haushalt nicht ausgleichen, sondern die kurzfristigen Staatsschulden in die Höhe treiben, dann begeben sie eine Anleihe, mit der die Schuldnerländer ihre kurzfristigen Verbindlichkeiten konsolidieren können.«[124]

Niemeyer war, wie er glaubte, genauso ehrlich gegenüber den Inhabern argentinischer Eisenbahnobligationen. In seinen Telegrammen in die Heimat drängte er die britischen Gläubiger immer wieder, ihre Sache nicht mit allzu großem Nachdruck zu vertreten. »Ich glaube, daß Whitehall und die Eisenbahngesellschaften die Stärke ihrer Verhandlungsposition überschätzen«, kabelte er. »Die Eisenbahngesellschaften könnten leicht auf ihren Pesos sitzenbleiben, wenn sie sich nicht mit den Tatsachen abfinden.«[125] Seine Antwort war der Aufbau einer Zentralbankstruktur, die verhindern sollte, daß Argentinien ein weiteres Mal, wie in den zwanziger Jahren, in den Teufelskreis aus überzogener Kreditaufnahme und drohender Zahlungsunfähigkeit gerät. »Meines Erachtens ist es von größter Wichtigkeit, daß Argentinien jetzt mit dem Aufbau eines besseren Systems beginnt, *bevor* sich die Entwicklung umkehrt und das Land erneut von amerikanischen Finanzspekulanten überschwemmt wird, und auch bevor die gegenwärtige Regierung, die überwiegend für Geldwertstabilität und ein unabhängiges Bankwesen steht, von Leuten mit weitreichenderen politischen Ideen abgelöst wird.«[126]

Die argentinische Regierung, und insbesondere Finanzminister Alberto Hueyo, mißtraute Roca und sagte Niemeyer, Rocas Mission gehörten keine wirklichen Experten an: »Es ist eher eine diplomatische Förmlichkeit, und die Mitglieder der Delegation dürften kaum für ernsthafte Fachgespräche gerüstet sein.«[127] Als die Roca-Mission den Briten spektakuläre Handelsvergünstigungen anbot, war Niemeyer überrascht und skeptisch: »Ich bezweifle, daß die Regierung das, womit sich die Mission angeblich einverstanden erklärt hat, bestätigen wird oder umsetzen könnte, jedenfalls so lange nicht, wie man sich nicht auf erhebliche gegenseitige Handelserleichterungen geeinigt hat, von denen bislang nicht die Rede war.«[128]

Tatsächlich war die Roca-Mission bereit, britische Handelsdaten als Grundlage der Verhandlungen zu akzeptieren, und sie schlug eine Konsolidierung der eingefrorenen britischen Guthaben und die Zuteilung von Devisen für die Begleichung von Schulden vor. Am 20. März war Roca trotz Hueyos Rücktrittsdrohung bereit, zu einer Übereinkunft mit Großbritannien zu gelangen.[129] Sie wurde im April 1933 geschlossen und sah die Begebung von Anleihen im Volumen von 12 Millionen Pfund Sterling vor, für die im Gegenzug die britischen Guthaben freigegeben werden sollten. Argentinien würde bei allen Gütern, an denen Großbritannien Interesse hatte, zu den Zollsätzen von 1930 zurückkehren und den freien Marktzugang für britische Kohle aufrechterhalten. Bei 347 von 388 Artikeln, die Großbritannien in den Verhandlungen vorlegte, erklärte sich Argentinien bereit, den Zoll zu senken.[130] Die britischen Zugeständnisse nahmen sich demgegenüber viel bescheidener aus: Es sollte keine Beschränkungen für die Einfuhr von gekühltem Rindfleisch in Mengen geben, die unter dem Niveau von 1931–32 lagen, und keine neuen Zölle auf Fleisch, Schinken, Mais, Leinsamen und Quebracho (die Rinde eines Baums – Ausgangsstoff für die Arzneimittelherstellung).

Es ist nicht weiter verwunderlich, daß diese Verhandlungen und ihr Ergebnis in Argentinien heftig kritisiert wurden und daß Roca und seinem Wirtschaftsberater, Raúl Prebisch, vorgeworfen wurde, sie hätten argentinische Interessen geopfert, nur um den Fleischexport aufrechtzuerhalten. Nach Niemeyers Einschätzung hatte die Einigung Argentinien schweren Schaden zugefügt. Er schrieb: »Ich habe noch keine Verhandlungen erlebt, die von beiden Seiten so dilettantisch geführt wurden, und es ist jammerschade, daß das [britische] Handelsministerium, das offenkundig nicht den blassesten Schimmer von Argentinien hat, sich nicht von ortskundigen Fachleuten beraten ließ [...] Ich vermute, die Wahrheit ist, daß sich Runcy, der wie gewöhnlich zu träge ist, um sich die tieferen Zusammenhänge klar zu machen, im Kabinett in eine Position hineinmanövrierte, die er nicht ohne Gesichtsverlust aufgeben kann.« Tatsächlich sprach Runciman hauptsächlich über die Vorteile, die das Abkommen der City und den Finanzinteressen bringen würde, und er stieß auf den heftigen Widerstand des Landwirtschaftsministers (der vom Innenminister und vom Schottland-Minister unterstützt wurde), der behauptete, die »Landwirtschaft wird den Rentiers geopfert«.[131]

Das Roca-Abkommen führte in den drei Jahren, in denen es in Kraft war, allerdings nicht zu einer drastischen Erhöhung der britischen Ausfuhren nach Argentinien (siehe Tabelle 3.1).

Der Vertrag wurde weithin als ein Sieg der argentinischen Rinderzüchter gewertet, deren volkswirtschaftliche Bedeutung ungleich geringer war als ihre politische Macht (selbst Ende der zwanziger Jahre machte Rindfleisch nur etwas über 10 Prozent der argentinischen Exporte aus). Aber die in Ottawa vereinbarte Verringerung von Gefrierfleischimporten blieb in Kraft und wurde sogar noch verschärft, als der Roca-Vertrag 1935 neu ausgehandelt wurde. Der argentinische Anteil an gefrorenem und gekühltem Rindfleisch, das nach Großbritannien importiert wurde, sank: im Jahr 1929 hatte er 77,4 Prozent der britischen Käufe im Ausland betragen, 1933 74,4 Prozent und 1935 64,2 Prozent. Bis 1937 fiel er weiter, auf 61,5 Prozent, während die Einfuhren Großbritanniens aus seinen Dominions entsprechend zunahmen.[132]

Hueyo trat zurück, weil die Zolleinnahmen infolge der vertraglichen Verpflichtungen zurückgingen, und die Briten verstärkten die

Tabelle 3.1 Außenhandel zwischen Großbritannien und Argentinien, 1933–1935 (in Millionen Pfund)

	1933	1934	1935
britische Einfuhren	41,7	47,0	44,0
britische Ausfuhren	13,3	14,9	15,6
Saldo	–28,4	–32,1	–28,4

Quelle: Memorandum, »The Roca Agreement«, 7. Mai 1936, Bank of England OV 102/6.

Demütigung Argentiniens, indem sie eine Briefmarke herausbrachten, die des 100. Jahrestags der Besetzung der Falkland-Inseln gedachte. Aber Zweck des Vertrags war nicht die Ausweitung des Handels. Prebisch, der maßgeblich am Zustandekommen des Vertrages mitgewirkt hatte, erklärte die Überlegungen, die der Politik zugrunde lagen, auf seine Weise. Argentinien, so meinte er, habe beschlossen, seine Auslandsschulden zurückzuzahlen und die Devisenbewirtschaftung aufzugeben, und die radikalen Mittel, die es zu diesem Zweck einsetzte, hätten sich am besten dazu geeignet. Gleichzeitig habe Argentinien seine Exporte aufrechterhalten und die besten Klienten behalten wollen. Bei dieser Gelegenheit gab sich Prebisch als ein Gegner der neuen, mächtigen Industrialisierungs- und Autarkiebestrebungen zu erkennen.[133]

Tatsächlich nahm die Industrieproduktion in den dreißiger Jahren stark zu (zwischen 1933 und 1938 jährlich um 6,5 Prozent). Die Importsubstitution zeitigte sichtbare Resultate. 1913 hatte Argentinien 41,3 Prozent seines Bedarfs an Industriegütern importiert und 1929 40,5 Prozent; der Anteil sank bis 1937 jedoch auf 25,3 Prozent. Nehmen wir ein konkretes Beispiel: Im Jahr 1930 gab es 60 000 Baumwollspindeln und 1936 300 000.[134]

Der US-Anteil an den argentinischen Importen ging unvermittelt stark zurück, doch die amerikanischen Güter (insbesondere Werkzeugmaschinen und technische Ausrüstungsgüter, aber auch Waffen) wurden durch deutsche Produkte ersetzt. Waffen und Werkzeugmaschinen sind insofern ideale Exportgüter, als sie den Importeur in eine starke Abhängigkeit vom Lieferanten bringen, da sie ein Bündel von Spezifikationen aufweisen, das nicht leicht oder kostenlos durch Produkte ersetzt werden kann, die andere Leistungsmerkmale für ein anderes Land aufweisen.

Zudem hielten deutsche Firmen Argentinien für einen lukrativen Exportmarkt. Sie wollten Deutschland als eine Alternative zum wirtschaftlichen Imperialismus Großbritanniens und der USA präsentieren. Ein Vertreter des großen Chemiekonzerns IG Farben schätzte die Geschäftschancen in Südamerika und insbesondere in Argentinien optimistisch ein: »Die allgemeine Situation in Südamerika, die durch ein verstärktes Nationalbewußtsein und das Bestreben, sich von jedem ausländischen Einfluß unabhängig zu machen, gekennzeichnet ist, erlaubt Deutschland, sich als Musterbeispiel hinstellen zu lassen.«[135] Anfang 1934 hatte sich Deutschland aus dem argentinischen Markt ausgeschlossen gefühlt. Die Devisenbehörde begünstigte bei der Devisenzuteilung die Importeure britischer, französischer und tschechischer Güter, benachteiligte jedoch die Produkte Deutschlands und der USA.

Im Juli 1934 schlossen Deutschland und Argentinien einen Wirtschaftsvertrag nach dem Vorbild des britischen Abkommens von 1933. Die argentinischen Exporte sollten erhöht und der Handel nach Deutschland umgelenkt werden: So deckte Argentinien fortan seinen Papierbedarf vor allem in Deutschland und weniger in Kanada. Im Rahmen der Devisenbewirtschaftung wurde ein Sonderkonto für Bestellungen geschaffen (Konto »M«), die ansonsten nicht nach Deutschland gegangen wären: Maschinen, Lokomotiven und Lokteile und selbst die berüchtigten Mundharmonikas (im Juli 1937 berichtete die deutsche Botschaft, daß unter den Ausfuhren nach Sonderkonto M im Gesamtwert von 11,4 Millionen RM Mundharmonikas im Wert von 57000 RM gewesen seien).[136]

Deutschland mußte dringend Nahrungsmittel importieren – vor allem Weizen und Fette –, aber die Devisenzuteilung stellte ein großes Problem dar. Im Jahr 1936 lag die Streitfrage der Fetteinfuhren dem großen Konflikt zwischen Reichswirtschaftsminister Schacht einerseits und hohen Funktionären der NSDAP andererseits zugrunde (vor allem Robert Ley, dem Leiter der Deutschen Arbeitsfront, und dem preußischen Ministerpräsidenten Hermann Göring, der 1936 den ersten ökonomischen Vierjahresplan aufgestellt hatte). Schacht war gegen die Zuteilung knapper Devisen für Nahrungsmitteleinfuhren gewesen; er war überzeugt davon, nur durch eine Exportoffensive ließen sich zusätzliche Einfuhren finanzieren.

Dies war die Aufgabe einer Sondermission, die von einem deutschen Geschäftsmann, J. A. Kulenkampff, geleitet wurde. Dieser verließ sein Unternehmen im November 1936, um drei Jahre lang als »Berater der Reichsregierung und der deutschen Missionen im Auslande für die

Förderung der deutschen Ausfuhr nach Südamerika und der notwendigen Einfuhr aus Südamerika« zu arbeiten. Schon im Sommer hatte Kulenkampff mit Prebisch (mittlerweile Direktor der neuen argentinischen Zentralbank) über die Verdopplung des Handelsvolumens mit Deutschland durch Nutzung rabattierter Sondermark- und ASKI-Mark-Konten verhandelt. Die Mission hatte anfänglich für erhebliche Reibungen zwischen dem neuen Berater und deutschen Firmen in der Region (da Kulenkampff einen unproduktiven Wettbewerb zwischen deutschen Unternehmen vermeiden wollte) sowie mit den ständigen diplomatischen Vertretern vor Ort geführt.[137]

Die Erfahrung der Exportoffensive von 1936–37 war in Argentinien alles andere als zufriedenstellend. Es kam zu großen Verspätungen bei der Verschiffung deutscher Güter, und die Argentinier beschwerten sich immer wieder über verspätete Zahlungen. Ende 1936 kam es wegen Ängsten vor dem baldigen Ausbruch eines großen europäischen Kriegs zu einem Einbruch im Handel zwischen beiden Ländern.[138] Die größte Kontinuität gab es bei den Lieferungen deutscher Rüstungsgüter an Argentinien, die über den September 1939 hinaus fortgesetzt wurden, bis sie durch die Atlantik-Blockade unmöglich gemacht wurden.[139]

Argentinien hatte die modernste Armee Südamerikas und stellte eine große potentielle Bedrohung für seine nördlichen Nachbarn einschließlich Brasiliens dar. Die Bedrohung wuchs nach dem Chaco-Krieg, in dem Argentinien Paraguay im Konflikt mit Bolivien durch Waffenlieferungen unterstützte. Die Brasilianer waren nervös. Die Möglichkeit, deutsche Rüstungsgüter zu bekommen – und die Unterstützung dieses Waffengeschäfts durch die politisch einflußreiche Militärführung Brasiliens –, ist eine Erklärung für den viel größeren Erfolg, den die deutsche Exportoffensive dort hatte.

Die brasilianischen Exporte waren viel weniger diversifiziert als die Exporte Argentiniens. In den zwanziger Jahren entfielen zwei Drittel der Exporte auf eine einzige Nutzpflanze, Kaffee; und die Kaffeeausfuhr verzeichnete in der Weltwirtschaftskrise einen besonders schweren Einbruch. Die Einnahmen aus dem Kaffeeexport gingen 1930 gegenüber 1929 um 30 Prozent zurück. Die Regierung gab daraufhin im Juli 1930 zunächst den Wechselkurs der Landeswährung (Milrei) gegenüber Gold frei, um die binnen- und außenwirtschaftlichen Preisniveaus voneinander abzukoppeln, und setzte die Bedienung der Auslandsschulden aus.

Am 1. September 1931 stellte Brasilien seine Tilgungszahlungen auf sämtliche Staatsanleihen (Bundes-, Landes- und Kommunalobligationen) ein, die im Ausland gehalten wurden. Im März 1932, nach einer Reihe langwieriger Gesprächen mit Sir Otto Niemeyer, der zu ähnlichen Maßnahmen riet wie schon zuvor in Buenos Aires, konsolidierte lediglich die Bundesregierung ihre Schulden – eine Lösung, die für die Vereinigten Staaten ungünstig war, da der größte Teil der US-Gelder in Landes- und Kommunalobligationen angelegt war. Anders als Argentinien nahm die brasilianische Regierung den Rat von Niemeyer sehr ernst. Das ganze Jahr 1933 hindurch drängte die Roosevelt-Administration tatkräftig auf eine umfassendere Regelung, aber Niemeyer sprach sich nachdrücklich gegen eine solche aus und schmähte die Amerikaner als »Leute, die vom Bankgeschäft keine Ahnung haben«.[140] Er brachte die Brasilianer dazu, Schuldtitel in Höhe von nur 10 Millionen Pfund umzuschulden, um so die Freigabe kurzfristiger Warenkredite zu erreichen.

Der Aranha-Plan von 1934 ordnete die Verzinsung und Amortisierung der Anleihen neu und führte die Zahlungen erheblich zurück. Doch schon bald erschien selbst dies als zu großzügig: Das brasilianische Finanzsystem stand noch immer auf sehr wackligen Beinen, und 1935 kursierten Gerüchte, der Plan werde ausgesetzt. Nach dem Staatsstreich von Präsident Vargas im November 1937 und der Einführung einer autoritären Staatsordnung setzte dieser den Schuldendienst aus und ließ erst im Juli 1939 die Wiederaufnahme der Zahlungen zu. Brasilien konnte dies ohne Angst vor schweren amerikanischen Vergeltungsmaßnahmen tun, weil Regierungen in den dreißiger Jahren Handels- und Schuldenfragen scheinbar nicht miteinander verknüpfen wollten.

Die Schuldenprobleme Brasiliens waren nicht Ausdruck einer Rezession, sondern einer Wirtschaft, die so schnell wuchs, daß es ihr schwer fiel, Exportüberschüsse zu erwirtschaften. Hauptmotor des Wachstums war die Binnennachfrage.

Die brasilianischen Regierungen unter Präsident Getúlio Vargas (zunächst ein Militärregime, dann, nach 1934, eine demokratische und schließlich nach 1937 eine autoritäre Regierung) verfolgten in den dreißiger Jahren eine viel dezidiertere Industrialisierungsstrategie als Argentinien. Vargas selbst lag die Entwicklung der Stahlproduktion, aber auch die Textil- und Zementindustrie besonders am Herzen. Das Zollsystem war so gestaltet, daß es diese Entwicklung fördern sollte: So wurden beispielsweise Importzölle auf Ausrüstungsgüter für die Zementindustrie 1932 abgeschafft, um die Entwicklung dieses Wirtschaftszweigs zu fördern; dagegen drosselte ein hoher Generaltarif die Importe. In den dreißiger Jahren verzeichnete die brasilianische Wirtschaft spektakuläre Wachstumsraten.

Deutschland lockte Brasilien vor allem als ein Hauptabnehmer und -verbraucher von Kaffee. Deutsche Chemieunternehmen (IG Farben, Boehringer, Hansamühle Hamburg) experimentierten zudem mit der Gewinnung von Proteinen und Fetten aus Kaffeebohnen, die gemäß internationalen Marktregulierungsabkommen zur Vernichtung vorgesehen waren.

Doch der Handel mit Deutschland bot Brasilien auch einen scheinbar bequemen und attraktiven Ausweg aus der Abhängigkeit von einer Exportmonokultur. Die rasche Entwicklung des Baumwollanbaus in den Nordprovinzen nach 1933 wäre ohne den deutschen Absatzmarkt und ohne die Neuausrichtung des deutschen Außenhandels weg von der früheren Abhängigkeit von nordamerikanischer Baumwolle nicht möglich gewesen. Im Jahre 1929 exportierte Brasilien 49000 Tonnen Baumwolle und 1932 weniger als 1000 Tonnen; doch schon 1936 führte das südamerikanische Land 200000 Tonnen aus, während die ägyptischen Exporte konstant blieben und die US-Exporte zurückgingen (sie lagen 1937 noch immer 22 Prozent unter dem Niveau von 1929).[141]

Deutschlands Alternative zu den Lieferungen aus den USA – die Ausweitung der Importe aus Brasilien und Ägypten – war nicht so verlockend, weil mit erheblichen Kosten verbunden. Ägyptische Baumwolle war zwar hochwertig, aber sehr teuer; und die minderwertige, kurzfaserige Baumwolle aus Brasilien erforderte eine erhebliche

Umrüstung der deutschen Spinnmaschinen, um ein Garn von annehmbarer Qualität zu produzieren.

Brasilien, das knapp an Devisen war, hatte Schwierigkeiten, sich die Einfuhrgüter, die es für seine Industrialisierungskampagne brauchte, zu beschaffen; und Verhandlungen über eingefrorene Konten eröffneten die Möglichkeit, an schwer zu beschaffende Rohstoffe heranzukommen (zudem war der Devisenkommissar ein »Integralist« mit starken Sympathien für jene Form der gesellschaftlichen Organisation, die sich in Nazi-Deutschland herausbildete). Im November 1934 sicherte sich Deutschland mit der Drohung, weniger Baumwolle zu kaufen, längerfristige Verträge über die Lieferung deutscher Waren. Diese Übereinkunft, die nie öffentlich gemacht wurde, um Washington nicht zu brüskieren, führte zu einem raschen Wachstum der deutschen Importe; zudem baute Brasilien ein erhebliches Reichsmarkguthaben auf.

Schließlich gab es die Reaktion der Brasilianer auf den Chaco-Krieg. Die brasilianische Armee war im Vergleich zur argentinischen Armee schlecht ausgerüstet, und brasilianische Generäle kauften in den dreißiger Jahren in großem Umfang Rüstungsgüter, um die Armee zu modernisieren. Zerstörer kamen aus England, U-Boote aus Italien und Flugzeuge und Geschütze aus Großbritannien, Italien und den Vereinigten Staaten. Deutsches Kriegsgerät – schwere Artillerie, Flugzeuge und Beleuchtungsanlagen – war eine wertvolle Ergänzung. Deutsche Lieferungen erfolgten oft im Rahmen eines Bartergeschäfts: So gewann der Rüstungshersteller Krupp 1936 einen großen Auftrag, bei dem 500 000 Sack Kaffee gegen Waffen getauscht wurden.[142]

Im Juni 1936 bezog ein brasilianisch-deutscher Handelsvertrag Baumwollexporte ein und erhöhte die deutschen Kaffeekäufe auf jährlich 1,6 Millionen Sack. Um diese Menge an Kaffee abnehmen zu können, erklärte sich Deutschland bereit, nach Südosteuropa zu reexportieren. Den Kern des Handelsvertrags von 1936 bildete eine massive Subventionierung durch die Nutzung gespaltener Wechselkurse. Rechenmaschinen waren dadurch 30–35 Prozent billiger als die Konkurrenzprodukte der amerikanischen International Hollerith Company, Luftkompressoren waren 25–35 Prozent billiger, Druckmaschinen waren bis zu 50 Prozent und Eisenbahnen 20 Prozent billiger.

Dies führte zu einer drastischen Ausweitung der deutschen Exporte. Im Jahr 1929 stammten 17,8 Prozent der brasilianischen Einfuhr an Fertigprodukten aus Deutschland, 1934 waren es 26,1 Prozent und 1936 36,9 Prozent. Der deutsche Anteil an den eingeführten Eisen- und Stahlerzeugnissen lag bei 68,6 Prozent, an Kohle bei 22,5 Prozent und an Zement bei 44,0 Prozent. In dem Maße, wie die deutschen Exporte zunahmen, verdrängten sie britische und amerikanische Produkte (vgl. Tabelle 3.2).

Die Ausweitung des deutschen Handels verdankte sich in einem nicht geringen Maße Korruption. Zwei Fünftel der im Handelsvertrag von 1936 festgelegten Kaffeemenge wurden von der Sociedade Internacional de Commercio Limitada (SOINC) exportiert, die von Olavo Egydio de Souza Aranha geleitet wurde, der bei den Vertragsverhandlungen eine herausragende Rolle gespielt hatte. Souza Aranha stand

Tabelle 3.2 Anteil an den Gesamtimporten Brasiliens, 1913–1937 (in Prozent)

Jahr	Deutschland	Großbritannien	USA
1913	17,41	24,40	15,77
1924	12,25	23,87	24,16
1925	13,28	22,27	24,64
1926	12,64	19,02	29,16
1927	10,68	21,23	28,64
1928	12,46	21,50	26,57
1929	12,69	19,15	32,10
1930	11,31	19,41	34,16
1931	10,45	17,45	25,01
1932	9,01	19,20	30,20
1933	11,25	19,44	21,18
1934	14,02	17,14	23,67
1935	20,44	12,41	23,36
1936	23,50	11,26	22,12
1937	23,90	12,10	23,00

Quellen: Völkerbund, *International Trade Statistics, 1937,* Genf 1938, und vorhergehende Jahrbücher.

mit Vargas und auch mit dem Militär in Verbindung: der Außenminister, José Carlos de Macedo Soares, glaubte, er persönlich habe dafür gesorgt, daß Krupp den Auftrag bekam, und nicht Bofors – die schwedische Firma, die bis 1935 Aufträge für Krupp angenommen hatte, weil der Versailler Vertrag die Produktpalette von Krupp eingeschränkt hatte. Souza Aranha erweiterte auch seinen Einfluß in der Baumwollindustrie und sorgte dafür, daß deutsche Schlüsselministerien – das Wirtschaftsministerium und das Auswärtige Amt – intervenierten, um eine konkurrierende Hamburger Importfirma auszuschalten.[143] Trotz dieser beträchtlichen Privilegien für SOINC verlangte Souza Aranha 1937 mehr und begann die Deutschen daran zu erinnern, daß Japan bessere Wollpreise anbiete und daß die Vereinigten Staaten noch immer eine starke Stellung im brasilianischen Außenhandel hätten. Deutschland räumte der SOINC daraufhin weitere Vergünstigungen ein: Das Unternehmen kaufte fortan für deutsche Firmen deutsche Anleihen zurück, die im Ausland plaziert worden waren.

Angesichts dieser Gemengelage aus politischem Einfluß und privatem Vorteilsstreben verwundert es nicht, daß der Handel mit Deutschland, der von der SOINC abgewickelt wurde, mächtige Feinde hatte: insbesondere den Vargas-Vertrauten Oswaldo Aranha, der zuerst Finanzminister, dann Botschafter in Washington und schließlich Außenminister war. Als er von der Vereinbarung mit der SOINC erfuhr, fragte er Präsident Vargas: »Glauben Sie nicht, daß daran etwas faul ist?«[144] Er blieb ein unbeirrbarer Befürworter von Handelsbeziehungen mit den USA, handelte 1937 in Washington einen neuen Schuldenerlaß aus und erreichte, daß die Vereinigten Staaten im Gegenzug für Außenhandelskonzessionen Gelder für die Errichtung einer Zentralbank bereitstellten. Vargas gab die Bildung eines Ausschusses für »gutnachbarschaftliche Beziehungen« bekannt, der dem brasilianisch-amerikanischen Handel Auftrieb geben und »den deutsch-brasilianischen Vertrag einer besonders eingehenden Prüfung unterziehen sollte, um herauszufinden, in welcher Hinsicht er den brasilianisch-amerikanischen Beziehungen schadet«.[145] Außenminister Souza Costa reiste für die Unterzeichnung des Vertrags nach Washington und verfaßte mit Cordell Hull folgendes gemeinsames Abschlußkommuniqué: »Mehrere ergänzende Maßnahmen sind geboten, um die Prinzipien und Vorteile [der Übereinkunft] angesichts der Handelspraxis einiger anderer Länder zu wahren. Demgemäß verpflichten sich beide Parteien, diese Prinzipien und Vorteile gegen Konkurrenz von außen zu schützen, die direkt staatlich subventioniert wird.« Die Vereinigten Staaten verkauften im Gegenzug für brasilianische Dollarguthaben Gold im Wert von bis zu 60 Millionen Dollar, der Milrei wurde gegen den Dollar stabilisiert, und weitere Stabilisierungskredite wurden in Aussicht gestellt.[146] Tatsächlich führte dieser Vertrag, angeblich »ein Vorläufer der Auslandshilfe in der Nachkriegszeit«[147], nicht zu einem Abbruch der deutsch-brasilianischen Handelsbeziehungen.

Allerdings machte er die Handelspolitik komplizierter. Im November 1937 wurde im Anschluß an einen versuchten Staatsstreich eine autoritärere Staatsordnung eingeführt, die mit dem Schlagwort *estado novo* beschrieben wurde. Vargas verdächtigte die Deutschen, in den Coup verwickelt zu sein, weil sie ihren Anteil an den brasilianischen Rüstungsimporten erhöhen wollten. Zudem sorgte die Persönlichkeit des neuen deutschen Botschafters in Brasilien, Karl Ritter, für erhebliche Friktionen. Seine Entsendung wurde anfänglich als ein Zeichen dafür gewertet, daß Deutschland der Entwicklung des Handels mit Brasilien große Bedeutung beimesse. Ritter war Deutschlands erfahrenster Unterhändler bei Wirtschaftsverhandlungen, aber es fehlte ihm nicht nur allgemeines diplomatisches Fingerspitzengefühl, sondern auch der Wille, seinen aggressiven Nationalismus zu verbergen. Sein Verhältnis zur Regierung Vargas wurde durch seine engen Kontakte zur nationalsozialistischen Partei der deutschen Siedler schwer belastet. Die Integralisten (brasilianische Faschisten), die im Mai 1938 eine neue Revolte gegen Vargas anführten, hatten einige Kontaktleute unter deutschen Siedlern, und im Gefolge des Aufstands wurden sieben Direktoren der Deutschen Süd-Amerikanischen Bank verhaftet. Brasilien verlangte daraufhin die Abberufung Ritters.

Dieser Konflikt wirkte sich auch auf den Handel aus. Im Juli 1938 setzte Brasilien überraschend die Kompensationsverträge mit Deutschland aus, obgleich die Geschäfte im November wiederaufgenommen wurden. Oswaldo Aranha war mittlerweile Außenminister, und amerikanische Diplomaten und Geschäftsleute erwarteten bessere Beziehungen zu Brasilien. In einem vertraulichen Bericht einer US-Bank hieß es: »Die Erwartungen an ihn sind hoch, und er hat bereits unter Beweis gestellt, daß er ein Freund der Vereinigten Staaten, wenn nicht ein Gegner Deutschlands ist. Dies könnte der amerikanischen Exportwirtschaft in ihrem Kampf mit Deutschland um den brasilianischen Markt sehr nützlich sein.«[148] Im Sommer 1938 kauften amerikanische Firmen zum ersten Mal große Mengen brasilianische Baumwolle.[149] Im Februar und März 1939 besuchte Aranha erneut Washington, um über weitere US-amerikanische Kredite zu verhandeln: 19,2 Millionen Dollar, um weitere Ausfuhrfinanzierung zu ermöglichen, 50 Millionen Dollar, um neue brasilianische Käufe von amerikanischen Lieferanten zu finanzieren, und zusätzliche Gelder für Kautschuk- und Chininplantagen in Brasilien. Die Strategie Hulls, die Schuldenprobleme bewußt zu ignorieren, in der Hoffnung, außenwirtschaftliche und politische Vergünstigungen einzustreichen, trug endlich, wenn auch reichlich spät, Früchte.

Der politische Einfluß Deutschlands auf dem gesamten Kontinent rief noch mehr Argwohn hervor als der der Vereinigten Staaten. Auf einer Tagung deutscher Diplomaten in Südamerika beschrieben alle Teilnehmer die weitverbreitete Furcht davor, daß Deutschland mit seiner Handelspolitik »machtpolitische Ziele« verfolge. Der deutsche Botschafter in Chile stellte fest: »Die fremdenfeindliche Stimmung, die in früheren Zeiten gegen die USA ging, richte sich jetzt gegen die Deutschen.«[150]

Die politischen Ressentiments, die die dramatische Ausweitung des deutschen Handels mit Lateinamerika und Südosteuropa auslöste, definierten vermutlich eine Obergrenze der Abhängigkeit: Für eine darüber hinausgehende Handelsausweitung in Südosteuropa bedurfte es mehr als nur wirtschaftlichen Drucks, nämlich militärischer Stärke. Die außenwirtschaftliche Vormachtstellung allein konnte nicht für alle Zeiten als machtpolitisches Instrument funktionieren.

Doch in der Zwischenzeit entwickelte sich der Bilateralismus im Außenhandel zum Haupthindernis für die Erneuerung einer auf den

Grundsätzen des Freihandels fußenden Weltwirtschaft in den dreißiger Jahren. Die Welt zerfiel in mehrere Blöcke: die Kolonialreiche Großbritanniens und Frankreichs, der nach den idealistischen Prinzipien Hulls gestaltete Freihandelsraum und das Verrechnungs- und Bartersystem, das den deutschen Außenhandelsbeziehungen zugrunde lag.

Mitte der dreißiger Jahre erkannte man darin weithin das Hauptproblem der Weltwirtschaftsordnung. Verrechnungsabkommen drückten die Preise außerhalb des Verrechnungsraums, und ihre Gegner, etwa Niemeyer, behaupteten, sie »verhinderten tendenziell binnenwirtschaftliche Anpassungen, die eines Tages unvermeidlich sind«. Eine andere Version des gleichen Arguments lautete, das währungspolitische Problem künstlicher Wechselkurse erzeuge das handelspolitische Problem. Im Jahr 1935 zog das Völkerbundssekretariat folgendes Fazit: »Tatsächlich ist die Abwertung überbewerteter Währungen heute nichts mehr, was man möglichst heimlich über die Bühne bringen möchte. Wenn ich von überbewerteten Währungen spreche, meine ich damit natürlich nicht den Schweizer Franken oder den französischen Franc oder den Gulden [die verbliebenen Goldwährungen], die überbewertet sein mögen oder nicht. Ich denke an jene Währungen, deren Wert nur durch künstliche Bewirtschaftung aufrechterhalten werden kann.«[151]

Das sowjetische Außenhandelsmonopol

Die Erfahrung der Sowjetunion stand in diametralem Gegensatz zu den Erfahrungen der übrigen Weltwirtschaft. Sie war ohne Zweifel der spektakulärste Fall »künstlicher Bewirtschaftung« und scheinbar auch der erfolgreichste. Das Bestreben, einer kapitalistischen Krise zu entgehen, war einer der Gründe dafür, daß Josef Stalin in den zwanziger Jahren die Strategie des »Sozialismus in einem Land« einschlug und die alternative Vision eines Leo Trotzki von der internationalen Ausbreitung der Revolution ablehnte. Und wie recht schien er damit zu haben, als der Rest der Welt in eine scheinbar immer tiefere Depression hineinschlitterte!

Schon in der Frühphase der Revolution im April 1918 hatte das Sowjetsystem ein Außenhandelsmonopol errichtet. Ein derartiges Monopol hatte Lenin am 10. Dezember 1917 in einer Denkschrift gefordert, als dritten von neun Punkten, die sich mit den Grundlagen der Wirtschaftspolitik befaßten.[152] Das sowjetische Außenhandelsmonopol wurde nach 1925 durch die Gründung einer Reihe von Staatsbetrieben, die auf den Handel mit bestimmten Produktkategorien spezialisiert waren, in die Praxis umgesetzt: Exportkhleb für den Export von Getreide und Saatgut, Exportles für Forstprodukte und Stankoimport für die Einfuhr von Werkzeugmaschinen.

Stalin machte das Außenhandelsmonopol, das er von Lenin übernahm, zu einem zentralen Bestandteil seiner ökonomischen Vision. Insbesondere 1927, kurz bevor die Industrialisierung mit Hilfe der Fünfjahrespläne stark forciert wurde, bildete die Idee des Monopols ein zentrales Element in seiner Abkehr von Preisen und dem Marktmechanismus. Dies war eine Zeit hoher Krisenanfälligkeit, denn während die übrige Welt einen Boom erlebte, geriet das Wachstum der sowjetischen Wirtschaft ins Stocken. Die britische Regierung ließ die sowjetische Handelsdelegation in London durchsuchen und als einen Hort der Spionage schließen. Stalin behauptete jetzt, das Außenhandelsmonopol diene mehreren Zwecken: Es solle ökonomische und politische Erpressung verhindern, neue sozialistische Industriezweige schützen und die Abhängigkeit der sowjetischen Wirtschaft von den reichen Industriestaaten beenden. Stalin erklärte 1927: »Für die Arbeiter wäre die Abschaffung des Außenhandelsmonopols gleichbedeutend mit der Weigerung, das Land zu industrialisieren, neue Fabriken und Werke zu bauen und die alten zu vergrößern. Dies würde eine Überschwemmung der UdSSR mit Gütern aus kapitalistischen Ländern bedeuten, einen Niedergang der Industrie wegen ihrer relativen Schwäche, eine Zunahme der Arbeitslosigkeit, ein Sinken des Lebensstandards der Massen, eine Schwächung der ökonomischen und politischen Positionen. Für die Bauern würde dies die Umwandlung unseres Landes von einem unabhängigen in einen halbkolonialen Staat mit verarmter Bauernschaft bedeuten.«[153]

Auf dem 5. Kongreß der Kommunistischen Partei im selben Jahr behauptete A. I. Mikojan, das Außenhandelsmonopol sei die »unabdingbare Voraussetzung für den Aufbau des Sozialismus in einem kapitalistischen Umfeld«.[154]

Diese Argumente stützten sich auf eine Theorie der »Entwicklung von Unterentwicklung«, anders gesagt, das vermeintliche Bestreben der reichen Länder, den Außenhandel als eine Waffe zu benutzen, um ärmere Völker aus dem Zauberkreis von Industrialisierung und Wohlstand auszuschließen. Diese Theorie wurde in der gesamten Dritten Welt zur intellektuellen Grundlage von Strategien der Importsubstitution.

Stalins Politik führte in der Praxis zu einer halbautarken Volkswirtschaft. Bereits in den zwanziger Jahren fiel der Anteil Rußlands am Welthandel im Vergleich zur Vorkriegszeit, und das Volumen des Außenhandels im Verhältnis zur russischen Wirtschaftsleistung ging ebenfalls zurück. 1914 betrug der Anteil Rußlands am Welthandels 3,7 Prozent, im Jahr 1926 waren es nur noch 1,2 Prozent. Während vor dem Krieg 13,2 Prozent des russischen Outputs exportiert worden waren, betrug die entsprechende Kennziffer Mitte der zwanziger Jahre weniger als 5 Prozent.[155] Auch die Zusammensetzung der Handelsströme veränderte sich. Die Sowjetunion wurde zu einem bedeutenden Importeur von Maschinen, die für die Industrialisierungsstrategie benötigt wurden. Vor dem Krieg betrug der Anteil von Investitionsgütern und Rohstoffen für die Textilindustrie an den Gesamteinfuhren 27,4 Prozent, während diese beiden Kategorien 1931 74,6 Prozent der sowjetischen Importe ausmachten. Diese Importe wurden durch den Export unverarbeiteter Rohstoffe, besonders Getreide, Holz und Holzprodukte, bezahlt; aber Industrieerzeugnisse begannen ebenfalls eine größere Rolle bei den russischen Exporten zu spielen.[156]

Während der Depression, genau zu der Zeit, als die Preise in eine scheinbar endlose Abwärtsspirale gerieten, stiegen die sowjetischen Getreideexporte sprunghaft an. Mitte der zwanziger Jahre waren die sowjetischen Getreideexporte stark zurückgegangen. Der brutale Terror, mit dem der ländlichen Bevölkerung während der Kollektivierung Getreide abgepreßt wurde, selbst um den Preis einer ausgedehnten Hungersnot, wurde von der sowjetischen Führung mit dem Argument gerechtfertigt, nur so ließen sich die für die Industrialisierung erforderlichen Maschinenimporte finanzieren, da ausländische Kredite kaum zu erhalten seien. Amtliche Zahlen belegten, daß sich der Wert der Getreideexporte von 1930 bis 1931 fast verzehnfachte.[157] Die brutale Politik der erzwungenen Ablieferung von Produktion für den Export, die zynisch als »ursprüngliche sozialistische Akkumulation« bezeichnet wurde, war die sowjetische Antwort auf das Elend der kapitalistischen Weltwirtschaftskrise.

Die neue Handelsstrategie bewirkte, daß Rußland völlig vom Weltpreisgefüge abgekoppelt wurde. Der Tscherwonez war in den zwanziger Jahren nur für eine kurze Zeit – von Frühjahr 1924 bis Frühjahr 1925 – konvertibel. Danach wurde die Devisenzwangswirtschaft eingeführt.

Die Abkoppelung der Binnenmarkt- von den Weltmarktpreisen setzte einen Prozeß in Gang, in dessen Verlauf die Preise jegliche Bedeutung für die ökonomische Entscheidungsfindung verloren. Die sowjetische Volkswirtschaft wurde zu einer Mischung aus zentraler Planung und Terror einerseits und Barterhandel andererseits. Die Ausschaltung ausländischer Preise vereinfachte die Planung, und einige Analytiker haben sogar behauptet, dies sei eine Vorbedingung der sowjetischen Planung gewesen. Jacob Viner schrieb Anfang der fünfziger Jahre: »Je weniger eine nationale Volkswirtschaft in ihren gewöhnlichen Abläufen vom Handel mit anderen Ländern abhängig ist, um so leichter ist es, *ceteris paribus,* einen umfassenden nationalen Wirtschaftsplan zu konzipieren und umzusetzen. Die auffällige Verknüpfung in den letzten Jahren zwischen dem Streben nach umfassender Wirtschaftsplanung und dem Streben nach Autarkie, die in Rußland am deutlichsten ist, aber keineswegs auf dieses Land beschränkt ist, ist daher, unter Planungsaspekten, in sich logisch.«[158] Einige Theoretiker behaupteten später, eine sozialistische Wirtschaft würde in derselben Weise wie eine marktwirtschaftliche Ordnung über einen Wettbewerbsvorteil verfügen;[159] doch nach dem Zweiten Weltkrieg unterlagen die sozialistischen Außenwirtschaftsbeziehungen innerhalb des COMECON in zunehmendem Maße politischen und anderen irrationalen Zielvorgaben. Die Kontrolle des Außenhandels war nicht der

Grund für Stalins Entscheidung, die Landwirtschaft zu kollektivieren und die Industrialisierung zu forcieren, aber sie war die einzige Basis, auf der eine solche Entscheidung nicht unmittelbar in eine Katastrophe mündete.

Die Isolation einer Volkswirtschaft, die nicht auf dem Preismechanismus basierte, sollte diese vor den unerwarteten Schocks einer instabilen kapitalistischen Wirtschaftsordnung schützen. Unmittelbar im Anschluß an die Entscheidung, die Kontrolle des Außenhandels zum »Schild und zur Freude unseres jungen sozialistischen Landes« zu machen, kam es zu der schweren Wirtschaftskrise im Westen.[160] Dies war die Zeit des größten Gegensatzes zwischen der sowjetischen Strategie einer raschen Ausweitung der Industrie im ersten Fünfjahresplan (1928–1932) und der Krise und Depression in anderen Ländern. Dieser Gegensatz wurde zwangsläufig ein Hauptthema der sowjetischen Propaganda, die dies zu einem zentralen Vorzug des sowjetischen Modells aufbauschte. Stalin und seine Volkswirte, insbesondere Eugen Varga, sahen in dem Elend des Westens nur allzugern die vorhergesagte allgemeine Krise des Kapitalismus. Varga stellte ein Gesetz auf, um zu zeigen, daß die frühere Methode zur Lösung kapitalistischer Krisen, die Erschließung neuer Märkte, eine natürliche Grenze erreicht habe. Da es keine unerschlossenen Märkte mehr gebe, sei eine chronische Depression die Folge. Stalin griff dieses Thema in seiner triumphierenden Rede vor dem 16. Kongreß der Kommunistischen Partei im Juni 1930 auf: »Erinnern wir uns an die Lage in den kapitalistischen Ländern vor zweieinhalb Jahren. Wachstum der Industrieproduktion und des Handels in fast allen kapitalistischen Ländern. Wachstum der Produktion von Rohstoffen und Nahrungsmitteln in fast allen Agrarländern. Ein Glorienschein um die Vereinigten Staaten als das Land mit dem vollblütigsten Kapitalismus. Triumphierende Hymnen auf den ›Wohlstand‹. Ein Zu-Kreuze-Kriechen vor dem Dollar. Lobpreisungen der neuen Techniken, der kapitalistischen Rationalisierung [...] Und wie sieht es heute aus? Heute haben wir in fast allen kapitalistischen Industriestaaten eine Wirtschaftskrise.«[161]

Das Wachstum der sowjetischen Wirtschaft war in dem Zeitraum 1928–1940 in der Tat beeindruckend: es lag zwischen 5 und 11 Prozent jährlich (je nachdem, welches Preisniveau man ansetzt). Allerdings waren die späteren Verwerfungen und die Stagnation der poststalinistischen Ära möglicherweise eine Folge des Chaos, das mit dem raschen Wirtschaftswachstum einherging.[162] In diesem Zeitraum haben die Erfahrungen der Sowjetunion die Welt nachhaltig beeinflußt, und zwar sowohl im Hinblick auf den Außenhandel an sich als auch als Leitmodell für die Lenkung einer Volkswirtschaft.

Während der Depression spielte der sowjetische Markt eine recht wichtige Rolle für einige Maschinenbaufirmen. Schon vor der Weltwirtschaftskrise war die UdSSR zum zweitgrößten Importeur (nach Großbritannien) von Maschinen geworden.[163] Das Spitzenjahr der sowjetischen Importe war 1931 (569 Millionen Dollar); danach gingen die Importe in dem Maße zurück, wie das Ziel einer sozialistischen Autarkie näherrückte. Die Importe betrugen 1936 weniger als ein Viertel der Importe im Jahr 1931.[164] Im Jahr 1931 gingen 27,5 Prozent der US-Exporte an Investitionsgütern in die Sowjetunion (und bei bestimmten Produktgruppen war dieser Prozentsatz noch viel höher: 73,8 Prozent bei Gießereiausrüstung und 97,4 Prozent bei Turbinen). 80 Prozent der deutschen Maschinenexporte gingen Ende 1930 nach Rußland. Die sowjetische Presse wies darauf hin, daß »die Sowjetunion Verträge mit Deutschland schließen wird, die Arbeitsplätze für viele Tausend deutsche Arbeiter schaffen, während bürgerliche Wirtschaftswissenschaftler erfolglos nach einem Weg aus der Wirtschaftskrise suchen«.[165]

Die Sicherheit der Kredite an Rußland war für die Handelspartner der UdSSR ein berechtigter Anlaß zur Sorge. Da der Fünfjahresplan und die Kollektivierung im politischen Chaos begannen, sagten einige Beobachter vorher, daß die Sowjetunion in Kürze zusammenbrechen werde. Deutsche Banken, die Mitte der zwanziger Jahre Konsortialkredite für den deutsch-sowjetischen Handel eingefädelt hatten, äußerten 1929 Warnungen. Anfang 1931 teilten New Yorker Banken dem State Department mit: »Das russische Kreditsystem wird in Kürze zusammenbrechen.«[166] Folglich ließ sich die Sicherheit der Kreditbeziehungen nur durch bilaterale Abkommen gewährleisten. Während der Depression schloß die deutsche Reichsregierung zwei staatlich verbürgte Handelskreditabkommen mit der UdSSR ab (die sogenannten Pjatakow-Verträge). Die Motive der deutschen Regierung waren, neben der Hoffnung, daß das Geschäft mit der Sowjetunion dringend benötigte Arbeitsplätze schaffen würde, auch starker politischer Natur. Der Reichsarbeitsminister meinte, aus allgemeinen politischen Gründen erscheine es richtig, stärker als früher auf die russische Karte zu setzen. Der Reichsbankpräsident dagegen war der Meinung, daß außenpolitische Überlegungen den Ausschlag geben sollten. Man müsse anderen Ländern zeigen, daß Deutschland auf derartige Abkommen angewiesen sei, wenn es seinen Reparationszahlungen nachkommen solle.[167] In diesem Sinne markierte der Handel mit der Sowjetunion auch für Deutschland den Beginn einer Umorientierung: Der Außenhandel wurde nicht länger als das Ergebnis von (zivilrechtlichen) Verträgen zwischen privaten Wirtschaftssubjekten betrachtet, sondern als ein Instrument der staatlichen Planung im Dienste übergeordneter makroökonomischer Ziele.

Die wichtigste Folge des dramatischen Siegeszugs des Fünfjahresplans in der Industrie war ein Paradigma der ökonomischen Entwicklung, das später zu einem allgemeinen Modell der Entwicklung nach sowjetischem Muster wurde. Internationale Verflechtungen wie der Außenhandel oder grenzüberschreitende Finanzströme hatten demnach negative ökonomische und politische Auswirkungen. Als die Sowjetunion Mitte der dreißiger Jahre auf dem Weg zu einer bewaffneten Autarkie weit fortgeschritten war, wurde der frühere Internationalismus zur Zielscheibe des nationalistischen Mißtrauens Stalins. Anfang der zwanziger Jahre hatte Lenin ausländische Firmen und Investoren als wichtige Stützen der wirtschaftlichen Entwicklung Sowjet-Rußland angesehen. Zur Zeit des Fünfjahresplans waren »bürgerliche Experten« zur Zielscheibe von Verdächtigungen und politischen Angriffen geworden. Viele der Beamten, die in den zwanziger Jahren in der Außenhandelsbürokratie tätig waren oder später an dem ersten Fünfjahresplan mitarbeiteten, fielen Ende der dreißiger Jahre dem stalinistischen Terror zum Opfer. Juri Pjatakow, dem Spionage für Deutschland und Sabotage vorgeworfen wurde, stand im Mittelpunkt des berühmtesten Schauprozesses von 1937.[168]

Letztlich bildeten nationale machtpolitische Ziele – und nicht etwa rationale ökonomische Faktoren – die tiefere Rechtfertigung für Stalins Experiment. Dies war auch die Basis für die internationale Anziehungskraft der Strategie. Der führende westliche Biograph Stalins schrieb: »Die russische Wirtschaft fand [Ende der dreißiger Jahre] den Anschluß an die deutsche Wirtschaftsmacht [...] Für die Welt war dies insofern von Bedeutung, als es das erste planwirtschaftliche Experiment wahrhaft gigantischen Ausmaßes war, das erste Mal, daß eine Regierung es unternahm, das gesamte Wirtschaftsleben eines Landes zu planen und zu lenken und die verstaatlichten industriellen Ressourcen gezielt zu nutzen, um das Volksvermögen beispiellos rasant zu mehren.«[169]

Einigen Kritikern innerhalb und außerhalb Rußlands erschien ein Wunder, das auf der propagandistischen Manipulation von Planzielen (»hortativer Planung«) und künstlichem Geld basierte, eher als ein billiger Zaubertrick. Michail Bulgakows großer satirischer Roman vom Ende der dreißiger Jahre, *Der Meister und Margarita,* enthält Szenen, in denen Satan Moskau besucht und dort, als Zauberer verkleidet, wertloses Papiergeld in Rubel und Rubel in Devisen tauscht. Die Opfer werden von schrecklichen Alpträumen geplagt, in denen unerbittliche Untersuchungsbeamte die Herausgabe der Devisen verlangen.

Die Philosophie, die diesem Zaubertrick zugrunde liegt, blieb auch in der Nachkriegszeit die Richtschnur der sowjetischen Ökonomie. Die Weltwirtschaft, wie sie damals existierte, konnte nur als Hindernis für eine sozial gerechte Entwicklung wahrgenommen werden. Eine solche Interpretation bildete das Fundament der sowjetischen Erklärung für den ewigen Widerstreit von sozialistischem und kapitalistischem Block, anders gesagt, für den Kalten Krieg. In der bedeutenden Rede vom 9. Februar 1946, in der Stalin auf entschiedenen Konfrontationskurs zum Westen ging, erklärte er: »Militärische Katastrophen wären vielleicht vermeidbar, wenn es eine Möglichkeit gäbe, in regelmäßigen Abständen Rohstoffe und Märkte unter den Ländern gemäß ihrem ökonomischem Gewicht neu aufzuteilen – und dabei gemeinsam friedliche Entscheidungen zu treffen. Aber dies ist unter den gegenwärtigen kapitalistischen Bedingungen der weltwirtschaftlichen Entwicklung nicht möglich.«[170]

Die Folgen der Handelspolitik der dreißiger Jahre

Obgleich man Ende der dreißiger Jahre noch immer von einem »Weltmarkt« sprechen konnte, nahm die Zahl der nach Sonderregeln funktionierenden Enklaven innerhalb dieses Weltmarkts zu. Das sowjetische Modell wurde immer verlockender. Nicht nur die deutsche Handelspolitik oder das britische System von Handelspräferenzen, sondern die gesamte Weltwirtschaft entwickelte sich in Richtung Schachtianismus. Zölle hatten in den zwanziger Jahren das Wachstum des Welthandels gebremst, aber die Verfügbarkeit von Kapital zur Finanzierung großer Handelsbilanzdefizite beseitigte einige der akutesten Entwicklungshemmnisse. Diese Hemmnisse wurden unmittelbar offenkundig, als die Kapitalströme abnahmen, und die protektionistischen Tendenzen gewannen an Schwung, weil die Kosten für die Abschirmung der inländischen Wirtschaft aufgrund des Mangels an neuem Kapital lange nicht mehr so negativ zu Buche schlugen.

Zu Beginn bestand somit ein Zusammenhang zwischen Schuldenkrise und Devisenbewirtschaftung. Nach der Schuldenkrise von 1931 in Südamerika und Europa war die ungewöhnliche Entwicklung des Außenhandels im weiteren Verlauf der dreißiger Jahre weniger auf die verstärkte Zollschutzpolitik als vielmehr auf die Ausweitung des bilateralen Barterhandels zurückzuführen. Es bestand auch ein Zusammenhang zwischen der Ausweitung der Devisenbewirtschaftung und der Errichtung autoritären Herrschaftsstrukturen. Das US-amerikanische Gesetz über Reziprozitätsabkommen tat damals wenig, um diese Entwicklung einzudämmen. Deutschland und seine Handelspartner entwickelten eine Beziehung, die die Handelsströme umlenkte und das Gesamtvolumen des Welthandels verringerte. Angesichts der Schwäche des Systems der unbedingten Meistbegünstigung und seiner Tendenz, Zollerhöhungen hervorzubringen – als Ergebnis der Verhandlungsprozesse und des Wunsches, die inländische Industrieproduktion zu erhöhen –, boten bilaterale Verhandlungen auf der Basis des Gegenseitigkeitsprinzips den einzigen Ausweg aus der Sackgasse, in die der Handel geraten war. Sie stellten insofern auch die einzige Hoffnung dar, die Finanzbeziehungen zu verbessern.

Eine ungefähre Vorstellung vom Ausmaß der Handelsumlenkung infolge der Bildung von Wirtschaftsblöcken erhält man, wenn man den Anteil des US-Handels mit Deutschland und Großbritannien (die jeweils ihre eigenen Blöcke bildeten) in Prozent der gesamten Weltausfuhren berechnet. Im Zeitraum unmittelbar vor der Krise, 1926 bis 1930, betrug dieser Anteil 5,7 Prozent. Er sank während der Depression auf 4,4 Prozent 1932 und fiel dann bis 1934 weiter auf 3,5 Prozent; bis 1937 kam es zu einer leichten Erholung (3,7 Prozent), bevor die Rezession von 1938 dann einen weiteren Einbruch brachte.[171]

Einen weiteren Anhaltspunkt liefern die Daten über den Bilateralismus im Welthandel, die vom Völkerbund für die frühen dreißiger Jahre errechnet wurden. Die Bilateralisierung des Außenhandels wurden durch die Ausweitung von Kontingenten und Verrechnungsabkommen gefördert, die beide oftmals ausdrücklich auf den Ausgleich der bilateralen Handelsbilanzen abzielten (statt auf Dreiecks- oder noch kompliziertere Beziehungen), sowie durch Meistbegünstigungsabkommen, die Zugeständnisse bei einem begrenzten Sortiment von Gütern machten, die in der Praxis dem bilateralen Handel zwischen den Vertragspartnern vorbehalten waren. Der Außenhandel von 22 Staaten, die etwa 70 Prozent des Welthandels bestritten, wies die in Tabelle 3.3 zusammengefaßte Struktur auf.

Die Zunahme des Bilateralismus nach 1931 ist eindeutig zu erkennen. Aber das frappierendste Merkmal der Übersicht ist der Rückgang ab 1931 der Zeile »Saldo der Warenhandelsbilanzen« (die Summe der Handelsbilanzdefizite bzw. -überschüsse der 22 Länder: das Ausmaß, in dem

Tabelle 3.3 Die Bilateralisierung des Handels, 1929–1935 (in Prozent)

	1929	1931	1932	1933	1934	1935
Bilateraler Warenhandel	71,7	68,1	69,4	71,3	71,9	74,2
Saldo der Warenhandelsbilanzen	9,9	16,4	15,6	14,4	13,0	12,0
Dreiecks-Warenhandel	18,4	15,5	15,0	14,3	15,1	13,8

Quelle: Völkerbund, *Review of World Trade, 1935* (Genf 1936), S. 65.

ihre Handelsbilanzen entweder bilateral oder multilateral nicht ausgeglichen waren). Der Gesamtsaldo sank vor allem wegen des Zusammenbruchs des Weltzahlungsverkehrs und der daraus folgenden Unmöglichkeit, große Ungleichgewichte zu finanzieren (außerhalb des Geltungsbereichs spezieller Verrechnungsabkommen, wie sie etwa Deutschland mit Süd- und Osteuropa ausgehandelt hatte). Da die Handelsbilanzen nicht mehr langfristig unausgeglichen bleiben konnten, bemühten sich die Länder um einen Ausgleich, der nur durch Verringerung des Gesamtvolumen des Handels erreicht werden konnte.[172] Die Tabelle des Völkerbunds zeigt die Beschränkungen, denen der Außenhandel aufgrund des Zusammenbruchs der Weltkapitalmärkte unterlag.

Die Notwendigkeit, die Zahlungsbilanz auszugleichen, veranlaßte die Regierungen unmittelbar dazu, die Handelsbeziehungen durch internationale Verträge zu regeln. In den dreißiger Jahren wurde die Handelspolitik von den Regierungen sehr viel straffer kontrolliert, und sie wurde in viel geringerem Maße von Interessenverbänden beeinflußt, die in den zwanziger Jahren noch eine so herausragende Rolle gespielt hatten. Die politische Ökonomie der Zolltarife bewegte sich daher in den Zwischenkriegsjahren in eine andere Richtung als die Geldpolitik.[173] Hier führte die Depression dazu, daß die Zentralbanken in Verruf gerieten und ihre Zuständigkeiten eingeschränkt wurden, während die Regierungen mehr Verantwortung übernahmen und nach der Aufgabe des Goldstandards eine flexiblere Politik betreiben konnten. Die Geldpolitik ist nicht so anfällig für den Druck von Interessengruppen, für »Kleingruppen-Aktivismus«, aber sie kann die Entwicklung von Strukturen der Interessenvertretung ermöglichen. Die neue Geldpolitik ermöglichte neue Gesellschaftsverträge – von dem Matignon-Pakt und dem New Deal am demokratischen Ende des politischen Spektrums bis zu Neuordnung der deutschen Gesellschaft unter dem nationalsozialistischen Totalitarismus.

Die Flexibilität, die diese Neuordnung der Geldpolitik erzeugte, erlaubte den Interessengruppen, ihre Aufmerksamkeit den Makroereignissen zuzuwenden; sie brauchten insbesondere die Zollverhandlungen nicht mehr im Detail zu verfolgen. Die Konzentration auf übergeordnete politische Belange erforderte jedoch außergewöhnlich breite und umfassende Allianzen und nicht das kleinliche Feilschen, das die Zollgesetzgebung kennzeichnete. So trug die herausragende Bedeutung der Geldpolitik dazu bei, den Einfluß privater Interessengruppen zurückzudrängen, die in den dreißiger Jahren so großen Anteil daran gehabt hatten, die Welt auf den protektionistischen Pfad zu hieven. Statt dessen zeichnete sich die Entstehung eines umfassenden Korporatismus unter Rahmenbedingungen ab, die durch Geldwertstabilität beziehungsweise eine bescheidene Geldmengenausweitung ermöglicht und stabilisiert wurden. Eines der wichtigsten Elemente in dem erst nach 1945 abgeschlossenen Übergang von einer Konflikt- zu einer Kooperationsstrategie in den politischen und gesellschaftlichen Beziehungen war der Aufstieg des makroökonomischen Ansatzes, der durch die monetären Veränderungen ausgelöst wurde, und die Diskreditierung des mikroökonomischen Denkens, das mit der katastrophalen Handelsgeschichte der zwanziger und dreißiger Jahre verbunden war.

Der militärische Ausgang des Zweiten Weltkriegs bedeutete, daß die Hullsche und nicht die Schachtsche Vision die Welt der Nachkriegszeit prägte. Artikel VIII des IWF-Abkommens forderte den Übergang zur Konvertierbarkeit im Rahmen der Leistungsbilanz und ließ damit eine Devisenbewirtschaftung als Mittel der Handelslenkung nicht länger zu. Es war jedoch keineswegs ein uneingeschränkter Sieg. Der Schachtianismus wurde auch weiterhin in vielen Bereichen praktiziert. Länder hatten gespaltene Wechselkurse. Europa hob die Beschränkungen der Leistungsbilanz erst 1958 auf. Viele Teile der Hullschen Vision waren totgeboren. Die geplante Internationale Handelsorganisation wurde in der unmittelbaren Nachkriegszeit nicht verwirklicht (die Welthandelsorganisation von 1996 war ein sehr entfernter Nachkomme). Bis zur Kennedy-Runde in den sechziger Jahren tat das GATT kaum etwas, um den Zollschutz abzubauen.

Regionale Handelsabkommen waren vom GATT ausgenommen, und Ende der fünfziger Jahre begannen die europäischen Länder, sich zu regionalen Blöcken zusammenzuschließen – der Europäischen Wirtschaftsgemeinschaft (EWG) und der Europäische Freihandelsassoziation (EFTA). Die Kompetenz des GATT wurde nach und nach eingeschränkt. Zwei der strittigsten handelspolitischen Bereiche, Textilien und Landwirtschaft, wo den Industrieländern potentiell der stärkste Wettbewerb durch die Dritte Welt drohte, wurden in den sechziger Jahren erfolgreich aus dem GATT herausgenommen.

Der Zusammenbruch des Systems fester Paritäten (des Bretton-Woods-Systems) Anfang der siebziger Jahre drohte neue Handelsstreitigkeiten auszulösen, da Länder befürchteten, ein Abwertungswettlauf – das typische Übel der dreißiger Jahre, das das Bretton-Woods-System beheben sollte – würde zu unlauterem Wettbewerb führen. Schwerwiegende Fehlanpassungen der Wechselkurse, wie etwa die massive Aufwertung des Dollars Mitte der achtziger Jahre, lösten in der Tat neue protektionistische Tendenzen aus. Nichttarifäre Handelshemmnisse nahmen stark zu. Die wichtigsten Industriestaaten – die USA und die Länder der Europäischen Gemeinschaft – zwangen ihre Handelspartner dazu, ihre Ausfuhren durch sogenannte freiwillige Exportbeschränkungen zu verringern.

Der Anstoß zur Handelsliberalisierung in den achtziger und neunziger Jahren ging weniger von organisierten Interessen aus als vielmehr von einem allgemeinen Bewußtseinswandel, wie es schon beim Siegeszug des Manchestertums im 19. Jahrhundert der Fall gewesen war. Ein verstärkter Freihandel wurde mit den triftigsten theoretischen Argumenten zunächst für die Entwicklungsländer gefordert.

In dem Maße, wie die Liberalisierung des Handels Fortschritte machte, gewann auch der Regionalismus neue Kraft. Einige seiner Anhänger sahen die regionale Integration als die beste Möglichkeit, eine globale Agenda voranzubringen.

Der Wettbewerb zwischen regionalen und globalen Visionen dauerte somit in der Nachkriegszeit an. Ende der neunziger Jahre hatte es den Anschein, als wäre der Regionalismus weitgehend verschlissen. Die asiatische Wirtschaftskrise nach 1997 erhöhte die Anreize für eine rasche Öffnung. In Europa verloren die protektionistischen Aspekte des »europäischen Modells« aufgrund des langsameren Wachstums der Europäischen Union im Vergleich zu den Vereinigten Staaten an Anziehungskraft. Aber es gibt auch eine Gegenbewegung. Im 19. Jahrhundert führte man als Argument für den Freihandel neben konkreten volkswirtschaftlichen Vorteilen vor allem seine friedenssichernde Wirkung an. Die Friedenssicherung ist in der zweiten Hälfte des 20. Jahrhunderts auch das zentrale Argument für eine regionale Integration geworden; der frappierendste Erfolg in dieser Hinsicht war die Umwandlung des Antagonismus zwischen Deutschland und Frankreich, der zu drei verheerenden Kriegen geführt hatte, in eine ökonomische und in zunehmendem Maße auch politische Kooperation. Die ökonomische Globalisierung ist mit einer anderen Friedensvision verbunden, der *Pax americana*. Die größte Bedrohung für diese Vision geht nicht von ökonomischen Faktoren aus, sondern von einer Unzufriedenheit: Im Zentrum, den Vereinigten Staaten, ist man überzeugt davon, daß andere Länder ungerechtfertigte Vorteile aus dem amerikanischen Sicherheitsschirm ziehen, während sie ihre Märkte nicht »gebührend« geöffnet haben. Dieses Gefühl ist besonders ausgeprägt gegenüber Asien und hier vor allem in bezug auf Japan. Außerhalb der Vereinigten Staaten entzündet sich der Unmut an der Einschätzung, daß die USA ihre Mission nach eigenem Gutdünken auslegen und Problemlösungsansätzen, die sich an Regeln orientieren und auf Konsens bedacht sind, wenig abgewinnen können. Auf solche Argumente stützen sich die Anhänger neuer regionaler Lösungen, die zwangsläufig an die Handelsabkommen erinnern, die für die dreißiger Jahre charakteristisch waren.

Kapitel

4

◆◆◆

Die Reaktion gegen internationale Migrationsströme

Schon zu Beginn des 20. Jahrhunderts riefen die internationalen Migrationsströme eine entschlossene Gegenreaktion hervor. Sie verdankte sich zum Teil einer verstärkten Demokratisierung und dem damit einhergehenden Aufkommen eines neuen, radikalen Populismus. Gegner der globalen Integration behaupteten, bis zu einem gewissen Grad zu Recht, der Lebensstandard und die Einkommen der Arbeitnehmer würden durch die anhaltende Einwanderung ausgehöhlt. Nach dem Ersten Weltkrieg wurde die Diskussion jedoch sehr viel heftiger, und die Arbeitsstandards wurden zu einem zentralen Aspekt der Analyse der relativen volkswirtschaftlichen Leistungsfähigkeit. Wechselkursschwankungen trugen mit dazu bei, die Aufmerksamkeit auf die internationalen Unterschiede in den Arbeitskosten zu lenken.

Arbeitslosigkeit und Depression

Zumindest in den Industriestaaten hat sich die Depression vor allem durch die demoralisierende Erfahrung der Massenarbeitslosigkeit samt ihren Begleiterscheinungen wie Suppenküchen, Schlangen von Stempelgeldempfängern, »Hey Kumpel, hast'e mal 'nen Groschen?«, Hungermärschen und zerbrochenen Familien im kollektiven Gedächtnis verankert. Diese Erfahrung machte die Arbeitslosigkeit und ihre Vermeidung zum zentralen politischen Anliegen einer ganzen Generation und führte zum Ruf nach Schutzmaßnahmen für die heimischen Arbeitnehmer. In den Vereinigten Staaten betrug die Arbeitslosigkeit im industriellen Sektor im Jahr 1933 durchschnittlich 37,6 Prozent. In Deutschland und in Großbritannien war der Höchststand schon ein Jahr zuvor erreicht worden, mit einer durchschnittlichen Quote von 43,8 beziehungsweise 22,1 Prozent.[1] Der britische Premierminister, der Labour-Politiker Ramsay MacDonald, notierte an Weihnachten 1929, zu Beginn der Wirtschaftskrise: »Die Arbeitslosigkeit macht uns ratlos. Es ist schlicht so, daß unsere Bevölkerung für unseren Handelsverkehr zu groß ist [...] Ich sitze allein und schweigend in meinem Zimmer in Downing Street. Der Becher wurde an meine Lippen geführt – & er ist leer.« Ein paar Monate später, auf seinem Landsitz, war er nicht zuversichtlicher. »Ist die Sonne meines Landes am Sinken? [...] Wir müssen uns anpassen & unterdessen strömt die Flut der Arbeitslosigkeit & steigt & entsetzt alle. Auf Chequers [dem Landsitz des britischen Premierministers] kann man sie fast sehen & ihr Sausen in den Zahlen hören, die ich mir zu Gemüte geführt habe.«[2]

Man muß die Dynamik der Arbeitsmärkte genauer betrachten, wenn man verstehen will, weshalb ein ökonomischer Schock wie die Depression und die Finanzpaniken der Zeit eine so hohe Arbeitslosigkeit hervorbrachten. Die mit dem Goldstandard verbundenen monetären Schocks wirkten sich vor allem deshalb so nachhaltig auf den realen Output und den Beschäftigungsgrad aus, weil die Nominallöhne »starr« waren und daher eine Verknappung der Geldmenge zu einem Anstieg der Reallöhne führte. Wenn die Wirtschaftsstruktur flexibler gewesen wäre und wenn die Nominallöhne parallel zu den Preisen gesunken wären, dann wären die Auswirkungen auf den Output viel geringer gewesen.

Zur Erklärung dieses Phänomens bedarf es eines länderübergreifenden Vergleichs. Eine ökonometrische Analyse ergibt den eindeutigen Befund, daß Länder mit Goldstandard in stärkerem Maße vom Anstieg der Reallöhne betroffen waren, während eine Abwertung schließlich einen Ausweg aus der Falle der Lohnkosten eröffnete. Dies ist Teil der Argumentation, die auf der Basis verschiedener Tests von Barry Eichengreen und Jeffrey Sachs, Ben Bernanke und Harold James sowie Bernanke und Kevin Carey dargelegt wurde.[3]

Doch die nationalen Reaktionen unterschieden sich in mancher Hinsicht voneinander. Eine Erklärung für solche Variationen liegt in den institutionellen Regelungen. Die Nominallöhne sanken deshalb nicht parallel zu den Preisen, weil viele Preise für lange Zeiträume festgelegt waren – besonders Mieten und Hypothekenzahlungen –, und daher würde eine Lohnsenkung den Arbeitnehmern ein Opfer auferlegen, es sei denn, sie würde von einer allgemeinen Kostensenkung begleitet.[4] Eine solche allgemeine Senkungsrunde könnte jedoch nur durch massive staatliche Eingriffe in den Marktpreismechanismus erreicht werden, und nur sehr wenige Länder waren bereit, so weit zu gehen. (Eine Ausnahme ist Deutschland, wo die Notverordnung vom 8. Dezember 1931 die Senkung der Löhne, Zinsen und Hypothekenzahlungen verfügte. Es war keine populäre Maßnahme, und sie rief massive Proteste hervor.)

Wie lassen sich die verschiedenen Arbeitsmarktreaktionen institutionell erklären? Eine naheliegende Erklärung ist die Macht der gewerkschaftlich organisierten Arbeiter. Aber einige Länder mit hohem gewerkschaftlichem Organisationsgrad zeigten eine beachtliche Flexibilität in Lohnfragen (besonders, wenn die Restriktion durch den Goldstandard entfiel). Australien war das Land mit dem weltweit höchsten Organisationsgrad, gemessen am Prozentsatz der Arbeiter, die Gewerkschaften angehörten (45,7 Prozent 1929, verglichen mit 33,9 Prozent in Deutschland und 33,8 Prozent in Schweden und nur 9,3 Prozent in den Vereinigten Staaten).[5] Doch zwischen 1929 und 1932 sank der Nominallohn um 20 Prozent und der gesamtwirtschaftliche Output und die Arbeitslosigkeit veränderten sich entsprechend nur geringfügig: Das reale Bruttoinlandsprodukt sank um 9 Prozent, und die Arbeitslosigkeit stieg um 9 Prozent.[6] Das australische Verfahren der zentralisierten Lohnfindung, bei dem die Löhne entsprechend früheren Preisveränderungen festgesetzt wurden, erwies sich als erfolgreicher und politisch unstrittiger Mechanismus der Lohnsenkung (obgleich natürlich die Reallöhne auf der Basis einer solchen Formel mehr oder minder konstant blieben).[7] Andererseits verzeichneten die USA mit ihrem sehr geringen gewerkschaftlichen Organisationsgrad einen dramatischen Anstieg der Arbeitslosigkeit. Es ist klar, daß die Gewerkschaftspräsenz beziehungsweise -macht als solche die Arbeitslosigkeit während der Depression nur unzureichend erklärt.

Ein zweiter institutioneller Faktor bezieht sich auf die Art und Weise, wie Lektionen aus früheren ökonomischen Ereignissen verarbeitet worden waren. In den Vereinigten Staaten reagierten die Löhne auf die Nachfrageschocks in den Jahren 1929 bis 1933 lange nicht so schnell wie in der kurzen, aber sehr schweren Nachkriegsdepression von 1920–21. Aus den Erfahrungen der frühen zwanziger Jahre hatte man weithin die Lehre gezogen, daß die Löhne zu rasch gesunken waren und dadurch die Depression verstärkt hatten. Präsident Hoover versuchte in der Weltwirtschaftskrise Unternehmen dazu zu bewegen, die Löhne nicht entsprechend der sinkenden Nachfrage zu kürzen, da er der Ansicht war, die Kaufkraft der privaten Verbraucher müsse unter allen Umständen erhalten bleiben. Zumindest einige große Arbeitgeber (General Motors und International Harvester) scheinen seinem Rat gefolgt zu sein.[8]

Ein dritter Faktor könnten die institutionellen Strukturen sein, die die Verhandlungsposition der Gewerkschaften stärkten oder festigten. In bezug auf Deutschland und Großbritannien wurden erbitterte historiographische Debatten über diese Frage geführt. In Großbritannien wurde während der Depression die Ansicht vertreten, das hohe Arbeitslosengeld (»Stempelgeld«) und die Leistungen an Kurzzeitarbeitslose hätten langfristig die Arbeitslosigkeit erhöht. Die Arbeitslosigkeit war auf ihrem tiefsten Stand in der Zwischenkriegszeit genauso hoch wie in jedem beliebigen Jahr vor dem Ersten Weltkrieg. In seinem zeitgenössischen Buch über die Depression behauptete Lionel Robbins: »Die Kartellbildung in der Industrie, die wachsende Stärke der Gewerkschaften und die Zunahme staatlicher Kontrollen erzeugten eine Wirtschaftsstruktur, die sich ungeachtet ihrer potentiellen ethischen oder ästhetischen Überlegenheit nicht so rasch an geänderte Rahmenbedingungen anpassen kann wie das ältere, konkurrenzbetontere System. Dies ist sehr gelinde ausgedrückt [...] Die Starrheit der Löhne nach dem Krieg ist ein Nebenprodukt der Arbeitslosenversicherung.«[9] Edwin Cannan und Jacques Rueff haben diese These damals systematischer dargelegt.[10] Ende der siebziger Jahre wurde sie von

David Benjamin und Levis A. Kochin wiederaufgegriffen (die damit eine heftige Kontroverse entfachten); sie konzentrierten sich in ihrer Analyse auf die Auswirkungen der Versicherungsgesetze von 1911 und 1920 auf den Prozeß der Stellensuche: Die Arbeitslosenunterstützung habe den Arbeitnehmern erlaubt, sich länger nach besser bezahlten Stellen umzusehen, und so das allgemeine Lohnniveau in die Höhe getrieben. Sie wollten beweisen, daß die britische Volkswirtschaft sehr unflexibel geworden war, mit der Folge, daß die Nominallöhne in der Wirtschaftskrise nur um 3 Prozent sanken, während die Arbeitslosigkeit um 22 Prozent zunahm (ein scharfer Kontrast zu dem, was in Australien geschah).[11] Die anschließende Debatte führte dazu, daß das Argument in seiner ursprünglichen Fassung, die die Mikroökonomie des Arbeitsmarktes nur unzureichend berücksichtigt hatte, erheblich modifiziert wurde. Haushaltsvorstände, die arbeitslos wurden, kamen mit dem Arbeitslosengeld (das erheblich unter ihrem früheren Lohn lag) nur schwerlich über die Runden. Das Argument der Arbeitssuche trifft eher auf abhängige Familienmitglieder zu.[12] Eine Erklärung für die bemerkenswert niedrigere Jugendarbeitslosigkeit im Großbritannien der Zwischenkriegszeit könnte auch in den Lohnstrukturen liegen, denn die Tariflöhne für Arbeiter unter 18 und 21 Jahren waren viel niedriger, mit der Folge, daß viele junge Menschen nach Erreichen der Volljährigkeit entlassen wurden.[13]

In bezug auf Deutschland hat Knut Borchardt ebenfalls ein Argument, das in der Zwischenkriegszeit häufig zu hören war, Ende der siebziger Jahre wiederaufgegriffen. Lohnerhöhungen, denen keine entsprechenden Produktivitätszuwächse gegenüberstanden, sorgten demnach dafür, daß die Wirtschaft der Weimarer Republik »kränkelte«. Die nominellen Stundenlöhne, die tarifvertraglich festgelegt wurden, lagen 1929 33 Prozent höher als 1925, und der Effektivlohn lag 37 Prozent höher. Dies entsprach realen Zuwächsen von 22 beziehungsweise 26 Prozent.[14]

Der Hauptgrund für den Lohnschub in Deutschland war das Zusammenwirken von Gewerkschaftsmacht und staatlichem Schlichtungssystem, das es ermöglichte, den Beteiligten in einem Tarifkonflikt bindende Abschlüsse aufzuerlegen. Da bei solchen Schlichtungsverfahren die Tendenz besteht, sich in der Mitte zu treffen, konnten Arbeitnehmer in der Regel mit Erhöhungen rechnen. Einige Zeitgenossen betonten nachdrücklich die Fähigkeit des politischen Prozesses, die Lohnverhandlungen zu beeinflussen. Insbesondere der sozialistische Politiker und Volkswirt Rudolf Hilferding prägte die Idee von einem »politischen Lohn«. In der Historiker-Kontroverse im Anschluß an die Veröffentlichung von Borchardts Artikel versuchten Theo Balderston und Johannes Bähr nachzuweisen, daß das Schlichtungssystem lediglich die Logik des Arbeitsmarktes reproduziere (was man an den tatsächlich gezahlten Löhnen ablesen könne, im Unterschied zu den tarifvertraglich vereinbarten Löhnen).[15] Da das Arbeitsangebot unveränderlich gewesen sei, so Balderston, habe sich in dem Lohnanstieg lediglich die Stärke der Nachfrage besonders nach deutschen Exportgütern in den Boomjahren der ausgehenden zwanziger Jahre widergespiegelt.

Dieses Argument – und die ähnlich gelagerte Debatte in Großbritannien – stützt sich selbstverständlich auf die Annahme, daß der Arbeitsmarkt eine feste Größe besitze. Es fällt auf, daß in der gesamten Literatur, die sich kritisch mit Borchardts These auseinandersetzt, kein einziges Mal die Tatsache erwähnt wird, daß Zuwanderungshemmnisse dem Arbeitsmarkt Beschränkungen auferlegten. Doch dies war ein wichtiges Merkmal, das die Wirtschaft der Zwischenkriegszeit von der globalisierteren Wirtschaftsordnung der Vorkriegszeit unterschied. Kurz, dies war ein weiterer Politikbereich, in dem eine heftige und zerstörerische Reaktion gegen die Globalisierung einsetzte und die Wirtschaftsstruktur verzerrte.

Einwanderungsrecht

Während und nach dem Ersten Weltkrieg unterlag die Einwanderung im allgemeinen sehr starken Beschränkungen, für die die Vereinigten Staaten das Vorbild lieferten. Das US-Einwanderungsgesetz von 1917 schloß einen breiten Kreis von Ausländern als unerwünscht aus: Idioten, Schwachsinnige, Epileptiker, Menschen von »konstitutioneller psychopathischer Minderwertigkeit«, Säufer, Arme, Bettler, Menschen, die an Tuberkulose oder anderen »ekelerregenden Krankheiten« litten, Polygamisten, Anarchisten, Prostituierte, ungelernte Leiharbeitskräfte oder Arbeitskräfte, deren Überfahrt bezahlt worden war, und Asiaten (mit einer geographischen Definition der Abstammung). Die Personengruppen, die von früheren Gesetzen ausgeschlossen worden waren (Chinesen und Japaner), wurden abermals ausgeschlossen. Ein Parallelgesetz, der Burnett Act, machte einen Lese- und Schreibtest zur Pflicht.

Die amerikanische Diskussion der zwanziger Jahre mobilisierte Ressentiments, die bereits vor dem Ersten Weltkrieg zum Ausdruck gebracht worden waren und sich gegen die sogenannten Neuen Immigranten richteten, die – so das Stereotyp – Wirtschaftsflüchtlinge waren (und keine politischen oder ideologischen Flüchtlinge, als die sie sich – größtenteils fälschlicherweise – selbst verstanden hatten). Die beiden Zuwanderungsbegrenzungsgesetze von 1921 und 1924 verfolgten das Ziel, die ethnische und nationale Zusammensetzung der Immigranten zu verändern und die Gesamtzahl der Einwanderer drastisch zu verringern. Das Gesetz von 1921 reduzierte die Zahl der Einwanderer pro Jahr von über einer Million auf maximal 357 803 und setzte fest, daß die Höchstzahl der Einwanderer jeder beliebigen Staatsangehörigkeit 3 Prozent der Bürger dieses Staates, die im Stichjahr 1910 in den USA ansässig und im Ausland geboren waren, nicht überschreiten dürfe. Doch das Gesetz von 1921 schränkte die Einwanderung auf dem Landweg – über Kanada und Mexiko – nicht ein; dieses Schlupfloch wurde durch das Gesetz von 1924 geschlossen. Das Gesetz verlegte das maßgebliche Basisjahr auf 1890, mit anderen Worten vor die großen Auswanderungswellen aus dem Mittelmeerraum, Rußland und Osteuropa zwischen 1890 und 1910. Die Quote wurde nunmehr auf 2 Prozent der im Ausland geborenen Personen dieser Staatsangehörigkeit auf dem US-amerikanischen Festland, die bei der Volkszählung 1890 erfaßt worden waren, festgesetzt.

Diese Gesetze griffen offensichtlich nicht sofort und auch nicht hundertprozentig. Die Zahl der eingeschleusten Immigranten belief sich auf 50 000 bis 100 000 pro Jahr. Es gab einige bemerkenswerte Fälle massiver Gesetzesumgehung. So wies beispielsweise die französische

Kolonialverwaltung in Tunis 1924 im Rahmen einer großangelegten Aktion gegen die Kriminalität etwa 10 000 Italiener aus, und der US-amerikanische Arbeitsminister berichtete, sie seien »mit offenen Armen in den Vereinigten Staaten aufgenommen worden«.[16]

Welche ökonomischen Folgen hatte diese neue Politik der Zuwanderungsbegrenzung? Im 19. Jahrhundert war die Baukonjunktur eng mit Einwanderungswellen verknüpft gewesen. Andererseits war die Bauindustrie in den zwanziger Jahren der schwächste Punkt in einer ansonsten boomenden Wirtschaft gewesen. Auf dem Höhepunkt der Hochkonjunktur der zwanziger Jahre, von 1926 bis Ende 1929, gingen die Bauinvestitionen um 2 Milliarden Dollar zurück, und der Sektor blieb während der Depression und der Erholung in den dreißiger Jahren sehr schwach. Ein weiteres Indiz für die Schwäche der Bauindustrie liefert die Holzwirtschaft: 1929 betrug ihr Output nur 91 Prozent des Höchststandes von 1925.[17] Doch obwohl es im 19. Jahrhundert einen Präzedenzfall gab, führten Historiker den Einbruch der Baukonjunktur in den zwanziger Jahren in der Regel nicht auf die Einwanderungspolitik zurück. Eine Berechnung beispielsweise deutet darauf hin, daß laxere Einwanderungsregeln die Wohnungsbauinvestitionen um weniger als ein Prozent erhöht hätten.[18] Das ist eine zu vorsichtige Schätzung. Doch solche Schätzungen sollten uns nicht dazu veranlassen, die Auswirkung von Zuwanderung auf das Wirtschaftswachstum herunterzuspielen, denn sie ignorieren systematisch jeglichen Effekt von Einwanderung auf die Entwicklung am Arbeitsmarkt.

Die Haltung der US-Regierung änderte sich vor allem wegen der Folgen einer massiven Zuwanderung armer und ungelernter Immigranten auf den Arbeitsmarkt. Schon 1897 wurde vom US-Kongreß ein Gesetz über einen obligaten Sprachtest verabschiedet, gegen das Präsident Grover Cleveland jedoch sein Veto einlegte. Im Jahr 1915 stimmten sowohl das Repräsentantenhaus als auch der Senat mit größerer Mehrheit für eine solche Maßnahme, doch Woodrow Wilson legte sein Veto gegen den Gesetzentwurf ein. Im Jahr 1917 hatten die Zuwanderungsgegner so viel Zuspruch, daß sie das Veto des Präsidenten überstimmen konnten. Das Bestreben, die Zuwanderung einzudämmen, hatte wenig mit dem Krieg zu tun. Es war vielmehr auf den sprunghaften Anstieg der Zahl der Einwanderer zwischen 1900 und 1910 zurückzuführen, der sich merklich auf die Löhne der weniger qualifizierten Arbeiter auswirkte. Die wirtschaftliche Lage und das Abstimmungsverhalten im Kongreß hingen miteinander zusammen. Während in den großen Städten an der Ostküste mit ihren großen Gemeinschaften von Einwanderern die Zuwanderungsbefürworter deutlich in der Mehrzahl waren, lehnten Arbeiter in anderen Regionen die Zuwanderung immer entschiedener ab. Sie richteten ihre Feindseligkeit eben gegen jene minderqualifizierten Immigranten, die die größte Bedrohung für sie darstellten – die Einwanderer aus Ost- und Südeuropa.[19] Daher kann man die Entstehung einer zuwanderungsfeindlichen Stimmung allein auf eine recht rationale Wahrnehmung der Dynamik des Arbeitsmarkts zurückführen und braucht nicht zusätzlich auf eine rassistische Argumentation zurückzugreifen.

Aber es gab auch eine entschieden »rassistische« Version des Arguments. Auf der Weltbevölkerungskonferenz 1927 in Genf erklärte ein Amerikaner, C. B. Davenport, Ziel der US-Politik sei es, »eine hinlängliche Homogenität der Bevölkerung der Vereinigten Staaten zu wahren«. Und er fuhr fort: »Vermutlich weckte die Erkenntnis aus dem Ersten Weltkrieg in Europa, nämlich, wie stark die Mentalitätsunterschiede zwischen verschiedenen Völkern in Europa sind, in uns die Furcht, daß bei uns schon bald etwas ähnliches geschehen könnte, das heißt, daß in den Vereinigten Staaten Gruppen vertreten sind, die unser Land zu einem kleinen Europa unter Einschluß sich bekriegender Nationalitäten machen.«[20]

Die anderen klassischen Einwanderungsländer ergriffen schon bald ähnliche diskriminierende Maßnahmen. Kanada erstellte eine Liste mit »Vorzugsländern« (Belgien, Dänemark, Frankreich, Deutschland, die Niederlande, Norwegen, Schweden und die Schweiz), deren Bürger zu den gleichen Bedingungen aufgenommen wurden wie die Bürger Großbritanniens, und eine Liste der »Nichtvorzugsländer« Europas, deren Bürger sich nur als Tagelöhner in der Landwirtschaft oder als Domestiken verdingen durften.[21] Südafrika unterband die Einwanderung aus »Nichtvorzugsländern« nach 1930 gleich ganz. Und Australien beschränkte auf Drängen seiner mächtigen Gewerkschaften die Zahl der Reisepässe, die an Einwanderer aus osteuropäischen Ländern und Italien ausgegeben wurden.

Eine internationale Lösung

Die Migration war eindeutig ein internationales Problem, und Beschränkungen verminderten den potentiellen Lebensstandard in den Auswanderungsländern. Aber Bemühungen, die rechtlichen Probleme auf internationaler Ebene zu lösen, scheiterten weitgehend.

Die Diskussion über internationale Maßnahmen gegen die Ängste und Vorwürfe unlauteren Wettbewerbs und eines über nationale Grenzen hinweg ausgeübten Lohndrucks begann schon im 19. Jahrhundert. Manchmal wird die Denkschrift, die Robert Owen, der aufgeklärte Besitzer einer Fabrik in New Lanark, dem Kongreß des europäischen Mächtekonzerts in Aachen (Aix-la-Chapelle) vorlegte, als Beginn der internationalen Arbeitsgesetzgebung gewertet. Owen wollte die Grundsätze des aufgeklärten Industrialismus von Großbritannien aus über die ganze Welt ausbreiten. Statt mit anderen Ländern zu konkurrieren, sollte Großbritannien »das Wissen, das es sich darüber angeeignet hat, wie man Reichtum und neue Produktivkräfte schafft, an die anderen europäischen Länder, an Asien, Afrika und Amerika weitergeben«.[22] Owen appellierte an die Staatsmänner des Kongresses, dem Fortschrittlichkeitsmodell von New Lanark international nachzueifern. Der Zweck dieses Vorschlags liegt auf der Hand: Gute Reformen eines Staates könnten durch die rückständige Politik in anderen Ländern unterhöhlt werden. Billigkonkurrenz würde die Verbesserung der Lebensbedingungen unglaublich teuer machen und Unternehmen, die menschenfreundlich sein wollen, in den Konkurs treiben. Bei einer Diskussion über Jugendarbeitsschutzgesetze in Frankreich in den Jahren 1838–39 schlug der Wirtschaftswissenschaftler Jérome Blanqui ein internationales Abkommen vor, dem »gleichzeitig alle Industrieländer beitreten sollten, die auf ausländischen Märkten miteinander konkurrieren«.[23] Louis René Villermé, ein Chirurg, der als Inspektor von Textilfabriken tätig war, schlug eine »heilige

Allianz« der Fabrikanten vor, »nicht nur in ihrer näheren Umgebung, sondern in allen Ländern, in denen ihre Güter verkauft werden [...] um dem Übel ein Ende zu setzen, das uns plagt, statt daß sie es zu ihrem Vorteil ausbeuten«.[24]

Die erste wirklich systematische Initiative kam 1889, als die schweizerische Regierung Einladungen zu einer Vorbereitungskonferenz über internationale Arbeitsgesetzgebung verschickte. Als ein föderatives Land mit weitreichenden Gesetzgebungskompetenzen der Kantone war die Schweiz ein natürliches Labor für solche Vorstöße: Ein Kanton wäre nicht gut beraten, ein bestimmtes Arbeitsgesetz zu verabschieden, wenn sich die anderen Kantone vorher nicht ebenfalls darauf verständigt hätten. Auf Drängen des neuen deutschen Kaisers, Wilhelm II., fand die Konferenz schließlich in Berlin und nicht in der Schweiz statt und erbrachte keine konkreten Ergebnisse. Die nächste schweizerische Initiative war viel erfolgreicher: Auf Konferenzen, die 1905 und 1906 in Bern stattfanden, erzielte man Einvernehmen über das Verbot der Nachtarbeit von Frauen und das Verbot der Verwendung von weißem Phosphor in Streichhölzern. Zum Zeitpunkt der Konferenzen hatten bereits Österreich, Frankreich, Deutschland, Großbritannien, Italien, die Niederlande und die Schweiz ein Nachtarbeitsverbot. Bei den Gesprächen ging es vor allem darum, »rückständige« Staaten, insbesondere Japan, in ein internationales System einzubinden und so billige, ausbeuterische Arbeitspraktiken, die einen unlauteren Wettbewerbsvorteil verschaffen würden, zu verhindern.

Der nächste Schritt war eine Reaktion auf das spektakuläre Scheitern der internationalen Solidarität der Arbeiterschaft. Viele sozialistische Spitzenfunktionäre und Gewerkschaftsführer hatten in konzertierten Aktionen über nationale Grenzen hinweg eine Chance gesehen, die Arbeitsstandards zu verbessern, aber auch den Krieg zu verhüten. Im August 1914 gab es jedoch kaum Proteste, und der größte Teil der europäischen Arbeiterschaft schien von dem allgemeinen Kriegstaumel erfaßt worden zu sein. Als der Krieg weiterging, erkaufte sich jedes Land die Ruhe der Arbeiter und steigerte seine Waffenproduktion mit dem Versprechen einer besseren Welt nach dem Krieg. Der deutsche Wirtschaftsplaner Walther Rathenau erklärte: »[...] und der Lohn für den Schützengraben könne nicht in einer Verschlechterung der Lebensbedingungen liegen«.[25] Diese Einstellung war weit verbreitet. Schon bald nach dem Ausbruch des europäischen Kriegs verabschiedete der amerikanische Gewerkschaftsbund eine Entschließung, die im Rahmen einer künftigen Friedenskonferenz ein Treffen von Gewerkschaftsführern forderte, »zu dem Zweck, daß Vorschläge unterbreitet und solche Maßnahmen ergriffen werden, die dazu beitragen, freundschaftliche Beziehungen zu erneuern und die Interessen der Schwerarbeiter zu schützen, und die dadurch mithelfen, die Fundamente für einen dauerhafteren Frieden zu legen«.[26]

Auf der zweiten Plenarsitzung der Pariser Friedenskonferenz am 25. Januar 1919 wurde eine Resolution verabschiedet, die eine Kommission einsetzte, »um die Beschäftigungsbedingungen aus internationaler Perspektive zu untersuchen und die internationalen Mittel zu prüfen, die notwendig sind, um durch gemeinsame Maßnahmen auf die Schaffung einer dauerhaften Organisation hinzuwirken, die diese Untersuchung in Zusammenarbeit und unter Leitung des Völkerbunds fortsetzt«. Die wichtigsten Entschließungsentwürfe stammten von den Briten, aber dies war ein Arbeitsgebiet der Konferenz, das auch eine gewisse deutsche Unterstützung erhielt. Nach dem militärischen Zusammenbruch und im Rahmen einer raschen Demokratisierung und Ausweitung der Rechte von Gewerkschaftsvertretern sah das Reichsarbeitsamt in internationalen Maßnahmen zum Schutz von Arbeitnehmern einen der attraktivsten Aspekte des gesamten Friedensprozesses. Im Februar 1919 legte die deutsche Regierung einen Antragsentwurf über arbeitsrechtliche Vorschriften in dem Friedensvertrag vor, zu denen auch das Recht jedes Arbeitnehmers gehörte, dort zu arbeiten und zu wohnen, wo er eine Anstellung finden kann, und der ein Verbot von Einwanderungs- und Auswanderungsbeschränkungen forderte. Zugewanderte Arbeitnehmer sollten die gleichen Konditionen und Löhne erhalten wie einheimische Arbeitnehmer.[27] Die französischen Vorschläge machten ebenfalls viel Aufhebens um die Freizügigkeit der Arbeitnehmer.

Arbeitsfragen wurden in Teil XIII des Versailler Vertrags behandelt, der die Errichtung einer Internationalen Arbeitsorganisation (ILO) mit einem permanenten Internationalen Arbeitsamt festlegte. Der 24 Mitglieder umfassende Verwaltungsrat setzte sich aus zwölf Regierungs-, sechs Arbeitgeber- und sechs Arbeitnehmervertretern zusammen (1922 wurde er nach einem Streit über die Repräsentation nichteuropäischer Staaten auf 32 Mitglieder erweitert). Die ILO besaß einen Sanktionsmechanismus für die Durchsetzung von Konventionen, entsprechend der allgemeinen Praxis des Völkerbundes. Ein Mitglied konnte ein anderes Mitglied eines Verstoßes gegen die Konvention bezichtigten. Der Verwaltungsrat konnte eine Untersuchungskommission einsetzen, deren Bericht vom Völkerbund veröffentlicht wurde. Die streitenden Parteien mußten den Bericht innerhalb eines Monats nach seinem Erscheinen annehmen oder die Sache vor dem Ständigen Internationalen Gerichtshof geltend machen, der Wirtschaftssanktionen gegen »vertragsbrüchige Regierungen« verhängen konnte.

Der Versuch, internationale Richtlinien für Arbeitsbedingungen aufzustellen, stellte einen Weg zur Lösung von Arbeitsproblemen im Rahmen einer Weltwirtschaft dar. Ein anderer Ansatz – ein noch ehrgeizigeres Vorhaben als der Versuch, die Arbeitsgesetzgebung zu koordinieren – war die Steuerung von Bevölkerungsbewegungen. In Paris wollten einige Delegierte – insbesondere aus Auswanderungsländern wie Frankreich, Italien, Japan und Polen – der ILO die Befugnis zur Steuerung und Regelung der Migration übertragen. Aber gegen diese Vorschläge erhoben die Einwanderungsländer, insbesondere die Vereinigten Staaten, Einwände; sie hielten dagegen, Einwanderung sollte sich allein an nationalen Interessen orientieren. Auf den anschließenden Jahrestagungen brachten italienische Delegierte immer wieder den Plan einer weltweiten Umverteilung der Produktionsfaktoren zur Sprache, wonach Länder mit überschüssiger landwirtschaftlicher Nutzfläche die Arbeitnehmer von Ländern aufnehmen sollten, die keine ungenutzte Anbaufläche hatten.[28] Im Jahr 1921 veranstalteten der Völkerbund und die ILO eine internationale Migrationskonferenz in Genf, aber ihre Beratungen wurden durch die Weigerung Australiens und Argentiniens (bedeutender Einwanderungsländer) gelähmt, Delegationen zu entsenden. Die brasilianische

Regierung gab bekannt, daß Lenkungsmaßnahmen dringend erforderlich seien, »um die Migration im höheren Interesse der Menschheit zu begrenzen«.[29]

Nach diesem Fehlschlag beschränkte sich die ILO zwangsläufig auf das Gebiet der Arbeitsbedingungen. Auf der ersten internationalen Arbeitskonferenz, die 1919 in Washington stattfand, wurde über die Ausweitung der Berner Konventionen von 1906, gesetzliche Schutzvorschriften für Arbeitnehmerinnen und die Einführung des Achtstundentags beziehungsweise der 48-Stunden-Woche diskutiert. Asien war auf der Konferenz mit Delegationen aus China, Indien, Japan, Persien und Siam stark vertreten. Im Jahr 1919 hatte der japanische Delegierte in Paris erklärt: »Die Regierung und die Bürger Japans interessieren sich sehr für Arbeitsfragen, aber die Verhältnisse in Japan unterscheiden sich stark von denen in westlichen Ländern. Daher laufen gewisse Reformmaßnahmen, die in die vorgeschlagenen Konventionen aufgenommen wurden, dann, wenn sie sofort und uneingeschränkt umgesetzt würden, nicht nur den Interessen der Wirtschaft, sondern auch denen der japanischen Arbeitnehmer zuwider. Aus diesem Grund sollte Japan, wenn es diese Reformvorschläge annimmt und umsetzt [...] die Möglichkeit haben, ihre Ausführung eine gewisse Zeit aufzuschieben oder einige Ausnahmen und Abänderungen einzuführen.«[30]

In den zwanziger Jahren brachte die japanische Textilindustrie das Problem der ungleichen Arbeitsbedingungen als Wettbewerbsfaktor zur Sprache. Aber das Internationale Arbeitsamt erkannte immer deutlicher, daß seine Aktivitäten zum Scheitern verurteilt wären, wenn es das Wettbewerbsproblem als eine Grundlage seiner Tätigkeit und der Umsetzung neuer Konventionen betrachten würde. Im Jahr 1927 stellte der Bericht des Direktors fest: »Vermutlich entspricht das gesamte System internationaler Abkommen, das aus den Traditionen und Präzedenzfällen der Vorkriegszeit hervorgegangen ist, Bedingungen des internationalen Wettbewerbs, die heute nicht mehr in genau der gleichen Form gegeben sind.«[31]

Anfang der dreißiger Jahre war das Arbeitszeit-Übereinkommen von 18 Ländern ratifiziert worden, die Konvention über Arbeitslosigkeit (über die gegenseitige Anerkennung der Arbeitslosenversicherung) von 24 Ländern, die Konvention über die Beschäftigung von Frauen vor und nach der Entbindung von 13, die Konvention über die Nachtarbeit von Frauen von 27, die Konvention über das Mindestalter (in der Wirtschaft) von 23 und die Konvention über Nachtarbeit (von Jugendlichen) von 27 Ländern. Von 1919 bis 1934 wurden 44 Konventionen und 44 Empfehlungen angenommen; aber die meisten wurden auf den ersten drei Konferenzen beschlossen, und die Prinzipien der ILO ließen sich immer schwerer in die Praxis umsetzen. Allgemeine Konventionen etwa über die Arbeitszeit, die immer mit Vorsicht und Skepsis behandelt wurden und auf der Ebene internationaler Institutionen wiederholt bekräftigt werden mußten (im Jahr 1930 wurde eine neue Konvention über den Achtstundentag und die 48-Stunden-Woche angenommen), waren im allgemeinen nicht so bedeutsam wie relativ konkrete Maßnahmen etwa zur Arbeitshygiene.

Im Verlauf der Weltwirtschaftskrise wurde das Problem der Arbeitszeit mit wachsender Arbeitslosigkeit immer strittiger. Anfang 1932 drängte der Verwaltungsrat der ILO auf die Ausweitung der Washingtoner Arbeitszeit-Konvention. Der Achtstundentag könnte eine Grundlage für die Abschaffung von Überstunden und die Reduzierung der Arbeitszeit bilden, bevor Arbeitnehmer betriebsbedingt gekündigt würden.

Im Jahr 1932 forderte der Direktor der ILO in einem Bericht die Umverteilung von Arbeit, den zunehmenden Einsatz von Kurzarbeit sowie die Lohnsicherung und die rechtliche Regelung der Migration durch internationale Abkommen. Solche Initiativen wirkten zusehends realitätsfremd. Während einige Regierungen, besonders die Hoover-Administration in den Vereinigten Staaten, darum bemüht waren, die Löhne konstant zu halten, um einem weiteren Verfall der Kaufkraft entgegenzuwirken, ging der Druck in den meisten anderen Ländern in die entgegengesetzte Richtung. Angesichts einer Diagnose der Krise, die die Schwierigkeiten betonte, die durch sinkende Investitionen ausgelöst wurden, wirkten die Genfer Therapien, die eine Lohnsicherung beinhalteten, nicht sonderlich attraktiv.

Professor Alfred O'Rahilly vom Irischen Freistaat verfaßte einen schönen Nachruf auf die Anfangsarbeit der ILO im Jahr 1932: »Die

Faktoren, die die heutige Welt gestalten, liegen völlig außerhalb der Kontrolle oder Zuständigkeit dieser Organisation. Die Tatsache ist bedauernswert, aber nicht zu leugnen. Diese Organisation war für eine Welt konzipiert, die praktisch nicht mehr existiert; eine Welt vergleichsweise stabiler Preise und Gewinne, industrieller Expansion und kolonialer Ausbeutung; eine Welt der Großmächte und unterdrückter Völker. Heute leben wir in einer Welt schwankender Preise und verfallender Gewinne, einer Zeit schrumpfender Industrieaktivität und des wiederauflebenden Nationalismus, in der die Produktion den Konsum übertrifft und die Maschine den Menschen verdrängt und in der der Wucher – fälschlich ›Kredit‹ genannt – ganze Nationen in seiner Gewalt hat. Doch trotz der Gründung dieser beiden bedeutenden internationalen Organisationen, des Völkerbunds und der Internationalen Arbeitsorganisation, ist die Welt seit dem Krieg in Trümmer und Staub zerfallen – Menschen, Geld, Güter, wie durch den Trick eines Kinofotografen versteinert.«[32]

Kontinentaleuropäische Probleme

In dem Maße, wie die transatlantische Migration durch zunehmende Beschränkungen erschwert wurde, nahm anfangs die innereuropäische Wanderung sprunghaft zu. In den zwanziger Jahren suchten viele Italiener, die andernfalls womöglich den Atlantik überquert hätten, Arbeit in Nord- und Westeuropa. Sowohl die transatlantische als auch die kontinentaleuropäische Migration waren jetzt zeitlich begrenzter, da es zu einer verstärkten Rückwanderung kam. 1920 wanderten 41 Prozent der italienischen Emigranten in kontinentaleuropäische Länder aus; 1938 betrug dieser Anteil 80 Prozent. Doch selbst diese Wanderungsbewegung ging in der Depression abrupt zurück, als die neuen (kontinentaleuropäischen) Einwanderungsländer eigene Beschränkungen einführten. Im Jahr 1932, auf dem Höhepunkt der Weltwirtschaftskrise, wurden 16 000 Menschen an der Schweizer Grenze mit der Begründung abgewiesen, sie hätten nicht genügend Mittel, um ihren Lebensunterhalt selbst zu bestreiten.[33]

Das europäische Land mit den meisten Einwanderern war Frankreich, wo die Zuwanderung politisch stärker befürwortet wurde als in anderen Ländern, denn sie konnte das geringe Bevölkerungswachstum Frankreichs ausgleichen, durch die das Land in seiner historischen Rivalität mit Deutschland ins Hintertreffen geraten war. Zudem glich die Einwanderung in gewisser Hinsicht die großen Verluste des Kriegs aus. Im Jahr 1911 hatte der Anteil von Ausländern an der Bevölkerung 2,86 Prozent betragen; bis 1921 war dieser Anteil auf 3,78 Prozent gestiegen. Aufgrund der verstärkten Wiederaufbauarbeiten nahm er weiter zu, auf 6,15 Prozent im Jahr 1926 und auf 6,91 Prozent im Jahr 1931. Im Unterschied zu anderen Ländern erleichterte Frankreich die Zuwanderung. Bereits 1889 erhielten in Frankreich geborene Kinder ausländischer Eltern, die ebenfalls in Frankreich geboren worden waren, automatisch die französische Staatsbürgerschaft, während andere in Frankreich geborene Kinder auf Antrag eingebürgert wurden. Im Jahr 1927 erhielten alle Ausländer, die sich seit mindestens drei Jahren in Frankreich aufhielten, einen Anspruch auf Einbürgerung.

Unter allen Einwanderern nach Frankreich stellten die Italiener die größte nationale Gruppe (1926 waren 31,7 Prozent der in Frankreich wohnhaften Ausländer Italiener; 15,7 Prozent kamen aus Rußland und Polen und 13,5 Prozent aus Spanien). Bestimmte nationale Gruppen wurden für besondere Tätigkeiten angeworben. Der Verband der Zechenbesitzer entsandte Anwerbebeauftragte nach Polen, und im Jahr 1919 regelte ein französisch-polnisches Einwanderungsabkommen den Migrationsprozeß. Im Jahr 1923 waren 39 Prozent aller Untertagearbeiter und 53 Prozent der Hauer, die im Kohlenbergbau des Departements Pas de Calais beschäftigt waren, polnische Staatsbürger. Während Polen überwiegend im Bergbau arbeiteten, verdingten sich die Italiener vor allem in der Bau- und Landwirtschaft. Dieser hohe Prozentsatz ausländischer Arbeitnehmer veranlaßte andere Länder – und nicht so sehr französische Arbeiter – dazu, Beschwerde wegen unlauteren Wettbewerbs zu führen. Eine britische Studie über die Bevölkerungsentwicklung beispielsweise erwähnte damals die »Beschwerden, die in anderen Ländern darüber laut wurden, daß Frankreich einen neuen Sklavenstaat errichte«.[34]

Deutschland betrieb in den zwanziger Jahren eine sehr viel restriktivere Einwanderungspolitik, sowohl im Vergleich zu seiner Politik vor dem Krieg als auch im Vergleich zur Praxis seines westlichen Nachbarn. Im ersten Jahrzehnt des 20. Jahrhunderts kamen fast 600 000 Italiener nach Deutschland.[35] Fast alle wurden nach dem Ausbruch des Kriegs im Jahr 1914 in kurzer Zeit repatriiert. Polen arbeiteten insbesondere in der Landwirtschaft Ostpreußens und in den Kohlenzechen des Ruhrgebiets. Vor dem Krieg waren gewisse Anstrengungen unternommen worden, um die Wanderungsbewegungen zu beschränken und eine zentrale Erfassung durchzuführen. Die Arbeitgeberverbände übernahmen diese Aufgabe 1907. Die Weimarer Republik der Nachkriegszeit nahm zügig mehrere umfangreiche Sozialreformen in Angriff, und die Gewerkschaften waren in der Regierung stark vertreten und nahmen erheblichen Einfluß auf die politische Willensbildung. Die Weimarer Republik war eine Art Arbeiterstaat. Entsprechend wurde die Einwanderung, die das prekäre politische Gleichgewicht zu zerstören drohte, eingedämmt. Das Arbeitsvermittlungsgesetz vom 22. Juli 1922, das die Rechte deutscher Arbeitnehmer auf Sozialhilfeleistungen festschrieb, regelte zugleich die Anwerbung ausländischer Arbeitskräfte. Ausländische Arbeitnehmer durften nur beschäftigt werden, wenn ein nachweislicher Mangel an deutschen Arbeitskräften bestand. Ein Abkommen, das 1927 zwischen Polen und Deutschland geschlossen wurde, beschränkte die Einwanderung auf Landarbeiter und gestattete nur zeitlich begrenzte und saisonale Bewegungen. Jeder Arbeitnehmer brauchte einen Arbeitsvertrag mit einem bestimmten Arbeitgeber, ehe er eine Arbeitserlaubnis erhielt. Dafür wurden beschränkte Kranken- und Unfallsversicherungsansprüche gewährt.

Veränderten die verschiedenen Migrationserfahrungen von Frankreich und Deutschland die Dynamik des Arbeitsmarktes? Die meisten Analysen der Probleme der Weimarer Volkswirtschaft betonen zwar die Schwierigkeiten, die im Rahmen einer stabilen Golddevisenwährung durch die hohen Lohnabschlüsse in den späten zwanziger Jahren hervorgerufen wurden, halten den geringen Zustrom ausländischer Arbeitnehmer jedoch für keinen maßgeblichen Faktor.

Tabelle 4.1 zeigt, daß sich die französischen und die deutschen Löhne ganz ähnlich entwickelten, während der größte Unterschied zwischen

Tabelle 4.1 Nominallohn von Facharbeitern im Jahr 1929 in Prozent des Lohns von 1926, verschiedene Länder (in Prozent)

Land	pro Woche	pro Tag	pro Stunde
Deutschland	117	–	118
Frankreich	119	–	119
Großbritannien	100	–	100
Japan	–	96	–
Polen	–	138	–
Schweiz	–	99	–
USA	103	–	103

Quelle: Errechnet auf Grundlage der *International Labour Review* 26 (1932), S. 248–254.

den Ländern bestand, die in der ersten Hälfte der zwanziger Jahre relative hohe Inflationsraten verzeichnet hatten, und den übrigen. Japan, die Schweiz, Großbritannien und die Vereinigten Staaten hatten alle mehr oder minder stabile Löhne, während die kontinentaleuropäischen Länder, in denen die Inflationserwartungen bei den Lohnverhandlungen berücksichtigt wurden, in der Stabilisierungsphase weiterhin beträchtliche Lohnerhöhungen verzeichneten.[36] Das politische Drama, das sich um die Rückkehr zum Goldstandard entspann, änderte scheinbar nichts am tatsächlichen Verhalten der Gewerkschafts- und Arbeitgebervertreter bei den Tarifverhandlungen.

Als die Lage am Arbeitsmarkt schwieriger wurde, verließen viele Fremdarbeiter ihre Gastländer aus eigenen Stücken. In den Jahren 1927 und 1931 verzeichnete Frankreich einen negativen Wanderungssaldo.

Vor allem populistische Politiker der Rechten – aber auch Arbeitnehmerorganisationen und die ihnen nahestehenden Parteien – sahen in der Zuwanderung eine Bedrohung des Lebensstandards und der sozialen Rechte. Der französische Sozialist und Generaldirektor des Internationalen Arbeitsamts Albert Thomas erklärte auf der Weltbevölkerungskonferenz, die 1927 in Genf stattfand, man brauche eine »rationale Migrationspolitik« gegen das demographische Problem, da die »Migration das demographische Phänomen ist, das am leichtesten gestaltet und gelenkt werden kann«. Thomas verglich die Politik der Vereinigten Staaten und Frankreichs mit einer Zollschutzpolitik. Am Schluß seiner Rede, in der er die Möglichkeit einer obersten internationalen Steuerungsinstanz für Migration ansprach, sagte Thomas: »Man sollte versuchen, das Migrationsproblem zu lösen, und dieser Versuch sollte auf internationaler Ebene stattfinden. Dies ist eine Frage von Krieg oder Frieden. Wenn nichts getan wird, werden schon bald neue Kriege ausbrechen, die vielleicht noch schrecklicher sein werden als die der jüngsten Vergangenheit.«[37]

Länder, aus denen früher viele Menschen ausgewandert waren, kamen mit einem Mal auf die Idee, daß aggressiver Imperialismus eine Alternative sein könnte. Sowohl Italien als auch Japan hatten hohe Auswanderungsquoten gehabt. Beide versuchten nun als erste, ihre potentiellen Auswanderergruppen zu binden. Im Jahr 1927 startete Außenminister Dino Grandi eine offizielle Kampagne gegen Auswanderung. Italienische Staatsbürger durften nur dann mit der Absicht ausreisen, sich im Ausland niederzulassen, wenn sie dort einen nahen Verwandten hatten oder einen Arbeitsvertrag vorweisen konnten (was aufgrund der Einwanderungsbeschränkungen in Gastländern immer schwieriger wurde). Die Beschränkungen wurden 1930 kurzzeitig gelockert, als die Depression auf den italienischen Arbeitsmarkt durchschlug und die Zahl der Auswanderer emporschnellte (88 054 im Jahr 1929, aber 220 985 in 1930 und 125 079 in 1931). Zur gleichen Zeit, als die Auswanderung erschwert wurde, kündigte Mussolini eine neue Kampagne zur Steigerung der Geburtenrate an (die erfolglos blieb: Die Zahl der Geburten je 1000 Einwohner, die von etwa 30 Anfang der zwanziger Jahre auf 27,5 im Jahre 1927 fiel, nahm weiterhin unerbittlich ab, nämlich auf 25,6 1929 und 23,4 1934).[38]

Rußland, das auf allen Politikfeldern radikale Maßnahmen ergriff, versuchte auch die Auswanderung vollständig zu unterbinden. Diese Haltung wurde ideologisch gerechtfertigt. »Der sozialistische Staat«, so verkündeten seine Vertreter, »betrachtet den Menschen als seine wertvollste Ressource.«[39]

Die immer mehr Zuspruch findende Anschauung, daß Wanderungen über nationale Grenzen hinweg unterbunden werden sollten, hatte eine logische Konsequenz. Wenn sich innerhalb der nationalen Grenzen ein unerträglicher Bevölkerungsdruck aufbaute – der früher durch den Export von Gütern oder Menschen ventiliert wurde –, ließ sich dieser unter den neuen Rahmenbedingungen, unter denen sich Güter und Menschen nicht mehr frei bewegen konnten, nur noch dadurch auffangen, daß die Grenzen selbst verschoben wurden. Ist es ein Zufall, daß ausgerechnet die Länder, die in den dreißiger Jahren eine Politik der massiven militärischen Expansion betrieben, zuvor bedeutende Auswanderungsländer gewesen waren?

Japan rechtfertigte den Vorstoß in die Mandschurei nach 1931 mit der Notwendigkeit, Siedlungsraum in einer Welt zu erschließen, in der die japanische Exportwirtschaft keine Absatzmärkte mehr finden konnte. Die Mandschurei sollte eine »Lebensader« für die Versorgung mit Rohstoffen, ein neuer Absatzmarkt für japanische Güter und ein Ventil für die Überbevölkerung der ländlichen Regionen Japans sein. Die japanische Wirtschaft nannte die Pläne für die staatlich gelenkte Wirtschaftsentwicklung des japanischen Marionettenstaats Mandschukuo eine »Möglichkeit, aus der gegenwärtigen Sackgasse herauszukommen«, und einen »Ausweg aus der Depression«. Die Entwicklung erfolgte gemäß den Grundsätzen der sowjetischen Zentralverwaltungswirtschaft mit überwiegend staatlichen Investitionen – wobei jedoch die großen japanischen Industriekonzerne, die *zaibatsu*, die Anleihen kauften, die vom Staat Mandschukuo aufgelegt wurden.[40]

Mussolini rechtfertigte die Besetzung Abessiniens, die den endgültigen Bruch Italiens mit dem Völkerbundsystem bedeutete, mit dem Bestreben, das römische Imperium wiedererstehen zu lassen, aber auch mit der Suche nach Siedlungsraum in Afrika für die überzähligen Italiener. Früher waren diese nach Amerika ausgewandert und hatten den inneren sozialen Zusammenhalt in Italien geschwächt. Nunmehr sollten Italiener das neue Imperium rings um das Mittelmeer (»unser Meer«) errichten. 1932 hatte der italienische Außenminister Dino Grandi vor dem Senat erklärt, daß ein Volk von 42 Millionen Menschen nicht »in einem geschlossenen Meer eingesperrt und gefangengehalten werden darf«. Mit Libyen sollte der Anfang gemacht werden. Der Staatssekretär für Kolonialfragen erklärte, die staatlich geleitete Kolonisierung sei eine notwendige Reaktion auf die Depression, wobei ein entschlossenes Vorgehen notwendig sei, »um den Abschluß dieses wahrhaft großartigen Unterfangens zu beschleunigen«. Afrika sollte das neue Ziel italienischer Auswanderer und nationaler Selbstbehauptung sein. »Afrika mit seinen unermeßlichen Weiten, seinem unerschlossenen Reichtum an Erzen und fruchtbaren Böden, den Möglichkeiten, die es – mit riesigen unerschlossenen Gebieten – europäischen Siedlern eröffnet, und seiner wachsenden Bedeutung als Absatzmarkt stellt wahrlich eine notwendige Ergänzung, einen regelrechten Jungbrunnen für unseren alten Kontinent dar, der unter Überbevölkerung und wirtschaftlichem Raubbau leidet.«[41]

In Deutschland hatten die nationalistischen Schriftsteller, die den Versailler Friedensvertrag ablehnten, in den zwanziger Jahren beklagt, das deutsche Volk lebe aufgrund der Gebietsverluste zusammengepfercht auf engstem Raum. Einer der einflußreichsten Romane der zwanziger Jahre war *Volk ohne Raum* von Hans Grimm, der 1926 erschien und bis 1939 eine Auflage von fast 600 000 Exemplaren erreichte. Der Titel war unmißverständlich: Deutschland hatte nicht mehr genügend Lebensraum. »Aber der deutsche Mensch braucht Raum um sich und Sonne über sich und Freiheit in sich, um gut und schön zu werden«, meinte der Autor.[42]

Hitler griff das populistische Thema einer dringend notwendigen Erweiterung des Lebensraums des deutschen Volkes auf. In seinem programmatischen Hauptwerk *Mein Kampf* führte er aus: »Das Recht auf Grund und Boden kann zur Pflicht werden, wenn ohne Bodenerweiterung ein großes Volk dem Untergang geweiht erscheint.«[43] Er stellte die deutsche Erfahrung der räumlichen Enge dem schier grenzenlosen Siedlungsraum in den Vereinigten Staaten und den unermeßlichen Weiten gegenüber, die den westeuropäischen Kolonialmächten, Belgien, Großbritannien, Frankreich und den Niederlanden, zur Verfügung standen. In seiner unveröffentlichten außenpolitischen Programmschrift, die später *Hitlers Zweites Buch* genannt wurde, behauptete er: »Ganz gleich wie Italien oder sagen wir Deutschland die innere Kolonisation ihres Bodens durchführen, ganz gleich wie sie weiter durch erhöhte wissenschaftliche und methodische Tätigkeit das Erträgnis ihres Bodens steigern, immer bleibt ein Mißverhältnis ihrer Zahl zum Boden, gemessen an dem Verhältnis der Volkszahl der amerikanischen Union zum Boden der Union, bestehen.«[44] Die Vereinigten Staaten waren nicht nur wegen ihrer natürlichen Reichtümer und ihres ausgedehnten Hoheitsgebiets so produktiv, sondern auch weil sie die tüchtigsten Auswanderer aus Europa angelockt hatten. Entsprechend hatte Deutschland die mutigsten und tüchtigsten seiner Bürger durch Abwanderung verloren.

Unmittelbar nach seiner Ernennung zum Reichskanzler im Januar 1933 erläuterte Hitler bei einem Geheimtreffen mit der Wehrmachtsführung die Grundlagen seiner künftigen Politik. Seines Erachtens gab es für das Problem des deutschen Volkes zwei alternative Lösungen. Deutschland könnte, erstens, sein Industriepotential entwickeln, indem es nach den Verwüstungen der Depression seine Exportwirtschaft ankurbelte. Doch zu Beginn seiner Rede hatte er die begrenzte Aufnahmefähigkeit des Weltmarkts für Exportgüter betont. Die zweite Alternative war daher »vielleicht – und wohl besser – Eroberung neuen Lebensraums im Osten u[nd] dessen rücksichtslose Germanisierung«.[45]

Die *Lebensraum*-Theorie fußte somit scheinbar auf einer rationalen ökonomischen Analyse – nämlich rational im Rahmen der Depression und der ökonomischen Bedingungen der Depression. In der Vergangenheit hatten Länder mit unzureichender Agrarproduktion ihre Bevölkerung dadurch vergrößert, daß sie Industriegüter exportierten und im Gegenzug Nahrungsmittel importierten. Doch in dem Maße, wie jedes Land seine eigene Industrialisierungsstrategie betrieb und der Welthandel mit Industrieerzeugnissen zurückging, wurde es immer schwieriger, die Einfuhren auf dieser Grundlage fortzuführen. Die wirtschaftlichen Schwierigkeiten Deutschlands würden somit von Jahr zu Jahr wachsen. Daher, so die logische Schlußfolgerung, müsse man die Agrarproduktion mit allen Mitteln – einschließlich der Eroberung neuer Gebiete – steigern.[46]

Bei der geheimen Besprechung vom 5. November 1937, bei der Hitler den Zeitplan für einen künftigen Krieg darlegte, erklärte der Führer, der Anschluß der Tschechoslowakei und Österreichs sei nur der erste

Schritt einer Strategie, *Lebensraum* im Osten zu schaffen. Die eroberten Gebiete wurden zunächst gesäubert: Eine Million Menschen wurden aus Österreich und zwei Millionen aus der Tschechoslowakei »zwangsumgesiedelt«.[47]

Das Streben nach Expansion als Ersatz für Auswanderung ist bei kleineren Ländern wie etwa Polen am bemerkenswertesten, da diesem Vorhaben jeglicher politischer Realismus abging. Als die Landkarte Europas in den dreißiger Jahren in Frage gestellt wurde, verlangten die Polen eine Vergrößerung ihres Territoriums als Siedlungsraum. Nach dem Münchner Abkommen von 1938, in dem das Olsagebiet (Teschen) im Rahmen einer viel umfangreicheren Abtretung tschechoslowakischer Gebiete an das Deutsche Reich Polen zugeschlagen wurde, verlautete in der halboffiziellen polnischen Zeitung *Gazeta Polska*, es sei notwendig, weiterzugehen und eine »gemeinsame polnisch-ungarische Grenze« zu errichten. Die Partei der Nationalen Einheit verteilte in Warschau Flugblätter, auf denen sie »den sofortigen Anschluß aller Gebiete unter tschechischem Joch an Polen« verlangte, und der stellvertretende Luftfahrtminister griff die Forderungen nach einer gemeinsamen Grenze mit Ungarn auf.[48]

Nationale Grenzen, die energisch verteidigt und erweitert wurden, sollten authentische Volksgemeinschaften in einer Welt hervorbringen, die im übrigen von den Kräften des Internationalismus bedroht wurde. In diesem Sinne war die Nation ein Verteidigungsmechanismus gegen die Übel und Sünden einer globalisierten Welt. Innerhalb einer Nation konnte das Ideal der Gerechtigkeit besser zur Geltung gebracht werden.

Die sich weithin wandelnde Einstellung zur internationalen Freizügigkeit manifestierte sich am sinnfälligsten in der neue Welt der Pässe und Visa. Die neuen Gegebenheiten lösten in Mittel- und Osteuropa, wo große dynastische Vielvölkerreiche (die Dynastien der Romanows, der Osmanen und der Habsburger – und das deutsche Haus Hohenzollern) zerfielen, besonders starke Erschütterungen aus. In Joseph Roths bedeutendem Roman *Die Kapuzinergruft* (benannt nach der Grabstätte des Hauses Habsburg, dem vielleicht beständigsten weltlichen Symbol des Supranationalismus) sagt ein Maroniverkäufer:

»Man braucht jetzt ein Visum für jedes Land extra!« Was ein polnischer Graf folgendermaßen kommentiert: »Das ist nur ein Maronibrater« – sagte Chojnicki – »aber sehn Sie her: es ist ein geradezu symbolischer Beruf. Symbolisch für die alte Monarchie. Dieser Herr hat seine Kastanien überall verkauft, in der halben europäischen Welt, kann man sagen. Überall, wo immer man seine gebratenen Maroni gegessen hat, war Österreich, regierte Franz Joseph. Jetzt gibt es keine Maroni mehr ohne Visum.«[49]

Die neue Politik und Gesetzgebung führte zu einem drastischen Rückgang der Zahl der Auswanderer aus dichtbesiedelten Regionen mit hohem Bevölkerungswachstum, die in Auswanderungsstatistiken der Vorkriegszeit eine bedeutende Rolle gespielt hatten. Weite Teile Ost-, Südost- und Südeuropas, in denen die Geburtenziffern und das Wachstum der Erwerbsbevölkerung sehr hoch waren, suchten jetzt nach alternativen Strategien für die Schaffung von Arbeitsplätzen für ihren »Bevölkerungsüberschuß«. Die Entwicklung der Industrie und die Suche nach Exportmärkten war eine dieser Strategien, aber sie setzte einen freien Zugang zu den Exportmärkten (der immer stärker eingeschränkt wurde) und auch offene Kapitalmärkte voraus. In Polen wuchs die Erwerbsbevölkerung derart rasant, daß die Zahl der Arbeitsplätze in der Industrie mehr als dreimal schneller hätte zunehmen müssen (um mindestens 6,6 Prozent jährlich), um dieses zusätzliche Angebot auf dem Arbeitsmarkt aufzunehmen. In Anbetracht der Produktivitätszuwächse hätte die Industrieproduktion sogar noch viel schneller wachsen müssen. Aber diese Ziele lassen sich schon zu Boomzeiten kaum erreichen – unter den Bedingungen der Zwischenkriegszeit mit ihren instabilen Export- und Kapitalmärkten waren sie gleich völlig illusorisch.

An der Peripherie (den Ländern auf dem Weg der Industrialisierung mit rasch wachsender Bevölkerung) führten Einwanderungsbeschränkungen der wohlhabenderen Länder zu Lohn- und Preissenkungen und zu einer erhöhten Anfälligkeit der Finanzstruktur für eine Schuldendeflation. In den Industrieländern ist der Zusammenhang zwischen demographischer Entwicklung und Depression nicht so eindeutig. Aber er stellte einen Faktor dar, der mit dazu beitrug, daß die

Forderung nach Schutz und Kontrolle der Arbeitsmärkte und die Forderung nach »nationaler Arbeit« laut wurden. Restriktive arbeitsrechtliche Vorschriften wiederum trugen zu einer geringeren Flexibilität der Arbeitsmärkte und daher zu einer allgemeinen Anfälligkeit für eine restriktive Geldpolitik bei.

Kapitel

5

◆◆◆

Das Zeitalter des Nationalismus und das Zeitalter des Kapitals

Schon sehr bald glaubte man weithin, die Ursachen – und damit auch die Therapie – für die weltwirtschaftlichen Probleme erkannt zu haben: Jegliche Bewegung (von Produktionsfaktoren) über Landesgrenzen hinweg – ob von Kapital, Gütern oder Menschen – war schädlich und sollte mithin unterbunden werden. Wenn dies nicht möglich war, sollte die Bewegung wenigstens im Einklang mit dem nationalen Interesse gesteuert werden. Auf allen Bevölkerungskonferenzen erklärten die Delegierten, die staatliche Souveränität umfasse auch das Recht, darüber zu entscheiden, welchen Personen nach Maßgabe des jeweiligen nationalen Interesses die Einreise in ein bestimmtes Land erlaubt werde. Der Außenhandel sollte so gestaltet werden, daß der Beschäftigungsgrad im Inland maximiert wurde. Die Notenbanken begannen ihre geld- und kreditpolitischen Lenkungsaufgaben entsprechend den nationalen Prioritäten neu zu definieren.

Die Entscheidungsträger in den Zentralbanken und andere interpretierten die großen Summen, die flossen, nachdem sie entsprechende Signale ausgesandt hatten, als »Kapitalflucht« – ein Terminus mit moralisierendem Beigeschmack, der Assoziationen an »Fahnenflucht« und »Landesverrat« wachruft. Die Kapitalflucht aus Deutschland im Jahr 1930 wurde auf eine Summe beziffert, die einem Achtel des Volkseinkommens entsprach, und die Kapitalflucht aus Frankreich soll 1938 sogar einem Viertel des Volkseinkommens entsprochen haben. Diese kurzfristigen Kapitalbewegungen nahmen solche Ausmaße an, daß sie die Fähigkeit der Aufsichtsbehörden bedrohten, die nationalen Volkswirtschaften zu steuern. Diese Ströme schufen die Grundlage für den Mythos, das »mobile internationale Kapital« unterhöhle die nationalen Volkswirtschaften.

In den zwanziger und frühen dreißiger Jahren spitzte sich die Diskussion noch weiter zu. Adolf Hitler geißelte Versuche von Politikern der Weimarer Republik, die deutsche Wirtschaftskrise als ein Produkt internationaler Faktoren wegzuerklären. Er sagte im Wahlkampf vom Juli 1932: »Dabei können sie nicht einmal sagen, daß das [sc. die Krise, H. J.] nur wirtschaftlich, durch internationale Ereignisse geschehen sei. Jetzt auf einmal soll die internationale sie belasten! Sie haben doch sonst immer so große internationale Beziehungen gehabt, warum haben sie die nicht einmal für Deutschland spielen lassen? Soviel Internationales gibt es, soviel Weltgewissen gibt es, gibt Kontakte, gibt den Völkerbund, die Abrüstungskonferenz, gibt Moskau, gibt die zweite Internationale, es gibt eine dritte Internationale, und was ist für Deutschland herausgekommen?«[1]

Weshalb war der Internationalismus so gefährlich? Weil Regierungen und Zentralbanken der Wiederherstellung fester Paritäten zur Goldwährung so viel Prestige beimaßen, daß sie ein Fenster für die Spekulanten öffneten, die nicht an den Erfolg ihrer Politik glaubten. Im 19. Jahrhundert waren einige wenige Länder vom Goldstandard abgegangen: Nachdem das System schon 1914 zusammengebrochen war und die Regierungen in der Nachkriegszeit mit hartnäckigen Budgetproblemen rangen, begannen die kurzfristigen Kapitalbewegungen einer Strategie des schnellen Ein- und Ausstiegs zu folgen.

Indem man ein schwer zu erreichendes wirtschaftliches Ziel zu einer Frage des Prestiges hochstilisierte, konnte man den Spekulanten zu einem Staats- und Volksfeind erklären. Manchmal hatten die Angriffe auch einen klassenkämpferischen Aspekt: Die Linke in Frankreich attackierte die »deux cents familles«, die die Reformen der Mitte-Links-Koalition *(cartel des gauches)* zum Scheitern gebracht hätten. Die britische Labour Party hielt sich für das Opfer eines »Komplotts der Banken«. Die nationalen Ressentiments der Kriegszeit färbten oftmals auf die innergesellschaftlichen Beziehungen in Friedenszeiten ab.

Zu Beginn seines 1922 erschienenen Romans *Zu vermieten* beschreibt John Galsworthy den »begüterten Mann« Soames Forsyte: »[...] die Gewohnheit, die Unverschämtheit der Deutschen zu verurteilen, führte natürlich dazu, die der Labour Party, wenn auch nicht offen, so doch im innersten Herzen zu verurteilen«.[2]

Manchmal wurde das Spekulantentum aus rassischen Gründen verurteilt: Spekulanten wurden als Kosmopoliten, Juden oder Ausländer entlarvt. Diese rassische Anknüpfung des Spekulantentums war um so stärker, je weiter man auf dem europäischen Kontinent nach Osten kam. Seit sich ab Mitte des 19. Jahrhunderts eine neue, dynamische und instabile marktwirtschaftliche Ordnung herausbildete, waren die Juden mit dem Finanzkapitalismus gleichgesetzt worden. Anfangs kam die Kritik oftmals von der politischen Linken. In Frankreich verfaßte der linke Revolutionär Alphonse Toussenel im Jahr 1845 eine Schrift mit dem Titel *Les Juifs, rois de l'époque: Histoire de la féodalité financière* (»Die Juden, die Herren unserer Zeit: Geschichte der Finanzaristokratie«). In Deutschland schrieb der sächsische Revolutionär Richard Wagner in »Das Judentum in der Musik« (1850): »Der Jude ist nach dem gegenwärtigen Stand der Dinge dieser Welt wirklich bereits mehr als emanzipiert: er herrscht, und er wird so lange herrschen, als das Geld die Macht bleibt, vor welcher all' unser Tun und Treiben seine Kraft verliert.«[3]

Aufgrund der Preisbewirtschaftung, der hohen Inflation und der Entstehung eines Schwarzmarkts im Ersten Weltkrieg waren weite Bevölkerungskreise gezwungen, ihr Auskommen in Spekulation, in illegalen oder halblegalen Tätigkeiten zu suchen. Diese Aktivitäten standen im Widerspruch zu den überkommenen Vorstellungen von lauterem Geschäftsgebaren. Das verderbliche Auflodern des Antisemitismus in Deutschland während und nach dem Ersten Weltkrieg läßt sich in überzeugender Weise damit erklären, daß die Deutschen in großem Umfang berufliche Tätigkeiten aufnahmen, die früher den Juden vorbehalten gewesen waren, daß sie wegen des Bruchs mit ihren überkommenen Werten eine Art Selbsthaß entwickelten und daß sie diesen Haß auf Angehörige jener ethnischen Gruppe projizierten, die mit dem Stempel amoralischen Verhaltens versehen war.[4] Der neue

Antisemitismus suchte dann immer aggressiver nach einem neuen Ziel. Ein Beispiel für eine solche Übertragung bei jemandem, der einen wesentlichen Beitrag zur antisemitischen Politik Nazi-Deutschlands leistete, ist Joseph Goebbels, der seinen Judenhaß offenbar während der schweren Inflation Anfang der zwanziger Jahre entwickelte, als er Sachbearbeiter bei der Dresdner Bank war.

Die Stereotype und das Verhalten der angefeindeten Minderheiten verstärkten sich wechselseitig. In Anbetracht des sich verstärkenden Antisemitismus versuchten Juden ihr Kapital aus vielen mitteleuropäischen Ländern abzuziehen; und als sie dabei mit den neuen Antispekulationsgesetzen in Konflikt gerieten, verstärkten sie das Stereotyp des »jüdischen« Spekulanten. (So wurden beispielsweise in Ungarn in dem Jahr *vor* der Einbringung antisemitischer Gesetze im Jahr 1938 112 von 187 Devisenvergehen von Juden verübt.)[5]

Nach Ausbruch der großen Finanzkrisen im Jahr 1931 machten die Zentralbanken eine weitere Wandlung durch: Sie mutierten von Aposteln des Internationalismus zu bürokratischen Umsetzern und Aufsehern immer komplizierterer Devisenbewirtschaftungspläne. Diese Rolle wurde durch einen ökonomischen Paradigmenwechsel gefördert, der nicht nur in Nazi-Deutschland – wo die Autarkie zu einer politischen Zielvorgabe wurde –, sondern in fast allen Ländern stattfand.

Die Mentalität der Devisenbewirtschaftung: eine Fallstudie

Eine detaillierte Fallstudie sollte genügen, um aufzuzeigen, wie durch die Wechselwirkung von Ängsten, die sich an der Kapitalmobilität entzündeten, und Sicherheitsbedenken eine Doktrin der Wirtschaftslenkung und eine zutiefst gespaltene politische Kultur entstanden. Nirgends wurde die Debatte über die Kapitalflucht und ihren Zusammenhang mit einer nationalen strategischen Schwäche erbitterter geführt als in Frankreich, wo sie nachgerade paranoide Züge annahm. Nach 1931 war Frankreich von mehreren Wellen des Kapitalzuflusses (als mitteleuropäisches Kapital nach einem sicheren Hafen suchte) und des Kapitalabflusses betroffen (als die Investoren wachsende

Zweifel an der politischen, sozialen, wirtschaftlichen und militärischen Stabilität Frankreichs hegten). In einer immer unsichereren Welt brauchte man eine sichere militärische Verteidigung. Doch die Wiederaufrüstung brachte aufgrund ihrer negativen Auswirkungen auf den Staatshaushalt und damit auf das Vertrauen in die öffentliche Finanzgebarung das französische Boot, das eh schon schlingerte, in eine bedrohliche Schieflage. Anfang 1936 war es schwierig geworden, französische Staatsanleihen öffentlich zu plazieren.[6] Die Politiker mußten die relativen Vorteile militärischer Rüstung und finanzieller Stabilität gegeneinander abwägen: Überzogene Rüstungsausgaben konnten die Sicherheit Frankreichs wegen des zunehmenden Einflusses der Finanzmärkte auf die Politik sogar noch stärker gefährden.

Dies war weder 1935 noch 1936 etwas Neues. Deutschland hatte Frankreich schon 1932 durch finanzdiplomatisches Taktieren dazu gebracht, der Regelung der Reparationsfrage auf der Konferenz von Lausanne zuzustimmen. Und nach Hitlers Machtergreifung verstärkten die Deutschen ihre Bemühungen, die französische Politik durch Finanztransaktionen zu beeinflussen. Schon im Dezember 1933, bei einem der ersten Runs auf den Franc, legte der französische Inlandsgeheimdienst, die Sûreté Générale, Beweise dafür vor, daß Deutschland einen spekulativen Angriff vorbereite. In einem seiner zeitgenössischen Berichte heißt es: »Dr. Schacht und die Berliner Bankiers Fritz Mannheimer und Arnold bildeten ein Syndikat für eine Baissespekulation. Sie bedienten sich dabei zweier Brüder in Frankreich, Zélik und Grégori Josefowitz (alias Zebovik), die ›vom Führer den Auftrag erhalten hatten, insbesondere den Pariser Markt zu bearbeiten‹. Französische Banken ihrerseits schlossen sich dem Angriff an, weil sie die Regierung stürzen wollten. Sie reichten Schatzobligationen und Wechsel bei der Banque de France zur Diskontierung ein und kauften mit den Erlösen Gold.«[7]

Im März 1936 folgte der vertragswidrigen Besetzung der entmilitarisierten Zone des Rheinlands durch das Deutsche Reich ein weiterer spekulativer Angriff auf den Franc, der die französischen Parlamentswahlen begleitete, bei denen das Volksfrontbündnis siegte (die erste Runde fand am 26. April statt, die zweite Runde am 3. Mai). Der besorgte Generalstab der Armee ließ ein breites Spektrum deutscher Zeitungen auswerten, um in Erfahrung zu bringen, wie die deutsche Propaganda den französischen Interessen entgegenarbeitete; die deutsche Presse, so entdeckten die französischen Soldaten, meldete voller Stolz, die Erhöhung des Diskontsatzes durch die Banque de France am 28. März zeige, daß »das Vertrauen in das französische Kapital erschüttert sei«.[8] Wie bei vorhergehenden spekulativen Angriffen in Mitteleuropa wurden Leitzinserhöhungen vom Markt als ein Zeichen der Schwäche – nicht der Stärke – interpretiert.

Die militärischen und sicherheitspolitischen Aspekte machten eine Währungsstabilisierung für Frankreich immer dringlicher. In den Jahren 1935 und 1936 erörterte die Banque de France in zahlreichen Gesprächen mit der Bank von England Möglichkeiten, die Devisenspekulation zu unterbinden.[9] Im März und April 1936 nahm die Panik derartige Ausmaße an, daß die Banque de France völlig die Kontrolle über den Geldmarkt verlor.

Nach den Wahlen im April 1936 übernahm eine neue Mitte-Links-Regierung, das Volksfrontbündnis, unter Premierminister Léon Blum die Macht. Aber das finanzpolitische Dilemma, dem sie sich gegenübersah, existierte bei ihrer Amtsübernahme schon seit über einem Jahr, und es war durch deutsche Aktionen im März noch verschärft worden. Erschwerend kam hinzu, daß die Führer der Volksfront im Wahlkampf Versprechungen gemacht hatten, die ihnen in bezug auf eine mögliche Abwertung die Hände banden. Die Kommunisten führten eine Kampagne gegen eine mögliche Abwertung und behaupteten, sie bedeute eine Enteignung der Lohnempfänger zugunsten der Kapitalisten. Es gebe, so sagten sie, ein gemeinsames Komplott von französischem Kapital und ausländischen Interessen. Eine der gefühlsgeladensten Schlagzeilen der Parteizeitung *Humanité* lautete: »Die Faschisten organisieren den Aderlaß *(hémorragie)* unseres Goldes«. Der Kommunistenführer Jacques Duclos schrieb: »Die unheilstiftenden Potentaten von *Bourse* und *Banque*, die das Land zuerst durch Deflation ausgeraubt haben, möchten es nun durch eine Abwertung [völlig] ausplündern.« Durch die Abwertung ließ sich eine Vermögenssteuer für die Reichen vermeiden.[10] Die (nicht-sozialistischen) Radikalen argumentierten ganz ähnlich. Edouard Herriot, bei dem die Finanzkrisen von 1924 und 1932 traumatische Erinnerungen zurückgelassen hatten, erklärte in einer Wahlkampfrede in Lyon: »Eine Abwertung, das wäre ein ich weiß nicht wie gefährlicher Weg in den Abgrund.«[11] Der Führer der Sozialisten Léon Blum kam den Überzeugungen seiner Verbündeten entgegen, indem er sich an Slogan hielt »Weder Abwertung noch Deflation«, der scheinbar keinen Platz für politisches Lavieren ließ. In der Öffentlichkeit hatte sich Blum immer gegen eine Abwertung ausgesprochen. Ihm persönlich waren Kapitalverkehrskontrollen lieber: Ende 1934 hatte er nach einer Rede von Paul Reynaud, in der dieser sich für eine Abwertung ausgesprochen hatte, vor dem Abgeordnetenhaus erklärt, eine Abwertung lasse sich verhindern, wenn man »dem schlimmsten Skandal«, der Devisenspekulation, eine Ende setze.[12]

Doch insgeheim hatten er und andere Sozialisten eine Abwertung in Erwägung gezogen, aber nur im Rahmen einer konzertierten internationalen Aktion, die Frankreich nicht demütigen oder sich selbst überlassen würde.

Nach April 1936 erforderte die Finanzpanik Gegenmaßnahmen, und es zeichnete sich ab, daß die Regierung vor der Alternative stand, entweder den Franc abzuwerten oder eine Devisenbewirtschaftung einzuführen. Beide Alternativen hatten ihre Schattenseiten: Eine Abwertung war demütigend, und eine Devisenbewirtschaftung führte zu Marktverzerrungen. Darüber hinaus kamen nicht-ökonomische, sicherheitspolitische Aspekte ins Spiel. Diese Debatte stand im Mittelpunkt eines berühmten und folgenreichen Gesprächs zwischen Blum und Emmanuel Mönick, dem französischen Finanzattaché in London. Mönick legte mit überzeugenden Argumenten dar, daß eine Devisenbewirtschaftung einen »deutschen Weg« darstelle, der Frankreich nahe an die deutsche Kriegswirtschaft heranbringen würde, während ein Abkommen mit den Vereinigten Staaten und Großbritannien den Weg für eine parallele politische Zusammenarbeit von Demokratien gegen die Diktatur ebnen würde. »Wenn wir den deutschen Weg einschlagen, haben wir von vornherein schlechte Karten, weil unser Land nicht über die gleichen Ressourcen an Arbeitskräften und Rohstoffen verfügt wie unser Nachbar jenseits des Rheins.«[13]

Lange Zeit blieb in der Schwebe, welche der beiden Alternativen sich durchsetzen würde. Im Frühsommer dann schien alles auf eine Abwertung hinauszulaufen. Ende Juni reiste Mönick nach Washington, um über eine neue Parität zu verhandeln,[14] und im Juli stattete Blum London einen Besuch ab, um sich über die Grundlage für eine Abwertung und einen dreiseitigen Währungspakt zu verständigen.

Tatsächlich geschah nichts bis zur abermaligen Franc-Krise im September. Viele politische Maßnahmen ließen indes eine Präferenz für eine Devisenbewirtschaftung erkennen. Insbesondere die Position der Banque de France war höchst ambivalent. Einer der wichtigsten gesetzgeberischen Schritte der Volksfront war die Reform der Banque de France, die faktisch ihre Unabhängigkeit verlor. Der Gouverneur (dessen Ernennung von jeher ein Politikum ersten Ranges gewesen war) wurde abgelöst. Ein neues Statut beseitigte den Einfluß der *régents* der Banque – der Mitglieder des Verwaltungsrats –, die die alte Finanz- und Bankenoligarchie vertraten. Diese war von der Volksfront heftig angegriffen worden. Der neue Gouverneur, Ernest Labeyrie, las den Regenten zum Abschied noch einmal die Leviten, indem er erklärte, es sei Pflicht der Bank, der gewählten Regierung der Republik zu gehorchen. Labeyrie war auch der Ansicht, daß die Geldmärkte und die Spekulation kontrolliert werden sollten; im Sommer 1937 hieß es über ihn, er sei »ein Opfer seiner zur Manie gesteigerten Ablehnung des Spekulantentums«.[15]

Labeyrie versuchte dem Problem der Kapitalflucht mit einer korporatistischen Strategie beizukommen; er zwang den Repräsentanten des französischen Bankenverbands, Roger Lehideux, dazu, ein Rundschreiben zu versenden, das die französischen Banken anwies, keine Kredite für Spekulationsgeschäfte zu vergeben. Die Banque de France begann auch mit umfangreichen Untersuchungen über die Mechanismen der Kapitalflucht und suchte eine Antwort auf die Frage, die den Zentralbanken in den dreißiger Jahren keine Ruhe ließ: Wer war der Schuldige?

Die Banque führte ab sofort ein Tageskonto über die Goldtransaktionen auf dem Pariser Markt. Ein überraschend großer Anteil entfiel auf eine Bank, Lazard Frères, die in der zweiten Maihälfte 1936 etwa

16 Prozent der Bewegungen nach London, 9,5 Prozent der Bewegungen nach New York und 13 Prozent der Bewegungen Richtung Brüssel abwickelte.[16] Gleichzeitig wissen wir aus anderen Quellen, daß Lazard bereits 1935 die Regierung zu einer Abwertung des Franc drängte;[17] anders gesagt, die Bank verwettete ihr Geld gegen den französischen Franc. Die Untersuchung der Banque de France im Jahr 1936 ging viel weiter: Sie prüfte regionale Schwankungen der Kapitalflucht. Die Polizei begann gegen die Spekulanten vorzugehen. Ein Inspektor untersuchte die Aktivitäten in der Region Lille-Tourcoing-Roubaix (an der belgischen Grenze). Er stellte intensive Aktivitäten in kleinem Rahmen fest, bei denen Tausend-Francs-Scheine über die belgische Grenze geschafft worden waren, aber auch viel systematischere Bewegungen. Die meisten Textilunternehmen verringerten während der Franc-Krise die Guthaben auf ihren Girokonten; gleichzeitig reichten die führenden Banken (Banque Nationale pour le Commerce et l'Industrie, Crédit Commercial, Banque Joire, Lloyds Bank) große Kredite an Textilfabrikanten aus, die diesen erlaubten, gegen Devisen Rohstoffe einzukaufen.[18]

Solche Polizeioperationen sollten den Weg für eine Devisenbewirtschaftung ebnen, die nur auf der Grundlage umfassender Orts- und Detailkenntnisse implementiert werden konnte. Im Juni 1936 erließ Vincent Auriol, der neue Finanzminister aus dem Volksfrontbündnis, ein Dekret, das jedem Franzosen, der ausländische Kapitalanlagen nicht deklarierte, ein Bußgeld androhte und die Regierung ermächtigte, gegen diejenigen vorzugehen, die den Kredit der öffentlichen Hand bedrohten (das heißt diejenigen, die die Kapitalflucht organisierten). In einer Rede vor dem Abgeordnetenhaus am 20. Juni schloß Auriol eine Abwertung aus. Am 11. Juni hatte der französische Finanzattaché in Berlin ein Memorandum verschickt, das sich auf die Erfahrungen, die Deutschland seit 1931 mit der Devisenzwangswirtschaft gemacht hatte, bezog und ausführlich darlegte, wie sie umgesetzt werden könnte.[19]

Dann kam es zu einschneidenderen außenpolitischen Ereignissen: dem Ausbruch des spanischen Bürgerkriegs, der Verlängerung des Wehrdienstes in Deutschland und der Notwendigkeit, ein neues französisches Rüstungsprogramm aufzulegen.[20] Dies führte nach einer neuen Franc-Krise zur Abwertung des Franc. Auriol verteidigte nunmehr die Abwertung mit dem Argument, sie sei gegenüber einer Devisenbewirtschaftung die bessere Alternative.[21]

Aber die Abwertung stabilisierte den Franc nicht und machte diesen auch nicht immun gegen weitere Angriffe. Die Erkenntnis, daß Stabilität am besten dadurch erreicht werden kann, daß man Kapitalflüsse *erlaubt* (weil illegale Umtauschgeschäfte sowieso fortgeführt würden), erforderte eine Veränderung in der Führung der Banque de France und eine grundlegende Neuausrichtung der französischen Wirtschaftspolitik (eine politische Kehrtwende, die erst Ende der fünfziger Jahre abgeschlossen war). Pierre Fournier, der Vizegouverneur der Banque, löste Labeyrie ab und stand für einen viel traditionelleren Führungsstil. Er behauptete, ein hoher Prozentsatz des französischen Kapitals sei im Gefolge der Franc-Panik ins Ausland geschafft worden: etwa ein Drittel in die USA und die Hälfte nach Großbritannien.[22] Der einzige Weg, es zurückzuholen, sei eine Liberalisierung und die Widerrufung der Rundschreiben Lehideux'.

Die grundlegende Ursache für die Instabilität des Franc, die massiven Haushaltsdefizite, die zum Teil auf die hohen Rüstungsausgaben zurückzuführen waren, blieb bestehen, und daher waren die Aussichten für eine langfristige Stabilisierung schlecht; Schatzobligationen über 13,8 Milliarden Francs wurden abgeschrieben. Doch es gab eine neue gesetzliche Obergrenze für die Staatsausgaben, und der Verteidigungsetat wurde weiter heraufgesetzt. Als für 1937 abermals ein Haushaltsdefizit vorhergesagt wurde, setzte erneut ein Kapitalabfluß ein. Am 13. Februar mußte die Regierung zurücktreten.

Ein britischer Kredit über 40 Millionen Pfund sorgte vorübergehend für Entlastung, während Blum eine »Pause« bei der Umsetzung des radikalen sozial- und wirtschaftspolitischen Programms der Volksfront verkündete. Traditionelle Liberale wie Jacques Rueff (der im November 1936 zum Generaldirektor der Schuldenverwaltung bestellt worden war) gewannen maßgeblichen Einfluß auf die Politik nicht nur des Finanzministerium, sondern auch der verstaatlichten Banque.

Keine politische Maßnahme verschaffte Frankreich eine Atempause: nicht die Abwertung des Franc auf eine neue Parität (der »Franc-Auriol«), nicht der Dreierpakt mit Großbritannien und den USA, der damit einherging und der eine geld- und währungspolitische Koordinierung in Aussicht stellte; und nicht die Liberalisierung der Kapitalbewegungen und der Versuch, durch Steueranreize und die Begebung von Sonderanleihen zu günstigen Konditionen Fluchtkapital zurückzulocken.[23] Die Währungskrisen setzten sich fort, und daher hatte Frankreich weiterhin mit instabilen Finanzmärkten, anhaltenden Sorgen wegen der Instabilität des Franc und Einschränkungen der Militärausgaben zu kämpfen, die durch die Notwendigkeit, den Franc stabil zu halten und die Meinung der Kleinanleger und Ausländer zu respektieren, bedingt waren.

Die US-Regierung ließ keinen Zweifel daran, daß ihres Erachtens die Rüstungsausgaben der eigentliche Grund für die Schwierigkeiten Frankreichs waren. US-Finanzminister Henry Morgenthau sagte Präsident Roosevelt: »Die Welt steuert sehr schnell auf einen Krieg zu. Wir helfen den Franzosen regelmäßig aus der Klemme, aber da sie einen ständig steigenden Prozentsatz ihres Budgets für Kriegsgerät ausgeben, können wir ihnen eigentlich nicht helfen. Die europäischen Länder gehen allmählich durch ihre Kriegsvorbereitungen bankrott.« Zur gleichen Zeit bat Morgenthau den britischen Schatzkanzler um »Vorschläge, mit denen er und ich einen ersten Schritt machen könnten, um die Aufrüstung, die auf der ganzen Welt im Gange ist, anzuhalten«.[24]

Unterdessen ging die Zitterpartie des Franc weiter. Im März 1937, nach der von Blum verkündeten »Pause«, versuchten die Deutschen den Franc durch massive Verkäufe auf dem Amsterdamer Markt abermals zu destabilisieren.[25] Die Instabilität der Regierung verstärkte die internationalen Ängste in bezug auf Frankreich.[26] Im Juni 1937 führte eine neue Kapitalflucht zum Rücktritt der Regierung Blum, und die neue Regierung unter Premier Camille Chautemps führte eine weitere Abwertung durch und gab den Wechselkurs des Franc frei. Sie kürzte auch die Verteidigungsausgaben und ein neues Rüstungsprogramm der Luftwaffe.[27]

Im Jahr 1938 bezifferten die Vereinigten Staaten die Kapitalflucht aus Frankreich auf 2,5 Milliarden Dollar, von denen 1 Milliarde Dollar über den Atlantik geflossen seien. Morgenthau bot Frankreich seine Hilfe an; er wollte herausfinden, wohin genau dieses Geld geflossen war, da die Bewegungen »möglicherweise nach und nach die Grundlage des Dreierpakts aushöhlen werden, [während] sie die Gefahr einer Hinwendung zu Autarkie und politischer Diktatur [erhöhen]«. Seines Erachtens sollte Frankreich »einfach demjenigen, der sein Geld nicht zurückführt, eine Freiheitsstrafe androhen«.[28]

Blum bildete im März 1938, unmittelbar vor dem »Anschluß« Österreichs ans Deutsche Reich, erneut eine Regierung. Er wollte mit einem Wiederaufrüstungsprogramm die Konjunktur ankurbeln, und dies führte zu einer neuen Franc-Panik. Schon nach einem Monat löste ihn Edouard Daladier mit einer Regierung ab, die einerseits die Aufrüstungspolitik fortsetzte, andererseits aber die Produktionshemmnisse beseitigen wollte, die die Vierzigstundenwoche mit sich gebracht hatte (die spektakulärste sozialpolitische Errungenschaft der Regierung Blum).

Im Juli 1938 wurden in einem Memorandum aus dem Büro des Premierministers die Gründe für den neuen Angriff auf den Franc dargelegt. Die unmittelbare Ursache war ein in London veröffentlichter Artikel von Charles Rist, in dem dieser den Zustand der französischen Staatsfinanzen in ungeschminkter Offenheit schilderte. Dieser sorgte dafür, daß »die Kapitalisten einmal mehr an der Stabilität unseres Geldes zweifeln«. Rundfunk und Presse in Italien und Deutschland konzentrierten sich wieder einmal schadenfroh auf die Schwierigkeiten des Franc.[29] Der Verfasser empfahl eine einschneidende Reform des Budgets; sie sollte die Tilgung der Staatsschulden beenden und durch Stärkung der Finanzaufsicht und Veröffentlichung der Steuererklärungen eine effizientere Steuererhebung bewirken.

Die eher konservative Amtsführung von Georges Bonnet und seinem Nachfolger Pierre Marchandeau im Finanzministerium, die Anwesenheit von Fournier in der Banque de France und die neue, starke Position der Banque wirkten beruhigend. Die Banque erfüllte ihren Auftrag nun nicht mehr durch direkten Druck auf die Regierung, sondern durch eine neue, enge Beziehung zu den führenden Firmen am Pariser Markt. Sie übte ihren Einfluß vor allem durch persönliche Kontakte zu den führenden Pariser Banken aus. Mitte 1937 hatten alle Großbanken mit Ausnahme der Société Générale einen ehemaligen Gouverneur oder Vizegouverneur in einer hochrangigen Leitungsposition. Während es beim »Anschluß« Österreichs im März 1938 und während der Angst vor einem Kriegsausbruch zwischen Deutschland und der Tschechoslowakei im Mai 1938 zu Finanzpaniken in Frankreich gekommen war, blieben die Märkte während der sudetendeutschen Krise im September 1938 und vor und nach dem Münchner Abkommen relativ ruhig. Anfang 1939 war ein großer Teil (etwa 30 Milliarden Francs) des Fluchtkapitals nach Frankreich zurückgekehrt.[30] Das rückgeführte Kapital wurde über eine neue, 1938 von Marchandeau errichtete Institution, die Caisse Autonome des Investissements de la Défense Nationale, in die Rüstung investiert.[31]

Erst nach den beiden Abwertungen und der Beseitigung des sozialpolitischen Vermächtnisses der Volksfront konnten die Rüstungsausgaben deutlich erhöht werden, ohne daß dadurch sogleich eine Panik ausbrach. Doch dies geschah erst 1939 und kam somit reichlich spät. Der Preis für die allzu lange Aufrechterhaltung der Goldbindung in den dreißiger Jahren war die Sicherheit und schließlich sogar die Existenz der französischen Republik. Die Erfahrung zeigte, daß Kapitalverkehrskontrollen notwendig waren, um die nationalen Interessen Frankreichs vor den Gefahren zu schützen, die mit kurzfristigen, spekulativen Finanzströmen (*hot money flows*) einhergingen. Die Erfahrung der dreißiger Jahre überzeugte viele Beobachter, nicht nur in Frankreich, daß Finanzspekulation ein unmoralisches und gefährliches Geschäft sei. Ende der dreißiger Jahre und vor allem in den Kriegsjahren zeichnete sich ein Einvernehmen darüber ab, daß die Instabilität der Weltwirtschaft in den zwanziger Jahren wie auch die Tatsache, daß der Finanzsektor als »Überträger« der Depression fungierte, eine Folge stark schwankender Kapitalströme war. Dies ist heutzutage, da die Wirtschaftshistoriker in ihrer überwiegenden Mehrheit die Auffassung vertreten (die am nachdrücklichsten von Barry Eichengreen in *Golden Fetters* dargelegt wird), daß das System fester Wechselkurse (und nicht die Mobilität des Kapitals) die zentrale Systemschwäche darstellte, keine besonders populäre Sichtweise.

In den dreißiger Jahren wurden beide Auffassungen über die Ursachen der Krisenanfälligkeit des Finanzsektors und der Depression in sachlich fundierten Büchern überzeugend dargelegt. Der Völkerbund veröffentlichte die besten Interpretationen beider Standpunkte. Die moderne Argumentation legte Gottfried Haberler mit großer Sachkunde in *Prosperity and Depression* dar. Die beste Darstellung der Anschauung, daß die Kapitalströme destabilisierend wirkten, erschien später – Ragnar Nurskes *Interwar Currency Experience* –, und diese Interpretation beeinflußte maßgeblich die Beratungen über die Währungsordnung der Nachkriegszeit in Bretton Woods aus.[32]

Weshalb setzte sich Nurskes Interpretation (vorerst) in der Debatte durch, während sie dies, zumindest aus moderner Sicht, eigentlich nicht hätte tun dürfen? Die Antwort läßt sich nicht allein aus der wirtschaftswissenschaftlichen Diskussion entnehmen, sondern sie muß berücksichtigen, daß sich politische und Sicherheitsbelange mit der ökonomischen Analyse vermengten.

Nationalökonomie

In der Welt der dreißiger Jahre sollte alles national sein – Arbeit und Güter, aber auch Kapital. John Maynard Keynes beschrieb diese Entwicklung in glänzender Weise in seinem 1933 erschienenen Essay »National Self-Sufficiency« (Nationale Selbstgenügsamkeit), der schon bald ins Deutsche übersetzt wurde: »Ich sympathisiere daher mit denen, die die Verknüpfung zwischen den Nationen sehr stark lockern wollen, als mit denen, die sie zu steigern gedenken. Ideen, Wissen, Kunst, Gastfreundschaft, Reisen – das sind Dinge, die ihrer Natur nach international sein sollten, aber laßt Güter in der Heimat herstellen, wann immer es sinnvoll und praktisch möglich ist, und vor allem laßt die Finanzen in erster Linie nationale sein.«[33]

Der ökonomische Zusammenbruch brachte nun eine Abwendung vom Markt. Selbst gemäßigte und pragmatische Analytiker, wie etwa der Direktor der Wirtschafts- und Finanzabteilung des Völkerbunds,

Sir Arthur Salter, glaubten, die Zukunft liege in Regulierung und Steuerung.[34] Mit der Enzyklika *Quadragesimo Anno* im Krisenjahr 1931 bemühte sich die katholische Kirche um einen »dritten Weg« zwischen Kapitalismus und Sozialismus.

Zunehmende Regulierung und Planung ermunterten jene, die die Aufgabe des Staats darin sahen, die Kosten der ökonomischen Anpassung zu externalisieren, das heißt, diese Kosten auf diejenigen abzuwälzen, die außerhalb der nationalen Gemeinschaft standen. Der Staat hatte die Pflicht, seine Bürger zu schützen und dafür zu sorgen, daß die Angehörigen anderer Volksgemeinschaften möglichst große Entbehrungen litten. Dies stand natürlich in eklatantem Widerspruch zu den Lehren des klassischen Wirtschaftsliberalismus, der davon ausging, daß beide Seiten profitierten.

Die Abwendung vom Markt und die Hinwendung zu staatlicher Lenkung mündete oft in eine politische Diktatur. Die offensichtlichsten Beispiele dafür sind Rußland und Deutschland. Aber viele Demokraten teilten die Meinung, daß es der Demokratie nicht gelungen sei, ein elementares soziales Bedürfnis zu befriedigen. So schrieb etwa André Gide im Februar 1940 in sein Tagebuch: »Man muß sich darauf gefaßt machen, daß wir nach dem Kriege, und sollten wir auch die Sieger sein, in einen derartigen Sumpf versinken, daß nur eine fest entschlossene Diktatur uns herausziehen kann.«[35]

Die Erhöhung der Rüstungsausgaben schien der erfolgversprechendste Weg zu sein, um aus dem Teufelskreis der Depression auszubrechen. Dies war die Grundlage für die Politik der Konjunkturbelebung in Deutschland und Japan, auch wenn die Aufrüstung in beiden Fällen durch zivile Programme ergänzt wurde: die Ausweitung der Motorisierung im Falle Deutschlands und eine erstaunlich erfolgreiche Exportoffensive, die durch den drastisch abgewerteten Yen gefördert wurde, im Falle Japans.

Eine der offenkundigsten Lektionen aus der Depression schien zu sein, daß der Staat eine forcierte Industrialisierung im Rahmen einer streng planwirtschaftlich gelenkten nationalen Volkswirtschaft fördern sollte. Die Hyperindustrialisierung von Stalins Rußland war nur das extremste Beispiel. Diese Lektion fiel besonders bei jenen Wirtschaftswissenschaftlern auf fruchtbaren Boden, die die Mischung aus Machtpolitik und Pressionen in den Handelsbeziehungen der dreißiger Jahre aus unmittelbarer persönlicher Erfahrung kannten: So daß Raúl Prebisch, der am Zustandekommen der britisch-argentinischen Verträge aktiv mitgewirkt hatte, oder Thomas Balogh, der die Folgen des deutsch-ungarischen Handels analysierte, zunächst erlebten und dann lehrten, daß Handel auf Manipulation basiere. Volkswirtschaftlich wünschenswert sei eine Strategie der Importsubstitution, und Prebisch und Balogh verkauften diese Botschaft mit großem Eifer in der Nachkriegszeit, auch wenn sie im jeweiligen Einzelfall völlig unangemessen war. Prebisch wurde zum wichtigsten Verfechter einer Strategie der Industrialisierung zum Zweck der Importsubstitution; er sah darin die einzige Möglichkeit, die Terms of Trade zu verbessern, die ansonsten die Entwicklungsländer hoffnungslos benachteiligten.

Balogh liefert uns ein vorzügliches (wenn auch etwas extremes) Beispiel dafür, wie jemand die ökonomischen Lektionen der Weltwirtschaftskrise mißverstanden und oft völlig verfehlte Schlußfolgerungen daraus gezogen hat. Ende der dreißiger Jahre analysierte er die deutsche Volkswirtschaft und erkannte, daß sie nicht so autark geworden war, wie es ihren Propagandisten lieb gewesen wäre. Er zog daraus den Schluß, daß die deutsche Volkswirtschaft der Belastung eines größeren Konflikts nicht standhalten könne und bei Ausbruch eines Kriegs schnell zusammenbrechen werde. Im Jahr 1947 sagte er eine permanente Dollarknappheit voraus, die die Europäer nicht überwinden könnten und die sämtliche Aussichten auf eine wirtschaftliche Erholung Europas zunichte machten. Als Deutschland 1950 ein Stabilisierungsprogramm beschloß, das die Grundlage für das exportgestützte *Wirtschaftswunder* der fünfziger Jahre legte, prophezeite er den alsbaldigen Zusammenbruch der westdeutschen Wirtschaft. In den siebziger und achtziger Jahren sagte er eine neue schwere Depression nach dem Muster der dreißiger Jahre voraus.[36] All diese Prognosen wirken im Rückblick ziemlich lächerlich. Allen lag dieselbe Logik zugrunde.

Damals sollte der Nationalstaat mit seinen Kontrollmechanismen Sicherheiten gegen Bedrohungen bieten, die von der Weltwirtschaft ausgingen. Aber war der Protektionismus nicht gefährlicher und destruktiver als die Bedrohung?

Im 19. Jahrhundert hatte ein Prozeß der raschen Globalisierung eingesetzt, der sogleich auf Widerstand stieß. Der interventionistische Staat leitete seine Legitimation größtenteils vom Prozeß der Globalisierung her und wurde zu einem immer größeren Integrationshemmnis. In der Weltwirtschaftskrise sahen die Gegner der internationalen Freizügigkeit der Arbeitnehmer und der Freiheit des Güter- und Kapitalverkehrs die Gelegenheit, das Pendel in die entgegengesetzte Richtung zu stoßen. Der starke Nationalstaat und der freie Kapitalverkehr bildeten nunmehr polare Gegensätze.

Drei grundlegende ökonomische Thesen rechtfertigten die neue politische Einstellung:

- Der Welthandel befinde sich in einem Prozeß des säkularen Rückgangs. Diese These hatte Werner Sombart 1903 aufgestellt. Sie wurde in den dreißiger Jahren zu einem Gemeinplatz.
- Die internationalen Finanzströme wirkten destabilisierend.
- Die ökonomische Entwicklung erfordere soziale Veränderungen und eine gesellschaftliche Mobilisierung, die sich am besten durch eine Stärkung der Solidarität auf der Grundlage des Bewußtseins gemeinsamer ethnischer Merkmale erreichen ließen. In der Praxis lag der Entwicklungsdoktrin, die damals erarbeitet wurde und für die der Terminus »nationaler Sozialismus« (der einen weiteren Begriffsumfang hat als der spezifisch deutsche »Nationalsozialismus«) angemessen erscheint, eine Art Rassismus zugrunde.

Kapitel

6

◆◆◆

Schluß: Kann es sich wiederholen?

Der rasche weltweite Siegeszug der Marktwirtschaft in den letzten zehn Jahren hat etwas Paradoxes. Die integrierte Weltwirtschaft wird von Krisen erschüttert – Börsenturbulenzen, Schuldenkrisen, dem mexikanischen »Tequila-Effekt«, der »asiatischen Grippe«, dem Übergreifen der Krisen auf Rußland und Südamerika. Die dramatischen Ereignisse fördern ein Unbehagen an der »Globalisierung« beziehungsweise am »Neoliberalismus«, »Turbokapitalismus«, »Kasinokapitalismus«, »Anarcho-Kapitalismus«, »Kapitalismus pur« und »angelsächsischen Wirtschaftsmodell«, wie seine Kritiker den Prozeß nennen. Bei jeder Krise behaupten gewisse Kreise sogleich, die neuen Ereignisse kündigten das Ende eines bestimmten Modells des Wirtschaftsliberalismus an, des sogenannten Washington Consensus. Doch trotz der Aufregungen und des Geschreis ändert sich nichts. Im Gegenteil, die marktwirtschaftliche Dynamik beschleunigt sich; und ehemalige Kritiker des Marktes wandeln sich zu seinen glühenden Verfechtern. Experimente mit alternativen Ansätzen sind immer kurzlebiger. Während die Regierung Mitterrand noch zwei volle Jahre, von 1981 bis 1983, mit einer französischen Alternative zu »Reagonomics« und »Thatcherismus« experimentierte, dauerte ein ähnliches Experiment mit einer neuen Ideologie der globalen Nachfragesteuerung in Deutschland in den Jahren 1998/99 nur fünf Monate, solange wie Oskar Lafontaine als Bundesfinanzminister amtierte.

Bei jeder größeren Krise in der jüngeren Vergangenheit verlautete, eine neue Weltwirtschaftskrise und mit ihr der Zusammenbruch der Globalisierung seien möglich und vielleicht sogar wahrscheinlich. Bislang haben sich diese Kassandrarufe nicht bewahrheitet. Die Risiken, wie sie auf den vorstehenden Seiten dargelegt wurden, gehen unmittelbar vom Finanzsystem und von der Möglichkeit eines um sich greifenden Zusammenbruchs der Finanzmärkte in einer stark verflochtenen Welt aus. Die Weltwirtschaftskrise wurde erst durch eine Reihe ansteckender Finanzkrisen im Sommer 1931 und anschließender handelspolitischer Gegenmaßnahmen zu einer »Großen« Depression. Doch die politischen Maßnahmen, die ergriffen wurden, basierten auf einer Gegenreaktion gegen die Globalisierung, die sich im letzten Drittel des 19. Jahrhunderts allmählich entwickelte. Diese Gegenreaktion setzte die Globalisierung mit moralischer Degeneration gleich und behauptete, sittliche Erneuerung erfordere eine Rückbesinnung auf die jeweilige Volkskultur.

Einige dieser Verknüpfungen wurden im Verlauf des 20. Jahrhunderts aufgelöst. Thomas Friedmans jüngstes Buch behandelt in einfühlsamer Weise die verschleierte Muslimin, die zugleich Internet-Userin ist, als ein Sinnbild moderner Weltläufigkeit.[1]

Diese phänomenale Stärke des Internationalismus am Ende des Jahrtausends ist deshalb so verblüffend, weil – vielleicht nicht sofort, aber gewiß in absehbarer Zukunft – geradezu zwangsläufig eine Gegenreaktion gegen den globalen Kapitalismus zu erwarten ist. Es liegt nahe, die Entwicklung der Weltwirtschaft über lange historische Abschnitte mit der Bewegung eines riesigen Pendels zu vergleichen: an eine Phase der Liberalisierung schließt sich eine Phase der Ablehnung und der Wiedereinführung von Kontrollen an. Und viele Menschen fragen: Weshalb versuchen wir nicht, die konjunkturelle Entwicklung stärker zu steuern?

Neue Konflikte

Wir befinden uns mitten in einer zweiten industriellen Revolution, die nach Meinung einiger Analytiker ein neues ökonomisches Paradigma (des anhaltenden krisenfreien Wachstums) hervorgebracht hat. Die

Verknüpfung von sehr schnellem technischen Fortschritt mit globalem Wettbewerb schränkt die Möglichkeit inflatorischer Krisen ein, die die Welt während des 20. Jahrhunderts (nach dem Zusammenbruch des internationalen Goldstandards) immer wieder heimsuchten. Einige Kommentatoren sprechen sogar vom »Tod der Inflation«.[2]

Die technologische Revolution wird eine genauso tiefgreifende gesellschaftliche Umwälzung herbeiführen wie die industrielle Revolution, die Ende des 18. Jahrhunderts begann und die Arbeiter von den Feldern in die Fabriken trieb. Diese erste Revolution prägte das Hin und Her der Erwartungen an den Staat, welches das intellektuelle Pendel in Schwingung versetzte. Aber die Welt verändert sich.

Der Wandel läßt sich in unserem Umfeld und unserem Alltagsleben am leichtesten beobachten. Diese Veränderungen machen uns bewußt, wie eng unser Tun mit dem Schicksal von Milliarden von Erdbewohnern verwoben ist. Das Drama der ökonomischen Transformation erfordert eine institutionelle Neuordnung – keine Preisgabe, sondern ein völliges Umdenken in vielen Aspekten der traditionellen Politik, die sich im Verlauf der letzten 100 Jahre entwickelt hat.

Im Inland leert die neue industrielle Ordnung Fabriken – und immer mehr Menschen arbeiten wieder zu Hause. In den USA führte die breite Unzufriedenheit mit dem Ausmaß und den Bedingungen von Teilzeitarbeit zu massiver öffentlicher Unterstützung für den Streik beim Versandunternehmen United Parcel Service im Sommer 1997. Europa hat gegenwärtig 1,25 Millionen »Telearbeiter«, die elektronisch mit den Außenwelt verbunden sind; und fast die Hälfte davon entfallen auf Großbritannien. Der selbstbewußte Großkonzern der fünfziger Jahre wird heute durch ein Umfeld unter Druck gesetzt, das viel wettbewerbsintensiver geworden ist, und er gibt diesen Druck an seine Mitarbeiter weiter. Unternehmen wie General Motors oder IBM bieten keine lebenslange Arbeitsplatzgarantie mehr. Die Großunternehmen selbst sind instabil. Ein Drittel der Fortune-500-Unternehmen des Jahres 1980 war 1990 nicht mehr selbständig. Und das Karussell der Zerstörung dreht sich seither noch schneller, so daß 1995 zwei Fünftel der Fortune-500-Unternehmen des Jahres 1990 verschwunden waren.[3] Infolgedessen erwarten immer weniger Menschen die Sicherheit – vielleicht auch den Streß – einer lebenslangen Beschäftigung bei einem Arbeitgeber.

Diese Veränderungen bewirken einen grundlegenden Wandel vieler sozialer und politischer Gewißheiten. Am leichtesten lassen sich die Folgen im politischen Leben unserer eigenen Gesellschaft beobachten. Änderungen der Beschäftigungsstruktur haben die Grundlage für schichtenspezifische Identifikationen und für die fundamentale politische Dynamik der letzten 150 Jahre untergraben. Nach der industriellen Revolution wählten Fabrikbesitzer Parteien der Rechten, die versprachen, Eigentumsrechte zu sichern und zu stärken, während Arbeiter Linksparteien unterstützten, die Vermögen umverteilen wollten. Die große Leistung der Wahlurne in den letzten 150 Jahren besteht darin, daß sie die Barrikade und die Straße als Foren der Auseinandersetzung um die Vermögensverteilung ersetzt hat. Die neue technologische Revolution hat diese Auseinandersetzung gegenstandslos gemacht und sie durch einen Kampf um Ideen und Moral und die Verfügungsgewalt über Technologien ersetzt. Viele Parteien alten Stils kämpfen darum, ihre Legitimität zu behaupten. Dies bringt eine neue Art der politischen Auseinandersetzung hervor.

Entstehen auf diese Weise neue Feinde? Gewiß sind Patrick Buchanan, Ross Perot, Jean-Marie Le Pen, Jörg Haider, Wladimir Schirinowski oder Mahathir Mohamad dieser Meinung. Mahathir Mohamad war vielleicht in jüngster Zeit am deutlichsten. Er sagte über ausländische Spekulanten, denen er die Schuld am Zusammenbruch des malaysischen Finanzsystems gab: »Ich sage ganz offen, daß diese Leute Rassisten sind. Unser Wohlstand ist ihnen ein Dorn im Auge. Sie behaupten, wir hätten zu hohe Wachstumsraten, und sie wollen uns an den Bettelstab bringen. Wir feinden niemanden an, aber andere feinden uns an.«[4] Tatsächlich pflegt er seinen eigenen Rassismus, der ihn die Aktivitäten chinesischer Geschäftsleute in Malaysia mit Argwohn betrachten läßt, denn er sieht darin Bestrebungen zum Aufbau eines »großchinesischen« Wirtschaftsimperiums.

Selbst einige der mächtigsten Schöpfer der neuen Weltgesellschaft, wie etwa George Soros, sind entsetzt über die Auswirkungen der neuen Feindkultur. Die Folgen auf der internationalen Bühne waren schon vor dem Niedergang des Kommunismus zu spüren. Konventionelle militärische Konflikte zwischen Industriestaaten wurden undenkbar, während die Zahl stellvertretender »Handelskriege« zunahm. Ende der achtziger Jahre zeigten Umfragen regelmäßig, daß Amerikaner Japan als eine deutliche größere Bedrohung wahrnahmen als die Sowjetunion. Bemerkenswerterweise lagen solche Einstellungen auch der neuen Wirtschaftspolitik der zwanziger und dreißiger Jahre zugrunde.

Neue Ängste

Wie in der Zwischenkriegszeit sehen auch heute viele Menschen im Internationalismus (und nicht in der neuen Technologie, die Länder miteinander verbindet, aber auch weitreichende andere Auswirkungen hat) eine große Herausforderung. Die Globalisierung ist zur bevorzugten Zielscheibe von Menschen geworden, die stärkere staatliche Eingriffe ins Wirtschaftsleben fordern, um eine partikulare Gesellschaftsordnung zu verwirklichen, die nationalen Konzeptionen und Vorurteilen entspricht.

Die neue Welt hatte einige wirkmächtige und beständige Mythen hervorgebracht. Besonders weit verbreitet ist die Vorstellung, alle tiefgreifenden ökonomischen Veränderungen (ob erwünscht oder nicht) seien das Produkt der »Globalisierung«. Man kann leicht nachweisen, daß dieser irrationalen Globalisierungsangst falsche Annahmen zugrunde liegen, zumindest was die Gegenwart betrifft:

1. Stellen für ungelernte Arbeitskräfte würden ausschließlich wegen der Konkurrenz durch ausländische Billigproduzenten verschwinden. Die meisten dieser Stellen befinden sich im Dienstleistungssektor, wo internationale Wettbewerber aus naheliegenden Gründen nicht leicht Fuß fassen können.

2. Infolgedessen würden die Löhne für ungelernte Arbeiter fallen. Die meisten Studien aus jüngster Zeit kommen zu dem Ergebnis, daß die Auswirkungen des internationalen Wettbewerbs relativ begrenzt sind: Für die USA läßt sich allenfalls ein Fünftel des Rückgangs der Löhne ungelernter Arbeitskräfte in dieser Weise erklären. Allerdings

zeigt diese Analyse in zutreffender Weise, daß die Globalisierung langfristig zu einer stärkeren Angleichung der Arbeits- und Kapitalerträge über nationale Grenzen hinweg führen kann.[5]

3. Der Außenhandel werde von Billigimporten aus Ländern mit niedrigem Einkommen dominiert. Tatsächlich findet das Gros des Waren- und Dienstleistungsverkehrs zwischen den Industrieländern statt.

4. Die Menge an Gütern, die die Welt aufnehmen könne, sei begrenzt; daher seien wir mit einem Überangebot konfrontiert. Tatsächlich deutet nichts darauf hin, daß die Konsumquoten in den meisten Ländern rückläufig sind – vielmehr ist das Gegenteil der Fall. In den USA ist die Sparquote der privaten Haushalte, die negativ mit der Konsumquote korreliert, seit den sechziger Jahren um die Hälfte zurückgegangen.

Die grundlegenden ökonomischen Zusammenhänge sind viel einfacher als diese Mythen. Vielleicht sind sie sogar beruhigender. Wir haben nämlich schlicht gelernt, effizienter zu produzieren. Aufgrund dieser Verbesserung ist die alte verflochtene Weltwirtschaft, wie sie vor dem Ersten Weltkrieg bestand, zum Teil wiederauferstanden. Tatsächlich verläuft die Kausalkette genau umgekehrt, als gemeinhin angenommen wird; demnach hätte die internationale Öffnung der Volkswirtschaften der Ausbreitung neuer Technologien Vorschub geleistet. In Wirklichkeit war es anders herum: Technische Innovationen und Skaleneffekte (Größenvorteile) ließen rein nationale Märkte relativ ineffizient werden und zwangen Unternehmen dazu, durch internationale Expansion zu rationalisieren. Die »Globalisierung« war somit eine Folge von Unternehmensstrategien und der dramatischen Ausweitung des geographischen Betätigungsfeldes multinationaler Konzerne. Selbst in einer Welt, die dem ökonomischen Internationalismus sehr mißtrauisch gegenüberstand, begannen Firmen ihre Produktion und ihren Vertrieb transnational zu organisieren, um das Ertragspotential der neuen Techniken zu realisieren.

Die Globalisierung überraschte viele Kommentatoren, die im allgemeinen der Ansicht waren, sie sei entweder nicht wünschenswert (weil die Wirtschaft »heimatverbunden« *(homespun)* sein sollte, um Keynes' berühmten Ausdruck zu benutzen) oder aber wegen des Einflusses protektionistischer Interessengruppen schlicht unmöglich. Seit der Veröffentlichung von David Ricardos *Principles of Political Economy* im Jahr 1817 haben Analytiker den baldigen Tod des Freihandels vorhergesagt. Diese Beobachter waren mit einer anhaltenden Folge erstaunlicher und unverständlicher Ereignisse konfrontiert. Es lohnt sich, kurz über die verblüffenden Wendungen in der modernen Wirtschaftsgeschichte nachzudenken.

Die erste Überraschung betrifft die allmähliche Öffnung des Außenhandels. Sie gleicht einem hochspannenden Krimi, wobei die Geschichte fast auf jeder Seite eine neue Wendung nimmt. Das Allgemeine Zoll- und Handelsabkommen (GATT) war ein Kompromiß. Es erzielte seine größten Erfolge in den sechziger Jahren, allerdings um den Preis einer Ausklammerung der strittigsten Handelsfragen – Textilien und Agrarerzeugnisse. Nach dem Zusammenbruch des Paritätssystems von Bretton Woods in den siebziger Jahren waren die meisten Experten der Ansicht, das GATT sei dem Untergang geweiht. Die Tokio-Runde kam nur schleppend voran. Mitte der achtziger Jahre gelangten die führenden Experten zu dem Schluß, das GATT befinde sich »in einem Zustand des Zusammenbruchs«. Das Ministertreffen von 1982 war ein Fehlschlag. Die Uruguay-Runde schien zum Scheitern verurteilt, da sich die Vereinigten Staaten und die Europäische Gemeinschaft erbittert um Agrarpreise und -subventionen stritten. Sogar 1993, kurz vor der Unterzeichnung des Abkommens, mit dem diese Runde abgeschlossen wurde, verfaßte ein hochrangiges Mitglied einer GATT-Verhandlungsdelegation einen Text, in dem er »die Schwächung der multilateralen Außenhandelskonzeption«, den »schleichenden Niedergang des GATT« und die Tatsache beklagte, daß dieser Niedergang »das Ergebnis einer ganzen Serie von Maßnahmen der [beteiligten] Regierungen ist«.[6] Doch dann kam die erstaunliche Ausweitung multilateraler Prinzipien auf geistiges Eigentum, handelsrelevante Investitionsmaßnahmen, die Ausarbeitung eines umfassenderen Verfahrens zur Beilegung von Handelsstreitigkeiten und die Institutionalisierung des Multilateralismus in der Welthandelsorganisation. Damals waren die Kommentatoren skeptisch; sie glaubten, die USA würden sich über die neue Institution hinwegsetzen und durch die Anwendung von »Super 301« (die 1989 vorgenommene Erweiterung der Befugnisse des Präsidenten gemäß Paragraph 301 des US-Handelsgesetzes von 1974, der diesen ermächtigt, Vergeltungsmaßnahmen gegen »unlautere« Handelspraktiken zu verhängen) ihre Macht weiterhin unilateral ausüben. Doch als der erste Schiedsspruch gegen die USA erging, nahmen sie das Urteil an. Im Jahr 1998 wußte jeder gute Gründe dafür anzuführen, weshalb das Abkommen über Finanzdienstleistungen nicht zustande kommen könne. Doch im letzten Moment einigte man sich dann doch noch darauf.

Die zweite überraschende Entwicklung, die mit der Revolution des Handels einherging, war die Liberalisierung des Kapitalverkehrs. Zu der Zeit, als dic Konferenz von Bretton Woods stattfand (1944), waren die Ökonomen nahezu einmütig der Ansicht, daß volatile Kapitalmärkte – spekulative, kurzfristige Finanzströme – der Ansteckungsmechanismus gewesen seien, durch den sich die Große Depression international ausbreitete. Es war äußerst unwahrscheinlich, daß sich der internationale Kapitalverkehr schnell erholen würden. Die Banken hatten erlebt, daß ihre Kredite eingefroren und ihr Ruf geschädigt worden war; die Anleihegläubiger hielten in ihren schwerverbrannten Fingern noch immer die notleidenden, wertlos gewordenen Schuldtitel von öffentlichen Gläubigern rund um die Welt. Aber selbst in dem unwahrscheinlichen Fall, daß die Kapitalbewegungen wieder einsetzen sollten, wollte man sie durch internationale und nationale wirtschaftspolitische Maßnahmen kontrollieren. Es gab keine Entsprechung zu der in den Bretton-Woods-Abkommen von 1944 erhobenen Forderung nach einer Liberalisierung der Leistungsbilanztransaktionen. Tatsächlich war es kaum möglich, den Kapitalverkehr solchen Beschränkungen zu unterwerfen; Offshore-Märkte entstanden und führten schließlich zum Niedergang des Bretton-Woods-Systems. Doch viele Kapitalverkehrskontrollen blieben bestehen und beeinträchtigten die Kapitalströme. Erst in jüngster Zeit dehnte sich der Konsens im Hinblick auf die Handelsliberalisierung auch auf den Kapitalverkehr aus.

Die Kapitalbewegungen sind weiterhin sehr volatil; und so werden bei jeder Krise neue Forderungen nach Wiedereinführung von Kontrollmaßnahmen beziehungsweise nach einer Differenzierung zwischen nützlichen und spekulativen, schädlichen Kapitalbewegungen erhoben; dabei werden ausgeklügelte Umsetzungsmodelle oft gleich mitgeliefert. Nach den schweren Krisen des Europäischen Währungssystems in den Jahren 1992–93 wurden Stimmen laut, die irgendeine Art von Sand im Getriebe verlangten. Die mexikanische Peso-Krise von 1994–95 entlockte einigen ansonsten recht scharfsinnigen Kommentatoren das Verdikt, nicht menschliche Fehler, sondern »der Zusammenbruch eines ökonomischen Modells« sei die Ursache dafür. Der malaysische Premierminister Mahathir Mohamad gab 1997 internationalen Spekulanten und Hedge-Fonds die Schuld. Er war nicht der einzige.

Die Migration von Arbeitskräften bleibt der am stärksten kontrollierte Bereich der Weltwirtschaft. Während der klassischen industriellen Revolution vor 1914 konnten die Arbeitskräfte relativ frei zwischen den Ländern wandern, auch wenn die USA schon in den 1880er Jahren versuchten, den Zustrom asiatischer Migranten einzudämmen. Die Einwanderung ist der Bereich, der für protektionistische Impulse am anfälligsten ist. Hier kam es in den zwanziger Jahren zu einer entscheidenden Gegenreaktion gegen die internationale wirtschaftliche Verflechtung, die von schrillen und kurzsichtigen nationalistischen Tönen begleitet wurde.

Die Migration ist ein heikles politisches Thema, das in populistischen Debatten oft mit dem Thema »Globalisierung« verknüpft wird. Tatsächlich sind die Argumente zu diesem Thema sehr alt: Sowohl Aristoteles als auch Thomas von Aquin räumten ein, daß manche Produkte über weite Entfernungen eingetauscht werden müssen, aber sie hielten die heimische Produktion für moralisch höherwertig, weil Fremde das Gemeinschaftsleben störten.[7] In jeder großen Volkswirtschaft mit Ausnahme Japans hat die Zahl der fremdstämmigen Arbeitnehmer seit den achtziger Jahren ständig zugenommen. In der Europäischen Union leben heute über 20 Millionen legale Einwanderer und schätzungsweise 3 Millionen illegale Einwanderer. Die zuverlässigste amtliche Studie aus jüngster Zeit, die gemeinsam von Mexiko und den USA verfaßt wurde, kommt zu dem Ergebnis, daß knapp über 7 Millionen in Mexiko geborene Menschen in den USA leben, von denen fast 5 Millionen einen legalen Aufenthaltstitel besitzen. Die illegale Einwanderung hat in dem Maße zugenommen, wie sie durch den Massentourismus, den Abbau bürokratischer Hemmnisse und das Ende des Kommunismus erleichtert wurde.[8]

Die Globalisierungsdebatte wird nicht nur durch ausländerfeindliche Stimmungen angeheizt. Das vorherrschende Merkmal der neuen Welt ist ein Gefühl der Hilflosigkeit, das durch eine gewandelte Erwartungshaltung an die Gestaltungskraft von Politik erzeugt wird. Unsere Angst ist vor allem deshalb so groß, weil die asymmetrische Internationalisierung (für Kapital stärker als für Arbeitskräfte) den Handlungsspielraum der nationalen Regierungen erheblich eingeschränkt hat. Die traditionellen Funktionen des Staates werden durch die Globalisierung untergraben. Die Besteuerung von Kapitalvermögen ist durch die Möglichkeit der »Abwanderung« (um einen Ausdruck von Albert Hirschman zu verwenden) aufgrund der neuen Substituierbarkeit der Produktionsfaktoren beschränkt. Dies ändert die Regeln des politischen Spiels und verengt den Freiraum für politische Gestaltung und für privilegierte Eliten.

Dagegen ging die erste industrielle Revolution mit einer Ausweitung der Rolle des Staates einher. Neuer Reichtum gab den Regierungen mehr Ressourcen, und neue Probleme verlangten nach kollektiven Lösungen. Ende des 19. Jahrhunderts formulierte ein deutscher Wirtschaftswissenschaftler sogar ein »Gesetz« des konstanten Wachstums der Staatsausgaben und des wachsenden Anteils des Staats am Volkseinkommen. In der bürokratischen und hierarchischen Organisation der neuen Staaten spiegelte sich die Organisation der Unternehmen mit ihrer vielschichtigen Leitungs- und Kontrollstruktur wider.

Diese Entfaltung des Staates im 20. Jahrhundert wurde durch die Rüstungsausgaben angetrieben. Nach dem Zweiten Weltkrieg wurde der öffentliche Sektor nicht verkleinert. Im Gegenteil, die Expansion des Staates setzte sich in den Jahren der wirtschaftlichen Belebung noch schneller fort. Dani Rodrik hat jüngst die Eigenart des »Kompensationsgeschäfts« während dieser langen Phase der Ausweitung des Handels aufgezeigt: Jene Staaten, die sich am stärksten für den Außenhandel öffneten (kleine europäische Staaten wie Österreich, Dänemark, die Niederlande, Schweden und Deutschland), haben zugleich ihre Staatsausgaben durch Einkommenstransfers erhöht, um ein Sicherheitsnetz zu spannen, das die negativen Begleiterscheinungen einer offenen Volkswirtschaft auffangen sollte.[9]

Heute erfordern dieselben Veränderungen, die Unternehmen dazu ermuntern, Hierarchien zu vereinfachen und auszudünnen, um so mehr Flexibilität, schnellere Reaktionen und größere Innovativität zu erreichen, auch eine Umstrukturierung der Staatsverwaltung. Es wäre töricht, das Ende des traditionellen Staates zu beschwören, aber der Staat wird sich mit einer viel bescheideneren Rolle begnügen müssen. Die Traditionen sind aus zwei Gründen obsolet geworden. Erstens: Kollektive Lenkung von oben nach unten – das Kennzeichen des modernen Staates – verhindert eine effiziente Anpassung der Institutionen an den globalen Wandel. Zweitens: Transferzahlungen, auf die sich der Staat Ende des 20. Jahrhunderts immer stärker stützte, sind das Gegenteil von volkswirtschaftlicher Vermögensbildung.

Tatsächlich hat sich das Gesetz wachsender Staatsausgaben, das für die erste industrielle Revolution kennzeichnend war, in einigen Gesellschaften bereits umgekehrt. Einige Länder haben dadurch, daß sie ihre sozialen Netze kräftig zurückstutzten, den Anteil der öffentlichen Ausgaben am Volkseinkommen drastisch verringert. Eine Studie aus jüngster Zeit gelangte zu dem Schluß, daß eine Verringerung der öffentlichen Ausgaben in den Industrieländern auf 30 Prozent des Bruttoinlandsprodukts das soziale Versorgungsniveau nicht ernsthaft beeinträchtigen würde.[10]

Tatsächlich hat sich ein bemerkenswerter Konsens herausgebildet, der auf Handelsliberalisierung, Liberalisierung des Kapitalverkehrs, stabilem Geldwert (garantiert durch starke, unabhängige Zentralbanken), restriktiver Fiskalpolitik, Privatisierung öffentlicher Unternehmen und (mit Abstand der schwächste und instabilste Bereich) der Liberalisierung und Deregulierung des Bankensektors basiert.

Diese wirtschaftspolitische Programmatik wird gelegentlich auch »Washington Consensus« genannt (der Begriff wurde von dem Wirtschaftswissenschaftler John Williamson geprägt), obgleich dies eine irreführende Bezeichnung ist, insofern dieses neue Konzept hauptsächlich aus einer Reihe einzelstaatlicher Reaktionen in Entwicklungsländern auf das Scheitern früherer Entwicklungsmodelle hervorging. Tatsächlich stammen die bemerkenswertesten Beiträge zur Freihandelstheorie von Wirtschaftswissenschaftlern, die entsetzt waren über ihre Erfahrungen mit dem staatlichen gelenkten Außenhandel Indiens: Jagdish Bhagwati und Deepak Lal.

Der moderne »Washington Consensus« unterscheidet sich somit grundlegend von dem »Genfer Konsens« der Zwischenkriegszeit, der im Mittelpunkt dieses Buches stand. Der wichtigste Unterschied liegt nicht in der machtpolitischen Fundierung der ökonomischen Konzepte (der »Washington Consensus« wird von dem ökonomisch und militärisch mächtigsten Land der Welt unterstützt, während der »Genfer Konsens« von Wohlwollen beziehungsweise Lippenbekenntnissen leben mußte). Vielmehr liegt er in der Differenz zwischen einer Ordnung, die von Abkommen auferlegt wird, und einer Ordnung, die durch kontinuierliche Reflexion über die geeignete Politik – und die damit verbundenen Vorteile – aufgebaut wird. Es war offensichtlich besonders verhängnisvoll, die Satzung des Völkerbunds und der Internationalen Arbeitsorganisation in ein so absurdes, auf Vergeltung gerichtetes Abkommen wie den Versailler Friedensvertrag aufzunehmen. Aber der Fehler war bezeichnend für eine Welt, die glaubte, die Völkerverständigung müsse politisch aufoktroyiert werden, da sie sich nicht als Resultat von Nutzenkalkülen von selbst aufzwinge.

Das Erstaunlichste an diesem Konsens ist die Tatsache, daß nur noch sehr wenige behaupten, ihr Land sei ein Sonderfall. Es war ehedem gang und gäbe, daß ein großes Land wie Brasilien seine Märkte umfassend abschottete, um sein eigenes brasilianisches Wirtschaftswunder in Gang zu setzen. Indische Ökonomen führten ihre nationalen Besonderheiten ins Feld, die angeblich eine »hinduistische Wachstumsrate« hervorbrachten. Der Sommer 1997 dürfte dem »Sonderfall-Denken« den endgültigen Todesstoß versetzt haben, denn damals zeigte sich, daß die Volkswirtschaften Ost- und Südostasiens keinen wunderbaren Schlüssel zu anhaltend hohem Wachstum besaßen (als Folge einer vorgeblich originellen Politik der staatlichen Wettbewerbslenkung und -kontrolle). Vielmehr führten weitreichende staatliche Eingriffe zu einer Fehlleitung von Kapital und zu einem massiven Vertrauensverfall.

Die moderne Lehrmeinung läßt sich folgendermaßen resümieren: Es gibt keine ökonomischen Wahrheiten, die nur für Entwicklungsländer oder nur für Industrieländer gelten.

Diese Ideen stehen zwangsläufig in einem Spannungsverhältnis zur traditionellen Politik. Die alte Politik betonte das Machbare, die Möglichkeiten zur Eigeninitiative. Die neue Politik stellt demgegenüber die Grenzen der Handlungsfreiheit in den Vordergrund. Parteien, die ausdrücklich und ausschließlich für marktwirtschaftliche Prinzipien eintreten, schneiden bei Wahlen nur selten gut ab. Und diese Parteien sind auch nicht besonders gut darin, ihre Visionen in die Wirklichkeit umzusetzen. In Deutschland erhält die kleine, wirtschaftsliberale FDP bei Bundestagswahlen immer um die 5 Prozent der Stimmen. Bei den letzten Parlamentswahlen in Polen erzielte die Freiheitsunion von Leszek Balcerowicz mit 13 Prozent der Stimmen eines der besten Wahlergebnisse, die eine wirtschaftsliberale Partei weltweit je erzielte. Der Zusammenbruch des globalen Kapitalismus in der Zwischenkriegszeit war nicht zuletzt auf dessen totale Unfähigkeit zurückzuführen, politische Toleranz hervorzubringen, geschweige denn irgendeine Form der Sympathie oder Unterstützung. Eine marktwirtschaftliche Ordnung überlebte in den dreißiger Jahren nur dort, wo sie sich für etwas anderes ausgab: elegische anglikanische Romantik im Fall der britischen Konservativen, Wirtschaftsplanung im Fall der US-amerikanischen Demokraten.

In der Vergangenheit wurden die tragfähigsten und erfolgreichsten liberalen Reformen von Politikern und Bewegungen angestoßen, die sich der politischen Mitte oder der Linken zuordneten: von Ludwig Erhard, der gern herausstrich, seine »soziale Marktwirtschaft« sei ein dritter Weg zwischen dem Manchester-Liberalismus und einer sozialistischen Planwirtschaft, über Felipe González, Alberto Fujimori (der die peruanischen Präsidentschaftswahlen gewann, weil er im Wahlkampf Position gegen den »extremen« Neoliberalismus des Schriftstellers Mario Vargas Llosa bezogen hatte) und Fernando Henrique Cardoso (der der bedeutendste Theoretiker der antiliberalen Lehre von der Abhängigkeit der dritten Welt von den Industriestaaten [dependencia] war). Kim Dae-Jung mit seinen starken Bindungen an die Gewerkschaftsbewegung wird daher wahrscheinlich mehr Erfolg bei der Umsetzung weitreichender liberaler Reformen haben als sein nicht so populärer, distanzierterer und autoritärer Vorgänger.

Die rhetorische Offensive gegen den Neoliberalismus war der leichteste Weg, um marktwirtschaftliche Prinzipien zur Geltung zu bringen. Im heutigen Europa kommen die lautesten Proteste gegen den angelsächsischen Kapitalismus aus Frankreich, das eine weitreichende Finanzmarktreform und eine Neuordnung seiner Wirtschaft in Angriff genommen hat. In Deutschland dagegen ist die Kritik an der angelsächsischen Welt verhaltener, aber zugleich ist die Bereitschaft zu grundlegenden Reformen geringer. Die Argumentation der politischen Mitte stellt darauf ab, man müsse sich in »das Unvermeidliche« schicken, das einem von außen aufgezwungen werde, wie es für gewöhnlich heißt. Aus diesem Grund wird die Transformation der modernen Volkswirtschaft durch technologische Fortschritte heute fast immer als »Globalisierung« beschrieben: ihr Ursprung außerhalb der eigenen Landesgrenzen bedeutet, daß dieser Prozeß nicht durch innenpolitische Debatten gestaltet oder gelenkt werden kann.

Der neue Konsens

Das ganz Ausmaß des Triumphs dieses neuen Konsenses läßt sich ermessen, wenn man genauer betrachtet, von wem intellektuelle, ethische oder religiöse Kritik geübt werden könnte. Es gibt gegenwärtig zwei Deutungsmodelle. Das eine behauptet, daß wir am Ende der Geschichte, am Ende von Konflikten und Ideologien angelangt seien. Karl Marx sagte das Ende der Klassengegensätze und das Absterben des Staates richtig vorher, auch wenn er sich nicht hätte träumen lassen, auf welche Weise diese letztlich zustande gekommen sind. Das alternative Deutungsmodell besagt, daß sich Ideen in großen Pendelschwüngen bewegen und daß Triumphalismus immer eine heftige Gegenreaktion auslöst.

Doch woher soll diese Gegenreaktion kommen? Nicht, zumindest nicht vorläufig von einer religiösen Kritik säkularer Werte. Sowohl christliche als auch islamische Wirtschaftslehren wurden durch den Zusammenbruch der kommunistischen Alternative in ihren Grundfesten erschüttert.

Am hundertsten Jahrestag der großen Enzyklika *Rerum Novarum,* in der Leo XII. die Glaubenslehre der katholischen Kirche angesichts der ersten industriellen Revolution definierte und die Bedeutung sowohl des (verantwortungsvoll genutzten) Privateigentums als auch eines »gerechten Lohns« betonte, gab Johannes Paul II. die Enzyklika *Centesimus Annus* heraus. Ihre Analyse des Wandels der ökonomischen Aktivität ist bemerkenswert. Nach einem kursorischen Abriß der Wirtschaftsgeschichte gelangt sie zu dem Schluß, daß eine Wirtschaftsordnung auf der Basis des Produktionsfaktors Boden (während der klassischen industriellen Revolution) von einem System ersetzt wurde, in dem die Verfügungsgewalt über den Produktionsfaktor Kapital von entscheidender Bedeutung war; und dieser primitive Kapitalismus sei nun seinerseits von einer wandelbareren und mobileren Ordnung abgelöst worden. »So ist heute der entscheidende Faktor immer mehr der Mensch selbst, das heißt seine Erkenntnisfähigkeit in Form wissenschaftlicher Einsicht, seine Fähigkeit, Organisation in Solidarität zu erstellen, und sein Vermögen, die Bedürfnisse des anderen wahrzunehmen und zu befriedigen.«[11] Anders gesagt, die moderne Marktwirtschaft, die Welt der Wahlfreiheit, unterliegt nicht den Strukturen und Problemen des klassischen Kapitalismus.

Die Interaktion zwischen Individuum und Gesellschaft hängt von einem konstanten menschlichen Phänomen ab, das die Kirche in Begriffen analysiert, die der Kirchenfeind und Atheist Adam Smith zweifellos ohne Einschränkung gutheißen würde. Die Erbsünde bedeutet, daß die Gesellschaftsordnung um so beständiger sein wird, wenn sie »das persönliche Interesse [nicht] dem Gesamtinteresse der Gesellschaft entgegenstellen wird, sondern nach Möglichkeiten einer fruchtbaren Zusammenarbeit sucht. Denn wo das Interesse des einzelnen unterdrückt wird, wird es durch ein drückendes System bürokratischer Kontrolle ersetzt, das die Quellen der Initiative und Kreativität versiegen läßt.«[12]

Aus dieser Analyse ergibt sich eine bestimmte Aufgabenzuweisung an den Staat. Hauptaufgabe des Staates ist es, »die Sicherheit der individuellen Freiheit und des Eigentums sowie eine stabile Währung und leistungsfähige öffentliche Dienste« zu gewährleisten.[13] Der überdehnte Leistungsstaat erzeugt ethische und ökonomische Probleme. Diese Überlegungen sind die Frucht einer vertieften Reflexion über die Ursachen des Zusammenbruchs der kommunistischen Volkswirtschaften. Diese mündet in eine Kritik an den modernen westlichen Wohlfahrtsstaaten, in der sich ethische und pragmatische Überlegungen überschneiden.

Der Islam verfügt von jeher über einen ethischen Kodex, nach dem – wie in der christlichen Morallehre – ausbeuterischer Zinswucher verboten ist, während für die Gewährung eines Darlehens das Zinsnehmen nur dann statthaft ist, wenn sich der Darlehensgeber an dem Risiko beteiligt. Ein islamisches Kreditsystem läßt sich relativ leicht entwickeln – tatsächlich handelt es sich um eine »Kultur des Aktienkapitals« –, und westliche Banken können relativ unproblematisch »islamische Kredite« betreiben. Andererseits stützten sich die Versuche, nach dem Zweiten Weltkrieg eine eigenständige islamische Wirtschaftstheorie zu entwickeln – ähnlich wie die Befreiungstheologie in der westlichen Welt –, in hohem Maße auf marxistische Konzepte. Der Zusammenbruch des Marxismus führte folglich zu einer tiefen Krise in dem Bestreben, eine antiwestliche islamische Wirtschaftstheorie zu definieren. Daher ist es nicht weiter verwunderlich, daß der moderne Iran dem neuen Konsens über die Marktwirtschaft genauso zugestimmt hat wie Brasilien oder Indien.

Wenn die Religion als Quelle einer fruchtbaren Kritik vermutlich ausfällt, ist dann überhaupt mit einer Gegenreaktion gegen diesen modernen Konsens zu rechnen? Wenigstens vier Gründe sprechen für die Annahme, daß eine Gegenbewegung unvermeidlich ist. Es sind, sinnbildlich verkürzt, die folgenden: die Nostalgie der *ci-devants*, der Protest der Weber, die Schirinowski-Reaktion und der Bananenschalen-Effekt.

1. Die neue ökonomische Weltordnung läßt keinen Raum für alte Eliten: Sie macht die Position einer etablierten Elite, die ihre Privilegien verteidigt, die sie durch die staatliche Kontrolle des Wirtschaftslebens erlangte, zunehmend unhaltbar. Diese Gruppe verdient weder unser Mitgefühl, noch dürfte sie sonderlich erfolgreich sein bei dem Versuch, an den Doktrinen festzuhalten, die sie so mächtig machten. Tatsächlich liegt ihre größte Hoffnung heute in der Gesetzlosigkeit – wie sie in dem Phänomen der Privatisierung zugunsten der Nomenklatura deutlich zutage tritt: Die alte Elite nutzt die Anarchie des Transformationsprozesses, um sich Vermögenswerte für die Zukunft zu sichern. Die Gefahr in einstigen marxistischen Staaten – von der ehemaligen Sowjetunion bis nach Afrika – besteht nicht in einem Wiederaufleben des Marxismus, sondern darin, daß die früheren Eliten diese Länder ins Chaos stürzen. Es gibt eine exakte historische Parallele: die Aristokratie des vorindustriellen Europa, die *ci-devants* (enteignete Adlige) der Französischen Revolution. Wo sich diese Gruppe nur an die politische Macht klammerte, wie in Frankreich, versank sie rasch in der Bedeutungslosigkeit. Doch wo Adlige wie in Großbritannien oder Teilen Deutschlands die Reste ihrer politischen Macht dazu nutzten, sich ein Stück vom Kuchen der neuen Industrie zu sichern, und Kohlenzechen und Stahlwerke gründeten, konnten sie sich mühelos als einflußreiche gesellschaftliche Klasse behaupten. Die alte Elite konnte sich überhaupt nur dadurch retten, daß sie sich von ihrem politischen Machtmonopol verabschiedete und ein wirtschaftliches Machtmonopol aufbaute. Diese Lektion hat ein Großteil der Nomenklatura beherzigt.

2. Wichtiger noch ist, daß sich die Verlierer eines Prozesses der raschen technischen und ökonomischen Transformation leichter identifizieren lassen als die möglichen Gewinner (da selbstverständlich niemand vorhersagen kann, welche Berufe und Aktivitäten entstehen werden beziehungsweise ob er oder sie persönlich das Zeug hat, um darin zu reüssieren). Daher besteht immer die Möglichkeit, daß sich die Verlierer auflehnen werden. Wie die durch den technischen Fort-

schritt mit einem Mal arbeitslos gewordenen Weber im Europa des 19. Jahrhunderts, die auch nicht wußten, wo sie sich in Zukunft verdingen sollten, werden auch diejenigen, die heute durch technologische Neuerungen ihren Arbeitsplatz verlieren, kaum eine grundlegende politische Neuausrichtung bewirken können.

3. Es gibt eine Art Schadenfreude, die möchte, daß dieser kooperative Prozeß der wechselseitig vorteilhaften Entwicklung zusammenbricht, nicht weil irgend jemand nachhaltig von diesem Zusammenbruch profitieren würde, sondern um die Kosten irgendeinem verhaßten Sündenbock anzulasten. Man könnte dies die Schirinowski-Reaktion nennen. Wladimir Schirinowski – Vorsitzender der rechtsextremen Liberaldemokratischen Partei Rußlands – ist kein besonders begnadeter Politiker, aber er versteht es, boshafte Aperçus in die Welt zu setzen. Am aufschlußreichsten ist die rhetorische Frage, die er den Russen immer wieder gestellt hat: »Warum sollten wir uns selbst ins Elend stürzen? Wir sollten andere ins Elend stürzen.«[14] Es ist verwunderlich und zugleich erfreulich, daß diese Reaktion recht selten ist und daß weithin anerkannt wird, daß die Weltwirtschaft kein bloßes Nullsummenspiel ist. Selbst in der besonders dramatischen und bunten Welt der russischen Politik wird Schirinowski als Clown, nicht als Prophet behandelt.

4. Wenn unerwartete und unerfreuliche Ereignisse stattfinden, machen viele das »System« als Ganzes verantwortlich und beginnen, nach Alternativen zu suchen. Dies ist der »Bananenschalen-Effekt«. Wir rutschen aus und verfluchen dafür die ganze Welt. Das Ausrutschen auf einer Bananenschale läßt sich manchmal nicht vermeiden. Es ist denkbar – und sogar unvermeidlich –, daß der neue ökonomische Konsens von schweren Budget- und Finanzkrisen auf die Probe gestellt wird. Marktwirtschaftliche Systeme sind dynamisch und störungsanfällig. Und es gibt ein grundlegendes politisches Problem.

Gerade Staaten unterliegen gegenläufigen Sachzwängen: Einerseits sollen sie aufgrund der erhöhten Mobilität der Produktionsfaktoren die Steuern senken; andererseits erfordern traditionelle Staatsaufgaben zusätzliche Ausgaben. Seit den siebziger Jahren ist es leichter geworden, Haushaltsdefizite über die internationalen Kapitalmärkte zu finanzieren. Doch diese reagieren äußerst empfindlich auf eine nicht nachhaltige Finanzpolitik – nicht sofort, bei den ersten Anzeichen von Problemen, sondern erst im letzten Augenblick, mit dem Ergebnis, daß die verflochtene Weltwirtschaft vermutlich immer mehr generalisierte Finanz- und Bankenkrisen, wie sie gegenwärtig in Asien auftreten, erleben wird.

Aber ist die freie Marktwirtschaft wirklich ein »System«? Oder ist sie nicht vielmehr, wie einige Kritiker, die sich mehr Ordnung wünschten, beklagen, ein »Nichtsystem«? Das Wesen der freien Marktwirtschaft besteht darin, daß ihr Ordnungsrahmen nur aus allgemeinen Regeln oder Gesetzen besteht, die nicht auf konkrete oder diskriminierende Ergebnisse abstellen. Man könnte sagen: Je weniger eine Wirtschaftsordnung auf Planung basiert und je stärker sie das Ergebnis von zufälligen Interaktionen, Ideen und Entwicklungen ist, um so unwahrscheinlicher sind koordinierte Anstrengungen, um diese Ordnung zu beseitigen. Je komplexer ein System ist, desto geringer ist die Anziehungskraft einfacher, alternativer Planungsmodelle: Die Zentralisierung war viel verlockender und effizienter in einem Zeitalter, in dem die Industrie nur einige wenige Grundgüter produzierte.

Neue Paniken

Vom Sommer 1997 bis zum Sommer 1998 beherrschte Asien die Schlagzeilen der Wirtschaftspresse. Im Herbst 1998 brach dann eine Panik aus, weil man ernsthaft mit der Möglichkeit einer weltweiten Ausbreitung der Krise rechnete. Nach 1997 sprachen viele Amerikaner und Europäer voller Häme über das Ende des »asiatischen Wirtschaftswunders«. Tatsächlich wurden asiatische Volkswirtschaften von einer schweren Vertrauenskrise erschüttert, die die Gefahr einer anhaltenden Deflationsspirale beinhaltete. Aber schon jetzt ist klar, daß man versuchen wird, die Krise durch eine verstärkte Liberalisierung der Finanzmärkte, das Ende der Vergabe von Krediten zu einem Zins, der unterhalb des Marktzinses liegt, und die Öffnung für ausländische Investoren in den Griff zu bekommen. Alles spricht dafür, daß die asiatischen Volkswirtschaften alsbald wieder auf den Wachstumspfad zurückkehren werden – jedenfalls viel schneller als Lateinamerika nach den traumatischen Schuldenkrisen der achtziger Jahre.

Die asiatische Debatte hat in der Frage, wo die fundamentalen Probleme im Verhältnis zwischen Märkten und Staaten liegen, eine falsche Fährte gelegt. Die größte Gefahr für die Weltwirtschaftsordnung kommt aus zwei entgegengesetzten Richtungen: von einigen der reichsten und ältesten Industriegesellschaften, und von Ländern, die bislang von den Umwälzungen der Globalisierung weitgehend verschont geblieben sind. Geographisch gesehen, gehen die größten Gefahren von Europa und Afrika aus. In Europa hat sich das Anspruchsdenken gegenüber dem Staat in einer kontraproduktiven Weise verfestigt, und Reformvorschläge werden allzuschnell als politisch nicht diskussionsfähig abgestempelt. Diese Staaten verlassen sich in einem solchen Ausmaß auf ihre Glaubwürdigkeit – auf das Vertrauen der Märkte –, daß sie den Ausbruch einer schweren Finanzkrise am längsten hinausschieben können. Diese Wahrnehmung hält Politiker davon ab, zu reagieren und zu reformieren, selbst wenn die Diagnose der Krankheit zweifelsfrei gesichert ist. Die Märkte bestrafen Defizite und unverantwortliches Verhalten nicht so schnell, weil die Marktmacher konservativ sind und nur ungern das Unmögliche denken. Dies führt dazu, daß Krisen nur mit großer zeitlicher Verzögerung auftreten und dann innerhalb der bestehenden politischen Ordnung und bestehenden politischen Erwartungen als unlösbar erscheinen.

In Lateinamerika und Ostasien sind die Märkte wachsam und reagieren äußerst empfindlich auf ungeeignete politische Maßnahmen. Sie geben damit anderen Schwellenländern ein Beispiel, welches ihnen vor Augen führt, wie wichtig eine konsistente Politik ist. Dagegen erzeugt der Vertrauensvorschuß für Europa eine Reformblockade.

In den ärmsten Volkswirtschaften dagegen ist das Vertrauen der Märkte in den Staat gleich null; diese Länder stolpern daher oft von einer schweren Regierungskrise in die nächste, wobei die Voraussetzungen wirtschaftlicher Entwicklung oftmals auf der Strecke bleiben. Hierin liegt eine weitere Parallele zur ersten industriellen Revolution, die in ihrem Herzland, Westeuropa und später den Vereinigten Staaten, politisch viel weniger problematisch war als dort, wo sie erst in jüngerer Vergangenheit mit explosiver Wucht Einzug hielt und viel stärkere politische Ressentiments auslöste: in Osteuropa und Rußland sowie in den ehemaligen Kolonien.

Die Nachhaltigkeit der Weltwirtschaft hängt von erfolgreichen politischen Reformen in diesen beiden Regionen ab – kurz, von einer grundlegenden Revision der europäischen und afrikanischen Entwicklungsmodelle. Der entwicklungspolitische Sonderweg – der letztlich in einem falschen Verständnis von Politik und von der Rolle des Staates gründet – hat die wirtschaftliche und politische Stabilität Afrikas schwer geschädigt. Erschreckenderweise gilt die gleiche Diagnose für Kontinentaleuropa.

Hier kommt auch ein wichtiges politisches und verfassungsrechtliches Element zum Tragen. Der Nationalstaat war kein Geschöpf der industriellen Epoche, aber seine Existenz erleichterte ökonomische Veränderungen, indem er einen stabilen rechtlichen Rahmen vorgab. Heute verdient er es auch, als ein wesentliches Element der politischen Ordnung erhalten zu werden. Aber seine Zukunft wird durch den fehlenden Reformwillen bedroht. Er wird nur dann überleben, wenn die Erwartungen an das, was Politik zu leisten vermag, zurückgeschraubt werden. Andernfalls wird es zwangsläufig dazu kommen, daß supranationale Institutionen Maßnahmen durchsetzen, zu denen sich nationale Regierungen immer weniger in der Lage sehen – Subventionen abbauen, eine nachhaltige, auf Stabilität bedachte Finanzpolitik betreiben, den Bankensektor regulieren. Die Europäische Union wird bereits weithin als eine Quelle jener Disziplin instrumentalisiert, die Staaten von sich aus nicht üben können. Dieses Phänomen hat in ganz Europa schon für reichlich Politikverdrossenheit und Enttäuschung über das Projekt Europa gesorgt. Vor dem Hintergrund einer solchen Stimmungslage wird jede brisante Krisensituation in der Zukunft noch schwerer zu bewältigen sein.

Die Politikverdrossenheit spiegelt sich auch in der zunehmenden Häufigkeit von Korruptionsskandalen wider. Es geht dabei nicht mehr nur um Korruption als einer gängigen Methode der »Gehaltsaufbesserung« unter den besonderen Umständen der postkommunistischen Transformationsländer, insbesondere Rußlands. In Westeuropa rissen nach dem Ende des Kalten Kriegs einige Bande, die früher politische Systeme zusammengehalten hatten. Die Ideologie verlor an Bedeutung, und viele Menschen sahen zynischerweise in der Politik nur noch ein Mittel zur Verteilung der Pfründe politischer Macht. Italien ist auf dem Weg der Entideologisierung und politischen Desintegration am weitesten vorangeschritten, insofern die beiden einflußreichsten Regierungsparteien aus der Zeit des Kalten Kriegs, die Christdemokraten und die Sozialisten, im Gefolge grassierender Korruptionsskandale einfach verschwanden. Die Bestechlichkeit von Kabinettsmitgliedern trug wesentlich zum allgemeinen Vertrauensverlust der britischen Konservativen in den neunziger Jahren bei. Über ähnliche Skandale stürzten auch französische Minister. Ein Parteienfinanzierungsskandal in Deutschland nahm beinahe italienische Ausmaße an und führte vorübergehend zu einer ernsten Schwächung der dominierenden Parteien der Bonner Republik, der Christdemokraten und der Sozialdemokraten.

Das ausklingende 20. Jahrhundert zeichnet sich durch eine beispiellos tiefe Skepsis gegenüber der früheren Antwort (ein starker Staat) auf die Sünde der Globalisierung aus. Die Antwort, die Martin Luther in der deutschen Reformation gab – die Stärkung des Staates und der öffentlichen Gewalt –, deckte sich weitgehend mit der Antwort des späten 19. Jahrhunderts. Sie wurde Mitte des 20. Jahrhunderts zur herrschenden Lehre, nachdem Kriege und die Weltwirtschaftskrise zu einer Ausweitung der Staatstätigkeit geführt hatten.

Wir haben auch eine ganz andere Meinung darüber, was die Sünde der Globalisierung eigentlich bedeutet. Die meisten Staaten der Welt haben ihre Haltung zu wirtschaftlichen und finanziellen Transaktionen grundlegend geändert. Die Kritik von George Soros am modernen Finanzkapitalismus beruht auf der Beobachtung, daß es immer weniger gemeinsame Werte gibt, die eine Gesellschaft zusammenhalten, und daß »Politik sowohl auf nationaler wie auf internationaler Ebene allgemein versagt hat«.[15] Dieser Wertewandel zeigt sich in frappierender Weise in der allgemeinen Einstellung zu skrupellosen Spekulanten. Sie waren die »Dämonen« des Kapitalismus im 19. und in der ersten Hälfte des 20. Jahrhunderts. Gibt es heute noch solche abgefeimten

Schurken? Die neunziger Jahre sind viel nachsichtiger. Nick Leeson, der in Singapur ansässige Wertpapierhändler, dessen Machenschaften 1995 zum Niedergang der altehrwürdigen Barings Bank führten, wird in einem Film als liebenswürdiger Mann porträtiert, der in etwas hineingezogen wird, das mehr und mehr seiner Kontrolle entgleitet. Michael Milkens Insiderhandel ist weitgehend vergessen; seine Erfindung eines neuen Finanzierungsinstruments (der *junk bonds* – »Müll-Anleihen«), das maßgeblichen Anteil an der dynamischen Entwicklung der US-Wirtschaft in den neunziger Jahren hatte, bleibt dagegen in lebhafter Erinnerung.

Die Spekulation kann sogar positive Effekte haben, und sie wird immer häufiger so gesehen. George Soros, der eine »Kriegskasse« von 19 Milliarden Pfund aufbrachte, um 1992 die Parität des Pfund Sterling innerhalb des Wechselkursmechanismus des Europäischen Währungssystems anzugreifen, und der bei seiner relativ risikolosen Wette einen Gewinn von schätzungsweise 1 Milliarde Pfund einstrich, gilt weithin als Held und nicht als Schurke. Dies hängt weniger damit zusammen, daß er ein profunder und interessanter Denker ist oder daß er Bildungs- und soziale Hilfsprojekte in Mittel- und Osteuropa mit äußerst großzügigen Spenden unterstützt. Vielmehr erkennen mittlerweile viele, daß der Angriff auf das Pfund letztlich eine segensreiche Aktion war, die ein aberwitziges Wechselkursregime zu Fall brachte. Auf die währungspolitische Demütigung der britischen Regierung im Jahr 1992 folgten, anders als es 1967 der Fall gewesen war, keine Attacken auf die »Gnome von Zürich«. Vielmehr löste sie scharfe Selbstkritik bei den Politikern aus, die sich ihrer Verantwortung für ihre verfehlte Politik stellen mußten. Einer der Hauptbeteiligten an dem Debakel, der damalige Schatzkanzler Norman Lamont, drückte es in seiner Rücktrittsrede folgendermaßen aus: »Das Problem liegt darin, daß sie [die Regierung] nicht einmal besonders viel von Politik versteht und sich zu sehr in wirtschaftspolitische Entscheidungen einmischt. Daher gibt es zu viel kurzsichtige Planung, zu viel bloßes Reagieren und nicht genügend aktives Gestalten.«[16] Regierungen, so lautete die Lektion, konnten nicht länger über das Schicksal von Volkswirtschaften entscheiden.

Die Entdämonisierung der Finanzmärkte ist Teil einer Demokratisierung von Finanztransaktionen. Wir ähneln den Helden beziehungsweise Schurken der Vergangenheit, wenn wir elektronische Wertpapierorders in unsere Heimcomputer eingeben. Daher haben wir ein ganz anderes Verständnis von unmoralischer Selbstbereicherung als jene, die im 19. Jahrhundert den Kapitalismus kritisierten und deren Sündenbegriff wir im ersten Kapitel näher betrachteten. Die Dämonen von Marx und Wagner sind heute recht alltägliche Figuren. Sie sind keine mysteriösen Götter der Hochfinanz in Zylinderhüten mehr: Wir alle sind Teil des Systems.

Gibt es dann alternative Antworten auf die Probleme, die möglicherweise durch das globale Chaos verursacht werden? Oft wird behauptet, eine neue Weltordnung und die Gefahr von Turbulenzen auf den Kapitalmärkten erforderten eine neue weltpolitische Rahmenordnung.

Neue Organisationen

Einer der Unterschiede zwischen der Welt des ausgehenden 20. Jahrhunderts und der Welt der Großen Depression ist die Komplexität und Stärke internationaler Organisationen. Inwieweit ist ein so kompliziertes System ein wirksamer Schutzmechanismus? Denn in den zwanziger Jahren hatte es ja einen differenzierten und zugleich visionären Entwurf einer Weltordnung gegeben. Alle grenzüberschreitenden ökonomischen Transaktionen konnten internationaler Überwachung und Kontrolle unterworfen werden. Grenzüberschreitende Finanzströme sollten durch Zusammenarbeit der Zentralbanken, die von der Bank für Internationalen Zahlungsausgleich koordiniert werden sollte, in geordnete Bahnen gelenkt werden. Der Völkerbund sollte die wirtschaftliche Stabilisierung überwachen und auf dem Verhandlungsweg die Beseitigung von Schranken für den freien Güterverkehr erreichen. Die Internationale Arbeitsorganisation sollte die Arbeitsbedingungen harmonisieren, »unlauteren Wettbewerb« unterbinden und so die globalen Arbeitsmärkte steuern. Die hohen, zweifellos überzogenen Erwartungen an die neue institutionelle Ordnung wurden bald bitter enttäuscht. Die BIZ war viel zu klein, die Weltwirtschaftskonferenzen waren ein Fiasko und die Internationale Arbeitsorganisation war eine belanglose Nebensache.

Nur wenn ein Staat gewisse grundlegende Aufgaben nicht erfüllt, ist es wünschenswert, daß internationale Institutionen diese an sich ziehen. In einigen sehr armen Ländern erhebt sich eine ganz andere Frage über den Staat und seine Rolle als in jenen Industriestaaten, die an einem problematisch gewordenen Wohlfahrtsstaat festhalten. Gute Regierungsarbeit, Stabilität, Rechtsstaatlichkeit und ein geordnetes Gesetzgebungsverfahren sind die Voraussetzungen für erfolgreiche Wirtschaftsreformen. Aber wie läßt sich dies auf jene Gebiete erweitern, wo gegenwärtig Anarchie herrscht und staatliche Strukturen zerfallen? Zyniker könnten fragen, wieso sich die restliche Welt überhaupt darum scheren sollte, andere Länder in eine funktionierende Weltwirtschaft einzugliedern. Eine Antwort lautet, daß dies in erster Linie eine moralische Verpflichtung ist; es geht darum, unsere Möglichkeiten voll auszuschöpfen. Aber die dringende Notwendigkeit einer Lösung läßt sich auch mit Pragmatismus oder Eigennutz begründen. Denn wenn diese Gesellschaften ihre Güter nicht exportieren können und nicht in die internationale Staatengemeinschaft aufgenommen werden, dann bleiben sie nicht einfach in einem Ghetto des Elends und der Inhumanität isoliert. Vielmehr werden sie ihre Probleme exportieren: ihren Terrorismus, ihre Gewalt und ihre Krankheiten.

Internationale Institutionen werden bei der Beilegung von Krisen in diesen Regionen eine wesentliche Rolle spielen. Sie können die fehlende innerstaatliche Ordnung ersetzen. Wenn man die Elemente des modernen ökonomischen Konsenses genauer betrachtet, wird deutlich, daß er weit über die lediglich technischen Fragen der Steuerung der Volkswirtschaft hinausgeht und äußerst sensible politische Bereiche tangiert. Während des Kalten Kriegs war die Wirtschaftshilfe oftmals an politische Kriterien geknüpft: So hatte die schwere Wirtschaftskrise, die den IWF 1956 wieder ins Zentrum des Weltfinanzsystems rückte, die Suez-Krise, vor allem politische Gründe. Die Entscheidungen in den siebziger Jahren, Rumänien und Jugoslawien zu unterstützen, folgten einer im wesentlichen politischen Logik (denn dies waren die Planwirtschaften, die sich politisch am weitesten von der Sowjetunion entfernt hatten), ebenso die umfassende Hilfe an Ägypten oder Zaire. Einige Europäer beklagten, daß »Washington«, eine enge und unbekömmliche Arbeitsbeziehung zwischen der US-Administration und den Bretton-Woods-Institutionen, unerlaubterweise mit dem »Geld anderer Leute« die Verfolgung amerikanischer Interessen finanziere.[17]

Die Ära nach dem Ende des Kalten Kriegs ist von einer ganz anderen politischen Grundhaltung geprägt: nicht länger ein Antagonismus von Ost und West, bei dem prowestliche Regime automatisch unterstützt werden, unabhängig von ihrer Leistungsfähigkeit, Kompetenz und Integrität, sondern ein viel ausgeprägterer Interventionismus, der den Zusammenhang von ökonomischem und politischem Wandel sehr viel ernster nimmt. Dies führte dazu, daß in einigen Ländern ein viel höheres Tempo bei den wirtschaftlichen Reformen erzwungen wurde (beispielsweise in Ägypten, das sich bis Anfang der neunziger Jahre Liberalisierungsbestrebungen weitgehend widersetzte), daß in anderen Ländern die staatliche Ordnung zusammenbrach (im Zaire Mobutus) und daß wieder andere Länder zu internationalen Parias wurden (Nigeria nach der Hinrichtung von Ken Saro-Wiwa). Bemerkenswerterweise werden innenpolitische Ineffizienz, Korruption und Unterdrückung nicht mehr einfach hingenommen.

Der Zusammenbruch der kommunistischen Planwirtschaften beziehungsweise (im Fall Chinas) ihre Transformation in Marktwirtschaften war die letzte Etappe bei der Herausbildung des neuen Konsenses. Dies führte zu einer zunehmenden Gleichförmigkeit der politischen Anschauungen und der Wirtschaftsordnung. Denn beide sind eng miteinander verknüpft: Die ökonomische Leistungsfähigkeit hängt von einer funktionierenden Zivilgesellschaft, von Rechtsstaatlichkeit und von der Gewährleistung des Privateigentums ab.

Die neuen politischen Rahmenbedingungen zeigen sich am sichtbarsten darin, daß sich die Bretton-Woods-Institutionen mit *governance* – Weltordnungspolitik – befassen. Im August 1997 wiesen neue Führungsrichtlinien des IWF-Exekutivdirektoriums die Mitarbeiter an, bei der wirtschaftspolitischen Beratung »den Mitgliedsstaaten zu helfen, Systeme zu entwickeln, die den Spielraum für ad-hoc-Entscheidungen, für *Rent-seeking* (das Abschöpfen von Monopolrenten) und für die unerwünschte Vorzugsbehandlung von Individuen oder Organisationen einschränken«. Der IWF erklärte, es sei »gerechtfertigt, Informationen über die politische Lage in Mitgliedsstaaten einzuholen, um die Aussichten für die Umsetzung wirtschaftspolitischer Empfehlungen sachgerecht beurteilen zu können«.[18]

Die neue politische Einstellung schlug sich bereits 1996–97 in einer Reihe sehr bedeutender Entscheidungen internationaler Institutionen nieder. Die Verteidigungsausgaben waren während des Kalten Krieges niemals ein ausdrückliches Gesprächsthema. Mittlerweile dagegen sind sie in zahlreichen Fällen, insbesondere Pakistan und Rumänien, ein zentrales Element der Verhandlungen mit dem Währungsfonds gewesen. Auch Korruption wird mittlerweile ausdrücklich thematisiert – in Afrika, aber auch im Falle Indonesiens mit seinen nepotistischen Strukturen. Die demokratische Situation wird ebenfalls berücksichtigt, obwohl dies in den Gründungsstatuen der Bretton-Woods-Institutionen nicht vorgesehen ist. Serbien wurde aufgrund einer solchen politischen Bewertung die Aufnahme in den IWF verweigert. Im Falle Kroatiens blockierte der IWF im Juli 1997 die Freigabe einer Kredittranche über 40 Millionen Dollar als Strukturhilfe für die Privatisierung, nicht wegen irgendwelcher direkten Probleme mit dem Privatisierungsprogramm, sondern wegen »der unbefriedigenden demokratischen Lage in Kroatien«.[19]

Zwar hatte der IWF schon in der Vergangenheit hin und wieder Verbindungen zur Menschenrechtssituation hergestellt – so wurde der Mitgliedschaftsantrag Polens in den achtziger Jahren nach der Verhängung des Kriegsrechts und der Internierung von Dissidenten auf Eis gelegt; und in Südafrika wurde in den achtziger Jahren die Apartheid auf diskretere und subtilere Weise als eine ineffiziente Arbeitspraxis kritisiert. Doch ab Mitte der neunziger Jahre nahmen politische Themen in den Verhandlungen mit dem IWF einen immer breiteren Raum ein. Die zunehmende Einmischung des IWF in die Politik ist eine unmittelbare Folge des neuen ökonomischen Konsenses und einer neuen politischen Weltordnung, die sich auch diesem Konsens verdankt. Aber darin spiegelt sich auch noch etwas Tieferes wider – die sich weltweit immer mehr durchsetzende Erkenntnis, daß die Weltwirtschaft und die Weltinstitutionen Rechte und Wohlstand besser gewährleisten können als manche Regierungen, die vielleicht korrupt und militaristisch sind und *Rent-seeking* betreiben.

Die neue Haltung ist mit vielfältigen Problemen behaftet. Eines der grundlegendsten ist das politische Pendant zu der Kritik, die Paul Volcker an wirtschaftspolitischen Programmen des IWF übte: »Wenn der IWF mit einem kleinen, schwachen Land verhandelt, gibt das Land klein bei. Wenn der IWF mit einem großen, mächtigen Land verhandelt, gibt der IWF klein bei. Wenn die großen Länder untereinander uneins sind, kommt der IWF aus der Schußlinie.«[20] Internationale Institutionen können bei kleinen Ländern wie Kroatien oder Rumänien oder auch bei isolierten Staaten wie Pakistan oder Nigeria leichter hohe Verteidigungsausgaben, Korruption und undemokratische Praktiken anprangern als bei großen Staaten, die über erhebliche militärische und ökonomische Macht verfügen. In anderen Fällen wird diese Einmischung des IWF als flagranter Versuch interpretiert, westliche Werte aufzuoktroyieren, in der Hoffnung, potentielle Wettbewerber in die Schranken zu weisen oder gar auszuschalten (eine Kritik, die immer wieder von Mahathir Mohamad geübt wurde).

Zweitens stellt sich die Frage nach der institutionellen Implementierungsfähigkeit. Einige Programme und Erklärungen aus jüngster Zeit befassen sich auch mit der Organisation der Wirtschaft: der Zerschlagung von Kartellen, der Verbesserung der Buchführungspraxis und der Überwachung des Bankensektors. Die makroökonomischen Auswirkungen der vom IWF kritisierten organisatorischen beziehungsweise strukturellen Defizite sind unmittelbar ersichtlich. Andererseits betritt der IWF völliges Neuland, wenn er versucht, diese Mißstände zu beheben, wofür er eigentlich nicht zuständig ist. Er hat Erfahrung in fiskalpolitischen Angelegenheiten und bei der geld- und währungspolitischen Beratung, aber nicht mit weitreichenden Reformen des Finanzsektors und gewiß nicht in der Theorie und Praxis des Rechnungswesens. Viele Kritiker fragen sich, ob die Definition und die Umsetzung solcher Ratschläge nicht besser anderen Institutionen oder den betreffenden Firmen selbst überlassen bleiben sollte.

Drittens wird dieser Prozeß der Aufgabenerweiterung eine gefährliche Eigendynamik entwickeln. Das Gesetzespaket über die Erhöhung der IWF-Quoten, das Ende der neunziger Jahre im US-Kongreß erörtert wurde, sah die Aufnahme von Umwelt- und Arbeitsstandards in die Programme des Währungsfonds vor. Als der Präsident der USA die gleichen Punkte ansprach, führte dies zum Scheitern der WTO-Konferenz von Seattle. Solche Forderungen offenbaren eine Erwartungsfalle. Je mehr der IWF sein Mandat erweitert, um so mehr wird von ihm erwartet und um so weniger wird er in der Lage sein, den Forderungen gerecht zu werden. Wozu dieses scheinbare Versagen führt, zeigt sich in den wachsenden Zweifeln, selbst im politischen Mainstream, an der Zukunftsfähigkeit des IWF. Um diese Bedenken auszuräumen, muß der IWF der Versuchung einer institutionellen »Überdehnung« widerstehen, indem er sich auf sein klar definiertes Mandat beschränkt und seine Programme einer objektiven Erfolgsbeurteilung unterzieht.

Seit dem Ausbruch der Asienkrise im Sommer 1997 hat die Kritik am IWF aus fast allen politischen Lagern massiv zugenommen. Der Tenor dieser Kritik lautet, die Existenz internationaler Institutionen stelle einen »*moral hazard*« dar – eine Aufforderung zu fahrlässigem Risikoverhalten (weil man sich darauf verlassen könne, daß das Risiko durch die internationalen Institutionen abgedeckt werde). Denn Staaten bemühen sich nicht um eine solide Regierungsarbeit, weil sie darauf vertrauen, daß ihnen die internationalen Institutionen schon beistehen werden. Noch wichtiger aber ist, daß Investoren keinen Anreiz zu sorgfältiger Risikoprüfung haben, weil sie darauf vertrauen, daß die Rückzahlung ihrer Kredite an wichtige Staaten durch die internationale Staatengemeinschaft gleichsam garantiert wird (sogenannter *bail-out*), weil diese sich vor den globalen Nachbeben schwerer Finanzkrisen fürchten. Man könnte meinen, daß dieses Argument nur für Schuldtitel staatlicher Kreditnehmer gilt, beispielsweise für die Käufe kurzfristiger Dollartitel durch die mexikanische Regierung im Jahr 1994. Aber es bedarf keines allzu großen politischen Einfallsreichtums, um zu erkennen, daß die Vergabe eines Kredits an ein Großunternehmen oder eine Großbank in einem wichtigen Land, besonders bei guten politischen Verbindungen, auf einem ähnlichen Kalkül beruhen kann. Die Regierung in dem Empfängerland wird zu ängstlich oder zu schwach oder zu korrupt sein, um Großunternehmen in Konkurs gehen zu lassen, und daher verbürgt sich der Staat implizit für ihre Zahlungsfähigkeit. Nach dieser weithin geteilten Interpretation gab Mexiko in den Jahren 1994/95 ein schlechtes Beispiel ab, das den sehr raschen Kapitalzufluß in die asiatischen Volkswirtschaften in den darauffolgenden beiden Jahren förderte.

Die Kritik an der »Überdehnung« läßt sich auch noch anders formulieren: Der IWF und andere internationale Institutionen stärken Staaten, die nicht in der Lage sind, effiziente und angemessene wirtschaftspolitische Maßnahmen zu ergreifen. Dies zeigt sich am deutlichsten im Fall von Staaten, in denen die öffentliche Ordnung zusammengebrochen ist (*failed states*), beziehungsweise Staaten, die in einem Bürgerkrieg versinken. Der Bürgerkrieg in Tadschikistan Anfang der neunziger Jahre wird gelegentlich – überspitzt – als ein Kampf rivalisierender Gangs um das Faxgerät, das mit dem IWF und der Weltbank verbunden war, beschrieben. Ähnliches wurde von dem ethnischen Konflikt und dem Genozid in Ruanda behauptet: Der Kampf um die Kontrolle der Regierung wurde so erbittert geführt, weil sie den Zugang zu Auslandshilfe und Macht ebnete.

Diese Überlegungen liegen auch vielfach der Kritik an dem fahrlässigen Risikoverhalten *(moral hazard)* von Staaten zugrunde, die sehr viel besser funktionieren: Die Anreize des internationalen Systems verleiten sie womöglich zu einer schlechten Politik.

Die überzogenen Erwartungen, die den IWF teilweise handlungsunfähig gemacht haben – oder ihn zumindest in eine Phase tiefer Selbstkritik und Selbstzweifel stürzten –, sind sogar noch bezeichnender für die kurze Geschichte der Welthandelsorganisation. Handelsfragen sind aus Gründen, die in den vorstehenden Analysen der Handels- und Geldpolitik während der Weltwirtschaftskrise angeführt wurden, politisch heikler als internationale Währungsabkommen. Während Geld abstrakt und anonym funktioniert, sind die Folgen der Handelsströme für alle Konsumenten unmittelbar ersichtlich. Daher ist der Außenhandel in viel stärkerem Maße Teil des politischen Prozesses.

Der Widerstand gegen die Globalisierung läßt sich leicht in handelspolitische Bedingungen übersetzen: Für reiche Industrienationen bedeutet dieser Widerstand, daß sie mit Verweis auf Verbraucherschutz, Arbeits- und Umweltstandards Importe aus ärmeren Ländern blockieren, die die ehrgeizigen und kostspieligen Ziele nicht erreichen können. Für die Entwicklungsländer sind diese westlichen Auflagen heuchlerisch, da sie ihres Erachtens nur einen neuen Protektionismus mit einem humanistischen Deckmantel verbrämen. Nach dieser Interpretation werden die internationalen Institutionen als ein Hebel benutzt, um eine unfaire Globalisierung der Welt zu erzwingen. Die Organisation der WTO-Konferenz von Seattle durch die Vereinigten Staaten – die Tatsache, daß die US-Handelsbeauftragte Charlene Barshefsky keine zielführende Tagesordnung vorlegte und daß der US-Präsident sich scheinbar die Sache der Arbeitsstandards zu eigen machte – wird als Beweis für die Doppelzüngigkeit der USA in Fragen des internationalen Handels betrachtet.

Auch hier liefert uns die Weltwirtschaftskrise eine düstere Warnung. Das internationale System – die Politik der Reparationen und Kriegsschulden, und die Mechanismen, die zur Bewältigung dieser politischen Probleme ersonnen wurden – wurde als Quelle der internationalen Unordnung dämonisiert. Es war der einseitige Protektionismus der Vereinigten Staaten im Hawley-Smoot-Act, der den Finanzmärkten im Jahr 1929 die eindeutigsten Frühwarnzeichen gab und die Ausbreitung jener Krise beschleunigte, die den Zusammenbruch der Globalisierung auslöste. Das Volumen der Finanzströme hat gegenüber der Zwischenkriegszeit zugenommen (aber nicht, wie viele Kommentatoren behaupten, in einem exponentiellen Umfang) und so eine höhere inhärente Risikoanfälligkeit herbeigeführt. Um Ihnen eine Vorstellung von den betreffenden Größenordnungen zu vermitteln: Ein Kapitalabfluß von weniger als 1 Milliarde Dollar (was 4 Prozent des Bruttoinlandsprodukts entsprach) führte 1931 zur Zahlungsunfähigkeit Deutschlands und zu einer weltweiten Krise; 1971 floß kurzfristiges Kapital in Höhe von fast 30 Milliarden Dollar (weniger als 3 Prozent des BIP) aus den Vereinigten Staaten ab und zerstörte das Bretton-Woods-System; und 1996 und 1997 flossen über 100 Milliarden Dollar (über 10 Prozent des BIP) aus den asiatischen Krisenländern ab.[21]

Historisch gesehen, gab es zwei institutionelle Abwehrmechanismen gegen die Folgen der Globalisierung. Erstens, die Entwicklung neuer Kompensationsmechanismen innerhalb bestehender politischer Systeme, auf staatlicher oder nationaler Ebene. Der zweite Schutzmechanismus – die Erarbeitung von Regeln, die über die nationale Ebene hinausgehen – gründete auf der Erkenntnis, daß es sich um einen weltumspannenden Prozeß handelt und regionale Reaktionen daher weitgehend wirkungslos bleiben. In den zweiten Prozeß flossen in erheblichem Umfang nationale Interessen in neuem Gewand ein; diese wurden nunmehr als eine Lösung für eine allgemeine, universelle und globale Herausforderung ausgegeben. Vor dem Ersten Weltkrieg, in der klassischen Ära der Globalisierung und des Fortschrittsglaubens, war der erste Abwehrmechanismus politisch am erfolgreichsten und zugkräftigsten. Er erzeugte durch Zolltarife, geldpolitische Regulierung und Zuwanderungsbeschränkungen nach und nach eine Reihe von Globalisierungshindernissen. Als man nach dem Ersten Weltkrieg mit diesen Hindernissen zu kämpfen hatte, bemühte man sich tatkräftig und engagiert darum, die zweite Antwort zu erproben (wie auch nach dem Zweiten Weltkrieg). Doch nach 1918 hatte man hoffnungslos unrealistische Erwartungen an internationale Lösungen, und diese führten schließlich zu einer viel heftigeren Gegenreaktion mit radikalen nationalen Lösungen.

Könnte es wieder zu einer solchen Gegenreaktion kommen? Grund zu Optimismus gibt paradoxerweise das Ausmaß der Ernüchterung über die Leistung der nationalen und internationalen Institutionen. Zu Beginn des neuen Jahrtausends würde niemand über die Vereinten Nationen oder – was für dieses Argument wichtiger ist – den IWF beziehungsweise die WTO mit dem gleichen leidenschaftlichen Engagement schreiben, mit denen die Idealisten der zwanziger Jahre die Zukunft des Völkerbunds und der Bank für Internationalen Zahlungsausgleich ausmalten (obgleich es sich der Präsident der Weltbank nicht nehmen ließ, Demonstranten in Prag, die die Abschaffung der Organisation forderten, zu erklären, daß er ihr »leidenschaftliches Engagement« bewundere).[22] Das Wilsonsche Pathos wirkt heute schal und unzeitgemäß. Wir haben unsere Erwartungen an internationale Institutionen erheblich zurückgeschraubt. Aber die gleiche Ernüchterung betrifft unsere Einstellung zu nationalen Institutionen und ihrer Fähigkeit, auf die Globalisierung und ihre Probleme zu reagieren.

Die naheliegenden politischen Reaktionen gegen die Globalisierung – Faschismus, Stalinismus und ihre ökonomischen Entsprechungen, staatlich gelenkter Handel und Planwirtschaft – sind endgültig diskreditiert. Daher besteht wenig Neigung, nach einer politischen Lösung für die Dilemmas der Globalisierung zu suchen. Die Franzosen, die gegen Seattle demonstrierten, verteidigten den Nationalstaat mit dem Schlagwort *souverainisme*. Aber diese Verteidigung wird ohne theoretische Begründung keinen großen Anklang finden. Die nationale Souveränität ist ohne eine konsistente ideologische Rechtfertigung und ohne eindeutigen Erfolgsnachweis nichts als eine leere Begriffshülse.

Gegenwärtig zeichnen sich die Umrisse einer Koalition der Globalisierungsgegner ab, die auf der Ablehnung von Zuwanderung (wegen Ängsten über Billigkonkurrenz auf dem Arbeitsmarkt), der Befürwortung von Kapitalverkehrskontrollen (zur Vermeidung von Schocks, die vom Finanzsektor ausgehen) und Skepsis gegenüber dem Welthandel basieren. Die Wut der Globalisierungsgegner richtet sich gegen vielfältige Ziele – den anonymen Dschungel multinationaler Konzerne, internationale Finanzinstitutionen, das globale Kapital, die neuen Milliardäre ... Aber niemand hat überzeugend dargetan, wie diese Wut produktiv dazu genutzt werden kann, alternative Strategien zu formulieren. Das Ressentiment speist sich nicht aus einem kohärenten theoretischen Entwurf. Die Kritik bleibt ein inkohärentes Stückwerk – kurz: postmodern. Sie wird allenfalls einige wirtschaftspolitische Initiativen hervorbringen.

Gibt es ein Vorbild für eine erfolgreiche Volkswirtschaft, die sich gegen die Globalisierung abschottet? Einige Kommentatoren sind der Ansicht, daß Mahathirs Malaysia einen Weg zu einem unorthodoxen wirtschaftlichen Erfolg aufzeige, der auf staatlicher Lenkung, Kapitalverkehrskontrollen und antiamerikanischer Rhetorik basiert. Aber anders als Hitler und (besonders) Stalin in den dreißiger Jahren findet er keine globale Resonanz.

Das Fehlen dieser beiden Merkmale – eines intellektuellen Bezugsrahmens und eines konkreten Vorbilds für eine Volkswirtschaft, die sich erfolgreich gegen die Globalisierung abschottet – erklärt, weshalb das Pendel so langsam von der Globalisierung wegschwingt. Aber es erklärt nicht, weshalb es gar nicht zurückschwingen sollte.

Verzeichnis der Abkürzungen

BE	=	Archiv der Bank of England, London
BF	=	Archiv der Banque de France, Paris
BIZ	=	Bank für Internationalen Zahlungsausgleich
FFM	=	Archiv des französischen Finanzministeriums
FRBNY	=	Archiv der Federal Reserve Bank of New York, New York
LN	=	Archiv des Völkerbunds, Genf
NA	=	Nationalarchiv, Washington
PA/AA	=	Politisches Archiv des Auswärtigen Amtes
PRO	=	British Public Records Office
SNA	=	Schweizerisches Nationalarchiv, Bern

◆◆◆

Anmerkungen

1. Einleitung

1 Joseph Stiglitz, »The Role of International Financial Institutions in the Current Global Economy«, Rede vor dem Chicago Council on Foreign Relations, 27. Februar 1998; Paul Krugman, *The Return of Depression Economics,* New York 1999, S. 166.
2 George Soros, *Die Krise des globalen Kapitalismus. Offene Gesellschaft in Gefahr,* Berlin 2000, S. 140 u. 177.
3 John Gray, *Die falsche Verheißung. Der globale Kapitalismus und seine Folgen,* Berlin 1999, S. 268.
4 Thomas L. Friedman, *Globalisierung verstehen. Zwischen Marktplatz und Weltmarkt,* Berlin 1999, S. 327.
5 Kevin O'Rourke und Jeffrey G. Williamson, *Globalization and History: The Evolution of a Nineteenth-Century Atlantic Economy,* Cambridge, Mass., 1999.
6 Ich habe mich ausführlich mit dem Internationalen Währungsfonds befaßt in: Harold James, *International Monetary Cooperation since Bretton Woods,* New York 1996.
7 IWF, »External Evaluation of IMF Surveillance«, Washington, D.C., 2000.
8 O'Rourke und Williamson, *Globalization and History,* S. 93.
9 Joseph A. Schumpeter, »The Instability of Capitalism«, *Economic Journal* 38 (1928), S. 361, 386; außerdem Richard Swedberg, *Schumpeter: A Biography,* Princeton 1991, S. 83.
10 José Ortega y Gasset, Vorlesung von 1933, in: *Gesammelte Werke*, Bd. 3, Stuttgart 1955, S. 463 f. Ich verdanke diesen Hinweis Lionel Gossman.
11 Martin Luther, *Von Kauffshandlung und Wucher,* Wittenberg 1524: ND Frankfurt a. M. 1987.
12 Zitiert in: Thomas Brady, *The Politics of the Reformation in Germany:*

Jacob Sturm (1489–1553) of Strasbourg, Atlantic Highlands, N.J., 1997, S. 13.

13 Martin Luther, *Von Kauffshandlung und Wucher,* Wittenberg 1524: ND Frankfurt a. M. 1987.

14 Auf diesen Punkt wird heute in der historisch orientierten Literatur zur Globalisierung sehr oft hingewiesen: Vgl. Paul Hirst und Grahame Thompson, *Globalization in Question,* 2. Aufl., Cambridge 1999, S. 19–65.

15 Theodor Fontane, *Der Stechlin* (1899), Köln 1994, S. 5.

16 W. Arthur Lewis, *Growth and Fluctuations, 1870–1914,* London 1978, S. 181; Dudley Baines, *Emigration from Europe,* Cambridge 1995, S. 1.

17 Brinley Thomas, *Migration and Economic Growth,* Cambridge 1954; ders., *Migration and Urban Development: A Reappraisal of British and American Long Cycles,* London 1972.

18 Jeffrey G. Williamson, »Globalization, Convergence, and History«, *Journal of Economic History* 56 (1996), S. 277–306; O'Rourke und Williamson, *Globalization and History.*

19 Vgl. Maurice Obstfeld und Alan M. Taylor, »The Great Depression as a Watershed: International Capital Mobility over the Long Run«, in: *The Defining Moment: The Great Depression and the American Economy in the Twentieth Century,* hg. von Michael D. Bordo, Claudia D. Goldin und Eugene N. White, Chicago 1998, S. 353–402; Maurice Obstfeld, »The Global Capital Market: Benefit or Menace«, *Journal of Economic Perspectives* 12 (1998), S. 9–30.

20 Vgl. Robert C. Feenstra, »Integration of Trade and Disintegration of Production in the Global Economy«, *Journal of Economic Perspectives* 12 (1998), S. 33.

21 Helmut Böhme, *Deutschlands Weg zur Großmacht: Studien zum Verhältnis von Wirtschaft und Staat während der Reichsgründungszeit 1848–1881,* Köln 1966, S. 94.

22 Darauf macht Ernest Gellner aufmerksam in *Nations and Nationalism,* Oxford 1983.

23 Adolph Wagner, *Die Ordnung des österreichischen Staatshaushalts,* Wien 1863.

24 Über den Zusammenhang zwischen Öffnung nach außen und einer Erweiterung der staatlichen Aktivität vgl. Dani Rodrik, *Has Globalization Gone Too Far?,* Washington, D. C., 1997.

25 E. E. Williams, *Made in Germany,* London 1896, S. 11.

26 Paul Kennedy, *The Rise of Anglo-German Antagonism, 1860–1914,* London 1980, S. 300.

27 Peter Flora u. a., *State, Economy, and Society in Western Europe, 1815–1975,* Bd. 1, Frankfurt 1983, S. 381 f., 393.

28 Zitiert in Michael Stürmer, *Das ruhelose Reich: Deutschland 1866–1918,* Berlin 1983, S. 49.

29 John Bodnar, *The Transplanted: A History of Immigrants in Urban America,* Bloomington 1985, S. 93.
30 Zitiert in Jeremy Adelman, *Frontier Development: Land, Labour and Capital on the Wheatlands of Argentina and Canada,* Oxford 1994, S. 151.
31 Vgl. Max Weber, *Landarbeiterfrage, Nationalstaat und Volkswirtschaftspolitik: Schriften und Reden, 1882–1889,* hg. von Wolfgang J. Mommsen und Rita Aldenhoff, in: Bayerische Akademie der Wissenschaften, *Max Weber Gesamtausgabe,* Tübingen 1993, S. 183.
32 Zitiert in: Christoph Kleßmann, »Long-Distance Migration, Integration and Segregation of an Ethnic Minority in Industrial Germany: The Case of the ›Ruhr-Poles‹«, in: *Population, Labour and Migration in 19th- and 20th-Century Germany,* hg. von Klaus J. Bade, Leamington Spa 1987, S. 108.
33 Weber, *Landarbeiterfrage, Nationalstaat und Volkswirtschaftspolitik,* S. 183.
34 Carlos Marichal, *A Century of Latin American Debt Crisis,* Princeton 1989.
35 Michael D. Bordo und Barry Eichengreen, »Is Our Current International Economic Environment Unusually Crisis Prone?«, in: *Capital Flows and the International Financial System,* Sydney 1999, S. 18–74.
36 Karl Helfferich, *Die Reform des deutschen Geldwesens nach der Gründung des Reiches,* Bd. 2, Leipzig 1899, S. 128–130, 136.
37 Charles Goodhart, *The Evolution of Central Banks,* Cambridge, Mass., 1988.
38 Alphonse Raffalovitch, *L'abominable vénalité de la presse, d'après les documents des archives russes,* Paris 1931; Michael D. Bordo und Hugh Rockoff, »The Gold Standard as a ›Good Housekeeping Seal of Approval‹«, *Journal of Economic History* 56 (1996), S. 389–428.
39 Niall Ferguson, *The World's Banker: The History of the House of Rothschild,* London 1998, S. 628–630.
40 Jean Strouse, *Morgan: American Financier,* New York 1999, S. 587.
41 Vgl. Hans Neisser, »Der internationale Geldmarkt vor und nach dem Krieg«, *Weltwirtschaftliches Archiv* 29 (1929), S. 185.
42 Karl von Lumm, »Diskontpolitik«, *Bank-Archiv* 11 (1912), S. 164.
43 Vgl. Dieter Ziegler, *Das Korsett der »Alten Dame«: Die Geschäftspolitik der Bank of England, 1844–1913,* Frankfurt 1990.
44 *Berliner Actionair,* 6. und 23. November 1907.
45 *Volkswirtschaftliche Wochenschrift* (Wien), 28. März 1907.
46 Raab in der 80. Sitzung des Reichstags am 15. 1. 1908, in: *Stenographische Berichte über die Verhandlungen des Deutschen Reichstages,* Bd. 229, Berlin 1908, S. 2445.
47 Graf v. Kanitz in der 79. Sitzung des Reichstags am 14. 1. 1908, in: *Stenographische Berichte über die Verhandlungen des Deutschen Reichstages,* Bd. 229, Berlin 1908, S. 2400.
48 Karl Marx, *Das Kapital. Kritik der politischen Ökonomie.* Im Zusammen-

hang ausgewählt und eingeleitet von Benedikt Kautsky, Stuttgart 1957, S. 389 f.

49 Ebd., S. 386.

50 Karl Marx, *Das Kapital. Kritik der politischen Ökonomie*. Dritter Band. Berlin 1969, S. 560. (Buch III: Der Gesamtprozeß der kapitalistischen Produktion. Hrsg. v. Friedrich Engels).

51 Paul Krugman, *Die Große Rezession. Was zu tun ist, damit die Weltwirtschaft nicht kippt,* Frankfurt a. M./New York 1999, S. 158.

52 Zitiert in Strouse, *Morgan*, S. 574.

53 John Kenneth Galbraith, Einleitung zu Robert Shaplen, *Kreuger: Genius and Swindler,* New York 1959, S. ix.

54 Lionel Robbins, *The Great Depression,* London 1934, S. 63.

55 Marx, *Das Kapital,* a. a. O., 1. Buch, S. 369 f.

56 *Lord Salisbury on Politics: A Selection from His Articles in the Quarterly Review, 1860–1883,* hg. von Paul Smith, Cambridge 1972, S. 47, 356 f. Der zitierte Artikel erschien ursprünglich unter dem Titel »Disintegration« im Oktober 1883.

57 A. J. Grant und Harold Temperley, *Europe in the Nineteenth Century (1789–1914),* London 1927, S. 558.

58 Helmut Schmidt, »Vorsicht, Finanzhaie«, *Die Zeit,* 8. Oktober 1997, S. 3.

59 Vgl. Mark Mazower, *Dark Continent: Europe's Twentieth Century,* New York 1998.

60 Albrecht Ritschl, »Deutschlands Krise und Konjunktur 1924–1934: Binnenkonjunktur, Auslandsverschuldung und Reparationsproblem zwischen Dawes-Plan und Transfersperre«, Manuskript 1997, S. 106.

2. Geldpolitik und Instabilität des Bankensektors

1 Graciela L. Kaminsky und Carmen M. Reinhart, »The Twin Crisis: The Causes of Banking and Balance-of-Payments Problems«, Direktorium des US-Zentralbankensystems, International Finance Discussion Papers Nr. 544 (März 1996).

2 Angela Redish, »The Latin Monetary Union and the Emergence of the International Gold Standard«, in *Monetary Regimes in Transition,* hg. von Michael Bordo und Forrest Capie, Cambridge 1993, S. 68–85; Giulio Gallarotti, *The Anatomy of an International Monetary System,* New York 1995; Barry Eichengreen und Marc Flandreau, »The Geography of the Gold Standard« in: *Currency Convertibility: The Gold Standard and Beyond,* hg. von Jorge Braga de Macedo, Barry Eichengreen und Jaime Reis, Bd. 3 der *Explorations in Economic History,* London 1996, S. 113–143.

3 Peter Temin, *Lessons from the Great Depression,* Cambridge 1989; Barry Eichengreen, *Golden Fetters: The Gold Standard and the Great Depression, 1919–1939,* New York 1992.

4 John Kenneth Galbraith, Einleitung zu Robert Shaplen, *Kreuger: Genius and Swindler,* New York 1959, S. ix.
5 William Adams Brown, *The International Gold Standard Reinterpreted, 1914–1934,* New York (National Bureau of Economic Research) 1940, S. 749.
6 Per Jacobsson an Sir Otto Niemeyer, 30. November 1932, Archiv der Bank von England, London (nachfolgend als BE abgekürzt), OV50/4. Er fuhr fort: »Leider ist es nur zu wahr, daß sich die meisten Experten in einem erschreckenden Maße vor ihren Herren fürchten.«
7 »Notes on Currency Questions«, August 1924, Archiv des Völkerbunds, Genf (fortan als LN abgekürzt), S123 (Salter Papers).
8 Montagu Norman an J. P. Morgan, 19. November 1927, BE G1/307.
9 Jacobsson, »Notes on a Conversation with Sir Otto Niemeyer«, 13. Dezember 1933, BE OV50/6.
10 Norman, Vorwort zu C. H. Kisch und W. A. Elkin, *Central Banks: A Study of the Constitution of Banks of Issue,* London 1928, S. vi.
11 Kompendium, »Principles of Central Banking«, 1936, zitiert Norman im Jahr 1921, BE OV50/8.
12 Benjamin Strong an Norman, 1. Mai 1927, BE G1/421.
13 Hjalmar Schacht an Norman, 6. November 1933, BE G1/415.
14 Niall Ferguson, *The Pity of War,* London 1998, S. 324.
15 Elizabeth Wiskemann, *Czechs and Germans: A Study of the Struggle in the Historic Provinces of Bohemia and Moravia,* London 1938, S. 142 f.
16 Für eine detaillierte Überblicksdarstellung vgl. Völkerbund, *The Financial Reconstruction of Austria,* Genf 1926, und *The Financial Reconstruction of Hungary,* Genf 1926; außerdem Nicole Piétri, *La Société des Nations et la reconstruction financière de l'Autriche, 1921–1926,* Genf (Centre Européen de la Dotation Carnegie pour Paix Internationale) 1970.
17 Völkerbund, *Financial Reconstruction of Hungary,* S. 9.
18 Ebenda, S. 9, 18.
19 Vgl. Louis Pauly, »The League of Nations and the Foreshadowing of the International Monetary Fund«, Princeton Essays in International Finance Nr. 201 (Abteilung Internationale Finanzwirtschaft, Fachbereich Wirtschaftswissenschaften, Princeton University, 1996).
20 Salter an Niemeyer, 14. April 1927, LN S123.
21 Vgl. Hans O. Schötz, *Der Kampf um die Mark 1923/4,* Berlin 1987.
22 Paul Warburg an Owen Young, 21. März 1924, Archiv der Federal Reserve Bank of New York, New York, (fortan abgekürzt als FRBNY).
23 Sir Charles Addis an Frederick Leith-Ross (britisches Finanzministerium), 28. Juli 1929, BE G1/1.
24 Bank für Internationalen Zahlungsausgleich (BIZ), *Fifth Annual Report, 1934–36,* zitiert in: Eichengreen, *Golden Fetters,* S. 263.
25 Gespräch zwischen Pierre Quesnay und Norman, 24. April 1930, BE OV5/1.

26 Addis an Norman, 16. Oktober 1929, BE G1/1. Vgl. auch »Bank für internationalen Zahlungsausgleich«, *Neue Zürcher Zeitung*, 30. Januar 1930.

27 Roger Auboin, »The Bank for International Settlements, 1930–1955«, Princeton Essays on International Finance Nr. 22 (Abteilung Internationale Finanzwirtschaft, Fachbereich Wirtschaftswissenschaften, Princeton University, 1955).

28 Niemeyer-Denkschrift, o. D., BE G1/1.

29 Norman an Addis, 19. Oktober 1929, BE G1/1.

30 »Bank für internationalen Zahlungsausgleich«, *Neue Zürcher Zeitung*, 30. Januar 1930.

31 Z. B. Francis Rodd an Harry A. Siepmann, 2. September 1931, BE G1/4.

32 Niemeyer-Denkschrift, BE G1/1.

33 Siepmann-Aktenvermerk über Telefonat mit Rodd, Bank für Internationalen Zahlungsausgleich (nachfolgend BIZ abgekürzt), 12. August 1930, BE G1/2.

34 HAS [Siepmann], Notiz über Telefonat mit Rodd, 10. August 1930, BE G1/2.

35 Quesnay an Siepmann, angeheftet an Aktenvermerk von Simon, 29. Oktober 1930, BE OV4/84.

36 Denkschrift (ohne Unterschrift), »Kindersley-Plan«, 2. Februar 1931, BE OV4/84.

37 Clément Moret an Gates McGarrah, 27. Februar 1931, BE OV4/84.

38 Vgl. Barry Eichengreen und Richard Portes, »After the Deluge: Default, Readjustment, and Readjustment during the Interwar Years«, in: *The International Debt Crisis in Historical Perspective*, hg. von Barry Eichengreen und Peter Lindert, Cambridge, Mass., 1989, S. 12–47; außerdem Barry Eichengreen und Richard Portes, »The Anatomy of Financial Crises«, in: *Threats to International Financial Stability*, hg. von Richard Portes und Alexander K. Swoboda, Cambridge 1987, S. 10–58; John T. Madden, *America's Experience as a Creditor Nation*, New York 1937, S. 111–113.

39 Jacobsson, »Problems of International Financing«, Mai 1936, BE OV50/6.

40 Gates McGarrah, Telegramm an Thomas W. Lamont und Seymour Parker Gilbert, 18. März 1931, FRBNY 797.3 BIZ.

41 Norman an George Harrison, 3. März 1931, BE OV4/84.

42 Bericht des Francqui-Unterausschusses, 7. Mai 1931; McGarrah an Norman, 22. April 1931; Sitzung des Direktoriums der BIZ, 18. Mai 1931; alle BE OV4/84.

43 Charles H. Feinstein und Catherine Watson, »Private International Capital Flows in the Inter-War Period«, in: *Banking, Currency, and Finance in Europe between the Wars*, hg. von Charles H. Feinstein, Oxford 1995.

44 W. Arthur Lewis, »World Production, Prices and Trade, 1870–1960«, *Manchester School of Economic and Social Studies* 20 (1952), S. 130.

45 Memorandum von F. G. Conolly (BIZ), »International Short Term Indebtedness«, Oktober 1936, BE OV50/6 (1$ = 5,165 Schweizer Franken).

46 Carl-Ludwig Holtfrerich, *Die deutsche Inflation 1914–1923. Ursachen und Folgen in internationaler Perspektive,* Berlin/New York 1980, S. 177 u. 286.
47 Feinstein und Watson, »Private International Capital Flows«, S. 115.
48 Wirtschaftsausschuß des Völkerbunds, Bericht über die 36. Sitzung, 31. Oktober 1930.
49 Völkerbund, *World Economic Survey, 1932–33,* Genf 1933, S. 137f.
50 Rudolf Nötel, »Money, Banking, and Industry in Interwar Austria and Hungary«, *Journal of European Economic History* 13, Nr. 2 (1984), S. 162.
51 Philip Cottrell, »1931: The Collapse of the Credit-Anstalt«, University of Leicester, Manuskript.
52 *The Banker,* 1929, S. 82.
53 G. W. F. Bruins Bericht, 9. Juli 1931, BE OV 5/3.
54 Norman an Harrison, 25. Mai 1931, BE OV32.
55 Aktenvermerk, 15. Mai 1931, Archiv der Banque de France (nachfolgend BF abgekürzt), Österreich-Dossier.
56 Conseil Général Procès-Verbaux, 13. Juli 1931, BF.
57 Charles Kindleberger, *Die Weltwirtschaftskrise 1929–1939,* München 1973, S. 158.
58 Van Hengel Bericht, 19. November 1932, LN C87; Deloitte Plender Binder an den österreichischen Finanzminister, mit dem testierten Abschluß der Creditanstalt (Anlage F) als Anlage, 3. Oktober 1931, LN C88.
59 Rost van Tonningen an Kienbök und Rost an Frankenstein, 6. und 22. April 1932, LN C95.
60 *Financial Times* (Londoner Ausgabe), 25. August 1998, S. 3. Der IWF setzt die Kosten für die öffentliche Hand – in Prozent des BIP – der Bankenkrisen in asiatischen Ländern höher an: 32 Prozent für Thailand, 29 Prozent für Indonesien, 18 Prozent für Malaysia und 17,5 Prozent für Südkorea; Internationaler Währungsfonds, *World Economic Outlook and International Capital Markets: Interim Assessment,* Washington, D. C., 1998, S. 88.
61 Dieter Stiefel, *Die große Krise in einem kleinen Land,* Wien 1988, S. 3ff.
62 Vgl. Alice Teichova und Dieter Mosser, »Investment Behavior of Industrial Joint-Stock Companies and Industrial Shareholding by the Österreichische Credit-Anstalt«, in: *The Role of Banks in the Interwar Economy,* hg. von Harold James, Hakan Lindgren und Alice Teichova, Cambridge 1991, S. 122–157.
63 Diane Kunz, *The Battle for Britain's Gold Standard, 1931,* London 1987, S. 47.
64 *L'avenir,* 10. Oktober 1931.
65 *Annuaire statistique hongrois,* Budapest, Staatliche Druckerei, verschiedene Daten. Vgl. auch Ivan T. Berend und Gyorgy Ranki, *Hungary: A Century of Development,* Newton Abbott 1974, S. 146.
66 *Annuaire statistique hongrois,* Budapest, Staatliche Druckerei, 1931, S. 125.

67 Michael C. Kaser, *The Economic History of Eastern Europe, 1919–1975,* Bd. 2, Oxford 1986, S. 223.
68 HAS [Siepmann], Aktenvermerk über Gespräch mit Dr. Popovics, 9.–10. Februar 1931; Gespräch Popovics mit Per Jacobsson, 1. April 1931; beide in BE OV33/79.
69 Ebenda.
70 Per Jacobsson (BIZ), »Report on the Budget and Exchequer Position in Hungary«, April 1931, BE OV33/79.
71 McGarrah an Moret, 22. April 1931, BF, Ungarn-Akte; Popovics-Telegramm an Norman, 6. April 1931, BE G1/306.
72 Notiz, »Position of Hungarian Banks on the Principal Creditor Countries«, 23. Januar 1932, BE OV33/40.
73 Gespräch von Per Jacobsson mit Dr. Sándor Wekerle, 30. März 1931, BE OV33/79.
74 *The Banker,* April 1930, S. 38.
75 Harrison-Denkschrift, 3. Juli 1931, FRBNY 2690.2.
76 Telegramm von Harrison an Norman, 8. Juli 1931, BE OV32.
77 Erika Jorgensen und Jeffrey Sachs, »Default and Renegotiation of Latin American Foreign Bonds in the Interwar Period«, in: Eichengreen und Lindert, *International Debt Crisis,* S. 51 f.
78 Zitiert in: Ilse Mintz, *Deterioration in the Quality of Foreign Bonds Issued in the United States, 1920–1930,* New York 1951, S. 66, 81.
79 Richard Kindersley, »British Overseas Investments in 1932 and 1933«, *Economic Journal* 44 (1934), S. 367.
80 Cleona Lewis, *America's Stake in International Investment,* Washington, D. C., 1938, S. 632–644.
81 Mintz, *Deterioration.*
82 Jorgensen und Sachs, »Default and Renegotiation«, S. 54.
83 Brian R. Mitchell, *International Historical Statistics: The Americas and Australasia,* London 1983, S. 552 f., 820 f.
84 Jorgensen und Sachs, »Default and Renegotiation«, S. 58.
85 Arturo O'Connell, »Argentina into the Depression: Problems of an Open Economy« in: *Latin America in the 1930s: The Role of the Periphery in World Crisis,* hg. von Rosemary Thorp, New York 1984, S. 208.
86 Mitchell, *International Historical Statistics,* S. 777.
87 Barrie A. Wigmore, *The Crash and Its Aftermath: A History of Securities Markets in the United States, 1929–1933,* Westport 1985, S. 205.
88 Albert Fishlow, »Lessons from the Past: Capital Markets during the 19th Century and the Interwar Period«, *International Organization* 39 (1985), S. 383–439.
89 Carlos F. Díaz-Alejandro, »Latin America in the 1930s« in Thorp, *Latin America in the 1930s,* S. 17–49.
90 Rosemary Thorp, *Progress, Poverty, and Exclusion: An Economic History of Latin America in the 20th Century,* Washington, D. C., 1998, S. 113–117.

91 Díaz-Alejandro, »Latin America in the 1930s«, S. 24; José Manuel Campa, »Exchange Rates and Economic Recovery in the 1930s: An Extension to Latin America«, *Journal of Economic History* 50 (1990), S. 626–631.

92 Vgl. Pierluigi Ciocca und Gianni Toniolo, »Industry and Finance in Italy, 1918–1940«, *Journal of European Economic History* 13, Sonderheft (1984), S. 130 f.

93 John Kenneth Galbraith, *The Great Crash*, Harmondsworth 1961, S. 38.

94 Vgl. Sidney Pollard, *The Gold Standard and Employment Policies between the Wars*, London 1970; Robert W. D. Boyce, *British Capitalism at the Crossroads*, Cambridge 1987; Kunz, *Battle for Britain's Gold Standard.*

95 Milton Friedman und Anna J. Schwartz, *Monetary Trends in the United States and the United Kingdom and Their Relations to Income, Prices, and Interest Rates, 1867–1975*, Chicago 1982, S. 289 f.; ferner Allan H. Meltzer, *Keynes's Monetary Theory: A Different Interpretation*, Cambridge 1988, S. 32–34.

96 Zitiert in: Alec Cairncross und Barry Eichengreen, *Sterling in Decline: The Devaluations of 1931, 1949, and 1967*, Oxford 1983, S. 64.

97 Committee of Treasury, 27. Juli 1931, BE G14/316.

98 Vgl. Robert S. Sayers, *The Bank of England, 1891–1944*, Bd. 1, Cambridge 1976, S. 323–330.

99 Harrison an Norman, 18. Mai 1931, BE OV32.

100 Über Kleinworts vgl. Stephanie Diaper, »Merchant Banking in the Interwar Period: The Case of Kleinwort Sons & Co.«, *Business History* 28 (1986), S. 69–71.

101 Banks' Clearing House, Gesamtzahlen ausstehender Devisenkontrakte, 21. Juli 1931, BE C43/75: die deutschen Devisenterminkäufe beliefen sich auf 19 633 340 Pfund, die österreichischen auf 2 347 833 Pfund und die ungarischen auf 1 026 267 Pfund.

102 Harlow und James an den Chief Casher – obersten Beamten – der Bank of England, 7. Oktober 1930, BE C43/75.

103 Tagebuch von Frederick Hyde, Eintragungen am 15. und 21. Juli 1931, Hongkong and Shanghai Bank Corporation, Archiv der Midland Bank.

104 Sitzungsprotokoll (Beaumont Pease), 24. September 1931; Sitzungsprotokoll (McKenna), 25. September 1931; beide in BE G15/3019.

105 *The Economist*, Banking Supplement, 14. Mai 1932, S. 4.

106 Sir William Goode an Premierminister Ramsay MacDonald, 18. September 1931, BE OV 48/9.

107 *Echo de Paris*, 20. September 1931.

108 »Very Secret, No Distribution«, 20. September 1931, British Public Records Office (nachfolgend PRO abgekürzt) Cab. 60 (31).

109 Vgl. Barry Eichengreen und Olivier Jeanne, »Currency Crisis and Unemployment: Sterling in 1931«, Centre for Economic Policy Research Discussion Paper Nr. 1898 (London, Juni 1998).

110 Zitiert in: Andrew Boyle, *Montagu Norman: A Biography,* London 1967, S. 267f.
111 [Siepmann?], Gespräch mit Lord Passfield, 8. September 1931, BE OV48/9.
112 Ben Bernanke, »Nonmonetary Effects of the Financial Crisis in the Propagation of the Great Depression«, *American Economic Review,* 73 (1983), S. 257–276.
113 Vgl. Elmus Wicker, *The Banking Panics of the Great Depression,* Cambridge 1996, S. 92.
114 Milton Friedman und Anna J. Schwartz, *Monetary History of the United States, 1870–1960,* Princeton 1967, S. 317.
115 Kritiker der Politik des Federal Reserve Systems führen zwei Argumente an: Das US-System habe über genügend Geld verfügt, um eine Ausweitung der Geldbasis zu erlauben; und die Abflüsse von 1931 und 1932 seien nicht mit den mitteleuropäischen Krisen oder der britischen Krise zu vergleichen. Nach dem September 1931, so behaupten sie, seien die meisten Devisentransaktionen von anderen Zentralbanken durchgeführt worden, die auf Verluste aus der Abwertung des Sterlings reagierten (aber der Kapitalabfluß wurde noch immer als Dollarschwäche interpretiert); im Frühjahr 1932 könne es keine allgemeine Panik gegeben haben, da Kanada, Südamerika und der Ferne Osten weiterhin Gold in die Vereinigten Staaten geschafft und anders als die Europäer ihre Einlagen nicht abgezogen hätten. Diese kritische Argumentation wird am prononciertesten vertreten in Michael D. Bordo, Ehsan U. Choudhri und Anna J. Schwartz, »Was Expansionary Monetary Policy Feasible during the Great Contraction? An Examination of the Gold Standard Constraint«, National Bureau of Economic Research Working Paper Nr. 7125, Cambridge, Mai 1999.
116 Herbert Stein, *The Fiscal Revolution in America,* Chicago 1969, S. 37.
117 Zitiert in: William J. Barber, *From New Era to New Deal: Herbert Hoover, the Economists, and American Economic Policy, 1921–1933,* Cambridge 1985, S. 120.
118 Stein, *Fiscal Revolution,* S. 33.
119 Telefonat von Burgess mit Harvey, 22. März 1932, FRBNY C261.
120 Telefonat von Hambro mit Harvey, 30. Mai 1932 (Aktenvermerk vom 2. Juni 1932), FRBNY 3117.2.
121 Notiz von Crane, 2. Juni 1932, FRBNY 3117.2.
122 Friedman und Schwartz, *Monetary History,* S. 423.
123 Barry A. Wigmore, »Was the Bank Holiday of 1933 Caused by a Run on the Dollar?«, *Journal of Economic History* 47 (1987), S. 745.
124 Peter Temin und Barry Wigmore, »The End of One Big Deflation«, *Explorations in Economic History* 27 (1990), S. 483–502.
125 Wicker, *Banking Panics,* S. 108ff.
126 Wigmore, »Bank Holiday of 1933«, S. 749.

127 Barber, *From New Era to New Deal,* S. 142.
128 Wicker, *Banking Panics,* S. 125.
129 Kenneth S. Davis, *FDR: The New York Years, 1928–1933,* New York 1985, S. 371, 367.
130 Samuel I. Rosenman (Hg.), *The Public Papers and Addresses of Franklin D. Roosevelt,* Bd. 2: *The Year of Crisis, 1933,* New York 1938, S. 264.
131 Schätzung der kurzfristigen Gelder von Ausländern in Paris, 24. Oktober 1933, BE OV45/6; Aktennotiz von Cobbold anläßlich seines Besuchs in Paris, 24. Oktober 1933, BE OV 45/83.
132 Memorandum, »French Gold«, 19. Juli 1931, BE OV45/5.
133 Telefonat von Charles Cariguel mit Crane, 15. Juli 1932, FRBNY C261.
134 *Les nouvelles financières et économiques,* 3. Juni 1932.
135 Telefonat von Cariguel mit Crane, 20. April 1933, FRBNY C261.
136 Völkerbund, *Public Finance, 1935,* Genf 1935, Frankreich, S. 4.
137 Zitiert in: Gordon Wright, *Rural Revolution in France: The Peasantry in the Twentieth Century,* Stanford 1964, S. 13 f.
138 Conseil Général Procès-Verbaux, 26. Februar 1931, BF. Diese Zahlen wurden dem Abgeordnetenhaus nie mitgeteilt.
139 Moret an den Finanzminister, 19. März 1931, BF B84.
140 HAS [Siepmann] Aktennotiz für Mr. Powell, 12. August 1930, BE OV45/81.
141 Telefonat von Moret mit Norman, 28. Oktober 1930, BE 45/81.
142 Conseil Général Procès-Verbaux, 27. November 1930, BF.
143 Vgl. Fernand de Brinon, »Le franc et la politique«, *L'information,* 10. Mai 1933.
144 Handelsminister an Finanzminister, 21. Mai 1931; Bericht des Comité régional, 13. Februar 1931; beide in BF B84.
145 Conseil Général Procès-Verbaux, 17. Februar 1932, BF.
146 Jean Bouvier, »The French Banks: Inflation and Economic Crisis, 1919–1939«, *Journal of European Economic History* 13, Nr. 2 (1984), S. 50.
147 Conseil Général Procès-Verbaux, 6. Dezember 1928, BF.
148 Ebenda, 6. Februar 1933.
149 Ebenda, 6. April 1933.
150 Aktennotiz von Ernest Rowe-Dutton vom 7. Mai 1934, BE OV45/7; Conseil Général Procès-Verbaux, 29. März 1934, BF.
151 Service Nationale de Statistiques und Institut de Conjoncture, *Mouvement économique en France de 1929 à 1939,* Paris 1941, S. 203.
152 Die Zahlen wurden errechnet auf der Grundlage von Statistiken in BF B30.
153 Telefonat von Cariguel mit Crane, 5. März 1935, FRBNY C261.
154 Telefonat von Cariguel mit Crane, 15. April 1935, FRBNY C261.
155 Vgl. Kenneth Mouré, »Une eventualité absolument exclue: French Reluctance to Devalue, 1933–1936«, *French Historical Studies* 15 (1988), S. 479–505.

156 Rowe-Dutton, Notiz über Gespräch mit Robert Lacour-Gayet, 28. Mai 1935, BE OV45/8.
157 *Journal des finances*, 29. November 1935.
158 Telefonat von L. Werner Knoke mit Cariguel, 16. Mai 1935, FRBNY 261.
159 Marc Perrenoud, »Banque et diplomatie suisse à la fin de la Deuxième Guerre mondiale«, *Schweizerisches Bundesarchiv Studien und Quellen* 13–14 (1988), S. 17; Légation suisse aux Pays Bas, 1. Juli 1933, Schweizerisches Nationalarchiv, Bern, (nachfolgend als SNA abgekürzt) E2001 (c) 3/147.
160 Anfrage 138, 7. Dezember 1936, Konferenz betreffend Kapitalanlagen im Ausland, 28. Januar 1937, beide in: SNA 6100 (a) 14/814.
161 Schulthess an Finanzdepartment, 16. Mai 1935, SNA E6100 (a)/691.
162 Robert U. Vogler, »Das Bankgeheimnis: Seine Genese im politisch-wirtschaftlichen Umfeld«, *Schweizer Monatshefte* 80, Nr. 3 (2000), S. 37–43.
163 Protokoll der interdepartementalen Konferenz zur Besprechung unserer wirtschaftlichen und finanziellen Beziehungen zu Deutschland, 23. Mai 1932, SNA E2001 (c) 3/146.
164 S.E.D. an Finanzdepartment, 7. Juni 1934, SNA E2001 (c) /524.
165 Treffen in der Nationalbank, 4. Februar 1933, SNA E7800/1/99.
166 Vgl. Ginette Kurgan-van Hentenryk, »Finance and Financiers in Belgium«, in: *Finance and Financiers in European History*, hg. von Youssef Cassis, Cambridge 1992, S. 317–335; und Guy Vanthemmsche, »State, Banks, and Industry in Belgium and the Netherlands«, in: James, Lindgren und Teichova, *Role of Banks in Interwar Economy*, S. 104–121.
167 Richard T. Griffiths, Hg., *The Netherlands and the Gold Standard, 1931–33: A Study in Policy Formation and Policy*, Amsterdam 1987, S. 201 f.
168 Ebenda, S. 96.
169 Pierre Renou, *La dévaluation du franc suisse: ses causes, ses effets, son enseignement*, Bordeaux 1939.
170 Miles Fletcher, »Japanese Banks and National Economic Policy 1920–1936«, in: James, Lindgren und Teichova, *Role of Banks in Interwar Economy*, S. 254 f.
171 Eleanor M. Hadley, »The Diffusion of Keynesian Ideas in Japan«, in: *The Political Power of Economic Ideas: Keynesianism across Nations*, hg. von Peter A. Hall, Princeton 1989, S. 292–294; Shinju Fujihira, »Conscripting Money: Total War and Fiscal Revolution in the Twentieth Century«, Dissertation, Princeton University 2000.
172 Caroline M. Betts, Michael D. Bordo und Angela A. Redish, »Small Open Economy in Depression: Lessons from Canada in the 1930s«, *Canadian Journal of Economics* 29 (1996), S. 1–36.
173 Ian M Drummond, »Why Canadian Banks Did not Collaps in the 1930s«, in: James, Lindgren und Teichova, *Role of Banks in Interwar Economy*, S. 232–250.

174 Tagung der Zentralbankpräsidenten, 11. Dezember 1932, BE OV5/6.
175 Völkerbund, *Report of the Gold Delegation of the Financial Committee*, Genf 1932, S. 24.
176 Bonn, Mlynarski und Chalendar an den Vorsitzenden der Golddelegation, 12. Januar 1932; Jung an Trip, 8. Januar 1932; beide in LN R2962.
177 Aktenvermerk von Crane, 12. November 1931, FRBNY 797.41.
178 Kaminsky und Reinhart, »The Twin Crises«. Der gründlichste neuere Überblick über die Literatur findet sich bei Graciela L. Kaminsky, Saul Lizondo und Carmen M. Reinhart, »Leading Indicators of Currency Crises«, *IMF Staff Papers* 45 (1998), S. 1–48.

3. Zölle, Handelspolitik und der Zusammenbruch des Welthandels

1 W. Arthur Lewis, »World Production, Prices and Trade, 1870–1960«, *Manchester School of Economic and Social Studies* 20 (1952), S. 105–138.
2 Errechnet aus Alfred Maizels, *Industrial Growth and World Trade*, Cambridge 1963.
3 Völkerbund, *World Production and Prices, 1937/8*, Genf 1938. Siehe auch: Douglas A. Irwin, »The GATT in Historical Perspective«, *American Economic Review* 85, Nr. 3 (Mai 1995), S. 324.
4 Völkerbund, *World Production and Prices, 1925–1932*, Genf 1933, S. 39.
5 John Maynard Keynes, »National Self-suffiency«, *Yale Review*, Juni 1933; Dennis Holme Robertson, »The Future of International Trade«, *Economic Journal* 48, Nr. 189 (1938), S. 1-14. Siehe auch: Werner Sombart, *Die deutsche Volkswirtschaft im 19. Jahrhundert*, Berlin 1909.
6 Zitat von Hitler vom 24. April 1933, in: *Akten zur Deutschen Auswärtigen Politik 1918–1945*, Serie C, I, 1, Göttingen: Vandenhoeck & Ruprecht, 1971, Dok. Nr. 182 (Aufzeichnung des Oberregierungsrats Thomsen [Reichskanzlei]), S. 334.
7 Robertson, »Future of International Trade«, S. 9.
8 Maizels, *Industrial Growth and World Trade*, S. 192.
9 Committee on Industry and Trade, *Survey of Overseas Markets*, London 1925.
10 Maizels, *Industrial Growth and World Trade*, S. 228.
11 Heinrich Liepmann, *Tariff Levels and the Economic Unity of Europe: An Examination of Tariff Policy, Export Movements and the Economic Integration of Europe, 1913–31*, London 1938, S. 165.
12 Klaus E. Knorr, *World Rubber and Its Regulation*, Stanford 1945.
13 Derartige Berechnungen bilden die Grundlage für die Analyse des Handels von Beth A. Simmons, *Who Adjusts? Domestic Sources of Foreign Economic Policy during the Interwar Years*, Princeton 1994, S. 176.
14 Anne O. Krueger, »The Political Economy of a Rent-seeking Society«,

American Economic Review 64, Nr. 3 (Juni 1974), S. 291–303. Charles Kershaw Rowley und Robert D. Tollison, »Rent-seeking and Trade Protection«, in: *Protectionism and Structural Adjustment,* hg. von Heinz Hauser, Grüsch 1986, S. 141–166; Bruno S. Frey, *International Political Economics,* Oxford 1984.

15 Simmons, *Who Adjusts?,* S. 198–202.

16 John A. C. Conybeare, »Tariff Protection in Developed and Developing Countries: A Cross-sectional and Longitudinal Analysis«, *International Organization* 37, Nr. 3 (Sommer 1983), S. 441–467; Stephen D. Krasner, »State Power and the Structure of International Trade«, *World Politics* 28, Nr. 3 (April 1976), S. 317–343.

17 Vgl. Harry G. Johnson, »An Economic Theory of Protectionism, Tariff Bargaining and the Foundation of Customs Unions«, *Journal of Political Economy* 73 (1965), S. 256–283; Bruno S. Frey und Friedrich Schneider, »International Political Economy: A Rising Field«, *Economia Internazionale* 37, Nr. 3 (1984), S. 3–42.

18 Daniel Verdier führt überzeugende Argumente für seine These an, daß politische Lösungen von Handelsfragen in Demokratien nicht determiniert seien: *Democracy and International Trade: Britain, France, and the United States, 1860–1990,* Princeton 1994.

19 Brian R. Mitchell, *European Historical Statistics: The Americas and Australasia,* London 1983.

20 Pierre Barral, *Les Agrariens français de Méline à Pisani,* Paris 1968, S. 223.

21 Vgl. Frank William Taussig, *The Tariff History of the United States,* New York 1931. Taussig hatte maßgeblichen Einfluß auf die Position der Demokraten zur Zollsenkung.

22 Liepmann, *Tariff Levels and Economic Unity,* S. 58 f.

23 Arthur Fischer Bentley, *The Process of Government: A Study of Social Pressures,* Chicago 1908.

24 Zitiert in: Daniel Rodgers, *Contested Truths: Keywords in American Politics since Independence,* New York 1987, S. 181.

25 Elmer Schattschneider, *Political Pressures and the Tariff: A Study of Free Private Enterprise in Pressure Politics as Shown in the 1929–1930 Revision of the Tariff,* New York 1935, S. 86.

26 Robert A. Pastor, *Congress and the Politics of U. S. Foreign Economic Policy, 1929–1976,* Berkeley 1980, S. 80.

27 Vgl. Charles S. Maier, *Recasting Bourgeois Europe: Stabilization in France, Germany, and Italy in the Decade after World War I,* Princeton 1975.

28 Vgl. Karl-Heinrich Pohl, *Weimars Wirtschaft und die Außenpolitik der Republik, 1924–1926,* Düsseldorf 1979, insbesondere S. 278 ff.

29 Posse an Ritter, 26. Juli 1927, in: *Akten zur Deutschen Auswärtigen Politik: Aus dem Archiv des Auswärtigen Amtes,* Reihe B, Bd. 6, Göttingen 1974, Dok. 68, S. 139–141.

30 Ritter an Posse, 5. Juli 1927, ebenda, Dok. 6, S. 15 f.
31 Posse an Ritter, 12. Juli 1927, ebenda, Dok. 25, S. 51–54.
32 Liepmann, *Tariff Levels and Economic Unity,* S. 116 f.; Bernhard Harms, *Strukturwandlungen der Weltwirtschaft,* Jena 1927.
33 Liepmann, *Tariff Levels and Economic Unity,* S. 117.
34 Notiz von H. J. Hutchinson, »Safeguarding of Industries: Commercial Motor Vehicles«, Public Record Office, London (nachfolgende PRO), T172/1513.
35 Charles Kindleberger, »Commercial Policy between the Wars«, in: *Cambridge Economic History of Europe,* Bd. 7, Cambridge 1989, S. 167; John Bell Condliffe, *The Reconstruction of World Trade: A Survey of International Economic Relations,* New York 1940.
36 Völkerbund, *The World Economic Conference, Geneva, May 1927, Final Report* (Genf 1927), S. 31.
37 Vgl. Johnson, »An Economic Theory of Protectionism«.
38 Rede von Colijan, 14. Januar 1931, LN R2668.
39 Vgl. Hal B. Lary und Wayne C. Taylor, *The United States in the World Economy: The International Transactions of the United States during the Interwar Period,* Washington, D. C., 1943, S. 171 f.
40 Joseph Marion Jones Jr., *Tariff Retaliation: Repercussions of the Hawley-Smoot Bill,* Philadelphia 1934, S. 87.
41 Ebenda, S. 108, 122.
42 Resolution, 9. November 1929, LN R3589.
43 Zitiert in: Jones, *Tariff Retaliation,* S. 265.
44 Über das Scheitern Briands vgl. Robert D. Boyce, »Britain's First ›No‹ to Europe: Britain and the Briand Plan«, *European Studies Review* 10, Nr. 1 (Januar 1980): 18–45.
45 Leith-Ross an de Bordes, 19. Dezember 1931; Ritter an de Bordes, 17. Dezember 1931; beide in LN S69.
46 Federation of British Industry, Entschließung, 10. Februar 1932, PRO T172/1513.
47 PRO Cab. CP 41 (32); besprochen in der Kabinettssitzung vom 27. April 1932, Cab. 9 (32).
48 W. J. Clarke (Vorsitzender der National Federation of Iron and Steel) an Chamberlain, 19. Februar 1932; Generalmajor Alfred Know, Abgeordneter des Wahlkreises Wycombe, an Chamberlain, 9. Februar 1932; beide in PRO T172/1513.
49 Vgl. Forrest Capie, *Depression and Protectionism: Britain between the Wars,* London 1983, S. 77–95; und über den IDAC, Clemens Wurm, *Business, Politics, and International Relations: Steel, Cotton, and International Cartels in British Politics, 1924–1939,* Cambridge 1993.
50 Zitiert in: Capie, *Depression and Protectionism,* S. 25.
51 Zitiert in: Richard Norman Kottmann, *Reciprocity and the North Atlantic Triangle, 1932–1938,* Ithaca 1968, S. 21.

52 Vgl. David L. Glickman, »The British Imperial Preference System«, *Quarterly Journal of Economics* 61, Nr. 3 (Mai 1947), S. 439–470; Donald McDougall und Rosemary Hutt, »Imperial Preference: A Quantitative Analysis«, *Economic Journal* 64, Nr. 254 (Juni 1954), S. 233–257.
53 Kabinettssitzung, 15. März 1933, PRO C18/33.
54 Kabinettssitzung, 28. November 1932, PRO C47/32.
55 Kabinettssitzung, 27. August 1932, PRO C46/32.
56 Völkerbund, *Review of World Trade, 1936,* Genf 1936, S. 42.
57 Bericht und Entschließungsentwurf des 2. Ausschusses für die Generalversammlung, 23. September 1931, LN R2915.
58 David Marquand, *Ramsay MacDonald,* London 1977, S. 721.
59 Telegramm des Botschafters in Paris von Hoesch an das Auswärtige Amt, 20. Dezember 1930; Der Reichsminister des Auswärtigen Curtius an den Botschafter in Paris von Hoesch, 29. Dezember 1930, beide im Politischen Archiv des Auswärtigen Amtes, Bonn (nachfolgend PA/AA), W21 A, letzteres Dokument auch abgedruckt in *Akten zur Deutschen Auswärtigen Politik, 1918–1945,* Serie B: 1925–1933, Bd. XVI, S. 316 ff, hier: S. 317.
60 Castle-Memorandum, 29. Oktober 1930, State Department 462.00, R266/50 27, Nationalarchiv, Washington, D. C. (nachfolgend NA).
61 Zweite Sitzung des Unterausschusses für Geldpolitik, 1. November 1932, LN R2672.
62 Dritte Sitzung des Vorbereitenden Sachverständigenausschusses, 7. November 1932, LN R2671.
63 Note an das Organisationskomitee, 22. November 1932, LN R2670.
64 *The Guardian,* 26. Oktober 1932.
65 Posse an Berger, 12. Januar 1933, PA/AA W21 A.
66 Pietro Stoppani, »First Reflections on the Preparatory Commission's Task in regard to international trade«, 26. Oktober 1932, LN R2671.
67 Sitzung, 7. November 1932, LN R2671.
68 Stimson an MacDonald, 27. Januar 1933, PRO 30/69/678.
69 Die beste Analyse der Konferenz stammt von Patricia Clavin, *The Failure of Economic Diplomacy: Britain, Germany, France, and the United States, 1931–1936,* London 1996.
70 Hoesch-Telegramm, 5. April 1933, PA/AA W21 A/6.
71 *Foreign Relations of the United States, 1933,* Bd. 1, Washington, D. C., 1953, S. 621.
72 Memorandum, »Dem Herrn Reichsminister vorzulegen für die Unterredung mit Norman Davis«, 7. April 1933, PA/AA W21 A/6, abgedruckt in *Akten zur Deutschen Auswärtigen Politik 1918–1945,* Serie C, Bd. I, 1, Göttingen 1971, Dok. Nr. 144, S. 263–265.
73 Außenminister an Staatssekretär in der Reichskanzlei, 11. April und 4. Mai 1933, PA/AA 21 A/6 und 21 A/7.
74 *Akten zur Deutschen Auswärtigen Politik 1918–1945,* Serie C (Das Dritte Reich: Die ersten Jahre), Bd. I, 2, Göttingen 1971, sog. Hugenberg-

Memorandum vom 14. Juni 1933 (veröffentlicht am 16. Juni), S. 558 und 561.

75 Telegramm von Krogmann, 7. Juli 1933, PA/AA 21 A/12.
76 *New York Times*, 4. Mai 1933.
77 *Washington Post*, 16. Mai 1933.
78 Bericht der deutschen Delegation, 15. Juli 1933, PA/AA 21 A/14.
79 Pastor, *Congress and Foreign Economic Policy*, S. 83.
80 Hull an H. Wallace, 25. Dezember 1934, Hull Papers, Mikrofilmrolle 50.
81 Aktenvermerk von H. Clay über Gespräch mit Riefler, 16. Juni 1936, BE OV31/27.
82 Dodd an Hull, 19. Mai 1934, Hull Papers, Mikrofilmrolle 11.
83 T. W. Page an Hull, 25. Januar 1933, Hull Papers, Mikrofilmrolle 9.
84 Memorandum von Hull, 1. Juni 1934, Hull Papers, Rolle 50.
85 Vgl. Thomas Ferguson, »From Normalcy to New Deal: Industrial Structure, Party Competition, and American Public Policy during the Great Depression«, *International Organization* 38, Nr. 1 (1984), S. 86–92. Eine sehr viel skeptischere Sichtweise präsentiert Stephan Haggard, »The Institutional Foundations of Hegemony: Explaining the Reciprocal Trade Agreements Act of 1934«, *International Organization* 42, Nr. 1 (1988), S. 91–120.
86 Pastor, *Congress and Foreign Economic Policy*, S. 91; Lawrence H. Chamberlain, *President, Congress, and Legislation*, New York 1946, S. 131 f.
87 Henry J. Tasca, *The Reciprocal Trade Policy of the United States: A Study in Trade Philosophy*, Philadelphia 1938.
88 *U. S. Congressional Record*, 4. Februar 1937.
89 Denkschrift, »Situation of the Cotton Industry«, 19. April 1935, Hull Papers, Mikrofilmrolle 33, 63/274.
90 Kottmann, *Reciprocity*, S. 217.
91 Tim Rooth, *British Protectionism and the International Economy: Overseas Commercial Policy in the 1930s*, Cambridge 1993, S. 288 f.
92 Denkschrift, 27. Oktober 1933, BE OV31/23.
93 Daniels an Hull (und Roosevelt), 17. August 1934, Hull Papers, Mikrofilmrolle 11.
94 Siehe insbesondere Richard Overy, *War and Economy in the Third Reich*, Oxford 1994, S. 93–118.
95 Vgl. Dietrich Eichholtz, »Das Expansionsprogramm des deutschen Finanzkapitals am Vorabend des zweiten Weltkriegs«, in: *Der Weg in den Krieg*, hg. von Dietrich Eichholtz und Kurt Pätzold, Köln 1989, S. 1–40.
96 Vgl. Völkerbund, *World Economic Survey, 1934/5*, Genf 1935, S. 176–178.
97 Zweite Sitzung des Ausschusses des Ministeriums für Landwirtschaft und Fischerei, 22. April 1933, PRO MAF 40/12.
98 Telegramm von Morgenthau an Wallace, 5. Juli 1933, in *Foreign Relations of the United States, 1933*, 1, S. 808 f.
99 Richard C. Snyder, »Commercial Policy as Reflected in Treaties from

1931 to 1939«, *American Economic Review* 30, Nr. 4 (Dezember 1940), S. 792.

100 Albert O. Hirschman, »Statistical Study of the Trend of Foreign Bilateral Trade toward Equilibrium and Bilateralism«, in: *Studies in the Surplus Approach: Political Economy* 4, Nr. 1 (1988), S. 111–124.

101 Pier Francesco Asso, »Bilateralism, Trade Agreements, and Political Economics in the 1930s: Theories and Events Underlying Hirschman's Index«, ebenda, S. 85, 95.

102 Rooth, *British Protectionism,* S. 126–43.

103 Ansprache des Reichsbankpräsidenten Dr. Hjalmar Schacht auf dem 8. Allgemeinen Bankiertag zu Berlin am 10. Mai 1938, Bayerisches Staatsarchiv, München, MwiM 414, S. 6f.

104 Howard Sylvester Ellis, *Exchange Control in Central Europe,* Cambridge 1941, S. 128f.

105 Alan S. Milward, »The Reichsmark Bloc and the International Economy«, in: *The »Führer State«: Myth and Reality,* hg. von Gerhard Hirschfeld und Lothar Kettenacker, Stuttgart 1981, S. 378.

106 Royal Institute of International Affairs, *South-Eastern Europe: A Brief Survey,* London 1940, S. 121. Vgl. auch Ellis, *Exchange Control in Central Europe.*

107 Vgl. Philippe Marguerat, *Le IIIe Reich et le pétrole roumain, 1938–1940,* Leiden 1977.

108 Ellis, *Exchange Control in Central Europe,* zitiert in: Larry Neal, »The Economics and Finance of Bilateral Clearing Agreements«, *Economic History Review* 32, Nr. 3 (1979), S. 395.

109 Milward, »Reichsmark Bloc«, S. 401.

110 Robert M. Spaulding, *Osthandel und Ostpolitik: German Foreign Trade Policies in Eastern Europe from Bismarck to Adenauer,* Providence 1987, S. 263–265.

111 Ebenda, S. 257.

112 Albert O. Hirschman, *National Power and the Structure of Foreign Trade,* Berkeley 1945, S. 29–34.

113 Ebenda, S. 39.

114 Douglas A. Irwin und Barry Eichengreen, »Trade Blocs, Currency Blocs, and the Reorientation of World Trade in the 1930s«, *Journal of International Economics* 36 (1995), S. 1–24.

115 Henry Kissinger, *Die Vernunft der Nationen. Über das Wesen der Außenpolitik,* Berlin 1994, S. 316.

116 Völkerbund, *Prices and Production, 1937/8,* Genf 1938, S. 84f.

117 Völkerbund, *Review of World Trade, 1938,* Genf 1938, S. 34.

118 Erika Jorgensen und Jeffrey Sachs, »Default and Renegotiation of Latin American Foreign Bonds in the Interwar Period«, in: *The International Debt Crisis in Historical Perspective,* hg. von Barry Eichengreen und Peter Lindert, Cambridge, Mass., 1989, S. 48–85.

119 Bericht des Finanzministeriums, 13. Juni 1931, BE OV 102/1.
120 PA/AA Argentinien Finanzen 16/1.
121 Board of Trade, »Draft first report of the Subcommittee for Exchange Restrictions in South and Central America«, 2. Februar 1933, BE OV 102/2.
122 *The Economist,* 22. Oktober 1932; R. Gravil und T. Rooth, »A Time of Acute Dependence: Argentina in the 1930s«, *Journal of European Economic History* 7 (1978), S. 347.
123 Sir Otto Ernest Niemeyer (1883–1971), seit 1927 Berater des Gouverneurs der Bank of England, seit 1932 Direktor der BIZ.
124 Clay an Osborne, 4. Februar 1933, BE OV102/2.
125 Telegramm von Niemeyer an Hambro, 9. Februar 1933, BE G1/401,
126 Telegramm von Niemeyer an Hambro, 27. Februar 1933, BE G1/402.
127 Telegramm von Niemeyer an Hambro, 28. Januar 1933, BE G1/403. Vgl. im allgemeinen: Alberto Hueyo, *La Argentina en la depresion mundial,* Buenos Aires 1938.
128 Telegramm von Niemeyer an Hambro, 19. Februar 1933, BE G1/403.
129 Denkschrift von C. Hambro, 20. März 1933, BE OV102/2.
130 Unterredung von Kelly mit dem argentinischen Botschafter, 30. August 1933, PRO 371/16 534; vgl. auch Gravil und Rooth, »A Time of Acute Dependence«, S. 365.
131 Kabinettsitzung, 15. März 1933, PRO C18/33.
132 Gravil und Rooth, »A Time of Acute Dependence«, S. 350.
133 Prebisch an Ritter, 7. August 1934, HaPol Ritter Argentinien, Bd. 1, PA/AA.
134 *Rivista de economía argentina* 36 (1936), S. 233, 228.
135 Denkschrift von Schwarte (IG Farben), 27. Januar 1937, Handakten Clodius, PA/AA.
136 Deutsche Botschaft an Auswärtiges Amt, 22. Juli 1936; Schlotterer-Memorandum, 15. Dezember 1936, beide in: Argentinien Handel 13, PA/AA.
137 Kiep Aktennotiz, 5. November 1936; Telegramm von Thermann (deutscher Botschafter in Argentinien) an Auswärtiges Amt, 6. November 1936; beide in: HaPol Ritter, Argentinien, Bd. 2 PA/AA.
138 Vgl. zum Beispiel die Liste von Beschwerden in: Schlotterer an Fricke, 13. Januar 1937, ebenda.
139 Thermann Aufzeichnung, 18. August 1940, Kriegsgerät Argentinien, PA/AA.
140 D. W. Giffin, »The Normal Years: Brazilian-American Relations, 1930–1939« (Ph. D. diss., Vanderbilt University, 1962), S. 200.
141 Völkerbund, *Review of World Trade, 1938,* S. 54.
142 Aufzeichnung Ritters über Unterredung mit dem brasilianischen Botschafter, 15. Oktober 1936, Brasilien Handel 11/1, PA/AA.
143 Unterredung Ritters, 6. August 1936; Fricke-Denkschrift, 5. Oktober 1936; beide in: Brasilien Handel 13/2, PA/AA.

144 Stanley E. Hilton, *Brazil and the Great Powers, 1930–1939: The Politics of Trade Rivalry*, Austin 1975, S. 105.
145 *New York Times*, 2. Januar 1937.
146 *Wall Street Journal*, 17. Juli 1937.
147 Hilton, *Brazil and the Great Powers*.
148 Vertraulicher Bericht, Bankers Trust Company, März 1938, Brasilien Handel 12, Bd. 1, PA/AA.
149 Telegramm von Ritter an Auswärtiges Amt, 14. Juli 1938, ebenda.
150 Niederschrift über die erste Sitzung der Lateinamerika-Konferenz am 12. Juni 1939 im Auswärtigen Amt, Clodius Handakten Argentinien 5, PA/AA.
151 Niemeyer auf der 2. Sitzung des Ausschusses für Verrechnungsabkommen, 25.–30. März 1935; Loveday an H. R. Cummings, 3. Mai 1935, beide in: LN R4422.
152 A. P. Rosenholz, *Fifteen Years of the Foreign Trade Monopoly of the U.S.S.R.*, Moskau 1933, S. 5.
153 Interview im Jahr 1927, zitiert in: J. D. Yanson, *Foreign Trade in the U.S.S.R.*, New York 1935, S. 24.
154 Zitiert in: Edward H. Carr und Robert W. Davies, *Foundations of a Planned Economy, 1926–1929*, Bd. 1, Harmondsworth 1974, S. 750.
155 Ebenda, S. 747.
156 Yanson, *Foreign Trade*, S. 57.
157 Ebenda, S. 55.
158 Jacob Viner, *International Trade and Economic Development*, Glencoe, Ill., 1952, S. 109.
159 Nicolas Spulber, *The Soviet Economy: Structures Principles Problems*, New York 1969, S. 255–269.
160 Yanson, *Foreign Trade*, S. 30.
161 Zitiert in: Richard B. Day, *The »Crisis« and the »Crash«: Soviet Studies of the West (1917–1939)*, London 1981, S. 202.
162 Paul R. Gregory, *Before Command: An Economic History of Russia from Emancipation to the First Five-Year Plan*, Princeton 1994, S. 129.
163 Carr und Davies, *Foundations*, S. 757.
164 Glenn A. Smith, *Soviet Foreign Trade: Organization, Operations, and Policy, 1918–1971*, New York 1973, S. 16.
165 Yanson, *Foreign Trade*, S. 120. Harold James, *The Reichsbank and Public Finance in Germany, 1924–1933*, Frankfurt 1985, S. 309; Hartmut Pogge von Strandmann, »Industrial Primacy in German Foreign Relations? Myths and Realities in Russian-German Relations at the End of the Weimar Republic«, in: *Social Change and Political Development in Weimar Germany*, hg. von Richard Bessel und Ernst J. Feuchtwanger, London 1981, S. 94.
166 James, *Reichsbank and Public Finance*, S. 308; Andrew J. Williams, *Trading*

with the Bolsheviks: The Politics of East-West Trade, 1920–39, Manchester 1992, S. 161.

167 Spaulding, *Osthandel und Ostpolitik,* S. 268.

168 Robert Conquest, *The Great Terror: Stalin's Purges of the 1930s,* Harmondsworth 1971, S. 220–258.

169 Isaac Deutscher, *Stalin: A Political Biography,* London 1949, S. 340–341.

170 Vladislav Zubok und Constantine Pleshakov, »The Soviet Union«, in: *The Origins of the Cold War in Europe: International Perspectives,* hg. von David Reynolds, New Haven 1994, S. 60, 62.

171 Errechnet auf der Basis von Daten des Statistischen Bundesamtes der USA, *Statistical Abstract of the United States,* Washington 1949; Völkerbund, *Review of World Trade, 1938,* S. 60.

172 Vgl. auch Folke Hilgerdt, »The Approach to Bilateralism – A Change in the Structure of World Trade«, *Index Svenska Handelsbanken* 10 (1935), S. 175–188; Kindleberger, »Commercial Policy between the Wars«, S. 188–190.

173 Vgl. John S. Odell, *U. S. International Monetary Policy: Markets, Power, and Ideas as Sources of Change,* Princeton 1982; Stephen D. Krasner, »United States Commercial and Monetary Policy: Unraveling the Paradox od External Strength and Internal Weakness«, in: *Between Power and Plenty: Foreign Economic Policies of Advanced Indusrial States,* hg. von Peter J. Katzenstein, Madison 1978; Joanne S. Gowa, »Public Goods and Political Institutions: Trade and Monetary Policy Processes in the United States«, *International Organization* 42, Nr. 1 (1988), S. 15–32.

4. Die Reaktion gegen internationale Migrationsströme

1 Barry Eichengreen und Timothy J. Hatton, »Interwar Unemployment in International Perspective: An Overview«, in: *Interwar Unemployment in International Perspective,* hg. von Eichengreen und Hatton, Dordrecht 1988, S. 6f.

2 David Marquand, *Ramsay MacDonald,* London 1977, S. 537.

3 Barry Eichengreen und Jeffrey Sachs, »Exchange Rates and Economic Recovery in the 1930s«, *Journal of Economic History* 45 (Dezember 1985), S. 925–946; Ben Bernanke und Harold James, »The Gold Standard, Deflation, and Financial Crisis in the Great Depression: An International Comparison«, in: *Financial Markets and Financial Crises,* hg. von R. Glenn Hubbard, Chicago 1991, Ben Bernanke und Kevin Carey, »Nominal Wage Stickiness and Aggregate Supply in the Great Depression«, *Quarterly Journal of Economics* 111 (August 1996), S. 852–883; Michael D. Bordo, Christopher J. Erceg und Charles L. Evans, »Money, ›Sticky Wages‹, and the Great Depression«, NBER Working paper 6071, Juni 1997.

4 Barry Eichengreen, *Golden Fetters: The Gold Standard and the Great Depression, 1919–1939*, New York 1992, S. 16.

5 George S. Bain und Robert Price, *Profiles of Union Growth: A Comparative Statistical Portrait of Eight Countries*, Oxford 1980, S. 88, 123, 133, 142.

6 A. M. Endres und K. E. Jackson, »Policy Responses to the Crisis: Australasia in the 1930s«, in: *Capitalism in Crisis: International Responses to the Great Depression*, hg. von W. R. Garside, London 1993, S. 157, 161.

7 R. G. Gregory, V. Ho, L. McDermott und Jim Hagan, »The Australian and U. S. Labour Markets in the 1930s«, in: Eichengreen und Hatton, *Interwar Unemployment in International Perspective*, S. 397–420.

8 Anthony P. O'Brien, »A Behavioral Explanation for Nominal Wage Rigidity during the Great Depression«, *Quarterly Journal of Economics* 104 (November 1989), S. 719–736.

9 Lionel Robbins, *The Great Depression*, London 1934, S. 60 f.

10 Edwin Cannan, »The Post-War Unemployment Problem«, *Economic Journal* 40, Nr. 157 (März 1930), S. 45–55; Jacques Rueff, »Les variations du chômage en Angleterre«, *Revue politique et parlementaire* 125 (1925).

11 David K. Benjamin und Levis A. Kochin, »Searching for an Explanation of Unemployment in Interwar Britain«, *Journal of Political Economy* 87 (Juni 1979), S. 441–478.

12 Barry Eichengreen, »Unemployment in Interwar Britain: New Evidence from London«, *Journal of Interdisciplinary History* 27 (Herbst 1986), S. 335–358.

13 W. R. Garside, *British Unemployment, 1919–1939: A Study in Public Policy*, Cambridge 1990, S. 101.

14 Knut Borchardt, »Constraints and Room for Manoeuvre in the Great Depression of the Early Thirties: Towards a Revision of the Received Historical Picture«, in: *Perspectives on Modern German Economic History and Policy*, Cambridge 1991, S. 143–160; Theo Balderston, *The Origins and Course of the German Economic Crisis, 1923–1932*, Berlin 1993, S. 16.

15 Balderston, *Origins and Course*, S. 36–43; Johannes Bähr, *Staatliche Schlichtung in der Weimarer Republik: Tarifpolitik, Korporatismus und industrieller Konflikt zwischen Inflation und Deflation, 1919–1932*, Berlin 1989.

16 Zitiert in: John W. Gregory, *Human Migration and the Future: A Study of the Causes, Effects and Control of Emigration*, London 1928, S. 113.

17 Michael A. Bernstein, *The Great Depression: Delayed Recovery and Economic Change in America, 1929–1939*, New York 1987, S. 84, 92.

18 Peter Temin, *Did Monetary Forces Cause the Great Depression?*, New York 1976, S. 66 f.; er zitiert George C. Galster, »Immigration Activity and Construction Activity in the 1920s« (wissenschaftliche Arbeit, Massachusetts Institute of Technology 1972).

19 Vgl. Claudia Goldin, »The Political Economy of Immigration Restriction in the United States, 1890 to 1921«, in: *The Regulated Economy: A Historical*

Approach to Political Economy, hg. von Claudia Goldin und Gary D. Libecap, Chicago 1994, S. 223–257.

20 *Proceedings of the World Population Conference,* London 1927, S. 276.

21 Arthur M. Carr-Saunders, *World Population: Past Growth and Present Trends,* Oxford 1936, S. 196.

22 Zitiert in: John W. Follows, *Antecedents of the International Labour Organization,* Oxford 1951, S. 3.

23 James T. Shotwell (Hg.), *The Origins of International Labor Organization,* 2 Bde., New York 1934, Bd. 1, S. 4.

24 Follows, *Antecedents,* S. 24.

25 Hartmut Pogge von Strandmann (Hg.), *Walther Rathenau. Tagebuch 1907–1922,* Düsseldorf 1967, S. 217.

26 Shotwell, *Origins,* Bd. 1, S. 17.

27 Ebenda, S. 225 f.

28 Francis Graham Wilson, *Labor in the League Systems: A Study of the International Labor Organization in Relation to International Administration,* Stanford 1934, S. 334 f.

29 Zitiert in der Ansprache von Albert Thomas, »International Migration and its Control«, *Proceedings of the World Population Conference,* 1927, S. 262.

30 Shotwell, *Origins,* Bd. 2, S. 180 f.

31 Zitiert in: Wilson, *Labor in the League System,* S. 284.

32 Zitiert in ebenda, S. 285.

33 SNA E 6351 (F) 1, S. 521.

34 Carr-Saunders, *World Population,* S. 158.

35 René Del Fabro, *Transalpini: Italienische Arbeitswanderung nach Süddeutschland im Kaiserreich 1870–1918,* Osnabrück 1996, S. 84.

36 Die detaillierteste Analyse des Zusammenhangs zwischen Inflationserwartung und Lohnverhandlungen findet sich in: Balderston, *Origins and Course.* Vgl. auch Bähr, *Staatliche Schlichtung.*

37 Thomas, »International Migration«, Zitate S. 256 f., 264.

38 Brian R. Mitchell, *European Historical Studies, 1750–1970,* London 1978, S. 29.

39 Stephen Kotkin, *Magnetic Mountain: Stalinism as a Civilization,* Berkeley 1995, S. 34.

40 Louise Young, *Japan's Total Empire: Manchuria and the Culture of Wartime Imperialism,* Berkeley 1998, S. 213, 231.

41 Claudio S. Segrè, *Fourth Shore: The Italian Colonization of Libya,* Chicago 1974, S. 83, 93, 95.

42 Hans Grimm, *Volk ohne Raum,* München 1928, S. 10 f.

43 Zitiert in: Ian Kershaw, *Hitler, 1889–1936,* Stuttgart 1998, S. 325.

44 *Hitlers Zweites Buch.* Ein Dokument aus dem Jahr 1928, eingeleitet und kommentiert von Gerhard L. Weinberg, Stuttgart 1961, S. 58

45 Kershaw, *Hitler,* S. 560.

46 Rainer Zitelmann, *Hitler: Selbstverständnis eines Revolutionärs,* Stuttgart 1987, S. 311–317.
47 Klaus Hildebrand, *Das vergangene Reich: Deutsche Außenpolitik von Bismarck bis Hitler 1871–1945,* Stuttgart 1995, S. 638.
48 »Poland's Efforts to Obtain a Common Frontier with Hungary«, *National Minorities* 1 (Januar–März 1939), S. 41–45.
49 Joseph Roth, *Die Kapuzinergruft,* Bilthoven 1938, S. 209.

5. Das Zeitalter des Nationalismus und das Zeitalter des Kapitals

1 Klaus A. Lankheit (Hg.), *Hitler. Reden, Schriften, Anordnungen. Februar 1915 bis Januar 1933,* Bd. 5/1: *April 1932 bis September 1932,* München 1996, S. 284.
2 John Galsworthy, *Die Forsyte Saga,* Wien/Hamburg 1925, S. 589.
3 Martin Gregor-Dellin (Hg.), *Richard Wagner. Mein Denken,* München 1982, S. 174.
4 Gerald D. Feldman, *The Great Disorder: Politics, Economics and Society in the German Inflation, 1914–1924,* New York 1993, S. 200–202.
5 Helen B. Junz, »Report on the Pre-War Wealth Position of the Jewish Population in Nazi-Occupied Countries, Germany, and Austria«, in: Independent Committee of Eminent Persons, *Report on Dormant Accounts of Victims of Nazi Persecution in Swiss Banks,* Bern 1999, S. A-180.
6 André Bouton, »Note sur l'état dans l'Ouest de l'opinion concernant les finances publiques«, Februar 1936, BF Devaluation File IX.
7 Archiv des Finanzministeriums (nachfolgend FFM abgekürzt), B 18675.
8 Etat-Major de l'Armée, 2e Bureau, 2. April 1936, FFM B18675.
9 Notiz von Cobbold, 29. Januar 1935, BE OV45/84; Tannery an Norman, 8. Mai 1936, BF England.
10 *Humanité,* 22. und 5. November 1935.
11 *Le petit parisien,* 13. April 1936.
12 *Journal officiel de la République Française: Débats parlementaires, Chambre des Députés,* 15e legislature, 34e séance, 3. Dezember 1934, S. 2947.
13 René Girault, »Léon Blum, la dévaluation, et la conduite de la politique extérieure de la France«, *Relations internationales* 13 (1978), S. 98; ferner Robert Frankenstein, *Le prix du réarmement français, 1935–1939,* Paris 1982, S. 130 f.
14 John Morton Blum, *From the Morgenthau Diaries: Years of Crisis, 1928–1938,* Boston 1959, S. 155–159.
15 Ernest Rowe-Dutton an Sigismund Waley, 19. Juli 1937, BE OV45/12.
16 Goldbewegungen, 18.–31. Mai 1936, BF B30.
17 Rowe-Dutton an Waley, 14. Mai 1936, BE OV34/10. *Commentaires,* 24. No-

vember 1935, behauptete, Paribas (und Lazards) würde eine Abwertung begrüßen.

18 Bericht von Inspektor Général Bloch, 1937, BF B34.

19 Frankenstein, *Le prix du réarmement français,* S. 129.

20 Über die Zusammenhänge zwischen diesen Ereignissen siehe ebd., S. 137.

21 Jean Bouvier, »The French Banks, Inflation, and the Economic Crisis, 1919–1939«, *Journal of European Economic History* 13, Nr. 2, Sonderheft (1984), S. 72.

22 Notiz (unsigniert) über Paris-Besuch, 8. Dezember 1937, BE OV45/86.

23 Über die relative Bedeutungslosigkeit des Dreierpakts, einmal abgesehen von der politischen Solidaritätsbekundung mit Großbritannien und Frankreich, siehe Ian Drummond, *London, Washington, and the Management of the Franc, 1936–1939,* Princeton 1979.

24 Blum, *Morgenthau Diaries,* S. 457–459.

25 HAS [Siepmann], Vermerk über Telefonanruf von Leith Ross (Finanzministerium), 4. März 1937, BE OV45/11.

26 Cobbold-Memorandum: »Einige Ansichten, die Herr Jean Monnet heute nachmittag äußerte«, 8. Juli 1937, BE OV45/12.

27 Frankenstein, *Le prix du réarmement français,* S. 74–83.

28 Drummond, *London, Washington, and the Franc,* S. 45f.

29 Lacour-Memorandum, 15. Juli 1938, BF B34.

30 N. E. Young, Notiz über Interview mit Charles Rist, 23. Mai 1939, BE OV34/86.

31 Vgl. Frankenstein, *Le prix du réarmement français,* S. 101.

32 Gottfried Haberler, *Prosperity and Depression: A Theoretical Analysis of Cyclical Movements,* Genf, Völkerbund, 1939; Ragnar Nurske, *International Currency Experience: Lessons from the Inter-War Period,* Genf, Völkerbund, 1944.

33 John Maynard Keynes, »National Self-Sufficiency«, in: *Collected Writings of John Maynard Keynes,* Bd. 21: *Activities, 1931–1939,* London 1982, S. 236, übersetzt und veröffentlicht als »Nationale Selbstgenügsamkeit«, in: *Schmollers Jahrbuch für Gesetzgebung und Verwaltung,* München 1933, S. 563. Zur deutschen Übersetzung vgl. Knut Borchardt, »Keynes' Nationale Selbstgenügsamkeit von 1933«, *Zeitschrift für Wirtschafts- und Sozialwissenschaften* 108 (1988), S. 271–284.

34 Arthur Salter, *Recovery: The Second Effort,* London 1932.

35 André Gide, Gesammelte Werke IV, Autobiographisches, 4. Bd., *Tagebuch 1939–1942,* übers. von Maria Schaefer-Rümelin und Wilhelm Maria Lüsberg, Stuttgart 1990, S. 43.

36 Thomas Balogh, »The National Economy of Germany«, *Economic Journal* 48 (September 1938), S. 460–497; ders., *The Dollar Crisis, Causes and Cures: A Report of the Fabian Society,* Oxford 1950; ders., »Welfare and Freer Trade – A Reply«, *Economic Journal* 61 (März 1951); S. 72–82; ders., *Germany: An Experiment in »Planning« by the »Free« Price Mecha-*

nism, Oxford 1951, S. 58–72; ders., *The Irrelevance of Conventional Economics,* London 1982, S. 2f. Siehe auch Harry G. Johnson, *Economic Nationalism in Old and New States,* Chicago 1967, S. 131 f. (»Das Einsickern von Ideen aus Mitteleuropa in die angelsächsische Tradition trug erheblich dazu bei, die Gewohnheit, in nationalistischen statt kosmopolitischen Kategorien zu denken, in der westlichen Volkswirtschaftslehre zu verankern und den fiktionalen Begriff der Nation als eine ökonomische Einheit mit konsistenten Zielsetzungen, die nach allgemeinem Konsens durch eine nationale Wirtschaftspolitik erreicht werden sollen, zu begründen.«).

6. Schluß: Kann es sich wiederholen?

1 Thomas L. Friedman, *Globalisierung verstehen. Zwischen Marktplatz und Weltmarkt,* Berlin 1999, S. 241–245.

2 Insbesondere Roger Bootle, *The Death of Inflation: Surviving and Thriving in the Zero Era,* London 1996.

3 Marina v. N. Whitman, *New World, New Rules: The Changing Role of the American Corporation,* Boston 1999, S. 9, 209.

4 Zitiert in: »Malaysia Acts on Market Fall«, *Financial Times,* 4. September 1997.

5 Für eine Diskussion dieser Debatte vgl. Branko Milanovic und M. Lundberg, »Globalization and Inequality: Are They Linked, and How?«, Weltbank, Washington, D. C., 2000; Vincent Mahler, David Jesuit und Douglas Roscoe, »Exploring the Impact of Trade and Investment on Income Inequality«, *Comparative Political Studies* 32 (Mai 1999). Eine viel pessimistischere Einschätzung findet sich bei Adrian Wood, *North-South Trade, Employment, and Inequality,* Oxford 1994.

6 Patrick Low, *Trading Free: The GATT and U. S. Trade Policy,* New York 1995, S. 247.

7 Douglas A. Irwin, *Against the Tide: An Intellectual History of Free Trade,* Princeton 1996, S. 19.

8 *New York Times,* 31. August 1997, S. A1, A6.

9 Dani Rodrik, *Has Globalization Gone Too Far?,* Washington, D. C., 1997.

10 Vito Tanzi und Ludger Schildknecht, »The Growth of Government and the Reform of the State in Industrial Countries«, IMF Arbeitspapier 95/130. Washington, D. C., Dezember 1995.

11 *Centesimus Annus* (1. Mai 1999), http://www.vatican.va/holy_father/john_paul_ii/encyclicals/documents/hf_jp_ii_enc_01051991_centesimus_annus_en.html, Paragraph 32.

12 Ebenda, Paragraph 25.

13 Ebenda, Paragraph 48.

14 Zitiert von Chrystia Freeland, »Blood, Sweat and Tears – For Others«, *Financial Times,* 9. Dezember 1993.

15 George Soros, *The Crisis of Global Capitalism: Open Society Endangered,* New York 1998, S. 102.

16 Zitiert in: Philip Stephens, *Politics and the Pound: The Conservatives'-Struggle with Sterling,* London 1996, S. 285.

17 Klaus Engelen, »Angst and Anger: Why German hate the IMF and the World Bank«, *International Economy,* Oktober 1988.

18 *IMF Survey* 26/15, 5. August 1997, S. 233–236.

19 *Financial Times,* 31. Juli 1997.

20 Paul Volcker und Toyoo Gyothen, *Changing Fortunes: The World's Money and the Threat to American Leadership,* New York 1992, S. 143.

21 Harold James, *Deutschland in der Weltwirtschaftskrise, 1924–1936,* Stuttgart 1988, über die Verringerung der kurzfristigen Kreditaufnahme um 3 Millionen RM vor der Krise von 1931; ders., *International Monetary Cooperation since Bretton Woods,* New York 1996, S. 214, über den Abfluß von 29,6 Milliarden Dollar 1971; Joseph Stiglitz, »Must Financial Crises Be This Frequent and Painful?«, in: *The Asian Financial Crisis: Causes, Contagion and Consequences,* hg. von Pierre-Richard Agénor, Marcus Miller, David Vines und Axel Weber, Cambridge 1999, S. 390, über den Abfluß von 109 Milliarden Dollar.

22 James Wolfensohn, zitiert in: *The Guardian* (London), 27. September 2000.

◆◆◆

Register

PIPER

Robert B. Reich

The Future of Success

Wie wir morgen arbeiten werden. Aus dem Englischen von Wolfgang Buchalla. 415 Seiten. Gebunden

Robert B. Reich gilt als einer der einflußreichsten Wirtschaftswissenschaftler der Welt. Als amerikanischer Arbeitsminister hat Robert B. Reich seine Theorien erfolgreich in die Praxis umgesetzt. Jetzt liegt sein neues Buch vor, in dem er untersucht, wie wir morgen arbeiten und leben werden. Mehr Chancen bei weniger Sicherheit, lautet seine Diagnose. Als Kunden profitieren wir uneingeschränkt von dieser neuen Entwicklung: Die Waren werden schneller und leichter verfügbar sein, sie werden mehr auf den einzelnen Kunden zugeschnitten – und sie werden billiger sein. Aus der Sicht der Arbeitnehmer sieht das Bild nicht ganz so positiv aus. Einerseits entstehen viele Jobs ganz neuer Art mit sehr guten Entwicklungsmöglichkeiten, andererseits wird vom einzelnen ständige Flexibilität verlangt, lebenslanges Lernen vorausgesetzt und die Bereitschaft erwartet, das Privatleben dem Arbeitsleben unterzuordnen. Robert B. Reich zeigt hier, wie der einzelne die Chancen der neuen Arbeitswelt nutzen kann, ohne sein privates Glück opfern zu müssen.

01/1101/01/L

Ralf Georg Reuth

Hitler

Eine politische Biographie. 688 Seiten mit zahlreichen s/w-Abbildungen. Gebunden

Ralf Georg Reuth zieht in dieser politischen Biographie klare Linien, macht Zusammenhänge sichtbar. Bislang unbeachtete Quellen werden erschlossen, um ein schärfer konturiertes Bild Hitlers zu zeichnen. Ohne die unverstandene Niederlage im Ersten Weltkrieg, ohne Novemberrevolution und ohne die Demütigung von Versailles kein Hitler. Denn nur im Chaos jener Nachkriegszeit formte sich seine Weltanschauung, in der sich unterschwelliger Antisemitismus, bürgerliche Ängste vor dem Bolschewismus und den Folgen von Versailles zu einem monströsen Bedrohungsszenario verdichteten. Konsequent sieht Reuth Hitler als einen Getriebenen, der eine ganz andere, neue Mission glaubte erfüllen zu müssen: Die »Rettung der Welt vor dem Judentum und dem Bolschewismus«, die er miteinander gleichsetzte. Diesem Ziel hat Hitler alles untergeordnet, Innen- und Außenpolitik, auch den Krieg, dafür mobilisierte und mißbrauchte er die Deutschen. Deshalb befahl er 1941 die »Endlösung«: Der Mord an den Juden als Kompensation des militärischen Scheiterns.

01/1102/01/R

PIPER

David Allen

Wie ich die Dinge geregelt kriege

Selbstmanagement für den Alltag. Aus dem Englischen von Helmut Reuter. 315 Seiten. Gebunden

Hier geht es nicht um den großen theoretischen Überblick, um die wesentlichen Ziele und Werte, gar um Sinn und Zweck der Arbeit – die Theorie und das Philosophieren darüber überläßt David Allen anderen. Hier geht es schlicht um den »Nahkampf im Detail«, wie man die tägliche Arbeit so organisiert, daß man leistungsfähig und effizient ist, ohne sich dabei kaputtzumachen. Allen läßt den Leser an bewährten Strategien teilhaben, die er bei Seminaren quer durch die USA erprobt und u.a. bei Microsoft und dem amerikanischen Justizministerium eingeführt hat. Ob es nun um die Bewältigung der täglichen E-Mail-Flut geht, um das Jonglieren mit eiligen Terminen oder konstantes Telefonklingeln – mit der richtigen Methode lassen sich die meisten Dinge innerhalb von zwei Minuten organisieren. Und auch die Frage, warum kluge Menschen am stärksten dazu neigen, alles hinauszuschieben, oder wie man sein Gehirn von Zeit zu Zeit intelligent zum Schweigen bringen kann, wird beantwortet. Kurz: Das Buch handelt vom Zauber, das Banale meistern zu können.

01/1002/01/L

PIPER

Friedemann Bedürftig

Als Hitler die Atombombe baute

Lügen und Irrtümer über das »Dritte Reich«. 268 Seiten. Gebunden

Über keine deutsche Epoche sind so viele Irrtümer, Mythen und Vorurteile im Umlauf wie über das »Dritte Reich«. Weil es sich um einen so besonderen Abschnitt der Geschichte handelt, können diese Halbwahrheiten gefährlich für die Gegenwart sein. Deshalb hat Friedemann Bedürftig die wichtigsten und wirkungsvollsten Legenden und Irrtümer gesichtet und richtiggestellt. Wer hat den Reichstag angezündet? Wie war das mit Hitler und der Atombombe? Sorgten die Nazis für ein Wirtschaftswunder in den 1930er Jahren? Zu jeder Passage gibt Bedürftig die entsprechenden Quellen und die Literatur an, so daß jeder Leser sich weitere Informationen besorgen kann. Ein unentbehrliches Werk für alle, die sich für das »Dritte Reich« und seine Wirkungsgeschichte interessieren.

01/1297/01/L